W0327868

Klaus Wengst

Wie das Christentum entstand

Eine Geschichte mit Brüchen im 1. und 2. Jahrhundert

Sollte diese Publikation Links auf Webseiten Dritter enthalten, so übernehmen wir für deren Inhalte keine Haftung, da wir uns diese nicht zu eigen machen, sondern lediglich auf deren Stand zum Zeitpunkt der Erstveröffentlichung verweisen.

MIX
Papier aus verantwortungsvollen Quellen
FSC® C014496

Klimaneutral*
Druckprodukt
ClimatePartner.com/14044-1912-1001

Penguin Random House Verlagsgruppe FSC® N001967

2. Auflage, 2021
Copyright © 2021 Gütersloher Verlagshaus, Gütersloh,
in der Penguin Random House Verlagsgruppe GmbH,
Neumarkter Str. 28, 81673 München

Umschlagmotiv: Joshua Koffman »Synagoga and Ecclesia in Our Time«,
Standort: Saint Joseph's University in Philadelphia, © Joshua Koffman
Druck und Bindung: GGP Media GmbH, Pößneck
Printed in Germany
ISBN 978-3-579-07176-3
www.gtvh.de

Der Evangelisch-Theologischen Fakultät
der Ruhr-Universität Bochum

Vorwort

Das Umschlagbild dieses Buches ist keine symbolische Entsprechung zu dem in ihm Dargestellten. Wohl aber steht es für ein Ziel, zu dessen Erreichen es beitragen möchte. Seit mehr als zwei Jahrzehnten beschäftigt mich die Frage, seit wann es Christentum gibt. Ausgangspunkt waren und sind dabei zwei gegensätzliche Beobachtungen, die einen äußerst spannungsvollen Zusammenhang aufzeigen. Das Christentum führt sich auf Jesus und dessen Anhängerschaft zurück. Er und sie, sie alle, waren jüdisch. Als einige von seiner Anhängerschaft nach seinem Tod zu dem Glauben kamen, Gott habe ihn von den Toten aufgeweckt, haben sie das nicht als eine Konversion vom Judentum zum Christentum verstanden. Der Anfang war jüdisch und nur jüdisch – und das recht lange. Wie lange? In Texten des 1. Jahrhunderts gibt es keinen einzigen Beleg dafür, dass sich Menschen in der auf Jesus bezogenen Gemeinschaft als »Christinnen und Christen« bezeichnet hätten. Das ist erst in Texten aus der ersten Hälfte des 2. Jahrhunderts der Fall. Dort taucht auch erstmals der Begriff »Christentum« auf – und er wird sofort in einem ausschließenden Gegensatz zum Judentum bestimmt. Wie kam es von dem jüdischen Anfang zu dieser antijüdischen Fortsetzung? Das ist das Thema dieses Buches.

Ich habe dabei kein nur historisches Interesse. Zum einen bin ich davon überzeugt, dass die Wahrnehmung der Jüdischkeit neutestamentlicher Texte wie auch die Wahrnehmung der Abwesenheit von Jüdischem in anderen dem besseren Verstehen und Auslegen dieser Texte heute dienen. Und zum anderen: Die Beschreibung der eigenen christlichen Identität in Schriften des frühen 2. Jahrhunderts erfolgt nicht nur im Gegensatz zum Judentum, sondern ist zugleich mit einem Gestus der Überlegenheit verbunden, mit der Vorstellung der Ablösung Israels durch die Kirche, mit verzerrenden Darstellungen von Jüdischem. Es gab andererseits noch lange – bis weit in das 4. Jahrhundert hinein – Christinnen und Christen, die den Zusammenhang mit dem Judentum festhielten, indem sie z.B. am Schabbat in die Synagoge gingen und am Sonntag in die Kirche. Aber für sehr viele Jahrhunderte dominant wurde die judenfeindliche Ausrichtung, deren Erben wir sind. Seit etwa sechzig Jahren hat in Teilen der Christenheit ein Umdenken im Verhältnis und im Verhalten zum Judentum begonnen. Dazu möchte mein Betrachten der etwa 100 Jahre von Jesus bis in die erste Hälfte des 2. Jahrhunderts einen Beitrag leisten. Im Verfolg der gekennzeichneten Fragestellung erstrebe ich keine Vollständigkeit. Weitere Schriften des Neuen Testaments und außerhalb seiner könnten herangezogen werden. Ich hoffe jedoch, dass die gewählte Textbasis groß genug ist für eine nachvollziehbare Darstellung.

Ich widme dieses Buch, das vielleicht mein letztes ist, der Evangelisch-Theologischen Fakultät der Ruhr-Universität Bochum, deren Mitglied ich 53 Semester lang von 1981 bis 2007 war. Es waren gute Jahre; ich habe Bochum für mich als einen Glücksfall empfunden. Ich denke an die offene Atmosphäre und den direkten Umgang miteinander, nicht nur unter den Kollegen, sondern auch mit dem »Mittelbau«, den Studierenden, den Sekretärinnen und den Mitarbeiterinnen in der Bibliothek. Es gab damals noch einmal jährlich eine gemeinsame Unternehmung. Ich denke an die beherzte Mitarbeit der Studierenden in den Gremien und besonders an diejenigen unter ihnen, die mich in meiner frühen Bochumer Zeit nach Vorlesungsstunden in Diskussionen verwickelten, wenn ich Unzutreffendes über Jüdisches von mir gegeben hatte. Sie trugen dazu bei, dass ich mich ernsthaft mit jüdischen Texten befasste. Ich denke bei den älteren Kollegen besonders an Hans-Ekkehard Bahr (†), Günter Brakelmann und Dieter Vetter (†), bei den etwa gleichaltrigen an Horst Balz, Konrad Raiser, Christian Link, Erich Geldbach und

Jürgen Ebach, bei den jüngeren an Traugott Jähnichen und Peter Wick. An Bochum denke ich gerne zurück. Dass meine Frau und ich jetzt in Braunschweig wohnen und auch hier gerne leben, ist eine andere Sache.

Ganz herzlich danke ich Pfarrer Dr. Jürgen Seim. Er hat das ursprünglich umfangreichere Manuskript sorgfältig durchgesehen und mir zahlreiche Vorschläge zur Verbesserung gemacht. Ich habe sie gerne angenommen und bedacht. Diedrich Steen vom Gütersloher Verlagshaus danke ich sehr dafür, dass er mich zu kräftigen Kürzungen veranlasst hat. Sie haben das Buch strukturierter und damit lesbarer gemacht. Mein herzlicher Dank gegenüber dem Verlag gilt namentlich auch Beate Nottbrock für die ansprechende Umschlaggestaltung und Gudrun Krieger, die das Manuskript kompetent und zügig zur Druckfassung gebracht und die Korrekturarbeit sorgfältig und freundlich mitgetragen hat. Einmal mehr danke ich meiner Frau Helga, die alle Durchgänge des Manuskripts kritisch gelesen und wesentlich zu dessen Verbesserung beigetragen hat.

Braunschweig, im Januar 2021 *Klaus Wengst*

Inhalt

Einleitung: »Die ersten Christen waren Juden!«?

Der Satz »Die ersten Christen waren Juden« hat unmittelbare Überzeugungskraft. Er bewirkt ein Aha-Erlebnis: Ja klar, das waren Juden! Bei weiterem Nachdenken stellt sich jedoch die Frage: Aber wieso »Christen«? Von welchen Menschen kann man als »den ersten Christen« reden, von wem als »der ersten Christin« oder »dem ersten Christen«? Noch in den 80er-Jahren des vorigen Jahrhunderts schrieb eine evangelische Religionslehrerin an die Tafel in der Klasse eines westdeutschen Gymnasiums: »Jesus war der erste Christ«. Das dürfte im allgemeinen Bewusstsein immer noch eine verbreitete Meinung sein. Jesus galt – und gilt manchmal noch immer – als »Stifter des Christentums«. Das zeigte und zeigt Wirkung. Es ist noch nicht so lange her, dass man im wissenschaftlichen Bereich das besondere Profil Jesu im Gegensatz zu dem ihm zeitgenössischen Judentum bestimmte. Heute ist weithin klar erkannt, dass Jesus Jude war und es geblieben ist bis zu seinem Tod. Dennoch gibt es immer wieder Versuche, bei ihm etwas zu finden, das aus dem Judentum heraus- und zum entstehenden Christentum hinführt. Daher ist im ersten Teil zunächst auf Jesus einzugehen – auf das Wenige, was sich in historischer Hinsicht als mit hoher Wahrscheinlichkeit gesichert über ihn sagen lässt. Und dieses Wenige erweist sich als jüdisch.

Es gilt aber auch zu betrachten, wie die vier kanonischen Evangelien als die einzig relevanten Quellen Jesus darstellen. Die Evangelisten schreiben über ihn aus dem Glauben heraus, dass Gott ihn von den Toten aufgeweckt hat. Und so stellen sie seine Geschichte als eine Geschichte des Mitseins Gottes dar. Sie tun das auf der Grundlage der heiligen

Schriften Israels ihrer Zeit und mit ihnen – in legendarischer Erzählung. Sie wollen damit zeigen, dass in dem, was Jesus redet, tut und erleidet, Gott zu Wort und Wirkung kommt. Ich werde hier ihre unterschiedlichen Jesusdarstellungen nicht je für sich betrachten, sondern thematische Zusammenhänge in den Blick nehmen in Verbindung mit anderen jüdischen Quellen. Dabei zeigt sich: Auch der Jesus der Evangelien ist jüdisch.

Die dann zu stellende Frage lautet: Haben die Schüler und Schülerinnen Jesu aufgrund ihres Glaubens an ihn als den auferweckten Gekreuzigten, aufgrund des Glaubens, dass er der Messias sei, ein anderes als jüdisches Selbstverständnis gewonnen? Damit im Zusammenhang steht die weitere Frage, ob ihre nicht an Jesus glaubenden Landsleute sie als außerhalb des Judentums stehend betrachteten.

Hinsichtlich zweier Einzelpersonen, Stephanus und Paulus, wissen wir über den einen sehr wenig, über den anderen aufgrund der von ihm erhaltenen Briefe und der Berichte über ihn in der Apostelgeschichte etwas mehr. Auch sie hatten ein jüdisches Selbstverständnis, bezeichneten sich nicht als »Christen« und wurden von ihren jüdischen Landsleuten als Juden angesehen und behandelt.

Die Auseinandersetzungen innerhalb der auf Jesus bezogenen messianischen Gruppe vollzogen sich im jüdischen Kontext. Das gilt auch für das Phänomen, dass sich die messianische Verkündigung alsbald als attraktiv für »Gottesfürchtige« erwies, für bereits mit dem Judentum verbundene nichtjüdische Menschen, die aber nicht konvertiert waren. Es gab einen Streit darüber, wie mit ihnen zu verfahren sei, ob sie – die Männer durch Beschneidung, die Frauen durch ein Tauchbad – ins Volk Israel zu integrieren seien oder nicht. Dieser Streit wurde aller Wahrscheinlichkeit nach auf der Grundlage von Israels heiligen Schriften entschieden. Die Frage ist, welches Selbstverständnis diese zu der messianischen Gemeinde hinzugekommenen, nichtjüdischen Menschen hatten. Dass es ein »christliches« gewesen sei, ist durch nichts angedeutet.

Das Zusammenkommen von jüdischen und nichtjüdischen Menschen in den messianischen Versammlungen führte im politischen Kontext dazu, dass die römische Provinzverwaltung diese Gruppe wahrnahm und als *chrestiani/ christianoí* (»Christen«) bezeichnete. Diese Fremdbezeichnung wurde zunächst nicht zur Eigenbezeichnung. Das geschieht unter sehr bestimmten Bedingungen anfangshaft frühestens gegen Ende des ersten Jahrhunderts. Der Begriff »Christentum« begegnet – und das als Selbstbezeichnung – erstmals im zweiten Jahrhundert. Und das geschieht sofort im Gegensatz zum Begriff »Judentum«. Dieser Gegensatz manifestiert sich vor allem in bestimmten Riten in antithetischer Abgrenzung zu jüdischen Riten. Das jetzt entstehende und sich so bezeichnende Christentum gewinnt seine Identität als eine antijüdische. Darüber wird im dritten Hauptteil zu handeln sein.

Wie kommt es, dass aus der ganz und gar jüdisch bestimmten Gemeinschaft, die sich auf Jesus als Messias bezieht, in der ersten Hälfte des zweiten Jahrhunderts die christliche Kirche entsteht, die ihre Identität sofort antijüdisch bestimmt? Welche Weichenstellungen lassen sich dafür in der Zeit nach dem Ende des jüdisch-römischen Krieges im Jahr 70 bis etwa zum Ende des ersten Jahrhunderts erkennen? Diese Zeit ist im Judentum vor allem dadurch geprägt, dass es pharisäische Lehrer sind, die vom Lehrhaus in Javne aus nach dem katastrophalen Ende des Krieges Möglichkeiten jüdischen Überlebens und Weiterlebens finden. Hier beginnt das rabbinische Judentum als ein die jüdische Mehrheit prägendes, normatives Judentum. Auch die jüdische Minderheit der Messiasgläubigen erweist sich in dieser Situation als überlebensfähig. Es kommt zu sich verstärkenden Auseinandersetzungen zwischen Mehrheit und Minderheit. In ihnen nimmt die Mehrheit handfeste Distanzierungen vor, während die Minderheit in schärfster Weise gegen die Mehrheit polemisiert. Dabei handelt es sich aber immer noch um einen innerjüdischen Streit. In ihm spielen auch Konflikte eine Rolle, die sich im politischen Kontext des Imperium Romanum ergeben. Dieser Streit ist im zweiten Hauptteil nachzuzeichnen und dabei herauszustellen, was sich in ihm als derart konfliktverschärfend erweist, dass es zu einer Tendenz auf Abgrenzung und Trennung führt, sodass sich Bruchstellen andeuten.

Im Schlussteil wird zu fragen sein, welche Folgerungen aus dieser Betrachtung der Anfangszeit für unser Christsein im Verhältnis zum Judentum zu ziehen sind.

I.
Der Anfang ist jüdisch

Von Jesus bis zum ersten jüdisch-römischen Krieg

1. Jesus – ein Jude

a) Das Wenige, was historisch über Jesus festgestellt werden kann – und das ist jüdisch

Unter strengen historischen Gesichtspunkten kann man nur sehr wenig über Jesus sagen. So mag es nicht verwundern, dass auch eine extreme Position vertreten wurde, die gelegentlich heute noch begegnet. Die historische Existenz eines Menschen Jesus aus Nazaret sei zu verneinen, »der Jesus der Evangelien nur als *vermenschlichter Gott* zu verstehen«. Diese Darstellungen der Lebensgeschichte Jesu hätten einen »ursprünglich religiösen Mythus« vergeschichtlicht. So – nach Vorgängern – der Philosophieprofessor Arthur Drews Anfang des 20. Jahrhunderts. Er wollte damit positiv »den Grundgedanken erneuern, aus dem das Christentum hervorgegangen, und der unabhängig ist von aller geschichtlichen Beziehung«. Dabei ging es ihm um die von den Zufälligkeiten der Geschichte befreite, sozusagen reine Religion. (Arthur Drews, Die Christusmythe, Jena 1909; verbesserte und erweiterte Ausgabe 1910; die Zitate auf S. 198.199.228)

Eine solche »reine Religion« gibt es nicht in den heiligen Schriften Israels, auf die sich die Judenheit bezieht, und es gibt sie nicht in der um die neutestamentlichen Schriften erweiterten christlichen Bibel, auf die sich die Christenheit bezieht. Es macht die Besonderheit des biblischen Redens von Gott aus, dass eine Geschichte in Geschichten erzählt wird, in Israels heiligen Schriften die Geschichte dieses Volkes, im Neuen Testament die Geschichte des einen Juden Jesus aus Nazaret. Da diese Geschichten das Wirken *Gottes* bezeugen wollen, können sie keine bloßen historischen Berichte sein. Sie transzendieren immer wieder historisch möglich Erscheinendes, erzählen also legendarisch. Gerade weil sie »*sagenhaft*« sind, haben sie etwas zu *sagen* – jenseits der Feststellung historischer Fakten und über sie hinaus. Indem sie in Gemeinschaften *erinnert* und *be*gangen werden, wird das in ihnen erzählte *ver*gangene Geschehen *gegenwärtig* und eröffnet *gangbare* Wege im Jetzt. Die neutestamentlichen Autoren hatten eine grundlegende Vorgabe: die in ihrer Zeit im Judentum als »heilig« geltenden Schriften, sozusagen ihre jüdische Bibel. Diese anachronistische Bezeichnung werde ich im Folgenden der Einfachheit halber öfter gebrauchen. Vom Zeugnis dieser Bibel her, wie es in ihrer Verlesung und Auslegung in versammelter Gemeinschaft laut wurde, wussten sie, wer Gott ist. Diesen Gott, Israels Gott, meinen die Evangelisten, wenn sie vom Wirken Gottes im Reden, Handeln und Erleiden Jesu erzählen. Deshalb ist es nur selbstverständlich, dass sie die Geschichte Jesu auf der Grundlage dieser Bibel und mit ihr schreiben. Auf ihr Zeugnis – und auf das der ganzen Bibel – bezieht sich christlicher Glaube und ist damit auf konkrete Geschichte bezogen. Ohne die Annahme der Historizität der Gestalt Jesu wäre die Entstehung einer auf ihn bezogenen Gemeinschaft und die Entstehung und Art ihres Traditionsgutes, wie es sich in den Evangelien niedergeschlagen hat, völlig unerklärlich.

Dass es eine historische Person Jesus aus Nazaret gab, die einen Schülerkreis um sich versammelte, aus dem eine Gemeinde hervorging, die sich schließlich zum Christentum entwickelte, lässt sich nicht gut bestreiten. Aber die – um Gottes willen! – notwendig legendarische Erzählweise der Evangelien erlaubt es in nur sehr begrenzter Weise, über diese Person im Sinn historischer Wissenschaft verlässliche Daten zu gewinnen.

Im Alter von nur 27 Jahren hat David Friedrich Strauß sein epochales Werk »Das Leben Jesu« verfasst, das 1835 in zwei Bänden erschien. (Das Leben Jesu. Erster Band, Tübingen 1835; Zweiter Band, Tübingen 1836 [tatsächlich noch

1835 erschienen, vom Verleger auf 1836 datiert]; die folgenden Zitate auf S. V und 72 in Band 1) In ihm unterzieht er sämtliche Texte der Evangelien unter ausschließlich historischem Gesichtspunkt einer kritischen Überprüfung. Bei dieser gründlichen Durchsicht bleibt als »historischer Grund und Boden« der Evangelien – im Sinne von: für die historische Wissenschaft verifizierbar – lediglich »das einfache historische Gerüste des Lebens Jesu« übrig. Zählt man die von Strauß dafür gemachten Angaben, kommt man auf acht Punkte. Von ihnen sind zwei zu streichen. Strauß meinte, Jesus habe »überall dem Pharisäismus sich entgegengestellt« und sei »am Ende dem Haß und Neid der pharisäischen Partei erlegen«. Hier ist er dem negativen Pharisäerbild erlegen, das sich in der christlichen Tradition immer stärker herausgebildet hat. Die übrigen sechs Punkte halten jedoch einer strengen historischen Nachfrage stand. Sie seien jetzt im Einzelnen besprochen.

1. *Jesus stammt aus Nazaret:* Alle Evangelien geben Nazaret in Galiläa als Herkunftsort Jesu an. Nazaret wird in den jüdischen heiligen Schriften nicht erwähnt und auch nicht in der älteren jüdischen Traditionsliteratur bis hin zum Talmud. Es war in der Antike ein unbedeutender Ort. Nach allen Evangelien wird Jesus bei seiner Hinrichtung durch die Angabe »aus Nazaret« genauer identifiziert. Dass man Jesus eine solche Herkunft sekundär zugeschrieben hätte, ist höchst unwahrscheinlich. Wo etwas über Jesu Eltern ausgeführt wird, werden sie als fromme Juden geschildert. Ansonsten ist ihre und seine jüdische Identität als selbstverständlich vorausgesetzt.

2. *Jesus ist von Johannes getauft worden:* Drei Evangelien erzählen, dass sich Jesus, wie viele andere aus dem jüdischen Volk auch, von Johannes hat taufen lassen. (Matthäus 3,13–17; Markus 1,9–11; Lukas 3,21–22) Das Johannesevange-

lium setzt die Tradition von der Taufe Jesu durch Johannes voraus, ohne davon zu berichten. (Johannes 1,29–34) Hinter diesem Nichterzählen könnte ein apologetisches Interesse stehen: es nämlich zu verhindern, dass der Täufer gegenüber Jesus als dominant erscheine. Dieses Interesse zeigt sich deutlich, wenn der Evangelist Matthäus den Johannes das Taufbegehren Jesu zunächst abweisen und ihn sagen lässt: »Ich hätte es nötig, von dir getauft zu werden. Und du kommst zu mir?« Das Faktum der Taufe Jesu durch Johannes hat also hohe historische Wahrscheinlichkeit. Und diese Taufe war ein innerjüdisches Ereignis.

3. *Jesus hat Schüler um sich gesammelt:* Auch das ist historisch wahrscheinlich. Die Evangelien stellen Jesus fast durchgängig von Schülern umgeben dar oder setzen das voraus. Ohne eine solche Schülerschaft wäre es unerklärlich, dass es nach seiner Hinrichtung eine so intensive Erinnerung an ihn gab, wie sie sich schließlich in den Evangelien niedergeschlagen hat. Es wäre weiter unerklärlich, dass »Schüler und Schülerinnen« zu einer Selbstbezeichnung der nachösterlich auf Jesus bezogenen Gemeinschaft wurde. Positiv entspricht dem, dass Jesus in allen Evangelien als Lehrer angeredet, bezeichnet und dargestellt wird.

4. *Jesus ist im jüdischen Land lehrend umhergezogen:* Dass Jesus in der Zeit seines Wirkens umhergezogen ist und nicht sehr ortsfest war, legen die Darstellungen der Evangelien nahe. Sie lassen ihn immer wieder aufbrechen und sich an einen anderen Ort begeben. Das ist kaum bloße Fiktion. Die von ihnen aufgenommenen Traditionen sind mit unterschiedlichen Ortsnamen verbunden. Außerdem bieten sie Aussagen über eine nicht ortsfeste Existenz. Daraus lässt sich auf ein gewisses Wanderdasein Jesu und seiner Schüler schließen.

Mit Strauß ist zu betonen, dass er im *jüdischen* Land umhergezogen ist. Nach dem Johannesevangelium hat Jesus das Gebiet des biblischen Israel nie verlassen. Ebenso wenig erzählt es von Begegnungen mit Nichtjuden. Mit den »Griechen«, die zum Pessachfest nach Jerusalem hinaufgestiegen sind und Jesus sprechen wollen, kommt es nicht zur Begegnung. (Johannes 12,20–23) In den anderen Evangelien trifft Jesus gelegentlich nichtjüdische Personen und betritt zuweilen auch nichtjüdisches Gebiet, allerdings nur im ländlichen Bereich. Es ist bezeichnend, dass an keiner Stelle erzählt wird, er habe innerhalb Israels die stark hellenisierten Städte Sepphoris und Tiberias betreten, obwohl er sich in deren unmittelbarer Nachbarschaft aufgehalten hat.

5. *Jesus hat das Reich bzw. die Herrschaft Gottes verkündet:* David Friedrich Strauß hat an dieser Stelle formuliert, Jesus habe »zum Messiasreiche eingeladen«. Das ist so zu präzisieren, dass im Zentrum seiner Verkündigung das Reich bzw. die Herrschaft Gottes stand. Die Dominanz dieses Begriffs ist in den Evangelien nach Matthäus, Markus und Lukas so stark – im Matthäusevangelium in der Fassung »Himmelreich« bzw. »Himmelsherrschaft«, wobei »Himmel« wie in der rabbinischen Tradition als Bezeichnung für Gott steht –, dass sie kaum anders als durch ihre zentrale Stellung in Jesu Verkündigung erklärt werden kann. Sie nimmt auf, was schon der jüdischen Bibel wesentlich ist, dass Gott zur Herrschaft komme und Raum gewinne. Dazu gehört vor allem die Herstellung von Recht und Gerechtigkeit. Schon das bloße Faktum dieser Begriffe mit ihrem biblischen Bezug erweist Jesus als einen jüdischen Lehrer.

6. *Jesus ist am Kreuz gestorben:* Das ist ein Datum mit größter historischer Wahrscheinlichkeit. Denn es war für diejenigen, denen der für Jesus nach dessen Tod erhobene Anspruch nicht einleuchtete und die ihn ablehnten, ein starkes Argument. Sie führten es auch kräftig ins Feld und damit musste sich die auf Jesus bezogene Gemeinschaft

auseinandersetzen. Dieses Faktum lässt sich in örtlicher Hinsicht präzisieren, insofern Jesu Verurteilung zum Tod in Jerusalem erfolgte und seine Hinrichtung in unmittelbarer Nachbarschaft der Stadt. Es lässt sich in zeitlicher Hinsicht präzisieren, insofern Jesus während der Präfektur des römischen Ritters Pontius Pilatus in Judäa zwischen 26 und 36 d.Z. hingerichtet wurde. Nach allen vier Evangelien geschah das an einem Rüsttag zu einem Schabbat (Freitag), und zwar in engem zeitlichen Zusammenhang mit dem Pessachfest. Doch in der genauen Zuordnung unterscheiden sich das Johannesevangelium und die drei anderen Evangelien. Nach Johannes war dieser Rüsttag zum Schabbat zugleich Rüsttag zu Pessach, also nach dem jüdischen Kalender der 14. Nissan, nach den anderen war er der erste Festtag, also der 15. Nissan. Beide Angaben lassen sich nicht miteinander harmonisieren. Je nachdem, wie man hier entscheidet, lassen sich zwischen 26 und 36 d.Z. unterschiedliche Jahre benennen, in denen der 14. oder 15. Nissan ein Rüsttag zum Schabbat war. Hinzu kommt die Unsicherheit, ob die durch Augenschein vorgenommene Bestimmung des Monatsanfangs mit den heutigen astronomischen Berechnungen immer übereinstimmt. Wichtiger als eine genaue chronologische Festlegung ist jedoch der Umstand, dass die Kreuzigung eine römische Strafe war. Jesu Richter war der römische Präfekt Pontius Pilatus. Gekreuzigt wurden in Rom Sklaven, die sich etwas zu Schulden hatten kommen lassen, in den Provinzen Menschen, die für Aufrührer gehalten wurden. Zu Letzterem passt es, dass alle vier Evangelien eine die Schuld Jesu angebende Aufschrift an seinem Kreuz nennen: »der König des jüdischen Volkes«. Das war die römische Wahrnehmung. Für sie reichte es, »Auflauf« erzeugt zu haben. Damit ist aber auch klar, dass Jesus nicht nur als Jude geboren wurde und nicht nur als Jude gelebt und gewirkt hat, sondern auch als Jude gestorben ist.

b) Der Jesus der Evangelien – ein Jude unter Juden

Nicht nur das Wenige, was sich historisch über Jesus mit relativ großer Gewissheit sagen lässt, ist jüdisch. Auch in den legendarischen Erzählungen der Evangelien erscheint er als ein Jude unter Juden. Das will ich nun so aufzeigen, dass ich sie in Beziehung setze zur Darstellung einer bestimmten Gruppe von Menschen in der rabbinischen Literatur, den frühen *chassidím*, den »Frommen«. Sie gehören in die Gesamtströmung des Pharisäismus, zeigen aber innerhalb ihrer ein besonderes Profil. Auch über sie wird legendarisch erzählt – und damit das Mitsein Gottes mit ihnen und das Wirken Gottes durch sie zum Ausdruck gebracht.

Die Nähe zu Gott

Chanina ben Dossa war ein Chassid, der eine Generation nach Jesus ebenfalls in Galiläa lebte. Über ihn heißt es: »Tag um Tag geht eine Himmelsstimme hervor und sagt: ›Die ganze Welt wird um Chaninas, meines Sohnes, willen ernährt; Chanina, mein Sohn, jedoch hat genug an einem Kav [ca. 2 Liter] Bohnen von einem Vorabend des Schabbat bis zum nächsten.‹« (Babylonischer Talmud Ta'anit 24b) Wenn die ganze Welt um Chaninas willen ernährt wird, dann geschieht hier ein Stück Stellvertretung. Gott sieht Chanina so an, dass er seinetwegen sozusagen die ganze Welt in Kauf nimmt und weiter am Leben erhält. So nennt er Chanina auch zweimal »meinen Sohn«. Das Verhältnis ist so eng und vertraut wie zwischen Vater und Sohn. Der Vater wird tun, was der Sohn ihn bittet. Entsprechend wird folgende Geschichte erzählt: »Der Sohn Rabban Gamliels war krank. Er schickte zwei Gelehrtenschüler zu Rabbi Chanina ben Dossa, um für ihn Erbarmen zu erbitten. Als der sie erblickte, stieg er hinauf zum Obergemach und erbat für ihn Erbarmen. Beim Herabsteigen sagte er ihnen: ›Geht, denn das Fieber hat ihn verlassen!‹ [...] Sie setzten sich und schrieben genau die Stunde auf. Und als sie zu Rabban Gamliel kamen, sagte er ihnen: ›Beim Gottesdienst! Ihr habt nichts abgezogen und nichts hinzugetan, sondern genau so geschah es. Zu dieser Stunde verließ ihn das Fieber und er fragte nach Wasser, um zu trinken.‹« (Babylonischer Talmud B'rachot 34b) Hier zeigt sich eine verblüffende Nähe zu der Geschichte vom Hauptmann in Kafarnaum in den Evangelien, besonders in der Fassung des Johannesevangeliums. (Johannes 4,46–53) In ihr ist der Bittende ein jüdischer Hofmann. Er steigt nach Kana hinauf, während sich Jesus dort aufhält, um für seinen Sohn Heilung zu erbitten. Als der nicht sofort auf ihn eingeht, macht er sein Bitten dringlicher: »›Herr, steige hinab, bevor mein Kind stirbt!‹ Jesus sagte ihm: ›Geh! Dein Sohn lebt.‹ Der Mensch vertraute dem Wort, das Jesus ihm gesagt hatte und ging fort. Und bereits während er hinabstieg, kamen ihm seine Bediensteten entgegen und sagten: ›Dein Kind lebt.‹ Da erfragte er von ihnen die Stunde, in der es besser mit ihm geworden war. Da sagten sie ihm: ›Gestern die siebte Stunde hat ihn das Fieber verlassen.‹ Da erkannte der Vater, dass es jene Stunde war, zu der ihm Jesus gesagt hatte: ›Dein Sohn lebt.‹ Und er gewann Vertrauen, er und sein ganzes Haus.‹« Im Vergleich hierzu weist die Geschichte über Chanina ben Dossa an einer Stelle noch eine Steigerung auf: Er weiß schon Bescheid, bevor die Bittsteller ihm überhaupt etwas sagen können. Dieser Aspekt zeigt sich in ähnlicher Weise auch bei Jesus: Über eine große Entfernung hinweg weiß er, dass der kranke Lazarus inzwischen gestorben ist. (Johannes 11,11–13)

Die außerordentliche Nähe zu Gott zeigt sich in einer weiteren Geschichte. Nach ihr lernt Chanina ben Dossa Tora bei Rabban Jochanan ben Sakkaj. Als dessen Sohn erkrankte, bittet er ihn: »›Chanina, mein Sohn, erbitte für ihn Erbarmen, dass er am Leben bleibe!‹ Der legte seinen Kopf zwischen seine Knie und erbat für ihn Erbarmen. Da blieb er am Leben. Rabban Jochanan ben Sakkaj sagte: ›Selbst wenn der Sohn Sakkajs seinen Kopf den ganzen Tag zwischen seine Knie gequetscht hätte, hätte man ihn nicht beachtet.‹ Da sagte seine Frau zu ihm: ›Ist denn Chanina größer als du?‹ Er sagte zu ihr: ›Nein, aber er ist gleichsam wie ein Diener vor dem König und ich bin gleichsam wie ein Fürst vor dem König.‹« (Babylonischer Talmud B'rachot 34b) Will der Fürst zum König, muss er Audienz gewährt bekommen. Der Kammerdiener aber hat unmittelbaren Zugang, und zwar im vertrautesten Bereich. So verhält es sich bei Chanina gegenüber Gott.

Bei Choni dem Kreiszieher, der im 1. Jahrhundert v.d.Z. lebte, wird diese vertraute Nähe wiederum mit der Beziehung von Vater und Sohn zum Ausdruck gebracht. Als es kurz vor Pessach immer noch nicht geregnet hat, fordert man ihn auf, für Regen zu beten. Er ist sich sicher, sein Beten werde Erfolg haben. Aber es regnet nicht. »Was tat er? Er zog einen Kreis, stellte sich mitten hinein und sprach vor Ihm: ›Herr der Welt, Deine Kinder haben sich an mich gewandt, weil ich wie ein Hauskind vor Dir bin. Ich schwöre bei Deinem großen Namen, dass ich nicht von hier weiche, bis dass Du Dich über Deine Kinder erbarmst.‹ Da fing der Regen an zu tröpfeln. Er sagte: ›Nicht so habe ich gebeten, sondern um Regen für Zisternen, Gruben und Höhlen.‹ Da fing der Regen an, stürmisch zu fallen. Er sagte: ›Nicht so habe ich gebeten, sondern um Regen des Wohlgefallens, des Segens und der Wohltat.‹ Da fiel der Regen, wie es sich gehört. [...] Schim'on ben Schetach sandte zu ihm: ›Wenn du nicht Choni wärst, hätte ich über dich den Bann erlassen. Aber was kann ich dir tun? Denn du benimmst dich quengelnd vor dem Ort [= Gott] und er tut dir deinen Willen wie einem Sohn, der seinen Vater quengelt, und der tut ihm seinen Willen.‹« (Mischna Ta'anit 3,8) Das Verhältnis Chonis zu Gott wird dargestellt wie das eines Kindes, das seinem

Vater mit seinen Bitten auf die Nerven geht. Aber der liebt es und erfüllt ihm jeden Wunsch. Entsprechend sagt Jesus *vor* der Erweckung des Lazarus: »Vater, ich danke Dir, dass Du auf mich gehört hast. Ich wusste ja, dass Du immer auf mich hörst.« (Johannes 11,41–42)

Die Chassiden haben in der rabbinischen Literatur nicht die außerordentliche Stellung und Bedeutung, wie Jesus sie in den Evangelien hat, schon gar nicht ein Einzelner von ihnen. Aber immerhin gilt der Chassid Rabbi Pinchas ben Jair, weil er für sich, für einen Pilger und auch für einen Araber einen Fluss zum Durchzug teilte, nach einer Meinung für »größer als Mose« beim Schilfmeerwunder, nach einer anderen zumindest »wie Mose«. (Babylonischer Talmud Chullin 7a) Die besondere Stellung Jesu in den Evangelien kommt ihm einzig und allein von dem Grundzeugnis her zu, »dass Gott ihn von den Toten aufgeweckt hat«. Aber was dann von dieser Voraussetzung her konkret erzählt wird, hat sofort Entsprechungen. Sie stellen ihn hinein in die jüdische Welt.

Das Vollbringen wunderbarer Taten

In einer langen Aufzählung nach dem Schema, dass mit dem Tod des jeweils Genannten etwas aufhörte, heißt es: »Mit dem Tod des Rabbi Chanina ben Dossa hörten die Menschen der Tat auf.« (Mischna Sota 9,15) Damit wird Chanina als ein besonders herausragendes Beispiel dieser Gruppe von Menschen hervorgehoben. In erster Linie ist dabei an sie als solche gedacht, die es vermögen, wunderbare Taten zu vollbringen. Auf einige wunderbare Taten der Chassiden wurde schon hingewiesen. Auf die zitierte Stelle, nach der täglich eine Himmelsstimme spricht, dass die gesamte Welt um Chaninas willen erhalten werde, folgen Erzählungen wunderbarer Taten. Sie stehen mit Armut im Zusammenhang. »Seine Frau pflegte an jedem Rüsttag des Schabbat den Ofen anzuheizen und etwas Rauch Erzeugendes hineinzuwerfen, weil sie sich schämte. Sie hatte eine böse Nachbarin. Die sagte: ›Ich weiß doch, dass sie nichts hat. Was soll das alles?‹ Sie ging und klopfte an die Tür. Jene schämte sich und stieg ins Zimmer hinauf. Da geschah ihr ein Wunder. Als die andere in den Ofen blickte, war er voll Brot und der Backtrog voll Teig. Sie sagte ihr: ›Du, du, hole eine Schaufel! Dein Brot brennt ja an!‹ Sie sagte ihr: ›Genau dazu war ich hinaufgestiegen.‹ Es wird gelehrt, dass sie auch wirklich hinaufgestiegen war, eine Schaufel zu holen, weil sie an Wunder gewöhnt war.« (Babylonischer Talmud Ta'anit 24b–25a) Darauf folgen noch zwei weitere Wunder. Zwischen dem Erzählen solcher wunderbaren Taten und der darin vorausgesetzten Armut besteht ein unmittelbarer Zusammenhang. Das ist auch der Fall bei vielen in den Evangelien erzählten Wundern Jesu. Dass sich die Erzählung von der Speisung sehr vieler mit wenig Brot und noch weniger Fisch dort sechsmal findet, ist gewiss kein Zufall. Die ebenfalls oft erzählte Heilung von Blinden und Lahmen setzt voraus, dass diese notgedrungen bettelten und also bettelarm waren. Den gerade gestorbenen jungen Mann aus Nain, der zur Bestattung aus dem Ort hinausgetragen wird, erweckt Jesus zum Leben – aus Mitleid mit der Mutter. Als Witwe ist sie arm und mit dem Tod ihres einzigen Sohnes jetzt auch noch um ihre Alterssicherung gebracht. (Lukas 7,11–17) Von solchen wunderbaren Dingen erzählt nicht, wer in Saus und Braus lebt, nicht einmal, wer jederzeit genug zum Leben hat. Sie werden von Menschen erzählt, die um das tägliche Brot bangen müssen, die immer wieder unter das Existenzminimum fallen. Es sind Hoffnungs- und Vertrauensgeschichten gegen eine notvoll erfahrene Wirklichkeit, mit der man sich nicht resigniert abfinden will, in der man aber auch schon Bewahrung und Hilfe erlebt hat und auf solche Bewahrung und Hilfe von Gott her weiter setzt.

So wenig wie die Wundergeschichten in den Evangelien sind die Geschichten über die Chassiden Anekdoten. Durch den Wundertäter handelt der rettende Gott, dessen Möglichkeiten das Menschenmögliche transzendieren. Ihn lässt schon die jüdische Bibel rhetorisch fragen: »*Sollte dem Ewigen eine Sache zu wunderbar sein?*« (1. Mose 18,14) Diese und weitere Stellen nimmt Jesus auf, wenn er mit Bestimmtheit sagt: »Bei Gott ist alles möglich.« (Markus 10,27) Gott wird das letzte Wort haben. Dass auf ihn auch in notvoller Erfahrung gesetzt werden kann und das so gewonnene Vertrauen Kraft gibt, sie zu bestehen, dazu wollen die Geschichten über die wunderbaren Taten Mut machen. Deshalb werden sie erzählt.

Das Tun des Willens Gottes

Bei den Chassiden steht Gott fraglos an erster Stelle. Deshalb ist allein seinem Willen zu folgen. Ihre Charakterisierung als »Menschen der Tat« hat auch die Bedeutung, dass es nach ihnen auf das konkret und tatsächlich zu vollziehende Tun des Willens Gottes ankommt. Daher schätzen sie das Tun höher ein als die Lehre. Von Chanina ben Dossa wird die Aussage überliefert: »Bei jedem, dessen Taten mehr sind als seine Weisheit, bleibt seine Weisheit bestehen. Bei jedem aber, dessen Weisheit mehr ist als seine Taten, bleibt seine Weisheit nicht bestehen.« (Mischna Avot 3,9) Weisheit bewährt und bewahrheitet sich in guten Taten. Tut sie das nicht, ist sie nichts wert und erweist sich faktisch als nicht existent. Entscheidend ist nicht, dass man etwas sagt; entscheidend ist, dass man tut, was man sagt. Diese Höherschätzung des Tuns vor der Lehre wurde nicht überall geteilt. Es gab auch die gegenteilige Position. Die rabbinische Tradition hat die Lösung des Streits in folgender Erzählung gefunden: »Einst waren Rabbi Tarfon, Rabbi Akiva und Rabbi Josse der Galiläer als Gäste im Pächterhaus in Lod. Es wurde diese Frage vor ihnen gestellt: Was ist größer, die Lehre oder das Tun?

Rabbi Tarfon sagte: ›Das Tun ist größer.‹ Rabbi Akiva sagte: ›Die Lehre ist größer.‹ Sie alle huben an und sprachen: ›Die Lehre ist größer; denn die Lehre führt zum Tun.‹« (Sifrej D'varim § 41) Hier ist reflektiert, dass Tun ohne Lehre zwar möglich ist und das Richtige treffen kann, aber vielleicht nur zufällig. Tun braucht Anleitung, um Richtung und Linie zu bekommen. Dafür ist die Lehre da; führt sie nicht zum Tun, taugt sie nichts. Das ist die schließlich gefundene Lösung. Aber bevor es dazu kam, betonten »die Menschen der Tat« den Vorrang des Tuns.

Entsprechend sagt Jesus: »Nicht alle, die zu mir ›Herr, Herr!‹ sagen, werden in das Himmelreich hineinkommen, sondern nur diejenigen, die den Willen meines Vaters im Himmel tun.« (Matthäus 7,21) Und an anderer Stelle fragt er: »Was nennt ihr mich aber ›Herr, Herr!‹ und tut nicht, was ich sage?« (Lukas 6,46) Entsprechend erzählt er das Gleichnis von den beiden Söhnen, die der Vater auffordert, in seinem Weinberg zu arbeiten. Der erste sagt »nein« und geht dann doch, der zweite sagt »ja« und geht nicht. Es ist klar, wer von beiden den Willen des Vaters getan hat. (Matthäus 21,28–31) Auf das Tun kommt es an. Dass dieses Tun getragen ist vom Vertrauen auf Gott, zeigt sich im Matthäusevangelium an all den Stellen, die die väterliche Fürsorglichkeit Gottes betonen. (z.B. Matthäus 6,32; 7,11) Aber auch in der jüdisch-rabbinischen Tradition fragen die Späteren, die auf Menschen wie Chanina ben Dossa als große Beispiele zurückblicken, schließlich: »Auf wen sollen wir uns stützen?« Und sie antworten: »Auf unseren Vater im Himmel.« (Mischna Sota 9,15)

Von den Chassiden wird berichtet, dass bei ihnen, wie im Pharisäismus überhaupt, das Verzehnten eine wichtige Rolle gespielt hat. Trotz ihrer Armut scheinen sie es besonders ernst genommen zu haben. Auch das zeigen einige eindrückliche Geschichten. So wie die Evangelien Jesus darstellen – nicht bodenständig, sondern umherziehend, keiner geregelten Arbeit nachgehend und also auch ohne Ernte und Einkommen –, hatte er mit dem Problem des Verzehntens nicht eben viel zu tun. Dennoch findet sich dazu eine Äußerung. In Matthäus 23,23 heißt es: »Wehe euch, Schriftgelehrte und Pharisäer, ihr Heuchler! Ihr verzehntet Minze, Dill und Kümmel. Aber das Gewichtigere in der Tora lasst ihr beiseite: das Recht und das Erbarmen und die Verlässlichkeit. Dies muss man tun, aber darf jenes nicht lassen.« Nebenbei: Was Jesus nach Matthäus als »das Gewichtigere in der Tora« anführt, findet sich bei Rabban Schim'on ben Gamliel in der Form: »Auf drei Dingen steht die Welt: auf dem Recht, auf der Verlässlichkeit und auf dem Frieden.« (Mischna Avot 1,18) Bei Matthäus heißt es nach der Betonung des Gewichtigeren: »Aber jenes darf man nicht lassen« – also auch Minze, Dill und Kümmel sind zu verzehnten. Das ist nach der Schrift selbst nicht vorgesehen, steht aber in der schriftgelehrten Auslegung, der mündlichen Tora. »Aber jenes darf man nicht lassen« – das wird gerne übersehen oder heruntergespielt. Matthäus bietet es als Wort Jesu. Als solches steht es auch in Lukas 11,42. Hier wird besonders deutlich, wie jüdisch der Jesus der Evangelien ist.

Außer beim Verzehnten waren die Chassiden in der Heiligung des Schabbat besonders streng. Auch dazu gibt es Geschichten über sie. An dieser Stelle zeigt sich ein Unterschied Jesu zu ihnen. Von ihm wird eine solche Strenge nicht berichtet. Aber sein Verhalten liegt nicht außerhalb des Judentums. Es stimmt mit der Mehrheitsmeinung des Pharisäismus überein. Die Aussage Jesu in Markus 2,27: »Der Schabbat ist um des Menschen willen geschaffen, aber nicht der Mensch um des Schabbat willen« hat eine genaue Entsprechung in dem rabbinischen Satz: »Euch ist der Schabbat übergeben, aber nicht seid ihr dem Schabbat übergeben.« (Mechilta de Rabbi Jischmael KiTissa [Schabta] 1; vgl. babylonischer Talmud Joma 85b) Der Schabbat soll dem Leben dienen und es nicht schädigen. Deshalb gilt der oft formulierte Grundsatz, dass Lebensrettung den Schabbat verdrängt. Das fängt früh an; schon bei Halsschmerzen kann man nicht wissen, wo sie hinführen. (Mischna Joma 8,6) So bezieht sich auch der Grundsatz: »So groß ist die Ehre der Menschen, dass sie jedes Verbot in der Tora verdrängt« mehrmals auf am Schabbat Verbotenes. (z.B. babylonischer Talmud Eruvin 41b) Was am Schabbat gegen dessen Verbote dennoch getan werden darf und muss, ist von den Auslegern der Tora verantwortlich zu entscheiden. Bei diesen Entscheidungen gilt es, sich von Barmherzigkeit leiten zu lassen, die sich der Not der Menschen annimmt. Das zeigt sehr anschaulich eine rabbinische Geschichte, die zugleich deutlich macht, dass die eigene Betroffenheit eine wichtige Rolle spielt. In ihr erlaubt es ein Rabbi nicht nur, ein am Schabbat erkrankendes Auge mit Salbe zu bestreichen. Man dürfe, falls die Salbe nicht zuhanden ist, sie auch am Schabbat bereiten und über öffentliches Gebiet herbeibringen. Ihn nennt ein anderer Rabbi daraufhin einen Schabbatfrevler, dem nicht zu folgen sei. Als er aber selbst an einem Schabbat an den Augen litt, lässt er fragen: »Ist es erlaubt oder verboten?« Er bekommt zur Antwort: »Der ganzen Welt ist es erlaubt, dir aber verboten.« (Babylonischer Talmud Avoda Sara 28b)

Zeigt sich also bei den Chassiden im Unterschied zur Hauptströmung des Pharisäismus und im Unterschied zu Jesus eine strengere Einhaltung des Schabbat, so stimmen sie mit Jesus in Abweichung zur Hauptströmung des Pharisäismus überein in einer gewissen Vernachlässigung der Reinheitsgebote. Eine mehrfach überlieferte Geschichte über Chanina ben Dossa hat zunächst mit der Reinheitsfrage nichts zu tun. Sie stellt heraus, dass sich die Chassiden in ihrem Gebet von nichts unterbrechen ließen: »Man erzählt über Rabbi Chanina ben Dossa, dass er stand und betete. Da kam eine Giftschlange und biss ihn. Er jedoch unterbrach sein Gebet nicht. Man ging hin und fand die Giftschlange tot neben ihrem Loch liegen. Man sagte: ›Wehe dem Menschen, den eine Giftschlange gebissen hat! Aber wehe der Giftschlange, die den Rabbi Chanina ben Dossa gebissen hat!‹« (Jerusalemer Talmud B'rachot 5,1) In der Fassung im babylonischen Talmud ist dieser Geschichte ein bedeutsamer Aspekt zugewachsen. Da heißt es von Chanina, nachdem die Schlange tot ist: »Er nahm sie auf seine Schulter und brachte sie zum Lehrhaus. Er sagte ihnen: ›Seht, meine Kinder, nicht die Giftschlange tötet, sondern die Verfehlung tötet.‹« (Babylonischer Talmud B'rachot 33a) Die Schlange gehört nach 3. Mose 11,41–43 zu den unreinen Tieren. Erst recht ist die tote Schlange unrein und macht kultisch unrein, was mit ihr in Berührung kommt. Das scheint Chanina nicht zu kümmern. Mit dem toten, unreinen und verunreinigenden Tier als Demonstrationsobjekt – auch jeder, der ihn berührte, würde jetzt kultisch unrein – sagt er im Lehrhaus: »Nicht die Giftschlange tötet, sondern die Verfehlung tötet.« Darin ist in solchem Kontext impliziert: Nicht die tote Giftschlange macht unrein, sondern die Verfehlung macht unrein. Es besteht daher in diesem Punkt sachliche Übereinstimmung mit dem Ausspruch Jesu nach Markus 7,15: »Nichts davon, was von außen in den Menschen eingeht, kann ihn unrein machen, sondern das, was aus dem Menschen hervorgeht, macht den Menschen unrein.« Als aus dem Menschen Hervorgehendes werden im Folgenden die im Herzen als dem Zentrum der Person entstehenden bösen Gedanken interpretiert, die zu bösen Taten, zu Verfehlungen führen.

Die Einbettung Jesu im Judentum tritt im Matthäusevangelium an einem Punkt besonders markant hervor. Er macht die Auslegung der Tora durch »die Schriftgelehrten und die Pharisäer«, also die mündliche Tora, für seine Schülerschaft verbindlich: »Auf dem Lehrstuhl des Mose sitzen die Schriftgelehrten und die Pharisäer. Alles nun, was immer sie euch sagen, tut und haltet!« (Matthäus 23,2–3) So sehr er ihnen auch im Folgenden ein ums andere Mal ein »Wehe!«

entgegenschleudert, in allen angesprochenen Fragen lässt sich Übereinstimmung mit dem rabbinischen Judentum aufweisen bzw. bewegt er sich innerhalb des dort geführten Diskurses. Dementsprechend stellt er die unbedingte Geltung der Tora bis ins Kleinste heraus. (Matthäus 5,17–19) Auf dieser Basis kann es im folgenden Text in Matthäus 5,21–48 nicht um »Antithesen zum Gesetz« gehen, sondern es liegen Auslegungen der Tora vor.

Jesus – der Gesalbte

Aus dem bisher Dargestellten ist deutlich geworden, wie sehr der Jesus der Evangelien in die Welt des Judentums hineingehört. Wenn wir ihm begegnen, begegnen wir einem Juden, der nicht isoliert von seinem Volk gelebt hat, sondern mitten in ihm und mit ihm. Im Blick auf Aussagen, die ihn als Person herausheben, sei an die enge Beziehung zwischen Gott und Choni als eine von Vater und Sohn erinnert und an die Bezeichnung Chaninas als Sohn Gottes, dessentwegen Gott die ganze Welt erhält. »Mein Sohn« wird an anderer Stelle auch Rabbi Elieser von einer Himmelsstimme genannt. (Jerusalemer Talmud Moed Qatan 3,1[10b]) »Sohn Gottes« ist in Israels heiligen Schriften, im christlichen Alten Testament, auch Israel als Ganzes. (2. Mose 4,22–23; Hosea 11,1) So sind alle in Israel Gottes Kinder. (5. Mose 14,1) Das aber enthält zugleich die Verpflichtung, sich als Kinder Gottes zu verhalten. Aber die Gotteskindschaft geht nicht verloren, wenn diese Verpflichtung nicht eingelöst wird. Im Midrasch wird diese Bibelstelle zitiert: »*Kinder seid ihr des Ewigen, eures Gottes*« und dann fortgefahren: »Rabbi Jehuda sagt: ›Wenn ihr euch gemäß dem Verhalten von Kindern verhaltet – ja, dann seid ihr Kinder; wenn aber nicht, seid ihr auch nicht Kinder.‹ Rabbi Meïr sagt: ›Ob so oder so – ihr seid Kinder.‹« Und er belegt das an einer Reihe von Bibelstellen. (Babylonischer Talmud Qidduschin 36a) Beide Aussagen sind nicht gegeneinander auszuspielen. Die erste hebt die mit der Kindschaft gegebene Verpflichtung hervor. Die zweite betont für den Fall der Verfehlung die unbedingte Verlässlichkeit Gottes, der seinerseits das Verhältnis der Vaterschaft zu seinem Volk nicht aufkündigt, sondern in Treue dazu steht.

Die Verpflichtung, sich als Kinder Gottes zu verhalten, ist zugleich auch eine Beauftragung zur Zeugenschaft. Hält Israel die Verpflichtung ein, hält es sich an das von Gott Gebotene und steht so für Recht und Gerechtigkeit ein, für das, was Gott will, ist es damit auch Zeuge Gottes in der Welt und für sie. *»Ihr seid meine Zeugen, Spruch des Ewigen, und ich bin Gott«*, heißt es in Jesaja 43,12. Das ist ein hoher Auftrag, an dem alles hängt, wie der Midrasch deutlich macht, wenn er ausführt: »Wenn ihr meine Zeugen seid, bin ich Gott. Wenn ihr aber nicht meine Zeugen seid, bin ich gleichsam nicht Gott.« (Sifrej D'varim § 346) Gott ist im Wort und wirkt durchs Wort. Er spricht nicht anders als im Wort derer, die ihn bezeugen.

Als ein besonderer Sohn Gottes gilt der König. Nach Psalm 2,7 redet Gott den neuen König an: *»Mein Sohn bist du; heute habe ich dich erzeugt.«* Im vorangehenden Text war er von Gott als *»mein König auf Zion«* bezeichnet worden, und am Beginn des Psalms standen *»der Ewige und sein Gesalbter«* nebeneinander. In der jüdischen Tradition wird das idealisierte Königreich Davids zum Urbild des erhofften Reiches, der erhofften Herrschaft Gottes. Und dementsprechend erwartet man einen Davididen als »Gesalbten«, als messianischen König. »Messias« ist die griechische Transkription des aramäischen Wortes *meschichá*, das wie das entsprechende hebräische Wort *maschíach* die Bedeutung »gesalbt«, »Gesalbter« hat. Das griechische Wort dafür ist *christós*. In den Evangelien steht die Bezeichnung »Gesalbter« für Jesus oft neben der Bezeichnung »Sohn Gottes«. Auf dem Hintergrund von Psalm 2,7 und der jüdischen Tradition ist deutlich, dass es sich dabei um parallele Bezeichnungen handelt, dass also nicht die eine die andere überbietet, sondern das sie sich gegenseitig interpretieren. »Gesalbter« (Messias) ist die für Jesus im Neuen Testament am häufigsten gebrauchte Hoheitsbezeichnung. Das wird in unseren Übersetzungen in der Regel dadurch verdeckt, dass das griechische Wort *christós* meistens nicht übersetzt, sondern mit seiner lateinischen Transkription »Christus« wiedergegeben wird. Das erweckt den Eindruck, als handle es sich um einen Namen. Als »Gesalbter«, als »Messias« wird keiner der Chassiden bezeichnet. Damit sagen die Evangelien mehr über Jesus aus als die rabbinische Tradition über die Chassiden. Was führt sie dazu?

Im Matthäusevangelium wird Jesus gleich im Titel des Buches als »der Gesalbte, der Sohn Davids« eingeführt, (Matthäus 1,1), im Markusevangelium als »der Gesalbte, der Sohn Gottes«. (Markus 1,1) Im Lukasevangelium sagt der himmlische Bote den Hirten nach der Geburt Jesu: »Für euch wurde heute in der Stadt Davids ein Retter geboren: der Gesalbte des Ewigen.« (Lukas 2,11; vgl. 2,26) Nachdem der Evangelist Johannes im Prolog davon gesprochen hat, dass »das Wort«, Gottes schöpferisches Sprechen, Fleisch geworden sei, nennt er als Konkretion alsbald den Namen Jesus und bezeichnet dabei diesen Menschen als »Gesalbten«. (Johannes 1,14.17) Und schon in den ersten Tagen des Auftretens Jesu teilt Andreas, nachdem er zusammen mit einem anderen bei Jesus war, seinem Bruder Simon Petrus mit: »Wir haben den Messias gefunden.« Der Evangelist fügt sofort erklärend an: »Das ist übersetzt: Gesalbter.« (Johannes 1,41) In der Mitte von drei Evangelien bekennt Petrus Jesus als »den Gesalbten«. (Matthäus 16,16; Markus 8,29; Lukas 9,20) Der Evangelist Matthäus charakterisiert Jesu Handeln als »Taten des Gesalbten«, »messianische Taten«. (Matthäus 11,2) Im Johannesevangelium wird immer wieder darum gestritten, ob Jesus »der Gesalbte«, »der Messias« sei. Außenstehende bringen Einwände, Tatsachen, die in ihren Augen den für Jesus erhobenen Messiasanspruch widerlegen. Johannes bestreitet die angeführten Fakten nicht. Dennoch ist Jesus für ihn »der Gesalbte«. Gegen den stärksten Einwand, dass Jesus als an einem römischen Kreuz Hingerichteter gescheitert sei und also schlechterdings nicht der Messias sein könne, setzt er den Glauben, dass gerade an dieser Stelle tiefster Erniedrigung und tödlicher Endgültigkeit Gott neuschöpferisch gehandelt habe, indem er Jesus »erhöhte«, von den Toten aufstehen ließ. (Johannes 12,32–34; 20,9; vgl. 2,22) Entsprechend spannt der Evangelist Markus über die gesamte Erzählung der Geschichte Jesu hin die drei Akte eines Inthronisationsgeschehens. Bei der Taufe Jesu durch Johannes sagt eine Stimme vom Himmel in Aufnahme von Psalm 2,7 und Jesaja 42,1 zu ihm: *»Du bist mein geliebter Sohn; an dir habe ich Gefallen gefunden.«* (Markus 1,11) Bei der Verklärung Jesu »auf einem hohen Berg« präsentiert »eine Stimme aus der Wolke« Jesus den drei mitgenommenen Schülern in Aufnahme von Palm 2,7 und 5. Mose 18,15: *»Das ist mein geliebter Sohn. Hört auf ihn!«* (Markus 9,7) Nach dem Tod Jesu am Kreuz lässt Markus den Centurio des Hinrichtungskommandos angesichts des dabei Geschehenen bekennen: »Wahrhaftig, dieser Mensch war Gottes Sohn.« (Markus 15,39) Er legt diesem nichtjüdischen Menschen nicht mehr in den Mund, als ihm in dieser Situation als denkbar erscheint. Dass aus dessen Aussage in Vergangenheitsform für die Lesenden und Hörenden des Evangeliums die Aussage vom Anfang – Jesus *ist* »der Gesalbte, der Sohn Gottes« – aufgenommen und durchgehalten werden kann, dafür muss noch die Botschaft des jungen Mannes im weißen Gewand im Grab Jesu an die drei Frauen erklingen, die Jesu Leichnam salben wollten. »Jesus sucht ihr, den aus Nazaret, den gekreuzigten. Er ist aufgeweckt worden; er ist nicht hier.« (Markus 16,6) Nach der Darstellung des Lukas in der Apostelgeschichte erfolgt am ersten Tag des Wochenfestes, des zweiten jüdischen Wallfahrtsfestes im Jahr, gemäß Joel 3 die Ausgießung von Gottes Geisteskraft über die versammelte Anhängerschaft Jesu. Das führt zu ekstatischen Phänomenen, was die Bevölkerung Jerusalems samt Festbesuchern zusammenlaufen lässt. (Apostelgeschichte 2,1–13) Diesen seinen Landsleuten hält Petrus eine Rede. Gegen deren Ende zitiert er David als den vorgestellten Autor vieler Psalmen und fasst das dann so zusammen: »Deshalb redete er vorausblickend von der Auferstehung des Gesalbten.« Er fährt selbst bekennend fort: »Diesen Jesus hat Gott aufstehen lassen; das bezeugen wir alle.« Unter Bezug auf Psalm 110,1 sagt er schließlich: »Das ganze Haus Israel soll also mit Gewissheit erkennen, dass Gott ihn zum Herrn und Gesalbten gemacht hat – diesen Jesus, den ihr habt kreuzigen lassen.« (Apostelgeschichte 2,31–36) Aufgrund des Glaubens an Jesu Auferweckung halten ihn die Evangelisten für den Messias und stellen von daher sein Wirken als ein messianisches dar. Und dieses Wirken ist primär auf Israel bezogen.

Der zur Rechten Gottes erhöhte Herr und Gesalbte greift nicht selbst unmittelbar in das Geschehen ein; er ist sozusagen in einem Wartestand. Von daher ergibt es sich, dass er angesichts all des Bedrängenden, das in der Welt weiterhin geschieht, dringlich um sein Kommen angerufen wird. Bei Paulus findet sich am Ende des 1. Korintherbriefes in griechischer Transkription der aramäische Ruf: *marána tha*. (1. Korinther 16,22) Paulus übersetzt ihn nicht. Er setzt ihn als bekannt voraus. Das heißt dann aber auch, dass er in den Gemeindeversammlungen im Gebrauch war. Dieser Ruf findet sich in derselben Form noch einmal in der ältesten erhaltenen Gemeindeordnung. (Didache 10,6) Am Ende der Offenbarung des Johannes, unmittelbar vor dem Schlussgruß, lässt der Autor den erhöhten Jesus sagen: »Ja, ich komme bald.« Darauf folgt als Bitte zum Einstimmen für die Lesenden und Hörenden: »Amen. Komm, Herr Jesus!« (Offenbarung 22,20) Das ist eine der Sache entsprechende

Aufnahme des aramäischen Rufes *marána tha*. Dieser Ruf ist die bittende Entsprechung zu der biblischen an Gott gerichteten Frage: »Wie lange noch, Ewiger?« (z.B. Psalm 79,5) Sie wird aus bedrängenden Situationen heraus gestellt, ein Schrei aus der Erfahrung von Leid, Not und Unrecht. Gott möge doch endlich eingreifen und dem ein Ende machen. Er ist doch der Richter, der das letzte Wort hat und Recht und Gerechtigkeit herstellen wird! Das ist die Intention dieser Frage. In der Bitte um sein Kommen ist diese Intention auf Jesus als Herrn bezogen. Das setzt voraus, dass er von Gott dazu beauftragt ist, als sein Repräsentant diese Funktion des Richters wahrzunehmen. So wird Jesus auch mit der aus Daniel 7 hervorgegangenen Gestalt des »Menschensohnes« als des von Gott beauftragten endzeitlichen Richters identifiziert. Daher nimmt Jesus, besonders ausgeprägt im Matthäusevangelium, nicht nur die Rollen des Lehrers und des messianischen Königs ein, sondern auch die des Richters. Letztere wird er jedoch erst in der Zukunft ausfüllen.

Dass Jesus als Gesalbter, als Herr, erhöht zur Rechten Gottes, als endzeitlicher Richter gilt, geht über das hinaus, was über die Chassiden gesagt wird. Aber diese hohen Aussagen ergeben sich nicht von einer herausragenden Eigenschaft oder Aktivität Jesu her, dass er also irgendeine Einzigartigkeit aufwiese, die ihn von allen anderen Menschen abhöbe, dass er so Besonderes gesagt oder getan hätte wie niemand sonst. Sie gründen allein darin, dass Gott am gestorbenen Jesus gehandelt hat, als er selbst gar nichts mehr aufwies und gar nichts mehr tun konnte, dass Gott ihn in endzeitlich-neuschöpferischer Tat von den Toten aufgeweckt hat. Dieses Zeugnis konnte nur auf der Basis der heiligen Schriften Israels und innerhalb der sie auslegenden jüdischen Tradition gegeben werden.

Also nicht nur das Wenige, was historisch mit Gewissheit über Jesus gesagt werden kann, lässt uns einem Juden begegnen. Auch wenn wir Jesus wahrnehmen, wie ihn die

Evangelien darstellen, begegnen wir einem Juden – und damit Jüdischem und nur Jüdischem.

Ein Theologe soll gesagt haben: Dass sich Gott durch Jesus, also einen Menschen aus dem jüdischen Volk, kundgetan habe, sei historisch zufällig und daher sachlich nicht von Gewicht. Er hätte sich dazu auch einen Menschen aus irgendeinem anderen Volk erwählt haben können. Die bestimmte Volkszugehörigkeit spiele keine Rolle. Träfe das zu, ginge es um einen zuvor unbekannten Gott, der erst durch Jesus in die Welt gekommen wäre, der erst in Jesus gezeigt hätte, wer er ist. Das ist nicht die Sicht des Neuen Testaments. Nach ihm gilt in aller Selbstverständlichkeit und wird auch immer wieder deutlich erkennbar: Es ist der in Israel bezeugte und dort längst schon bekannte Gott, der in und durch Jesus zu Wort und Wirkung kommt. Nach der Bibel ist Gott in Israel zur Welt gekommen und dieser Gott Israels kommt durch Jesus zu den Völkern der Welt. Wie das geschehen ist, darüber wird in diesem Buch noch zu handeln sein.

2. Jesu Schülerschaft: alle jüdisch – auch nach »Ostern«

a) Der Anfang: »Gott hat Jesus von den Toten aufgeweckt«

Unter den Punkten, die mit hoher Wahrscheinlichkeit als historisch gesichert gelten können, wurde im vorigen Kapitel angeführt, dass Jesus einen Schülerkreis um sich gesammelt hat. Alle erwähnten Daten weisen darauf hin, dass es sich bei diesen Mitgliedern durchgehend um jüdische Personen handelt. Die Schülerschaft Jesu fand aber ein abruptes Ende, als er festgenommen wurde. Die Evangelien berichten, dass alle Schüler die Flucht ergriffen. Ihre Enttäuschung muss noch größer gewesen sein, nachdem er hingerichtet worden war. Das spiegelt sich deutlich in der wunderhaften und wunderbaren Erzählung von zwei Schülern auf dem Weg von Jerusalem nach Emmaus am dritten Tag nach Jesu Tod. (Lukas 24,13–32) Es ist ein Weg zurück, ein Weg der Resignation. Ihnen schließt sich Jesus unerkannt als Dritter an. Als scheinbar Unwissender zieht er sie in ein Gespräch über sich selbst. Ihm gegenüber sagt einer der beiden Schüler: »Wir aber hatten gehofft, dass er es sei, der Israel befreien würde.« (Lukas 24,21) Die auf Jesus gesetzte Hoffnung und damit auch ihre Schülerschaft ihm gegenüber haben mit Jesu Tod ein Ende gefunden.

Die Evangelien enden jedoch nicht mit dem Bericht von Jesu Tod. Sie und das gesamte übrige Neue Testament wissen von einer Wende der Resignation und Enttäuschung. Sie bezeugen auf unterschiedliche Weise ein Sehen Jesu nach dessen Tod, das zum Glauben führte, Gott habe ihn von den Toten aufgeweckt. Ich folge dazu zunächst weiter der Erzählung vom Gang nach Emmaus. Nachdem einer der beiden Schüler die Enttäuschung resigniert festgestellt hat, dementiert Jesus nicht die darin ausgesprochene Hoffnung. Er dementiert den Grund ihrer Enttäuschung, dass es durch seinen Tod endgültig aus mit ihm sei. Dieses Dementi zeigt die Erzählung für ihre Leser- und Hörerschaft schon dadurch, dass sie Jesus als Lebendigen mit seinen Schülern mitgehen und mit und zu ihnen reden lässt. Auf die ausgesprochene Enttäuschung antwortet Jesus: »Seid ihr denn so unverständig und zu träge im Herzen, um all dem zu vertrauen, was die Propheten geredet haben?! Musste das nicht der Gesalbte erleiden und in seinen Glanz eingehen?« Anschließend stellt der Evangelist erläuternd fest: »Und von Mose und allen Prophetenbüchern an begann er, ihnen in allen Schriften das zu erklären, was ihn betrifft.« (Lukas 24,25–27) Das deprimierende Schicksal Jesu wird mit den Aussagen der heiligen Schriften Israels zusammengesehen und damit der in ihnen bezeugte lebendige Gott in dieses schlimme Geschehen hineingezogen. Der überlässt seinen Gesalbten, den Messias, nicht dem Tode, wie die Aussage von dessen Eingehen »in seinen Glanz« andeutet. Aber das führt bei den Schülern noch nicht zu einem Umschwung. Es bedarf noch eines weiteren Anstoßes. Der erfolgt, als sie gegen Abend in Emmaus ankommen und den Unbekannten bedrängen, bei ihnen einzukehren. Beim Mahl übernimmt dieser in aller Selbstverständlichkeit die Rolle des Hausvaters. Er »nahm das Brot, sagte den Segensspruch, brach es und gab es ihnen«. An dieser Stelle heißt es: »Da wurden ihnen die Augen geöffnet, sodass sie ihn erkannten.« (Lukas 24,28–31a) Dass vergangenes Handeln Jesu gegenwärtig wird, was nur Gott bewirken kann, öffnet ihnen die Augen und lässt sie Jesus als Lebendigen erkennen. Aber nun berichtet die Erzählung nicht von einer fröhlichen Wiedersehensfeier. Sie stellt vielmehr sofort fest: »Er jedoch wurde vor ihnen unsichtbar.« (Lukas 24,31b) Nach dem Aufblitzen der Erkenntnis seiner lebendigen Gegenwart ist ihnen Jesus sogleich wieder entzogen. Aber die gewonnene Erkenntnis wirkt sofort in der Weise, dass sie keinen Augenblick länger in Emmaus, dem Ort ihrer Resignation, bleiben können. Jetzt stellen sie fest: »Brannte nicht unser Herz in uns, als er unterwegs zu uns redete, als er uns die Schriften öffnete?« Und so treten sie augenblicklich den Rückweg nach Jerusalem an zur Gemeinschaft mit der übrigen Schülerschaft Jesu, von der sie sogleich zu hören bekommen: »Wirklich, der Herr ist aufgeweckt worden und dem Simon erschienen.« (Lukas 24,32–34)

Die Aussage vom Erscheinen Jesu nach seinem Tod vor Simon Petrus findet sich bereits in einer Formulierung, die schon Paulus als ihm überkommene Tradition kennzeichnet. Nämlich, »dass der Gesalbte für unsere Sünden gestorben ist gemäß den Schriften und dass er bestattet wurde und dass er am dritten Tag aufgeweckt ist gemäß den Schriften und dass er dem Kephas (= Petrus) erschien, danach den Zwölf.« (1. Korinther 15,3b–5) Auch hier ist ein Verb aus dem Bereich des Sehens mit einem Hinweis auf »die Schriften« verbunden. Dabei kann besonders Hosea 6,1–2 im Blick sein: *»Kommt, lasst uns umkehren zum Ewigen! Ja, er hat zerrissen, wird uns aber heilen, hat geschlagen, wird uns aber verbinden, macht uns lebendig nach zwei Tagen, lässt am dritten Tag uns aufstehen, sodass wir vor ihm leben.«*

Paulus sagt vor der Zitierung des Traditionsstückes nicht nur, dass es ihm überliefert wurde, sondern auch, dass er es seinerseits der korinthischen Gemeinde gleich zu Beginn seiner dortigen Tätigkeit übergeben hat. Anschließend führt er weitere Zeugen an, denen Jesus nach seinem Tod erschienen ist: mehr als fünfhundert Geschwistern auf einmal, Jakobus, allen Aposteln. Danach nennt er sich selbst als letzten Zeugen in dieser Sache. (1. Korinther 15,6–8)

Nach dem Matthäusevangelium sind es »Mirjam aus Magdala und die andere Mirjam«, die in aller Frühe am Beginn des ersten Wochentages eine Begegnung mit dem auferweckten Jesus haben. Unmittelbar davor wird ein »Bote des Ewigen, vom Himmel herabgestiegen«, erwähnt. Er rollt den Stein von Jesu Grab weg; seine blitzartige Erscheinung lässt die Grabwächter wie tot werden. Den beiden Frauen verkündet er, Jesus sei aufgeweckt worden und nicht mehr im Grab. Seinen Schülern sollen sie sagen, er gehe ihnen nach Galiläa voran. (Matthäus 28,1–7) In der anschließend äußerst knapp erzählten Begegnung der Frauen mit Jesus selbst wiederholt dieser lediglich den Auftrag, seinen »Brüdern« zu melden, »dass sie nach Galiläa gehen sollen, wo sie ihn sehen werden«. (Matthäus 28,9–10) Das Johannesevangelium erzählt ausführlich eine Erstbegegnung des auferweckten Jesus mit Mirjam aus Magdala. (Johannes 20,11–18)

Ob sich aus diesen und weiteren Erzählungen historisch etwas gewinnen lässt, ist sehr fraglich. In historischer Perspektive gelesen, sind sie voller unausgleichbarer Widersprüche. Wichtiger ist die Feststellung: Alle hier genannten Personen sind Jüdinnen und Juden. Mit ihrem durch ein bestimmtes Sehen bewirkten Glauben an den gekreuzigten Jesus als lebendig Gegenwärtigen haben sie kein anderes als jüdisches Selbstverständnis gewonnen. Wäre es nicht anachronistischer Unsinn anzunehmen, irgendjemand von ihnen hätte gedacht: Also bin ich von jetzt an nicht mehr jüdisch, sondern »christlich«? Sie sind als Jüdinnen und Juden im Zusammenhang mit ihrer jüdischen Bibel und Tradition zu diesem Glauben gekommen. Dass Gott »die Toten lebendig macht«, ist im Judentum der Zeit verbreitete Hoffnung. Schon in der Mitte des 2. Jahrhunderts v.d.Z. weigern sich, so wird erzählt, eine Mutter und ihre sieben Söhne, durch demonstratives Essen von Schweinefleisch den Abfall vom Judentum und also den Abfall von Israels Gott als dem Einen zu vollziehen. Sie nehmen stattdessen den für diesen Fall angedrohten Tod durch qualvolle Hinrichtungen in Kauf. Sie tun es im »Erwarten des von Gott zu Erhoffenden, von ihm wieder aufgerichtet zu werden«. »Der König der Welt [...] wird uns wiederbeleben und zum ewigen Leben aufstehen lassen.« (2. Makkabäer 7,9.14) In der auf Jesus bezogenen entsprechenden Aussage ist die Zeitform anders. Es heißt nicht, Gott *wird* ihn, sondern Gott *hat* ihn aufstehen lassen bzw. aufgeweckt. Das ist das Neue, das so bisher nicht gesagt wurde, dass Gott am toten Jesus schon neuschöpferisch gehandelt hat. Aber auch diese Aussage konnte nur innerhalb der jüdischen Tradition erfolgen und verstanden werden und führte für diejenigen, die sie machten und übernahmen, zu keinem anderen Selbstverständnis.

Weil die Aussage von der Auferweckung Jesu einen Akt endzeitlicher Neuschöpfung durch Gott benennt, hat sie weitreichende Implikationen. Sie werden in späteren Kapiteln entfaltet. Hier sei nur auf eine Formulierung des Paulus eingegangen: »Jetzt aber ist der Gesalbte von den Toten aufgeweckt als Erstlingsgabe der Entschlafenen.« (1. Korinther 15,20) Im Zusammenhang geht es Paulus darum, der Gemeinde über die Auferstehung der Toten Gewissheit zu geben. Er tut das so, dass er sie in der Auferweckung Jesu begründet sein lässt. Doch nennt er in diesem Kontext nicht den bloßen Namen »Jesus«, sondern spricht von ihm immer wieder als dem »Gesalbten«, dem endzeitlichen messianischen König. Dieser Gesalbte ist aufgeweckt als »Erstlingsgabe der Entschlafenen«. Paulus bezeichnet damit Jesus nicht einfach als den ersten schon Auferweckten. Mit dem Wort »Erstlingsgabe« lässt er an die biblischen Bestimmungen über die Abgaben denken, die von den im Land Israel geernteten und hergestellten Produkten an den Tempel zu entrichten sind. Sie sind zu entrichten, weil Gott als Eigentümer des Landes gilt, dem rechtens alles in ihm und auf ihm Produzierte zusteht. Er begnügt sich aber mit den Erstlingsgaben, die somit das Ganze repräsentieren, von dem sie genommen sind. Wenn Jesus als der von Gott endzeitlich aufgeweckte messianische König die »Erstlingsgabe« der Entschlafenen ist, repräsentiert er damit alle zu ihm Gehörigen. Alle, die sich seiner Herrschaft unterstellen, sind damit in seine Auferweckung eingeschlossen. Sie dürfen deshalb der eigenen Auferstehung so gewiss sein, wie gewiss Gott Jesus von den Toten aufgeweckt hat.

In diesem Zusammenhang ist noch ein Aspekt zu bedenken. Das von Paulus zitierte alte Traditionsstück nennt außer Kephas (Petrus) noch »die Zwölf«, denen Jesus als »der Gesalbte« nach seiner Auferweckung erschienen ist. Die Zahl 12 bezieht sich auf die zwölf Stämme Israels. Die zwölf Schüler repräsentieren sie. Hier zeigt sich das Selbstverständnis dieser Gemeinschaft. Nämlich: repräsentativer Vortrupp des endzeitlich restituiert werdenden Israel zu sein. Von daher ergibt es sich auch, dass sie sich in Jerusalem niederlässt, obwohl zur Anhängerschaft Jesu vorwiegend Menschen aus Galiläa gehörten. Jerusalem ist »die Stadt Davids«. Wohin, wenn nicht nach Jerusalem, sollte der endzeitliche messianische König, »der Sohn Davids«, kommen? In dieser Perspektive stellen die Evangelisten schon den Einzug Jesu in Jerusalem vor seinem Tod dar. Er wird damit zum Vorschein für sein endgültiges Kommen. Da ruft man Jesus zu: »*Hosanna* dem Sohn Davids! *Gesegnet, der da kommt im Namen des Ewigen!*« (Matthäus 21,9) »*Hosanna! Gesegnet, der da kommt im Namen des Ewigen!* Gesegnet das kommende Reich unseres Vaters David!« (Markus 11,9–10) »*Gesegnet, der da kommt*, der König, *im Namen des Ewigen!*« (Lukas 19,38) »*Hosanna! Gesegnet, der da kommt im Namen des Ewigen!* Der König Israels!« (Johannes 12,13)

b) »Pfingsten« – »Geburtstag der Kirche«?

Pfingsten gilt traditionell als »Geburtstag der Kirche«. Wenn das der Fall wäre, müssten diejenigen, die bei dieser »Geburt« hervorgebracht wurden, »die ersten Christen« gewesen sein. Aber hier fängt das Problem schon mit der Übersetzung an. Das Wort »Pfingsten« ist aus dem griechischen Wort *pentekosté* gebildet. Gemeint ist damit »der fünfzigste (Tag)«. Er bezeichnet den Beginn des zweiten jüdischen Wallfahrtsfestes, des Wochenfestes, genau sieben Wochen nach Pessach. Wenn Paulus in 1. Korinther 16,8 schreibt, er wolle »bis zum fünfzigsten« in Ephesus bleiben, und wenn es in Apostelgeschichte 20,16 von ihm heißt, er sei in Eile, um möglichst »am fünfzigsten Tag« in Jerusalem zu sein, dann ist an das jüdische Wochenfest gedacht. Die Übersetzung mit »Pfingsten« lässt an das christliche Pfingstfest denken, das als solches erst im 4. Jahrhundert entsteht. Diese Übersetzung verdeckt Jüdisches.

Bei den Menschen, die sich nach Apostelgeschichte 2 in Jerusalem am fünfzigsten Tag, am Beginn des Wochenfestes, versammeln, handelt es sich ausschließlich um Juden und Jüdinnen – um in Jerusalem lebende und aus vielen Ländern der Diaspora zum Wallfahrtsfest gekommene. Bei der auf Jesus bezogenen Gruppe denkt Lukas zuerst an »die Zwölf«, die Repräsentanz des Zwölfstämmevolks Israel. Wie wichtig ihm diese Vorstellung ist, zeigt sich nicht zuletzt daran, dass er von der Nachwahl eines Matthias zu berichten weiß, mit der die Zwölfzahl nach dem Weggang des Judas wiederhergestellt wird. (Apostelgeschichte 1,23–26) Nachdem Lukas den am Ende seines Evangeliums dargestellten Abschied Jesu von den verbliebenen Elf am Beginn der Apostelgeschichte noch einmal in veränderter Fassung erzählt hat, lässt er sich diese in einer Wohnung in Jerusalem aufhalten und zählt sie namentlich auf. Aber sie sind nicht nur unter sich. Sie sind zusammen »mit Frauen«, von denen Jesu Mutter Mirjam hervorgehoben wird. Und schließlich erwähnt Lukas noch Jesu Geschwister. (Apostelgeschichte 1,12–14) Dass zu dieser Gruppe bald nach Jesu Tod auch Angehörige seiner Familie gehören, ist erstaunlich. Nach einer in den ersten drei Evangelien aufgenommenen Tradition war das Verhältnis Jesu zu seiner Familie alles andere als konfliktfrei. Besonders scharf stellt das Markusevangelium diesen Konflikt dar. Danach machten sich seine Verwandten auf, »um ihn zu ergreifen. Sie sagten nämlich: ›Er ist verrückt geworden.‹« Näher heißt es dann, dass seine Mutter und seine Geschwister kamen, als viele Leute um ihn herum saßen, und ihn rufen ließen. Darauf reagiert er: »›Wer ist meine Mutter? Oder meine Geschwister?‹ Indem er auf die umherblickte, die rings um ihn saßen, sagte er: ›Seht her: Meine Mutter und meine Geschwister! Wer immer nämlich den Willen Gottes tut, ist mir Bruder, Schwester und Mutter.‹« (Markus 3,21.31–35) Was könnte es veranlasst haben, dass zu der auf Jesus bezogenen Gruppe nach dessen Tod auch Familienangehörige stießen? Das kann nur damit zusammenhängen, dass unter denen, die eine Erscheinung Jesu nach dessen Tod hatten, auch ein Jakobus genannt wird, mit dem Paulus einen Bruder Jesu meint. (1. Korinther 15,7; vgl. Galater 1,19) Dieser Jakobus hatte in der Jerusalemer Jesusgemeinde alsbald eine führende Stellung. Darauf wird noch einzugehen sein. Die Zugehörigkeit von Familienangehörigen Jesu unterstreicht nur die Jüdischkeit dieser Gemeinschaft.

Lukas berichtet im Anfangsteil der Apostelgeschichte von deren rasantem Wachstum. Er nennt die Zahlen 120, 3000, 5000. (Apostelgeschichte 1,15; 2,41; 4,4) Wieviel davon historisch ist, was schriftstellerische Übertreibung, sei dahingestellt. Im Sinn des Lukas soll es wohl anzeigen, dass darin Gott segensreich wirkt. Als die Menschen hinter diesen Zahlen stellt er sich jedenfalls ausschließlich Jüdinnen und Juden vor. Die Jüdischkeit dieser Gemeinschaft zeigt sich besonders deutlich darin, was er über das Verhalten ihrer Mitglieder berichtet: Sie hielten sich täglich »im Heiligtum« auf, im Bereich des Tempels. Das hier gebrauchte Verb hat die Grundbedeutung »ausdauern«. Gemeint ist gewiss nicht, dass sie sich andauernd im Tempelbereich aufhielten. Ausdauer kann man auch in dem erweisen, was man regelmäßig tut: »Tag für Tag hielten sie sich einmütig und regelmäßig im Heiligtum auf.« (Apostelgeschichte 2,46) Für den Aufenthalt im Tempelbereich gab es naheliegende Zeiten. Davon spricht Lukas kurz danach: »Petrus und Johannes stiegen zur Zeit des Gebets, der neunten Stunde, zum Heiligtum hinauf.« (Apostelgeschichte 3,1) Er formuliert nicht im Aorist, sondern im Imperfekt, kennzeichnet dieses Hinaufsteigen damit als ein wiederholtes und übliches, sodass in der Übersetzung ein »regelmäßig« eingefügt werden kann. Die neunte Stunde ist die Zeit des täglichen Opfers am Nachmittag (*tamíd*). Das Tamidopfer am Vormittag markiert zugleich eine weitere Gebetszeit, zu der sich Menschen im Heiligtum versammeln. Auch sie wird von Lukas erwähnt. (Lukas 1,10) Das regelmäßige Gehen zum Tempel und das Beten gehören also zusammen. Und so nimmt es überhaupt nicht wunder, dass mit demselben Verb auch das Gebet verbunden wird. Was Lukas von den Elf zusammen mit Frauen und Angehörigen Jesu über deren Tun sagt, wird oft so übersetzt: »Sie alle verharrten einmütig im Gebet« oder »hielten einmütig am Gebet fest«. (Apostelgeschichte 1,14) Sie werden nicht ständig gebetet haben. Gemeint ist: »Sie alle waren einmütig und regelmäßig auf das Gebet bedacht« – und gingen daher zu den Gebetszeiten zum Tempel.

Bei wem, bei wie vielen und wann die gedeutete Erfahrung, im Blick auf den auferweckten Jesus von Gottes Geisteskraft ergriffen zu sein, historisch begonnen hat, wissen wir nicht. Johannes verbindet sie unmittelbar mit dem Ostergeschehen. (Johannes 20,22) Lukas gestaltet sie in einer farbigen Erzählung breit aus, die er auf das Wochenfest datiert, das im Abstand von sieben Wochen auf das mit Tod und Auferweckung Jesu verbundene Pessachfest folgt. Deutlich ist in jedem Fall, dass es sich bei den Menschen, die diese Erfahrung gemacht und so gedeutet haben, um jüdische Personen handelt, und dass die Gruppe, die sie daraufhin gebildet haben, eine Gruppe im Judentum in Jerusalem ist. Es gibt gewiss eine Kontinuität von dieser Gruppe zur späteren christlichen Kirche. Aber es ist eine Kontinuität mit Bruchstellen und mit einem tiefen Bruch in der ersten Hälfte des 2. Jahrhunderts.

c) Taufe und Erinnerungs-Mahl als rituelle Identitätsmerkmale

Was gibt dieser Gruppe innerhalb des Judentums ihr besonderes Profil? Natürlich ist für sie eigentümlich, dass sie sich auf den gekreuzigten Jesus bezieht, den sie als von Gott Auferweckten für den Gesalbten hält, den endzeitlichen messianischen König. Eine eigene Identität bildet sich vor allem in rituellen Vollzügen aus und festigt sich in ihnen. Das sind in dieser Gruppe zwei. Einer davon ist die Taufe. Wir können nicht wissen, wer sie wann und wo eingeführt hat. Aber sie muss schon sehr früh als Initiationsritus für die Zugehörigkeit zu dieser Gemeinschaft ausgeübt worden sein. Schon Paulus setzt sie in aller Selbstverständlichkeit voraus. (z.B. 1. Korinther 1,14–16) Lukas lässt in seiner Darstellung dessen, was am Wochenfest in Jerusalem geschieht, Petrus in einer Rede dessen Hörerschaft dazu auffordern, sich taufen zu lassen, was dann auch viele tun. (Apostelgeschichte 2,38.41) Die Taufe ist für die je einzelne Person ein je einmaliger Akt. Das ist anders bei dem zweiten Ritus, der eigene Identität fördert und festigt, dem Erinnerungs-Mahl. Das ist eine zu wiederholende Mahlfeier, die an das letzte Mahl Jesu mit seinen Schülern erinnert und das dort Bewirkte im wieder-holenden Vollzug jeweils vergegenwärtigt. Sie ist zur »Eucharistie« und zum »Abendmahl« der Kirchen geworden.

Zur Taufe

In der Jesusgruppe wurde die Taufe zum Initiationsritus und spielte damit eine gewichtige Rolle in ihr. Das ist nicht denkbar ohne das Faktum, dass sich Jesus von Johannes dem Täufer hatte taufen lassen. So zeigt sich auch eine enge sachliche Verbindung zwischen der Taufe des Johannes und der Taufe in der Jesusgruppe. Die Kennzeichnung des Johannes als »der Täufer« weist die von ihm durch Untertauchen geübte Taufe als seine Besonderheit aus. In ihr manifestiert sich und kommt zum – vorläufigen – Ziel, was sein Auftreten als Verkündiger intendiert. Er nimmt prophetische Traditionen auf, wenn er den kommenden Gott als ganz nah andrängenden verkündet. Wenn aber Gott, der für Recht und Gerechtigkeit einsteht, kommt, kann es nicht so weitergehen, wie es läuft – mit all dem schreienden Unrecht. Und wer wäre nicht auf die eine oder andere Weise in es verstrickt? Wenn Gott kommt, dann kommt er zum Gericht, um Recht zu sprechen und Gerechtigkeit herzustellen. Deshalb gilt es umzukehren, sich abzuwenden von allen falschen Wegen. Das hat Verheißung. Gott ist vor allem und zuerst ein gnädiger Gott. Und so verspricht Johannes denjenigen, die umkehren und ihre Verfehlungen bekennen, dass diese durch seine Taufe gleichsam abgewaschen, dass sie vergeben werden. Seine Taufe ist »eine Taufe der Umkehr zur Vergebung der Sünden«. (Markus 1,4/Lukas 3,3) Die Getauften bekommen damit sozusagen Brief und Siegel darauf, dass sie beim Kommen Gottes in dessen Gericht bestehen werden.

In der neutestamentlichen Wissenschaft gibt es eine lange und starke Tradition, die Johannes einseitig zum Gerichtspropheten macht und Jesus von ihm abhebt als denjenigen, der den gnädigen Gott verkündet. Doch das ist Konstruktion; der Befund in den Evangelien sieht anders aus. Selbstverständlich ordnen sie Jesus dem Johannes über –

und das kräftig. Umso erstaunlicher ist es, dass sie in der Sache Übereinstimmung bestehen lassen. Das tritt besonders deutlich im Matthäusevangelium hervor. Nicht nur, dass sich die Gerichtsankündigungen des Johannes auch im Munde Jesu finden. (Vgl. nur Matthäus 3,10; 7,19) Vor allem nimmt die programmatische Verkündigung Jesu die des Johannes wörtlich auf: »Kehrt um! Denn das Himmelreich ist nahe gekommen.« (Matthäus 3,2; 4,17) Jesus fasst sich mit Johannes zusammen, wenn er als ihrer beider gemeinsamen Auftrag formuliert, »Gerechtigkeit in ihrer Gänze aufzurichten« – und das gerade an einer Stelle, die den Vorrang Jesu hervorhebt. (Matthäus 3,15) Dem entspricht die positive Wertung der Johannestaufe, dass sie »vom Himmel« sei, also von Gott geboten. (Matthäus 21,25; Markus 11,30; Lukas 20,4; vgl. Matthäus 21,32; Lukas 7,29)

Jesus hat sich von Johannes taufen lassen und steht in sachlicher Kontinuität zu ihm. Wahrscheinlich gab es auch unter seinen Schülern von Johannes Getaufte. Nach dem Johannesevangelium waren die ersten beiden Schüler Jesu zuvor Schüler des Täufers. Jesus, von Johannes getauft, hat dessen Wirken fortgesetzt. Trotz seines Todes wurde er von Anhängern alsbald nicht als gescheitert beurteilt, sondern als von Gott Auferweckter geglaubt und von daher als endzeitlicher messianischer König angesehen. Von diesen Voraussetzungen aus gilt auch das Wirken des Johannes als ins Recht gesetzt. Dann ist Gott schon in und durch Johannes nahegekommen und bleibt er in der Vergegenwärtigung von dessen Wirken der Kommende, der andrängende Gott. Und so wird auch die Taufe des Johannes in Gänze übernommen. Sie erhält ein zusätzliches Element, dass nämlich durch sie auch Gottes Geisteskraft vermittelt wird. (Matthäus 3,11; Markus 1,8; Lukas 3,16; Johannes 1,33; Apostelgeschichte 1,5; vgl. Apostelgeschichte 8,14–17; 19,5–6) Auch das verdankt sich dem Glauben an die Auferweckung Jesu durch Gott. Sie ist ja ein Akt endzeitlicher Neuschöpfung. Bei ihr gibt Gott nach prophetischer Tradition seine Geisteskraft. (Joel 3) Die Begabung mit Gottes Geisteskraft wird in der Jesusgemeinde erfahren. Diese in der Gemeinde wirkende Geisteskraft ist schon ein Element der neuen Schöpfung, der Herrschaft und des Reiches Gottes, das in der noch weiterbestehenden alten Welt doch schon Zeichen der neuen setzen lässt.

Die von Johannes übernommene und um dieses wichtige Element erweiterte Taufe erfolgt im ausdrücklichen Bezug auf Jesus. Paulus betont gegenüber der korinthischen Gemeinde, dass die Getauften nicht »auf den Namen« ihres Täufers getauft wurden, die von ihm Getauften also nicht »auf den Namen des Paulus«, nicht »auf meinen Namen«. (1. Korinther 1,13.15) Sie wird vollzogen »auf den Namen Jesu« oder »im Namen Jesu«. Dabei kann Jesus charakterisiert werden als »der Gesalbte« oder »der Herr«. (Apostelgeschichte 2,38; 10,48; vgl. 8,12.16; 19,5) Die Formulierung »auf den Namen« meint in möglicher Analogie zu einer Gutschrift aufs Konto im antiken Bankwesen eine Übereignung an den mit Namen Genannten. Die Formulierung »im Namen« lässt sich von einer Stelle in der Apostelgeschichte her erschließen. Nach ihr berichtet Paulus, wie er nach seiner Erfahrung bei Damaskus dann in der Stadt von Hananias aufgefordert wird, das zu tun, was jetzt für ihn an der Zeit sei. »Auf, rufe seinen (Jesu) Namen an und lass dich taufen und dir die Sünden abwaschen!« (Apostelgeschichte 22,16) Das Anrufen des Namens Jesu erkennt ihn als Lebendigen an und unterstellt sich ihm. Beide Formulierungen betonen also das Moment der Zugehörigkeit zu Jesus. Dieses Moment zeigt sich verstärkt, wenn Jesus dabei als »Herr« gekennzeichnet wird. Wird er in diesem Zusammenhang »der Gesalbte« genannt, macht das den messianischen Kontext explizit. Die Taufe stellt die Getauften in die Gemeinde als den Bereich, in dem Jesus als endzeitlicher messianischer König jetzt schon herrscht. Das ist gemeint, wenn Paulus, ohne die Formulierung mit dem Wort »Namen« zu gebrauchen, vom Taufen »in den Gesalbten (Jesus)« spricht. (Römer 6,3; Galater 3,27) Das bei uns mit »taufen« übersetzte griechische Wort hat die Bedeutung »eintauchen«, bezieht sich also in diesem Kontext deutlich auf den Ritus des Untertauchens. Paulus schreibt der korinthischen Gemeinde, »wir alle« seien »in *einen* Leib hineingetauft worden«. Als den hatte er unmittelbar vorher »den Gesalbten« genannt. Die Gemeinde verkörpert den nicht leibhaftig anwesenden Gesalbten Jesus. Und so bezeichnet er sie als »Leib des Gesalbten«; er formuliert hier nicht – und könnte es nicht – »Leib Jesu«. Die Taufe ist also messianische Inkorporation und die Gemeinde messianische Verkörperung. (1. Korinther 12,12–13.27) Diese Taufe führt nicht aus dem Judentum hinaus, sondern ist wie die Johannestaufe in dieser Zeit eine Taufe im Judentum.

Was bisher über die auf Jesus bezogene Gemeinschaft dargestellt wurde, ließ noch keine nichtjüdischen Menschen in den Blick kommen. Dennoch sei hier schon auf eine Stelle eingegangen, in der das im Zusammenhang der Rede vom Taufen der Fall ist. Dort begegnet zwar auch die Wendung »auf den Namen«, aber es folgt dann nicht der Name »Jesus«, sondern eine charakteristisch andere Formulierung. Am Ende des Matthäusevangeliums werden – unter Voraussetzung der biblischen Grundunterscheidung zwischen Israel und den Völkern – Letztere programmatisch in den Blick genommen. Auf sie bezogen fordert der auferweckte Jesus seine Schüler auf: »Macht euch auf den Weg und lasst alle Völker mitlernen! Tauft sie auf den Namen des Vaters und des Sohnes und der heiligen Geisteskraft!« (Matthäus 28,19) Hier wird von einem Namen gesprochen, dann aber kein Name genannt. Vater, Sohn und Geist sind keine Namen, sondern begriffliche Bezeichnungen. Aber offenbar geht es doch um Gott. Das ist ein eigenartiger Zusammenhang: Es geht um Gott, es wird von einem Namen gesprochen, aber kein Name genannt, sondern etwas anderes angeführt. Dieser Zusammenhang erklärt sich nur aus der jüdischen Tradition, dass der in der Bibel bezeugte Gott zwar einen Namen hat, dieser Name aber nicht ausgesprochen, sondern umschrieben wird. Namen haben die Funktion, Exemplare derselben Gattung voneinander unterscheiden zu können. Aber Gott ist ja nur der Eine. Aus Respekt vor der Einzigkeit Gottes wird der Name Gottes im Judentum schon lange vor Jesu Zeit nicht mehr ausgesprochen, sondern umschrieben. Wenn also vom Taufen »auf den Namen des Vaters und des Sohnes und der heiligen Geisteskraft« gesprochen wird, ist klar, dass es um den einen Gott, Israels Gott, den Schöpfer der Welt, geht. Ihm werden durch die Taufe Menschen aus der Völkerwelt zugeeignet. Sie lassen sich dazu durch Gottes Geisteskraft bewegen, weil ihnen Jesus verkündigt wird als »*Zeichen*« und »*Licht für die Völker*«. (Jesaja 11,10; 42,6; 49,6)

Zum Erinnerungs-Mahl

Paulus spricht die korinthische Gemeinde auf ein in der Versammlung regelmäßig begangenes Mahl an. Er bezeichnet es als »dem Herrn gehöriges Mahl«. (1. Korinther 11,20) Der Gegensatz dazu ist »das Privatmahl«; das darf in der Gemeindeversammlung keinen Ort haben. Bei dem in ihr begangenen Mahl ist Jesus der Gastgeber, hat er das Sagen. Und nicht ist Gastgeber, der etwas zu bestimmen hätte, derjenige, in dessen Haus die Gemeinde sich versammelt, oder irgendjemand anderer. Nach den Informationen, die Paulus erhalten hat, wird dieses Mahl in Korinth nicht in angemessener Weise durchgeführt. So erinnert er die Gemeinde an ein Traditionsstück über den Ursprung und Grund dieses Mahles, das er ihr bereits übermittelt und auch selbst schon überliefert bekommen hat. (1. Korinther 11,23–26) An seinem Beginn gibt er als Ursprung des Mahls der Gemeinde das letzte Mahl Jesu mit den Seinen an: »in der Nacht, in der er (Jesus, der Herr) dahingegeben wurde«. Dass es um die erinnernde, um die wiederholte und wieder-holende Vergegenwärtigung dieses letzten Mahles Jesu geht, zeigt sich in aller Deutlichkeit daran, dass bei den beiden in ihm hervorgehobenen Akten der Mahlzeit Jesus ausdrücklich gebietet: »Das tut zur Erinnerung an mich!«

Diese Tradition findet sich variiert auch in den ersten drei Evangelien innerhalb der Erzählung von der letzten Mahlzeit Jesu mit seinen Schülern in Jerusalem, bevor er nach dem anschließenden Gang zum Übernachten am Fuß des Ölbergs festgenommen wird. (Matthäus 26,26–29; Markus 14,22–25; Lukas 22,15–20) Dabei steht die Fassung des Lukas der des Paulus sehr nah, während demgegenüber die weitgehend übereinstimmenden Fassungen des Matthäus und Markus charakteristische Unterschiede aufweisen. Alle drei Evangelisten datieren dieses Mahl auf den Abend, an dem das Pessachfest beginnt. Es ist bei ihnen also die dieses Fest eröffnende Mahlzeit, die in ihrer Durchführung besonders stark die Befreiung Israels aus der ägyptischen Sklaverei erinnert. Wann immer die letzte Mahlzeit Jesu mit seinen Schülern historisch tatsächlich stattgefunden hat – nach dem Johannesevangelium erfolgte sie einen Tag früher –, steht sie in jedem Fall im Zusammenhang mit Pessach. Von diesem Fest sind schon die vorangehenden Tage bestimmt, und um dieses Fest zu feiern, ist Jesus nach Jerusalem hinaufgegangen. Das Pessachmahl am Beginn des Festes hat die Mahlfeier der Jesusgemeinde strukturell geprägt. Beide beziehen sich jeweils auf ein vergangenes heilvolles Geschehen, das im erinnernden Begehen vergegenwärtigt wird. Selbstverständlich ist die jüdische Pessachhaggada, wie sie in langen Jahrhunderten am Beginn des Festes gebraucht und dabei auch variiert wurde und bis heute gebraucht wird, erst nach der Zerstörung des Tempels (70 d.Z.) ausgebildet worden. So geht es auch keineswegs darum, die Mahlfeier der Jesusgemeinde von Aspekten der Pessachfeier her zu »erklären«. Aber rabbinische Texte über sie können sehr wohl etwas zum näheren Verständnis der angedeuteten strukturellen Analogie beitragen.

Die Erinnerung an die Befreiung Israels aus der ägyptischen Sklaverei geschieht beim Pessachmahl nicht so, dass man sich nostalgisch in eine alte Geschichte zurückversetzt, dass man längst Gewesenes nachspielt. Es geht vielmehr um ein Wiederholen als Hineinholen des Vergangenen in die eigene Gegenwart, in der das einst Gewesene, das damals von Gott Gewirkte erneut Ereignis wird. So heißt es: »Generation um Generation, in jeder, ist eine Person verpflichtet, sich selbst so anzusehen, als wäre sie aus Ägypten ausgezogen; denn es ist gesagt (2. Mose 13,8): *Dessentwegen, was der Ewige für mich getan hat, als ich aus Ägypten auszog.* Daher sind wir verpflichtet zu danken, zu loben, zu preisen, zu verherrlichen, zu erhöhen, zu ehren, zu segnen, zu erheben und zu rühmen den, der unseren Vorfahren und uns alle diese Wunder getan hat, der uns herausführt aus Sklaverei zur Freiheit, aus Kummer zur Freude, aus Trauer zum Fest, aus Finsternis zu hellem Licht, aus Unterjochung zur Befreiung.« (Mischna Pessachim 10,5) Dieser Text zeigt, dass das hier stehende »Als ob« und mit ihm die Erzählung vom Auszug aus Ägypten ihre Wahrheit und Wirklichkeit nicht auf dem Feld historischer Rekonstruktion oder Dekonstruktion haben. Was immer historisch geschehen oder auch nicht geschehen sein mag, die Erzählung hat ihre Wahrheit und Wirklichkeit im Erzählen und in dem, was das Erzählen bewirkt. Es hat die Identität einer Gemeinschaft gestiftet und stiftet sie innerhalb ihrer immer wieder aufs Neue. Das in der Erzählung als wunderbare Rettung Gesagte und Gehörte führt zum Lob Gottes, das aus der Erinnerung an die Vergangenheit in die Gegenwart übergeht, wo eben das von Gott her erhofft und doch immer auch schon erfahren wird, was erinnert wurde: der Weg aus Sklaverei zur Freiheit. Was man als damals von Gott her geschehene Rettung erzählt und glaubt, wird so erinnert, dass es sich beim Erzählen und im Vollzug des Feierns vergegenwärtigt, sodass auf Gottes jetzt erfolgendes rettendes Handeln vertraut und es auch schon – und sei es noch so fragmentarisch – erfahren und auf sein endgültiges Retten gehofft wird.

Diese Erinnerung hat handfeste Zeichen, die im Vollzug der Feier eine wesentliche Rolle spielen. Es sei hier nur auf die Mazzen eingegangen, über die es in der Pessachhaggada ein ausführliches Deutewort gibt: »Das ist das Brot der Armut, das unsere Vorfahren im Land Ägypten gegessen haben. Alle Hungernden sollen kommen und essen; alle Bedürftigen sollen kommen und Pessach feiern. Dieses Jahr hier, nächstes Jahr im Land Israel; dieses Jahr als Versklavte, nächstes Jahr als Freie.« Das Brot, das jetzt gegessen wird, *ist* selbstverständlich nicht in platter Identität das Brot, das die Vorfahren gegessen haben, aber es re-präsentiert dieses Brot. Darüber hinaus zeigt sich hier auch die über die Gegenwart hinausgehende Hoffnung auf vollständige Befreiung und Rettung. Diese Dimension findet sich analog, wenn Jesus in den Traditionsstücken der Evangelien davon spricht, dass er von der Frucht des Weinstocks erneut trinken wird im Reich Gottes. (Matthäus 26,29; Markus 14,25; Lukas 22,18)

Wie bei der Feier von Pessach geht es bei der Mahlfeier der Jesusgemeinde um die Re-Präsentation, um die erinnernde Vergegenwärtigung eines vergangenen Geschehens, in dem Gott rettend und helfend gehandelt hat. Dazu sei nun auf die Deuteworte eingegangen. Nach dem Brechen des Brotes und Sprechen des Segensspruches über ihm sagt Jesus: »Das ist mein Leib.« Für das Verständnis dieser Aussage ist zunächst eine Eigentümlichkeit des griechischen Textes zu beachten, die in der deutschen Übersetzung nicht erkennbar ist. Das einleitende Demonstrativpronomen »das«/»dieses« bezieht sich nicht unmittelbar und ausschließlich auf das zuvor genannte Brot als »Element« zurück. Denn es steht im Neutrum, während das Wort für »Brot« maskulin ist. Der Rückbezug meint also die gesamte vorher beschriebene Handlung. Das gilt dann analog auch beim Deutewort über dem Becher. »Das ist mein Leib.« So heißt es bei Matthäus und Markus. Bei Paulus steht anschließend: »für euch« und bei Lukas darüber hinaus noch: »gegeben«. Damit wird aber nur ausdrücklich gemacht, was auch bei Matthäus und Markus implizit enthalten ist. »Leib« bezeichnet in der biblischen Anthropologie nicht einen Teil des Menschen, etwa im Unterschied und im Gegenüber zur »Seele«. Nach ihr *hat* der Mensch nicht einen Leib, sondern *ist* Leib. Mit »Leib« ist der ganze Mensch in seiner Leibhaftigkeit gemeint; »Leib« steht für die Person mit ihrem ganzen Leben. Die Aussage: »Das ist mein Leib« ließe sich daher etwa so umschreiben: ›Das bin ich für euch, sagt Jesus, dafür habe ich gelebt, dass ihr satt werdet und lacht in einem miteinander geteilten Leben und nicht aufhört, auf Gottes kommendes Reich zu hoffen und dafür jetzt schon Zeichen zu setzen.‹ Und dafür ist Jesus auch gestorben. Im Deutewort über dem Becher mit Wein spricht er jeweils von seinem Blut, aber er sagt nicht analog zu dem Wort über dem Brot: »Das ist mein Blut.« In der Formulierung bei Matthäus und Markus ist vom »vergossenen Blut« die Rede. »Vergossenes Blut« bezeichnet in der biblisch-jüdischen Tradition gewaltsamen Tod. An den gewaltsamen Tod Jesu ist auch in der Fassung bei Paulus und Lukas gedacht, wenn es dort heißt: »Dieser Becher ist der neue Bund *durch mein Blut.*« Enthält bei Paulus und Lukas das Wort über dem Brot eine ausdrückliche Aussage, dass das damit Bedeutete für andere erfolge, so ist das bei Matthäus und Markus beim Wort über dem Becher der Fall und bei Matthäus als »Vergebung der Sünden« entfaltet. Der sinnlose, unschuldige Tod Jesu wird zum Appell an Gott, ihn als anderen zugute erlitten gelten zu lassen. Dafür ist er gestorben, dass ihnen von Gott vergeben werde und sie als versöhnte Menschen miteinander leben. Im Brot- und Becherwort sind also zusammenfassend Leben und Sterben Jesu im Blick, sein Leben und Sterben, wie es vom Zeugnis des Mitseins Gottes mit ihm her gesehen wird. Die Mahlfeier erinnert in der Weise an die letzte Mahlzeit Jesu, dass in ihrem Vollzug das in Leben und Sterben Jesu erfolgte heilvolle Handeln Gottes vergegenwärtigt wird, jetzt wirksam da ist.

Nun spricht aber Jesus im Deutewort nach Matthäus und Markus nicht nur von seinem »vergossenen Blut«. Es erhält seinen besonderen Akzent durch die Wendung vom »Blut des Bundes«. Mit ihr wird ein am Sinai angesiedelter biblischer Zusammenhang eingespielt. (2. Mose 24,3–8) In ihm vollzieht Mose rituell mit Blut die Verpflichtung des Volkes auf den Bund, den Gott mit Israel schließt. »*Passt auf! Das Blut des Bundes, den der Ewige mit euch geschlossen hat über allen diesen Worten.*« »Alle diese Worte« meinen »*das Buch des Bundes*«, das Mose unmittelbar vorher »*laut in die Ohren des Volkes*« vorgelesen hat, worauf das Volk sagt: »*Alles, was der Ewige geredet hat, wollen wir tun und hören.*« Auf nichts anderes als diesen Bund kann sich im jüdischen Kontext die Wendung »das Blut des Bundes« beziehen. Jesu gewaltsamer Tod, von Gott heilvoll gewendet, gilt damit als Bestätigung und Erneuerung dieses Bundes. Und so werden die am Mahl Teilnehmenden auch an Gottes Weisung erinnert, an seine Tora, und erneut auf sie verpflichtet. Die Tora kommt zur Wirkung als immer wieder ausgelegte. Im Matthäusevangelium ist selbstverständlich Jesus ihr vorrangiger Ausleger. Aber er ist nicht der einzige Ausleger, an den man sich zu halten hat. (Matthäus 23,2–3a). Die Einspielung von 2. Mose 24,3–8 bringt also nicht zuletzt die ethische Dimension in die Mahlfeier der Jesusgemeinde ein. Sündenvergebung geschieht nicht als bloßes Wegwischen, sondern zielt auf eine erneuerte Lebensführung, die als Maßstab die Tora hat.

Das ist ebenso der Fall in der Fassung der Tradition, wie sie bei Paulus und Lukas vorliegt, wo sich im Deutewort eine andere biblische Bezugsstelle findet. Dort heißt es: »Dieser Becher ist der neue Bund durch mein Blut.« Die Wendung »neuer Bund« spielt den Abschnitt Jeremia 31,31–34 ein. Dieser neue Bund hat keinen anderen Bundespartner Gottes als der alte. Was dort verheißen ist, bezieht sich auf Israel und nur auf Israel. Am Beginn steht in Gottesrede: »*Passt auf! Die Zeit kommt, Spruch des Ewigen, da schließe ich mit dem Haus Israel und dem Haus Juda einen neuen Bund.*« Und auch inhaltlich ist der neue Bund kein anderer als der alte. Das Neue am neuen Bund wird sein, dass er anders als der alte von den menschlichen Bundespartnern nicht mehr gebrochen wird, weil Gott seine Weisung aufs Herz schreibt, sodass sie von innen heraus ganz selbstverständlich getan wird. So heißt es: »*Ja, das ist der Bund, den ich mit dem Haus Israel nach dieser Zeit schließe, Spruch des Ewigen: Ich gebe meine Tora [Weisung] in ihr Inneres und schreibe sie auf ihr Herz. Ich werde ihnen zum Gott und sie werden mir zum Volk. Niemand lehrt mehr seinen Mitmenschen und Bruder oder Schwester mit den Worten: ›Erkennt den Ewigen!‹ Denn sie alle kennen mich von klein bis groß, Spruch des Ewigen. Ja, ich verzeihe ihre Vergehen und ihrer Sünden gedenke ich nicht mehr.*« Diese Verheißung also nimmt das Wort über dem Becher mit der Wendung »neuer Bund« auf und verbindet sie mit dem gewaltsamen Tod Jesu. Mit der Sündenvergebung ist die erneute Inkraftsetzung der Tora verknüpft. Allerdings lässt sich nicht sagen, dass damit die Verheißung von Jeremia 31 »erfüllt« sei. Denn es ist ja keineswegs so, als würde in der auf Jesus bezogenen Gemeinschaft das von Gott Gebotene umfassend getan. Dass dem nicht so ist, zeigt gerade auch die Mahlfeier als wiederholte und zu wiederholende. Sie enthält den Aspekt der Sündenvergebung; die ist offensichtlich immer wieder nötig. Die Aufnahme der Wendung »neuer Bund« im Wort über dem Becher besagt dann, dass die mit ihr verbundene Verheißung bestätigt und erneuert wird. Mit ihr bekommt die Mahlfeier – wie auch mit der vom »Blut des

Bundes« – einen ethischen Aspekt. Das von Gott Gebotene ist so zu Gehör zu bringen, dass es zu Herzen geht. Mit dem Essen des Brotes und dem Trinken aus dem Becher in dieser Feier der vergegenwärtigenden Erinnerung des letzten Mahles Jesu wird es gleichsam verinnerlicht, damit es von innen heraus getan werde.

So sehr es befremden mag: Die beiden biblischen Stellen in den beiden unterschiedlichen Fassungen des Wortes über dem Becher bringen jeweils das Motiv des Bundes ein, den Gott mit Israel geschlossen hat. Sie haben somit als Bundespartner nur Israel im Blick. Als Fazit dieses Kapitels ergibt sich: Diejenigen, die sich in dieser frühen Zeit »auf den Namen Jesu« taufen lassen und die Erinnerung an Jesu letztes Mahl begehen, verlassen damit nicht das Judentum. Weder das eine noch das andere tun sie als »Christen«. Diese Riten markieren vielmehr den Bezug auf den Messias Jesus als ihre Besonderheit – die Besonderheit einer Gruppe im Judentum.

3. Der Fall Stephanus – »der erste christliche Märtyrer«?

Stephanus gilt traditionell als »der erste christliche Märtyrer« oder »der erste Märtyrer der Kirchengeschichte«. Und so wird bis heute von ihm geredet, auch in der wissenschaftlichen Literatur. Diese Redeweise schließt ein, dass er als *Christ* von *Juden* umgebracht wurde. Märtyrer stehen in der Gemeinschaft, zu der sie gehörten, in hohem Ansehen, der erste allemal. Dagegen wird diese Gemeinschaft diejenigen, die die Martyrien verursachten, negativ beurteilen. Ist Stephanus »der erste Märtyrer der Kirchengeschichte«, erscheinen auch von daher Juden in der christlichen Kirche in keinem guten Licht.

Diese Sicht des Stephanus als des ersten *christlichen* Märtyrers ist entschieden in Frage zu stellen. Die einzige Quelle ist die Darstellung des Lukas in Apostelgeschichte 6,1–8,1a. Hier kommt er zunächst in den Blick innerhalb des Berichts über einen Konflikt in der Jerusalemer Jesusgemeinde. Nachdem Lukas deren Zunahme an Mitgliedern konstatiert hat, benennt er zwei unterschiedliche Gruppierungen als Konfliktparteien. Er bezeichnet sie als »Hellenisten« und »Hebräer«. Das ist keine ethnische Unterscheidung, sondern eine sprachliche. »Hellenisten« meint nichtgriechische Menschen, die vorwiegend oder nur griechisch sprechen – die im gesamten römischen Reich dominante allgemeine Sprache, allemal im Osten. Dass Lukas hier Nichtjuden im Blick hätte, ist durch nichts angedeutet. Wo diese zum ersten Mal im Zusammenhang mit der Jesusgemeinde in Erscheinung treten, vermerkt er das ausdrücklich. (Apostelgeschichte 10; 11,1) Mit »Hebräer« und »Hellenisten« sind ausschließlich jüdische Personen gemeint. Der griechisch sprechende Teil der Bewohnerschaft Jerusalems rekrutierte sich aus Menschen, die sich, nachdem sie zuvor in der Diaspora gelebt hatten, dort ansiedelten. Eine Synagoge in Jerusalem für griechisch sprechende Juden ist archäologisch belegt. Auch Lukas nennt im Folgenden eine solche Synagoge. Nach seiner Darstellung gab es also in der Jerusalemer Jesusgemeinde außer Hebräisch/Aramäisch sprechenden Mitgliedern schon sehr früh auch solche, die Griechisch sprachen.

Der Sprachunterschied ließ offenbar unterschiedliche Gruppierungen entstehen. Lukas beschreibt als Konflikt: »Als in jener Zeit die Zahl der Schülerinnen und Schüler zunahm, erhob sich Gemurre unter den griechisch Sprechenden gegen die hebräisch (aramäisch) Sprechenden.« Der folgende Nebensatz lässt sich nicht eindeutig verstehen. Er kann eine Meinung angeben: »dass ihre Witwen bei der täglichen Unterstützung vernachlässigt würden« oder den tatsächlichen Grund: »weil ihre Witwen bei der täglichen Unterstützung vernachlässigt wurden«. (Apostelgeschichte 6,1) Witwen gelten schon in der jüdischen Bibel neben Waisen als die schwächsten Glieder der Gesellschaft. Die Gemeinschaft wird deshalb beauftragt, für sie besondere Fürsorge zu tragen. So gibt es im Judentum schon seit alters eine ausgeprägte Wohlfahrtspflege für die Armen. Die hebräisch/aramäisch sprechende Gruppierung war offenbar die dominante; die Minderheit fühlt sich minder gut behandelt oder war es auch tatsächlich. Sie protestiert jedenfalls. Zum Umgang mit diesem Protest lässt Lukas hier »die Zwölf« zum letzten Mal auftreten. Sie berufen eine Gemeindeversammlung ein, erklären sich in dem in Frage stehenden Fall für überfordert, sehen ihre Aufgabe vor allem in Lehre und Verkündigung und schlagen vor, mit der Wohlfahrtspflege ein eigenes Gremium zu betreuen. Dafür wählt die Gemeinde sieben Personen aus. Lukas führt sie namentlich an: Stephanus, Philippus, Prochorus, Nikanor, Timon, Parmenas, Nikolaus. Der zuletzt Genannte wird ausdrücklich als »Proselyt aus Antiochia« näher bezeichnet, also als ein zum Judentum konvertierter – und damit ins Volk Israel integrierter – Nichtjude. Damit ist aber auch klar, dass die anderen als geborene Juden vorausgesetzt werden. Auffälligerweise haben sie alle griechische Namen, gehören also wohl zu den »Hellenisten«. Über eine Ausführung der Wohlfahrtspflege durch diese sieben Personen verlautet im Folgenden nichts. Wahrscheinlich bildeten sie das Leitungsgremium ihrer Gruppierung. Josephus spricht davon, dass es in jeder Stadt einen Vorstand von sieben Männern geben soll. (Altertümer 4, 214; vgl. 5. Mose 16,18)

Im Fortgang seiner Darstellung konzentriert sich Lukas auf den an erster Stelle genannten Stephanus. Der bewegt sich in dem Bereich, den »die Zwölf« als ihre Hauptaufgabe bezeichnet hatten. Zunächst sagt Lukas von ihm: »Begnadet und mit Kraft erfüllt vollbrachte Stephanus unter dem Volk große Wunder und Zeichen.« (Apostelgeschichte 6,8) Dieses wundercharismatische Wirken ist nicht als ein stummes vorgestellt, sondern erfolgt wie bei den Aposteln im Rahmen der messianischen Verkündigung. (Apostelgeschichte 5,12–16) Das führt zu Diskussionen mit anderen. Sie werden als Angehörige einer Synagoge für griechisch sprechende Juden gekennzeichnet. Diese Diskussionen erfolgen also im synagogalen Bereich. Lukas lässt die gegen Stephanus Disputierenden nicht gegen dessen intellektuelle Kraft ankommen: »Sie vermochten es aber nicht, seinen klugen und geistvollen Reden zu widerstehen.« Das führt über Frustration zu Aggression und Verleumdung: »Da stifteten sie Leute an, die behaupteten: ›Wir haben gehört, wie er gegen Mose und gegen Gott Lästerworte redete.‹« (Apostelgeschichte 6,11–12) Nach der Bibel redete Gott zu Mose und durch Mose. Daher redet gegen Gott, wer gegen Mose redet. Da Lukas sagt, dass zu dieser Aussage angestiftet worden sei, charakterisiert er sie als Falschaussage. Als ihr Anhaltspunkt ist denkbar: In einer Situation, in der es im selben Bereich konkurrierende Gruppen gibt, können eine variierende Auslegung der Tora und damit auch eine in bestimmten Aspekten variierende Lebenspraxis zu grundsätzlichem Fehlverhalten hochstilisiert werden.

Lukas fährt fort, dass die Gegner des Stephanus auch das Volk und führende seiner Repräsentanten gegen ihn aufhetzten, ihn festnahmen und vor das Synhedrium führten. »Sie stellten falsche Zeugen auf, die behaupteten: ›Dieser Mensch hört nicht auf, gegen diesen heiligen Ort und die Tora zu reden.‹« Zum schon angeführten Vorwurf kommt nun noch hinzu, auch gegen den Tempel zu reden. Dafür nennen die Zeugen als Begründung: »Wir haben nämlich gehört, wie er gesagt hat: ›Dieser Jesus aus Nazaret wird diesen Ort zerstören und die Gebräuche ändern, die uns Mose überliefert hat.‹« (Apostelgeschichte 6,12–14) Wieder ist zu betonen: Nach Lukas sind es falsch aussagende Zeugen, die das behaupten. Nach der Darstellung der Evangelien ist die Aktion Jesu im Tempel kein Ausdruck fundamentaler Opposition gegen den Tempel. Sie geht nicht über das hinaus, was prophetische Kritik schon in der Bibel am Tempelbetrieb moniert, und setzt die grundsätzliche Legitimität des Tempels als Ort der besonderen Gegenwart Gottes voraus. Nach den Evangelien hat Jesus an keiner Stelle angekündigt, dass er selbst den Tempel zerstören werde, wohl aber, dass er zerstört werden wird. (Matthäus 24,2; Markus 13,2; Lukas 21,6; vgl. Johannes 2,19) Ob diese Ankündigung »historisch« auf Jesus zurückgeht, ob sie ihm vor oder nach der Tempelzerstörung zugeschrieben wurde, wissen wir nicht. Die Aussage, dass Jesus den Tempel zerstören werde, erscheint bei Lukas jedenfalls als eine Falschaussage. Und wir haben nicht den mindesten Grund für die Annahme, sie dennoch als für Stephanus historisch zutreffend zu halten. Die Ankündigung einer Zerstörung des Tempels und eine darauf erfolgende feindliche Reaktion gegen den Ankündiger finden sich schon biblisch. (Jeremia 26,1–9) In zeitlicher Nähe zu Lukas berichtet Josephus, dass am Laubhüttenfest im Jahr 62 d.Z.

ein Jesus ben Chananja auftrat. Er ging Tag und Nacht durch Jerusalem und rief ständig: »Eine Stimme vom Aufgang, eine Stimme vom Niedergang, eine Stimme von den vier Winden, eine Stimme gegen Jerusalem und den Tempel, eine Stimme gegen Bräutigam und Braut, eine Stimme gegen das gesamte Volk.« Das erboste »einige angesehene Bürger« so sehr, dass sie ihn festnahmen und mit Schlägen misshandeln ließen. Er aber blieb bei seinem ständigen Rufen. Daraufhin veranlassten die führenden Personen seine Überstellung an den römischen Prokurator Albinus. Der ließ ihn zunächst mit Peitschenhieben »bis auf die Knochen zerschlagen«, um ihn danach zu vernehmen, bekam jedoch keine Antwort. Dieser Jesus rief lediglich ununterbrochen, was er schon während der Schläge tat: »Weh dir, Jerusalem!« Albinus hielt ihn daher für wahnsinnig und ließ ihn laufen. (Krieg 6, 300–309)

Vor das Synhedrium gestellt, lässt Lukas den Stephanus eine lange Verteidigungsrede halten. Selbstverständlich ist gemäß antiker Historiographie diese Rede von Lukas formuliert. Sie ist genau auf die vorher geschilderte Situation bezogen. Sie widerlegt die beiden gegen Stephanus erhobenen Vorwürfe, er wende sich gegen Mose und gegen den Tempel. (Apostelgeschichte 7,2–53) In ihr rekapituliert Stephanus die Geschichte des Volkes Israel von Abraham an bis zum Bau des Tempels unter König Salomo – und setzt dabei sehr bestimmte Akzente. Er erzählt diese Geschichte nicht als ein Außenstehender nach, sondern als jemand, der in der Tradition dieser Geschichte steht und zu ihr gehört. Es ist *seine* Geschichte. Und mit dieser Geschichte identifiziert sich auch der Autor der Rede, Lukas. Ihr Zielpunkt, der Tempelbau in Jerusalem, kommt schon an ihrem Anfang mit Abraham in den Blick. Stephanus erwähnt unter dem Abraham Angesagten in einer Kombination zweier Bibelstellen auch die Ankündigung des langen Aufenthalts von dessen Nachkommen in Ägypten samt ihrer dortigen Versklavung und ihrer Befreiung daraus. (1. Mose 15,13–14; 2. Mose 2,23–25) An das Ausziehen aus Ägypten fügt er in bezeichnender Veränderung eine an 2. Mose 3,12 anklingende Aussage an: Während im Bibeltext Gott dem Mose ankündigt, dass diejenigen, die er aus Ägypten herausführen wird, ihm, Gott, *»an diesem Berg dienen«* werden – das hier gebrauchte Wort meint kultische Verehrung –, heißt es in der Stephanusrede, dass sie es »an diesem Ort« tun werden. Und »dieser Ort« kann im Kontext der Rede und der vorgestellten Situation, in der sie gehalten wird, nur den Tempel in Jerusalem meinen. Das ist in der Tat ein markanter Punkt: Der kultische Dienst im Jerusalemer Tempel erscheint hier als das Ziel der Herausführung Israels aus Ägypten. Das ist alles andere als Kritik am Tempel oder gar Gegnerschaft zu ihm. Damit ist dieser Punkt der Anklage schon im Anfangsteil der Rede widerlegt. Das wird ihr Schluss noch einmal aufnehmen.

Auf den zweiten Punkt – gegen Mose und die Tora und also gegen Gott – geht Stephanus in der Nacherzählung der Mosegeschichte ein. In ihr hat die Szene eine wichtige Stellung, in der Mose einen Streit zwischen israelitischen Landsleuten schlichten will und dabei von demjenigen brüsk zurückgewiesen wird, der unrecht gehandelt hatte. (2. Mose 2,14) Stephanus zitiert diese Stelle, berichtet aber vorher noch das Handeln dieses Menschen gegenüber Mose: »Er stieß ihn zurück.« Diese Distanzierung von Mose nimmt er wenig später generalisierend auf: »Ja, Mose, von dem *sie* sich losgelöst hatten, als *sie* sprachen: *Wer hat dich zum Herrscher und Richter eingesetzt?* – den hat Gott als Herrscher und Befreier geschickt.« Hier und im folgenden Text parallelisiert er implizit Mose mit Jesus. Das verstärkt er mit der Aussage des Mose: *»Einen Propheten wie mich wird Gott euch aus euren Brüdern aufstehen lassen.«* (5. Mose 18,15) Anschließend wendet sich die Rede der Gabe der durch Mose übermittelten Tora zu. Auch hier ist die dabei gewählte Formulierung aufschlussreich. »Der ist es, der in der Gemeindeversammlung in der Wüste zwischen der Engelsgestalt, die mit ihm am Berg Sinai redete, und unseren Vorfahren vermittelte; er empfing Lebensworte, um sie uns zu geben.« Ohne die Tora mit diesem Begriff zu benennen, wird sie umschreibend und beschreibend durch die Formulierung – so wörtlich – »lebendige Worte« gekennzeichnet. Die Tora ist für Israel Lebenselixier; sie eröffnet und vermittelt Leben. Mose erhält diese »Lebensworte«, »um sie *uns* zu geben«. Stephanus schließt sich hier mit allen in seinem Volk zusammen und gibt sich als ein respektvoller und dankbarer Empfänger der Tora zu erkennen. Wie sollte er da »Lästerworte« gegen Mose geredet haben können?

Wie schon bei der Generalisierung der negativen Figur des einen Streitenden geraten nun »die Vorfahren«, die ersten Empfänger der Tora, in ein schlechtes Licht. Das ist bereits in der biblischen Erzählung der Fall, wird hier aber verstärkt. Diese Vorfahren, sagt Stephanus, wollten Mose nicht folgen, sondern lieber wieder nach Ägypten zurückkehren. Ja, mehr noch: »Sie stießen ihn zurück« – wie ihn der eine Streitende zurückgestoßen hatte. Auch hier wird die Parallelisierung von Mose mit Jesus implizit weitergeführt. Anschließend charakterisiert Stephanus diese Vorfahren in starker Weise als Götzendiener, indem er die Erzählung von der Aufstellung des Stierbildes mit einem Zitat aus Amos 5,25–27 in der Fassung der Septuaginta verbindet. Der Vorwurf im Zitat, sie hätten in den vierzig Jahren in der Wüste *»das Zelt des Moloch mitgeführt und das Sternbild eures Gottes Romfa, die Bildwerke, die ihr gemacht hattet«*, wird verschärft durch die Hinzufügung eines Infinitivs im Sinne einer Zweckbestimmung: »um ihnen zu huldigen«. Diese Aussagen dienen der Vorbereitung des später erfolgenden Gegenangriffs.

Zunächst kommt wieder der Tempel in den Blick in Form des »Zeltes des Zeugnisses«, dessen Herstellung Mose von Gott geboten war gemäß dem ihm zu Gesicht gekommenen Modell. Dieses Zelt haben die Vorfahren mit ins Land hineingebracht. An dieser Stelle springt die Darstellung bis in die Zeit Davids. Zu ihm heißt es lediglich, er habe darum gebeten, »eine Wohnung für Jakobs Gott zu finden«. Die Nachzeichnung der Geschichte Israels springt also deshalb über lange Zeiten hinweg, weil es der Rede des Stephanus jetzt allein um die Verbindung des am himmlischen Modell orientierten »Zeltes des Zeugnisses« mit dem Tempel geht. Und so endet diese Nachzeichnung mit der knappen Bemerkung: »Salomo erbaute Gott ein Haus.« Damit kann sie enden. Denn damit ist der Punkt erreicht, der schon in den Ausführungen über Abraham am Anfang als Ziel des Auszugs aus Ägypten genannt war, nämlich Gott »an diesem Ort zu verehren«. Wie dieser Rahmen zeigt, wird der Tempelbau also in keiner Weise negativ gewertet, im Gegenteil.

Wie sollte es angesichts dieser Rede zutreffen, dass Stephanus »gegen diesen heiligen Ort und die Tora« geredet habe? Es liegt hier schlechterdings keine Tempelkritik vor, schon gar keine grundsätzliche. Unterstellt man sie dem »historischen« Stephanus dennoch, tut man das gegen die einzige Quelle, die wir über ihn haben. Die positive Sicht des Tempels wird auch nicht durch die anschließende Klarstellung beeinträchtigt. »Jedoch: Die höchste Majestät wohnt nicht in von Menschenhänden errichteten Gebäuden.« Die Redeweise vom Wohnen Gottes ist metaphorisch, sich annähernd mit Bildern aus dem menschlichen Bereich. Aber Gott ist Gott und kein Mensch. Er wohnt nicht, wie Menschen wohnen, die immer nur je an einem Ort Wohnung nehmen können. Das weiß schon die Bibel, wie sofort mit einem Zitat gezeigt wird. (Jesaja 66,1–2; vgl. auch die Aussage König Salomos in 1. Könige 8,27 bei der Einweihung des Tempels!) Aber das macht den Tempel nicht gleichgültig und schließt keineswegs aus, dass er als Ort der besonderen Gegenwart Gottes gilt.

Nachdem Stephanus durch seine Nacherzählung der Geschichte Israels deutlich gemacht hat, dass die gegen ihn erhobenen Anklagepunkte der Grundlage entbehren, geht er zum offenen Gegenangriff über, den er bereits in der Rede vorbereitet hatte. Jetzt kommen die in seiner Darstellung vorgenommene Generalisierung und Überspitzung der Gegnerschaft der Vorfahren gegenüber Mose sowie dessen implizite Parallelisierung mit Jesus zum Zuge. Er dreht den Spieß um, indem er seine Ankläger mit diesen renitenten Vorfahren gleichsetzt. Das steigert er noch, indem er die im Judentum verbreitete Tradition aufnimmt, dass die Propheten ermordet worden seien, und so seine Ankläger mit den Prophetenmördern in eine Linie bringt, weil sie »Verräter und Mörder« des von den Propheten angekündigten »Gerechten«, nämlich Jesu, geworden seien. Und so seien sie es, die sich als solche erwiesen hätten, die die Tora nicht gehalten haben.

Es ist dieser scharfe Vorwurf, der nach der Darstellung der Apostelgeschichte zum Tumult führt, der für Stephanus tödlich endet. Mit keiner Silbe geht Lukas auf die zuvor gezeichnete Situation einer Gerichtsverhandlung vor dem Synhedrium ein. Diesen Ort erwähnt er nicht mehr, geschweige denn, dass er ein Gerichtsurteil vermerkt. Dass es überhaupt eine Verhandlung vor dem Synhedrium gegen Stephanus gab, ist historisch nicht gerade wahrscheinlich. Lukas gestaltet sie in Analogie zu der wahrscheinlich ebenso fiktiven Verhandlung vor dem Synhedrium gegen Jesus. Was er nach der Rede des Stephanus berichtet, ist ein tumultuarisches Geschehen: »Als sie das hörten, ging es ihnen innerlich durch und durch und sie knirschten mit den Zähnen gegen ihn. [...] Sie schrien laut auf, hielten sich die Ohren zu, fielen alle zusammen über ihn her, trieben ihn aus der Stadt hinaus und steinigten ihn.« (Apostelgeschichte 7,54.57–58a)

Stephanus ist nicht »der erste Märtyrer der Kirchengeschichte«. Er wurde nicht als Christ umgebracht. Was kann als historisch wahrscheinlich über ihn festgehalten werden? Er war ein an Jesus als Messias glaubender Jude und hatte als solcher ein Selbstverständnis. Er war ein griechisch sprechender Jude in Jerusalem, der im Bereich einer Synagoge für griechisch sprechende Juden lebte und agierte. Als Teil der messiasgläubigen Minderheit, intellektuell versiert und redegewandt, diskutierte er mit Landsleuten, die dem Messiasglauben skeptisch bis ablehnend gegenüberstanden. Diese Diskussionen wurden offenbar in heftiger werdenden Auseinandersetzungen geführt, die die Gemüter erhitzten. Das ging nicht ohne polemische und auch verleumderische Vorwürfe ab, was die wechselseitige Empörung steigerte. Sie führte schließlich zu einem tumultuarischen Gewaltakt, in dem Stephanus umgebracht wurde.

4. Hinzugekommen: Menschen aus den Völkern stoßen zur messiasgläubigen Gemeinde

Der »Fall Stephanus« war keine Einzelaktion, die sich nur gegen diese Person gerichtet hätte. So lässt es die auf Stephanus konzentrierte Darstellung des Lukas zwar zunächst erscheinen. Aber dann heißt es über den Tag, an dem Stephanus zu Tode kam: »An jenem Tag wurde der Gemeinde in Jerusalem heftig nachgestellt. Sie zerstreuten sich alle über die Landstriche Judäas und Samarias hin – außer den Aposteln.« (Apostelgeschichte 8,1) Dass sich »alle« zerstreuten, ist sicher wieder als schriftstellerische Übertreibung anzusehen. Im Folgenden setzt Lukas eine Jesusgemeinde in Jerusalem voraus. Und wenn alle so bedrängt wurden, dass sie Jerusalem verließen, erscheint es als seltsam, dass ausgerechnet die führenden Leute davon unbehelligt geblieben sein sollen und sie allein in Jerusalem bleiben konnten. Daher lässt sich annehmen, dass die hebräisch/aramäisch sprechende Gruppierung der Messiasgläubigen in Jerusalem von diesen Nachstellungen nicht betroffen war. Wo Lukas im Weiteren von den aus Jerusalem Verdrängten erzählt, wird deutlich, dass es sich bei ihnen ausschließlich um »Hellenisten« handelt. Das lässt darauf schließen: In die eskalierenden Auseinandersetzungen innerhalb der Synagoge(n) der griechisch sprechenden Judenheit Jerusalems war Stephanus gewiss an hervorgehobener Stelle einbezogen, aber er war es nicht allein. Und so wurde nach der an ihm vollzogenen Lynchjustiz und im Zusammenhang mit ihr auch den Übrigen nachgestellt. Worin diese Nachstellungen bestanden, berichtet Lukas nicht. Jedenfalls dürfte den messiasgläubigen Hellenisten in Jerusalem der Boden zu heiß geworden sein, sodass sie die Stadt mit unterschiedlichen Zielen verließen.

Das hatte weitreichende Folgen. Lukas deutet sie zunächst nur vage an: »Diejenigen, die sich zerstreut hatten, zogen weiter« – also über die Gebiete von Judäa und Samaria hinaus – »und verkündeten die Botschaft«, nämlich die Botschaft von Jesus als dem Gesalbten. (Apostelgeschichte 8,4)

a) Wo die Botschafter Jesu in der nichtjüdischen Welt auftraten

Lukas erzählt zunächst von Philippus, einem der Sieben. Er wirkt erfolgreich in Samaria. (Apostelgeschichte 8,5–25) Die Samaritaner hatten sich in der Zeit nach dem Exil gegenüber dem auf Jerusalem zentrierten Judentum als eigene Gemeinschaft herausgebildet, die bis heute besteht. Auch für sie bilden die fünf Bücher Mose die grundlegende heilige Schrift. Die Erzählung über das dortige Auftreten und kurze Wirken Jesu setzt ebenfalls die Existenz messiasgläubiger Gemeinden in Samaria voraus. (Johannes 4,4–43) Aber Näheres über sie wissen wir nicht. Von Philippus erzählt Lukas weiter dessen Begegnung mit einem hohen äthiopischen Beamten, der den Jerusalemer Tempel besucht hatte, um Gott zu huldigen. Auf der Rückreise gewinnt ihn Philippus für den Glauben an Jesus als Gesalbten und tauft ihn. (Apostelgeschichte 8,26–39) Aber das bleibt ein Einzelfall, über dessen mögliche Folgen wir wieder nichts wissen. Philippus wirkt anschließend im Küstenstreifen und lässt sich in Cäsarea am Meer nieder. Dort tritt er noch einmal auf im Zusammenhang mit einer Gemeinde. (Apostelgeschichte 8,40; 21,8–14)

Außerordentlich folgenreich war, was Lukas zu berichten weiß, als er den Erzählfaden über die Ereignisse um Stephanus und seinen Tod wieder aufnimmt. »Diejenigen nun, die sich infolge der wegen Stephanus ausgelösten Bedrängnis zerstreut hatten, gelangten bis nach Phönizien, Zypern und Antiochia.« Sie gehen also in Gebiete, in denen Griechisch gesprochen wird. Das legt es nahe, dass auch sie Griechisch sprachen, es sich bei ihnen also um »Hellenisten« handelt. Für die nach Antiochia Gekommenen stellt Lukas ausdrücklich fest, dass sie »aus Zypern und Kyrene« stammten, also Diasporajuden waren. Von den aus Jerusalem Verdrängten hatte er zunächst ausgesagt, sie hätten »das Wort«, die auf Jesus bezogene Botschaft, »nur Jüdinnen und Juden mitgeteilt«. Von den nach Antiochia Gekommenen sagt er jedoch: »Sie redeten auch zu den Griechen und Griechinnen und verkündigten ihnen Jesus als den Herrn.« (Apostelgeschichte 11,19–20)

Wie ist die Situation, dass griechisch sprechende Juden einem griechisch sprechenden nichtjüdischen Publikum »Jesus als den Herrn« verkündigen, näher vorstellbar? Lukas redet an dieser Stelle wenig anschaulich. Die aus Jerusalem Gekommenen werden sich nicht auf den Marktplatz von Antiochia gestellt und dort zu reden angefangen haben. Dagegen spricht negativ: Sie wären dort mit dem, was sie zu sagen hatten, nicht verstanden worden. In seiner Darstellung über das Wirken des Paulus lässt Lukas ihn in Athen außer in der Synagoge auch auf dem Markt mit seiner Verkündigung auftreten. Er erntet Unverständnis, »weil er Jesus und die Auferstehung verkündete«. (Apostelgeschichte 17,16–18) Das führt Lukas anschließend breit aus mit einer Rede des Paulus auf dem Areopag. (Apostelgeschichte 17,22–31; vgl. 14,15–17) Was er ihn dort sagen lässt, ist sehr anders als in dessen sonstigen Reden. Bis auf einen knappen Schluss spricht Paulus so von Gott, wie es auch Hörende verstehen können, die von biblisch-jüdischer Tradition nichts wissen. Den Namen Jesus nennt er an keiner Stelle. Der bloße Name bliebe nichtssagend. Er spricht auch nicht vom »Gesalbten«, dem Messias. Die vorgestellte Hörerschaft hat keine Gesalbtentradition; sie hätte gemeint, er rede von einem »Geölten« oder »Beschmierten«. Paulus spricht auch nicht vom »Sohn Gottes«, in der biblisch-jüdischen Tradition gleichsinnig neben dem »Gesalbten« stehend, dem königlichen Messias. Die Zuhörer hätten gemäß der griechischen Mythologie an von Zeus und anderen Göttern mit menschlichen Frauen gezeugte Halbgötter und Übermenschen gedacht. Am Schluss spricht Paulus anonym von Jesus als einem »Mann«, durch den Gott »die Menschheit gerecht zu richten« gedenke. Und dieser Mann sei dadurch »ausgewiesen, dass Gott ihn von den Toten aufstehen ließ«. Die griechische Tradition redet seit Sokrates/Platon von der Unsterblichkeit der Seele. »Auferstehung der Toten«? Lächerlich! Und so erntet Paulus Unverständnis und Spott.

Gegen die Annahme, die aus Jerusalem verdrängten und nach Antiochia gekommenen Messiasgläubigen hätten sich mit ihrer Botschaft auf den Marktplatz oder an einen anderen öffentlichen Ort gestellt, spricht positiv: Juden und Jüdinnen hatten, wenn sie in eine ihnen fremde Stadt kamen, eine ganz selbstverständliche Anlaufstelle: die Synagoge. Sie bildete keinen abgeschlossenen kultischen Raum, der nur am Schabbat geöffnet gewesen wäre, sondern war – und ist – das Verwaltungs- und Kommunikationszentrum der jüdischen Gemeinde am Ort. Um sich also in einer fremden Stadt und über sie zu orientieren, war für Jüdinnen und Juden der nächste Weg ganz von selbst vorgegeben: der Weg zur Synagoge. Das zeigt auch die weitere Darstellung der Apostelgeschichte über Paulus. Beim Betreten einer neuen Stadt geht er immer zuerst in die Synagoge. Das ist kein lukanischer Schematismus, sondern versteht sich auf dem gekennzeichneten sozialgeschichtlichen Hintergrund von selbst. Auch die messiasgläubigen Männer aus Zypern und Kyrene werden, nach Antiochia gekommen, zuerst zur Synagoge gegangen sein. Dort werden sie sich auch am Schabbat eingestellt haben. Und wovon ihnen das Herz voll war, ging ihnen der Mund über. Sie verkündigten Jesus als schon gekommenen Messias und als von Gott zum Herrn Auferweckten. Damit sei die neue Weltzeit schon angebrochen, was in Bälde ganz offenbar werde. Und Gott erfülle diejenigen schon jetzt mit seiner für die Endzeit verheißenen Geisteskraft, die sich auf den Namen Jesu taufen ließen. Solche Verkündigung mag dann noch durch wundercharismatische Elemente unterstützt worden sein.

b) »Gottesfürchtige«/»Gottesverehrende« im Umfeld der Synagogen

Ihre Hörerschaft bestand nicht nur aus Jüdinnen und Juden. Es gab eine nichtjüdische Sympathisantenschaft, die partiell – in unterschiedlichen Graden – jüdische Lebensweise übernahm und am jüdischen Leben teilnahm und sich nach Möglichkeit auch bei der Versammlung am Schabbat einstellte. In der Apostelgeschichte werden sie als »Gottesverehrende« und »Gottesfürchtige« bezeichnet. Sie sind keine Erfindung des Lukas. Das zeigen Inschriften, die »Gottesverehrer«/ »Gottesverehrerinnen« anführen. Und das bezeugt Josephus gerade auch für Antiochia. Über seine dortigen Landsleute schreibt er: Sie »zogen ständig eine große Anzahl von Griechen zu den Gottesdiensten an und machten jene gleichsam zu einem Teil ihrer selbst.« (Krieg 7, 43.45)

Wie kam es zu solchen »Gottesfürchtigen«? Auf der einen Seite gab es in der antiken Welt eine negative Einstellung zum Judentum, die sich für die hellenistisch-römische Zeit in den Vorwurf zusammenfassen lässt, die Juden legten eine gegen die gesamte zivilisierte Welt gerichtete Fremden- und Menschenfeindlichkeit an den Tag. Tacitus bietet ein seltsames Durcheinander von Informationen und Desinformationen. Unter den Letzteren behauptet er, im Jerusalemer Tempel sei das Weihebild eines Esels aufgestellt, und resümiert: »Die Lebensweise der Juden ist abgeschmackt und verächtlich.« (Tacitus, Historien V 2–5) Bei Juvenal zeigt sich dieselbe Haltung. Aber in seiner 14. Satire wird zugleich die andere Seite sichtbar: die Attraktivität des Judentums für Teile der hellenistisch-römischen Gesellschaft. Er erwähnt Landsleute »mit Ehrfurcht vor dem Sabbat«, die »nichts anbeten außer den Wolken und dem göttlichen Walten des Himmels«, kein Schweinefleisch essen, »das jüdische Recht erlernen«. Söhne, die solche Väter haben, ließen sich »alsbald ihre Vorhaut abschneiden«. (Juvenal, Satiren 14, 96–104) Hier ist sehr klar der Unterschied zwischen Gottesverehrer und Proselyt wahrgenommen und wie das eine zum anderen führen kann. Neben der Judenfeindschaft gab es also auch das andere, dass nämlich Judentum Teile der nichtjüdischen Gesellschaft anzog, und zwar vor allem aufgrund von zwei Faktoren: aufgrund des Monotheismus und aufgrund der hochstehenden jüdischen Ethik. Beides zeigt sich auch im Text Juvenals.

Dass Kinder von Gottesfürchtigen konvertierten, wird vorgekommen sein, war aber kaum die Regel. Es gab für Gottesfürchtige, auch in der zweiten Generation, gute Gründe, das nicht zu tun. Der Übertritt zum Judentum war näherliegend für Menschen, die gesellschaftlich und ökonomisch nicht sonderlich stark eingebunden waren und die durch den Übertritt von dem sehr entwickelten und effizienten Sozialsystem jüdischer Gemeinden profitieren konnten. Für Bessergestellte gab es starke Barrieren, die es verhinderten, diesen Schritt zu vollziehen. Dafür sei hier nur auf die Vorschriften hingewiesen, die Tätigkeiten für den Schabbat untersagen, die an den anderen Tagen selbstverständlich sind. Man stelle sich eine Geschäftsfrau vor, die jeden siebten Tag ihren Laden schließt. Wie werden ihre Kunden reagieren? Sie gehen zur Konkurrenz. Man stelle sich einen Handwerksmeister vor, der am Schabbat seine Arbeiter nach Hause schickt. Er betreibt Schädigung am eigenen Unternehmen. Würde er zum Judentum konvertieren, könnte er auch nicht mehr an den Versammlungen seiner »Innung« im Tempelrestaurant teilnehmen. Wird das nicht ruinöse Folgen haben? So war es ratsam, diesen letzten Schritt nicht zu tun, sondern im Status eines Sympathisanten zu verbleiben und so den Ansprüchen der nichtjüdischen Gesellschaft flexibel genügen zu können. Diese Menschen blieben also der jüdischen Gemeinde gegenüber wohlmeinende Sympathisanten. Sie standen gleichsam in der zweiten Reihe. Sie passten sich partiell an jüdische Lebensweise an. Sie nahmen am synagogalen Leben teil, nach Möglichkeit besonders an der Versammlung am Schabbat. Das setzt im Übrigen voraus, dass sie über ihre Zeit verfügen konnten, also Bessergestellte waren. Sie unterstützten die Gemeinde gelegentlich mit Geld und machten – im Konfliktfall oder wenn es sonst im Interesse der jüdischen Gemeinde lag – ihren Einfluss bei der Stadtverwaltung oder der römischen Provinzverwaltung geltend. Einige dieser Aspekte finden sich bei der Beschreibung des Hauptmanns von Kafarnaum und des Hauptmanns Kornelius durch Lukas. (Lukas 7,4–5; Apostelgeschichte 10,2) Als Paulus in Philippi wirkt, führt Lukas eine Frau namens Lydia an, »eine Purpurwollenhändlerin aus Thyatira«, die er als »Gott Verehrende« charakterisiert. So kennzeichnet er auch einen Titius Justus in Korinth, in dessen Haus sich Paulus nach heftigen Auseinandersetzungen in der Synagoge begibt. (Apostelgeschichte 16,14; 18,7) Mehrfach erwähnt er bei Auftritten des Paulus in Synagogen »Gott Verehrende« bzw. »Gottesfürchtige« als anwesend. (Apostelgeschichte 13,16.26; 17,4.17; vgl. 13,50)

c) »Gottesfürchtige«/»Gottesverehrende« als Adressaten der messianischen Verkündigung

Solche Leute also waren Teil des Publikums, als die Männer aus Zypern und Kyrene in der Synagoge von Antiochia die messianische Verkündigung im Enthusiasmus endzeitlicher Geisteskraft erklingen ließen. Sie hatten Erfolg. Mitglieder

der Synagogengemeinde und Leute aus der nichtjüdischen Sympathisantenschaft ließen sich auf ihre Verkündigung ein. Das wird nicht ohne Auseinandersetzungen abgegangen sein. Lukas ist an dieser Stelle, da er die Entstehung der ersten Gruppierung aus Juden und Nichtjuden beschreibt, so unanschaulich, dass er nicht einmal den Ort der Verkündigung, die Synagoge, nennt. Und so erzählt er hier auch nichts von Auseinandersetzungen – wahrscheinlich weil er am Beginn dieser Entwicklung ein von keinem Konflikt getrübtes Bild der Harmonie zeichnen will. So hat er es schon bei der Darstellung der Jerusalemer Gemeinde getan. An späteren Stellen bemerkt er immer wieder, dass es zu heftigen Auseinandersetzungen kam. Ein Teil, der kleinere, vielleicht nur ein sehr kleiner, schenkt der messianischen Verkündigung Glauben; die meisten tun es nicht. Auch das war in Jerusalem nicht anders. Über die Gründe der Nichtakzeptanz sagt Lukas nichts. Sie dürften vor allem darin bestanden haben, dass mit dem Kommen des Messias auch seine messianische Herrschaft und das Errichten des messianischen Reiches verbunden sind. Von einer Verwandlung der Welt im Ganzen war aber augenscheinlich nichts zu spüren. Das führte, wenn die Messiasgläubigen in synagogalen Versammlungen ihren besonderen Glauben zum Ausdruck brachten, immer wieder zu heftigem Streit. Dessen war man offenbar müde. Und so trafen sich die Messiasgläubigen unter sich bei einem von ihnen, der über ein Haus verfügte und für die Treffen genügend Raum anbieten konnte. Hier musste man nicht mehr darüber streiten, ob Jesus der Messias sei. Hier konnte ein gemeinsames Leben eingeübt werden. Wie hätte es zu Beginn in Antiochia anders sein sollen?

So kam es nebenher zu einer eigenen Gruppe. In ihr wehte ein neuer grenzüberschreitender und miteinander verbindender Geist. Die nichtjüdischen Mitglieder fanden sich nicht mehr nur in der zweiten Reihe vor als Sympathisanten, sondern gehörten gleichberechtigt dazu. »Hier gibt es nicht Jude oder Grieche; hier gibt es nicht versklavt oder frei; hier gibt es nicht männlich und weiblich!«, schreibt Paulus und nimmt damit eine ihm schon überkommene Formulierung auf. (Galater 3,28) Das ist die Erfahrung der sich zuerst in Antiochia bildenden Gruppe.

Hier entsteht etwas Neues. Das Selbstverständnis der jüdischen Mitglieder war nach wie vor das von Jüdinnen und Juden, die ihren Messias gefunden haben. Aber was ist das Selbstverständnis der nichtjüdischen Mitglieder? Sie glauben an den Gott Israels und seinen Messias Jesus. Aber sie sind dadurch nicht jüdisch geworden, sondern Völkermenschen geblieben. Sie sind jedoch auch nicht mehr nur wohlgelittene und gern gesehene Gäste der jüdischen Gemeinde, sondern versammeln sich gleichberechtigt mit Jüdinnen und Juden. Die Gottesfürchtigen bilden eine bestens präparierte Adressatenschaft für die messianische Verkündigung in der nichtjüdischen Welt. Was das Judentum für sie attraktiv machte, Monotheismus und Ethik, ist hier genauso gegeben. Was sie an der vollen Gleichberechtigung hinderte, fällt hier weg. Sie werden sich als Hinzugekommene verstanden haben. Hinzugekommen nicht zum Volk Israel, wohl aber zu Israels Gott. Hinzugekommen kraft der geistvollen Verkündigung vom jüdischen Messias Jesus, durch den Gott die Völker der Welt zu sich ruft. Und dass sie zu Israels Gott hinzugekommen sind, praktizieren sie bei den Treffen in privater Versammlung gemeinsam mit Jüdinnen und Juden. Sie bleiben Menschen aus den Völkern und gewinnen doch eine neue Identität. Sie hat durch die genannten Bezüge sozusagen einen jüdischen Anteil, der fundamental ist. Paulus wird das weiter ausführen, indem er es biblisch vertieft. In der jüdischen Traditionsliteratur wird in großer Häufigkeit Abraham »unser Vater« genannt. Er ist *die* Identifikationsfigur. Mit ihm beginnt die Bundesgeschichte Gottes mit seinem Volk und seitdem ist die Beschneidung Siegel des Bundes. So ist er auch nach Paulus selbstverständlich »der Vater des Volks der Beschneidung«, des jüdischen Volkes. Aber Abraham ist zugleich auch »*Vater vieler Völker*«. (1. Mose 17,4–5) Und er vertraute schon als noch Unbeschnittener auf Gott, und das wurde ihm als »Gerechtigkeit« angerechnet. (1. Mose 15,6) Zudem war ihm verheißen, dass durch ihn »*alle Völker gesegnet werden*«. (1. Mose 12,3) Da nun durch den Messias Jesus unbeschnittene Menschen zum Vertrauen auf Gott kommen, kann Paulus formulieren: »Daher ist er der Vater aller, die als Unbeschnittene vertrauen, sodass es auch ihnen als Gerechtigkeit angerechnet wird, und der Vater des Volks der Beschneidung. So ist er Vater nicht allein für diejenigen, die aus dem Volk der Beschneidung stammen, sondern auch für diejenigen, die den Spuren des Vertrauens folgen, das unser Vater Abraham als Unbeschnittener hatte.« (Römer 4,11–12) Alle in der Gemeinde, die Beschnittenen und die Unbeschnittenen, sind daher Kinder Abrahams und also untereinander Geschwister. Die jüdischen Gemeindemitglieder behalten ihre jüdische Identität. Die nichtjüdischen haben eine gleichsam zusammengesetzte Identität. Zu ihrer Identität als Menschen aus den Völkern gewinnen sie, ohne in das Volk Israel und in den Bund Gottes mit ihm aufgenommen zu sein, als Kinder Abrahams eine familiale Zusammengehörigkeit mit Jüdinnen und Juden.

d) Die Gruppe aus Juden und Nichtjuden: noch nicht der Beginn des Christentums

Die Konstituierung einer Gruppe aus Juden und Nichtjuden ist noch nicht der Beginn des Christentums, wohl aber eine Voraussetzung dafür. Die räumliche Trennung durch private Versammlungen erfolgte aus pragmatischem Grund und war keine grundsätzliche. Das zeigt sich am weiterhin selbstverständlich gewahrten Zusammenhang ihrer jüdischen Mitglieder mit der Synagoge. Lukas erwähnt in seinen Berichten Ereignisse, die es sehr deutlich machen, dass die Vorstellung, jüdische Messiasgläubige hätten durch ihre Mitgliedschaft in einer eigenen Gruppe mit nichtjüdischen Personen so etwas wie einen »Austritt aus der Synagoge« vollzogen, völlig verfehlt ist. Dafür sei auf das Ehepaar Priska und Aquila hingewiesen. Es trifft Paulus in Korinth, wohin es kurz vorher von Italien gekommen war. Als Grund dafür gibt Lukas an, dass Kaiser Claudius Juden aus Rom ausgewiesen habe. Sueton notiert: »Die Juden vertrieb er aus Rom, weil sie auf Anstiften von Chrestus unablässig Unruhen fabrizierten.« (Sueton, Claudius 25,4) Diese Unruhen wurden wohl durch die Verkündigung von Jesus als Messias (*christós*; lateinisch zu »Chrestus« geworden) in der Synagoge in Rom verursacht. Lukas erzählt nicht, dass Priska und Aquila erst durch Paulus zum Glauben an Jesus als Messias gekommen seien; sie waren es schon in Rom. Etwa zwei Jahre später siedeln sie von Korinth nach Ephesus über. Dort treffen sie einen aus Alexandria gekommenen Juden namens Apollos, der ebenfalls messiasgläubig ist, aber eine andere Prägung aufweist. Wo treffen sie ihn? In der Synagoge. Trotz der in Korinth erfahrenen Auseinandersetzungen halten sie sich also in Ephesus wieder ganz selbstverständlich im Bereich der Synagoge auf. Und dorthin ist auch Apollos gegangen. (Apostelgeschichte 18,2.18–19.24–26) Während Paulus in Ephesus ist, kommt es durch sein Wirken zu innersynagogalen Auseinandersetzungen, in deren Folge er sich aus der Synagoge zurückzieht und im »Lehrsaal des Tyrannus« wirkt. Dieser Rückzug ist nicht die Gründung eines neuen »Vereins«, sondern er bedeutet, dass Paulus es aufgibt, den »neuen Weg« weiterhin in der synagogalen Öffentlichkeit zu propagieren. Als Adressaten seines Wirkens im »Lehrsaal des Tyrannus« erscheinen dieselben wie in der Synagoge, nämlich an erster Stelle Juden und an zweiter »Griechen«, womit Lukas in solchen Zusammenstellungen »Gottesfürchtige« meint. Paulus betreibt also im »Lehrsaal des Tyrannus« ein jüdisches »Lehrhaus«. (Apostelgeschichte 19,8–10)

Die Außenwahrnehmung macht keinen Unterschied zwischen messiasgläubigen und anderen Juden. Als die führenden Leute der jüdischen Gemeinde in Korinth ihr Problem mit Paulus vor den Statthalter Gallio bringen, tut der das als eine innerjüdische Querele ab, mit der er nicht behelligt werden will. (Apostelgeschichte 18,12–17) Während des Aufenthalts des Paulus in Ephesus zettelt der Silberschmied Demetrius mit seinen Zunftgenossen eine Protestaktion an. Sie sehen durch Paulus den Absatz ihrer kleinen Nachbildungen des Artemistempels und damit ihr Einkommen gefährdet. Was Demetrius als Aussage des Paulus anführt, ist nichts sonst, als dass die von Händen gemachten Götter keine seien. Diese jüdische Aussage ist durch Paulus auch mehr und mehr von Nichtjuden akzeptiert worden. Das hat ökonomische Konsequenzen. So ist es auch kein Zufall, dass sich bei der Protestaktion des Silberschmieds Demetrius in Ephesus der Volkszorn alsbald gegen Juden richtet. (Apostelgeschichte 19,23–34)

Auch die Bezeichnung, die sich die messiasgläubige Gruppierung gab, *ekklesía* (»Versammlung«, »Gemeinde«), zeigt keine Distanzierung vom Judentum an. Diese Bezeichnung lag sicher auch von der griechischen Tradition her nahe; so wurde die Versammlung der stimmberechtigten Mitglieder einer Stadt, einer Polis, genannt. Vor allem aber hat sie einen engen Zusammenhang mit der biblisch-jüdischen Tradition. Sie entspricht dem hebräischen Wort *kahál*. Das steht in der Bibel für das versammelte Israel und wird in der Septuaginta, der alten jüdischen Übersetzung ins Griechische, überwiegend mit *ekklesía* wiedergegeben. Bedeutungsgleich neben *kahál* gebraucht die Bibel *ejdáh*, in der Septuaginta mit *synagogé* (»Versammlung«) übersetzt. *ekklesía* ist also bei seiner Entstehung als Bezeichnung für die Messiasgläubigen kein Gegenbegriff zu *synagogé*, sondern eine Parallelbezeichnung.

e) Die messiasgläubigen Gruppen: Judentum zu billigem Eintrittspreis?

Aus der Sicht der jüdischen Mehrheit in den Synagogen der Diaspora wird das Entstehen der messiasgläubigen Gruppen aus den Synagogen heraus mit Unverständnis, aber auch mit Sorge betrachtet worden sein. Die Gottesfürchtigen, die zum Messiasglauben kamen, dürften eine stärkere Bindung zu der neuen Gruppierung entwickelt haben, zu der sie jetzt gehörten. So werden sie, was sie an Unterstützung geleistet hatten, nun dort investieren. Das konnte der Synagogengemeinde als Abwerben zu billigem Eintrittspreis erscheinen. So ist es von vornherein angelegt, dass das Verhältnis zwischen den Synagogengemeinden in der jüdischen Diaspora und den neu entstehenden messianischen Gruppen ein angespanntes sein wird.

Zur Verdeutlichung mache ich eine Fiktion, indem ich ein Mitglied der jüdischen Gemeinde in Ephesus in folgender Weise reden lasse: ›Es raubt mir den Schlaf, was in unserer Gemeinde geschieht. Man muss schon Angst haben, dass das messianische Fieber wie eine ansteckende Krankheit – Gott bewahre! – immer weiter um sich greift. Dieses Reden vom Messias, diese Aufgeregtheit, bleibt den römischen Spitzeln nicht verborgen; das wird die Provinzverwaltung misstrauisch machen und uns nur Ärger bringen. Und überhaupt: Ein von den Römern vor zwanzig Jahren aufgehängter Jesus soll der Messias sein! Einfach lächerlich. Und wenn er's denn wäre: Wo ist das messianische Reich? Was hat sich denn verändert? Es ist einfach unsinnig und schädlich, was da in unsere Gemeinde hineingetragen wird. Besonders unsere Freunde aus der Völkerwelt, die Gottesverehrenden, fallen am ehesten darauf herein. Und wenn man versucht, klare Verhältnisse zu schaffen, gehen sie zu uns auf Distanz und machen mit allen messianisch Angesteckten eigene Versammlungen in ihren Privathäusern. Dafür geben sie dann ihre Spenden aus, die sonst wir bekommen haben. Was ihnen die messianischen Verkündiger anbieten, ist Judentum zu billigem Eintrittspreis. Das ist nichts Halbes und nichts Ganzes. So etwas kann doch dem Heiligen, gesegnet er, nicht gefallen. Wenn sie ganz dazugehören wollen, dann sollen sie auch ganze Sache machen und zu uns konvertieren, wie es sich gehört, mit allen Konsequenzen. Und außerdem: Unsere Leute hören auf, richtige Juden zu sein, wenn sie mit denen in deren Häusern zusammen sind. Sie lassen dann fünfe gerade sein und achten nicht darauf, wo das Zeug herkommt, was es dort zu essen gibt.‹

f) *Christianoí/Chrestiani* (»Christen und Christinnen«) – lange keine Selbstbezeichnung

Am Ende des Abschnitts, in dem Lukas darüber berichtet, dass die aus Zypern und Kyrene stammenden und aus Jerusalem verdrängten Messiasgläubigen in Antiochia Jesus auch Nichtjuden verkündeten, vermerkt er: »Es war erstmals in Antiochia, dass man die Schülerinnen und Schüler als ›Christinnen‹ und ›Christen‹ benannte.« (Apostelgeschichte 11,26) Wann das geschah, bleibt unbestimmt. Die Formulierung erzwingt nicht die Annahme, dass es zu der Zeit war, die unmittelbar vorher im Blick ist. Die Notiz wird an den Ort angehängt, an dem sich das zuvor Erzählte ereignet hat. Klar ist zunächst, dass »Christen«/»Christinnen« nach dieser Stelle keine Selbstbezeichnung ist, sondern dass sie von außen gegeben wurde. Wie sich diese Menschen selbst verstanden und bezeichneten, ist an dieser Stelle und an vielen weiteren in der Apostelgeschichte ausdrücklich gesagt: »Schülerinnen und Schüler«, nämlich des Lehrers Jesus. Auch wenn er nicht leibhaftig anwesend ist, bleibt er der Lehrer und sind und bleiben sie in seiner Schule, in der sie nicht auslernen. Im Bedenken des von ihm Bezeugten und

Überlieferten und in der Orientierung daran bleiben sie Lernende. Das ist die eigene Sicht, das eigene Selbstverständnis. Auch an der zweiten Stelle, an der das Wort »Christ« in der Apostelgeschichte vorkommt, ist es eine Fremdbezeichnung. (Apostelgeschichte 26,28)

Wer aber hat warum mit diesem Wort die Menschen in der Gruppe jüdischer und nichtjüdischer Messiasgläubiger in Antiochia bezeichnet? Darüber sagt Lukas nichts. Aber es lassen sich eine Reihe von Fakten benennen, aus denen ein Rückschluss möglich ist: 1. Das griechische Wort lautet *christianoí*. Eine solche Wortbildung lässt sich aus der griechischen Sprachtradition nicht erklären, wohl aber sehr gut – und auch nur – aus der lateinischen. Dort findet sich außerordentlich häufig die Verbindung des Namens eines Mannes mit der Endung *-iani*. Bezeichnet werden damit dessen Anhänger, meistens: dessen politische Anhänger. Also etwa *Pompeiani*: die politischen Anhänger, die Gefolgsleute des Pompeius. – 2. Lateinisch war die Amtssprache im Imperium Romanum. Es wurde überall im Bereich von Verwaltung und Militär gesprochen. – 3. Antiochia war die Hauptstadt der römischen Provinz Syrien, hatte also eine starke römische Verwaltung mit einem Prokonsul an der Spitze. Zudem waren vier Legionen in der Provinz stationiert. Dort war Lateinisch gleichsam zuhause. Die allgemeine Verkehrssprache war Griechisch. Die einheimische Bevölkerung sprach Aramäisch. – 4. Die Hauptsorge der Römer in den Provinzen war die Aufrechterhaltung von Ruhe und Ordnung. So wurde Vorsorge getroffen gegen alles, was zu Unruhen, Aufruhr und Aufstand führen könnte. Daher wurden Versammlungen von Menschen als mögliche Unruhe- und Aufstandsherde beargwöhnt. Das führte dazu, dass in manchen Provinzen die Bildung und die Versammlungen von Vereinen über Jahre hin generell verboten wurden. Nicht zuletzt gab es zur vorsorglichen Verhinderung antirömischer Aktionen ein verbreitetes Spitzelwesen.

– 5. Die Provinz Syrien grenzte an das Partherreich, mit dem Rom immer wieder in Fehde lag. In Grenzprovinzen war Rom mehr noch als sonst darauf bedacht, dass es nicht zu Störungen der öffentlichen Ordnung kam. So etwas galt es im Keim zu ersticken.

Das erlaubt den Rückschluss: Die römische Verwaltung in Antiochia ließ das private regelmäßige Zusammenkommen von Juden und Nichtjuden misstrauisch beobachten. Man bekam mit, dass man sich dort auf einen *christós* als entscheidende Bezugsperson berief. Da man dieses Wort nicht als »Gesalbter« verstand, sondern für einen Namen hielt, lag es gemäß der Tradition, Anhänger eines Mannes mit dessen Namen und der angehängten Endung *-iani* zu benennen, außerordentlich nahe, diese Gruppierung als *Chrestiani* zu bezeichnen, gräzisiert *christianoí*. Dass diese Benennung von amtlicher römischer Seite erfolgte, wird durch zwei sprachliche Beobachtungen unterstrichen. Das Verb »benennen« (*chrematídsein*) ist ein »Terminus der Amtssprache« und das Adverb »erstmals« (*próotoos*) ist in Rechtsurkunden »im Sinne einer die Zukunft bestimmenden Norm« verstanden. (Peterson)

Ich füge wieder eine kleine Fiktion ein – mit gezielten Anachronismen: Der Abteilung Reichssicherheit in der römischen Verwaltung Antiochias wird von einem Informanten zugetragen, dass sich regelmäßig eine Gruppe von Juden und Nichtjuden versammle und man nicht wisse, was dort getrieben werde. Man beschließt, einen V-Mann in die Gruppe einzuschleusen, um zu erfahren, was dort geschieht. Der bekommt mit, dass die Mitglieder dieser Gruppe immer wieder voll Begeisterung von einem *christós* reden, dem sie sich als ihrem Herrn und Lehrer unterstellen. Da es weder im griechischen noch im römischen Bereich eine Gesalbtentradition wie im Judentum gibt, kann er gar nicht anders: Er versteht *christós* nicht in seiner Bedeutung als Gesalbter, als Messias, sondern missversteht dieses Wort als Name. Das lag umso näher, als das mit Eta geschriebene griechische Wort *chrestós* auch als Name gebraucht und schon in der Antike *christós* ausgesprochen wurde. Ihm entspricht der lateinische Name *Chrestus*. Und so nennt der V-Mann in seinem Bericht die von ihm beobachtete Gruppe aus Juden und Nichtjuden *Chrestiani*, griechisch: *christianoí*: Anhänger eines gewissen Christus.

5. Paulus: ein Jude, vor und nach »Damaskus«

Es gab und gibt die Meinung – innerhalb und außerhalb der Kirche –, dass das Christentum »eigentlich« mit Paulus beginne. In der wissenschaftlichen Theologie wurde und wird er auch gerne als »der erste christliche Theologe« bezeichnet. Und der immer noch verbreiteten Redeweise »Vom Saulus zum Paulus werden« liegt die Vorstellung zugrunde, dass der die Christen verfolgende Jude Saulus zum Jesus verkündigenden Christen Paulus geworden sei. Befragt man die neutestamentlichen Texte, die darüber Auskunft geben können – und dabei vor allem jene Briefe, die Paulus selbst geschrieben hat –, so wird man hier kräftige Revisionen vornehmen müssen.

a) »Vom Saulus zum Paulus«?

Die gängige Redensart »Vom Saulus zum Paulus werden« meint eine radikale Bekehrung von etwas Negativem zu etwas Positivem. Sie ist implizit eminent antijüdisch, da als Urbild dieser Wendung vom Negativen zum Positiven die Bekehrung des »Juden Saulus« zum »Christen Paulus« vorgestellt ist, vom Verfolger der »Christen« zu ihrem Bekenner und Verkündiger. Damit steht das Judentum für das Negative, das Christentum für das Positive. Diese Vorstellung jedoch, als habe Paulus eine Bekehrung vom Judentum zum Christentum erfahren, ist schlicht falsch. Mit ihr wird die jahrhundertelang geübte Entgegensetzung des Christentums zum Judentum in die Zeit des Paulus zurückprojiziert. Er selbst hat keineswegs die Vorstellung gehabt: Bis zu dem Ereignis bei Damaskus war ich ein Jude; dann aber bin ich ein Christ geworden. Nach dem Zeugnis seiner Briefe ist er in seinem Selbstverständnis ein Jude geblieben. Sein Judesein hat er seinem eigenen Bewusstsein nach nie aufgegeben. Wenn andere Verkündiger es herausstellen, kann er es auch: »Hebräer sind sie? Ich auch. Israeliten sind sie? Ich auch. Nachkommenschaft Abrahams sind sie? Ich auch.« (2. Korinther 11,22) »Auch ich bin ja ein Israelit, aus Abrahams Nachkommenschaft, dem Stamm Benjamin.« (Röm 11,1) Mit Simon Petrus fasst er sich zusammen: »Wir sind von Haus aus Juden und nicht Sünder aus den Völkern.« (Gal 2,15) Die Verbundenheit mit seinen nicht an Jesus als Messias glaubenden Landsleuten bringt er eindrücklich zum Ausdruck und bezeichnet sie dabei als seine Geschwister – ein Ausdruck, den er sonst nur für die Menschen in den Gemeinden gebraucht. (Römer 9,1–3)

Das Bewusstsein, als ein an Jesus als Gesalbten Glaubender selbstverständlich nach wie vor Jude zu sein, hat sich nicht zuletzt darin geäußert, dass er immer wieder im synagogalen Bereich aufgetreten ist. Der korinthischen Gemeinde teilt er an einer Stelle brieflich mit, dass er bis zum Zeitpunkt dieses Schreibens »jüdischerseits fünfmal die Vierzig weniger einen bekommen« habe. (2. Korinther 11,24) Das ist die Prügelstrafe nach 5. Mose 25,3, also eine innersynagogale Strafmaßnahme, die der Besserung dienen soll. Das aber bedeutet, dass sein Wirken auch von den Repräsentanten der jüdischen Gemeinden als ein innerjüdisches Problem angesehen wurde. Das Wort »Christ« kommt bei ihm nicht vor, auch nicht die Worte »christlich« oder »Christentum«.

Wenn also vom Selbstverständnis und Sprachgebrauch des Paulus her nichts dafür spricht, dass er seine Erfahrung bei Damaskus als eine Bekehrung vom Juden zum Christen verstanden hätte, wie konnte es dann zu dieser Redensart »Vom Saulus zum Paulus« kommen? Das liegt weniger daran, wie die Apostelgeschichte Paulus in seiner frühen Zeit darstellt, als vielmehr an einer ungenauen Wahrnehmung dieser Darstellung. Lukas spricht von dieser Person zunächst siebzehnmal als »Saulus« und dann an 134 Stellen als »Paulus«. Und da man in der Apostelgeschichte und auch bei Paulus selbst lesen konnte, dass er zunächst die messiasgläubige Gemeinde bedrängte und dann ihr vehementer und sehr erfolgreicher Verkündiger wurde, kam es zu dieser Redensart. Aber dabei ist auf den Text der Apostelgeschichte nur sehr oberflächlich geachtet. Denn Lukas nimmt den Wechsel im Gebrauch des Namens nicht bei der in Apostelgeschichte 9 geschilderten Berufung dieser Person vor, sondern erst vier Kapitel später, mitten in der Erzählung von ihrem Wirken auf Zypern. (Apostelgeschichte 13,9) Dort schreibt er: »Saulus, der auch Paulus heißt«. Anschließend gebraucht er nur noch den Namen »Paulus«. An dieser Schaltstelle lässt er auch deutlich erkennen, dass es nicht einen Namenswechsel im Leben dieser Person gab. Sie hatte einen Doppelnamen, und zwar einen hebräischen und einen griechisch-römischen – wie viele Juden in der Diaspora. Der hebräische Name lautet *Scha'ul*. Das ist der Name des ersten Königs in Israel, der aus dem Stamm Benjamin kam, aus dem auch Saulus Paulus sich herleitet. In deutschen Bibeln wird er mit »Saul« wiedergegeben. Da die Griechen kein *sch* sprechen, haben sie es bei der Übersetzung mit einfachem *s* wiedergegeben, und da sie auch Namen gerne deklinieren, haben sie für den Nominativ die Endung *-os* angehängt. So wurde aus dem hebräischen *Scha'ul* das griechische *Saulos*. Und im Lateinischen wurde die griechische Endung *-os* zur lateinischen Endung *-us*, sodass sich *Saulus* ergab. Der andere Name dieser Person ist ursprünglich lateinisch: *Paulus*, woraus im Griechischen *Paulos* wird. Als Doppelname ergibt das im Griechischen und Lateinischen einen schönen Gleichklang: *Saulos Paulos* und *Saulus Paulus*. In ihren uns erhaltenen griechisch geschriebenen Briefen gebraucht diese Person ausschließlich ihren lateinischen Namen in gräzisierter Form: *Paulos*. Dem entspricht es, dass Lukas den Wechsel im Gebrauch der Namen an der Stelle vornimmt, von der an ihr Träger in großem Stil außerhalb des Landes Israel zu wirken beginnt und sich besonders an die Menschen aus den Völkern wendet.

Fazit: Die Redensart »Vom Saulus zum Paulus werden« ist weder von den eigenen Aussagen des Paulus noch von der Darstellung der Apostelgeschichte gedeckt. Sie ist eine Rückprojektion des sich über das Judentum erhebenden Christentums, die das Judentum als etwas Negatives festschreibt. Aber nun steht es doch andererseits unzweifelhaft fest, dass Saulus Paulus vor der bei Damaskus gemachten Erfahrung Menschen, die an Jesus als Gesalbten glaubten, – vorsichtig ausgedrückt – negativ behandelt hat. Warum hat er das getan? Was genau hat ihn zu solchem Tun herausgefordert?

b) Der »Eiferer« – Paulus vor seiner Berufung

Was können wir über Paulus wissen, bevor er zum Glauben an Jesus als Gesalbten kam? In der Apostelgeschichte liegt dazu ein Fremdbericht ihres Autors Lukas vor. Er hat ihm zugängliche Informationen in dramatischer Darstellung ausgestaltet. Paulus taucht hier erstmals im Kontext der Erzählung von der Steinigung des Stephanus auf. Er wird lediglich als ein Jüngling gekennzeichnet und nicht weiter eingeführt, sondern als bekannt vorausgesetzt. Bald danach bemerkt Lukas, dass Paulus mit der Ermordung des Stephanus einverstanden war und dass er sich bemühte, die Gemeinde zugrunde zu richten. Er habe Männer und Frauen abgeführt und gefangen gesetzt. Weiter soll er sich vom Hohepriester Vollmacht haben geben lassen, um Jesusleute in den Synagogen von Damaskus festzunehmen. (Apostelgeschichte 7,58; 8,1a.3; 9,1–2) Ob oder wie weit die hier gemachten konkreten Angaben historischen Anhalt haben, lässt sich nicht ermitteln. Dass Paulus mit Autorisierung durch den

Hohepriester ihm und diesem missliebige Personen gefangen von Damaskus nach Jerusalem hätte überführen können, ist im Kontext des Imperium Romanum nicht denkbar. Lukas dienen diese Angaben zur Konstruktion dramatischer Verknüpfungen in seiner Gesamterzählung. Es sind jedoch Eigenaussagen des Paulus überliefert, die die allgemeine Angabe des Lukas über das Bemühen, die Gemeinde zugrunde zu richten, stützen und die vor allem weitere historische Rückschlüsse zulassen.

Doch zuvor sei noch eine weitere Aussage des Lukas angeführt, in der er Paulus über sich selbst sprechen lässt. Bei seinem letzten Besuch in Jerusalem kommt es um seine Person im Tempelbereich zu einem Tumult, weil ihm vorgeworfen wird, er habe Nichtjuden in den nur Juden vorbehaltenen Teil des Heiligtums mit hineingenommen. Der Tumult führt zu einer gegen ihn gerichteten Lynchaktion. Sie wird durch das Einschreiten der römischen Truppe unter einem Tribun unterbunden, die auf der unmittelbar benachbarten Burg Antonia stationiert war. (Apostelgeschichte 21,27–33) Auf Bitte des Paulus hin erlaubt der Tribun es ihm, zu der aufgebrachten Menge zu reden. Er sagt zu Beginn: »Ich bin ein Jude, geboren im kilikischen Tarsus, aufgezogen aber in dieser Stadt, zu Füßen Gamaliels genau nach der väterlichen Tora unterwiesen; ein Eiferer für Gott, wie ihr alle es heute seid, der ich diese Richtung verfolgt habe bis zum Tod.« (Apostelgeschichte 22,3–4a) Auch nach Lukas sagt Paulus nicht: »Ich *war* ein Jude«, sondern: »Ich *bin* ein Jude«. Ganz entsprechend hatte sich Paulus schon kurz vorher gegenüber dem Tribun vorgestellt: »Ich bin ein Jude aus Tarsus in Kilikien.« (Apostelgeschichte 21,39) Dort, in der Hauptstadt der Provinz Kilikien, ist er also geboren. Aber »aufgezogen« – und das betrifft die Kindheit – wurde er nach dieser Stelle in Jerusalem. Dort wurde er auch unterrichtet von einem berühmten pharisäischen Lehrer der ersten Hälfte des ersten Jahrhunderts: Gamaliel. Auf den Pharisäismus weist auch die nähere Kennzeichnung des Unterrichts als »genau nach der väterlichen Tora«. Die Aussagen, die Paulus hier über sich selbst macht, lassen sich in voller Übereinstimmung mit seinen Eigenaussagen verstehen.

Im Brief an die Gemeinden in Galatien schreibt er: »Ihr habt von meiner einstigen Lebensführung im Judentum gehört, dass ich im Übermaß die Gemeinde Gottes verfolgte und sie zu zerstören suchte und Fortschritte im Judentum machte über viele Altersgenossen in meinem Volk hinaus, weil ich ein übermäßiger Eiferer für meine väterlichen Überlieferungen war.« (Galater 1,13–14) Die am Schluss erwähnten »väterlichen Überlieferungen« meinen die Tora und ihre schriftgelehrte Auslegung. Das ist zugleich ein Hinweis auf die pharisäische Herkunft des Paulus. Ein wesentliches Kennzeichen des Pharisäismus ist es, dass in ihm die Tora nicht in fundamentalistischer Weise gebraucht wird, sondern ausgelegt werden muss. Dabei kommt der Auslegung dieselbe Dignität zu wie der Tora selbst. Der paulinischen Formulierung vom »Eifer für meine väterlichen Überlieferungen« sehr nahe kommt die Aussage des Priesters Mattatias am Beginn des makkabäischen Aufstandes nach der Schilderung des Josephus. Danach ruft Mattatias aus: »Wer immer ein Eiferer für die väterlichen Bräuche und die Verehrung Gottes ist, folge mir nach!« (Altertümer 12, 271) In der Nacherzählung Philons aus Alexandria lautet eine Passage der Weissagung Bileams über das Volk Israel: »Das wird allein für sich wohnen, anderen Völkern nicht hinzugezählt, nicht etwa hinsichtlich örtlicher Zuteilung und räumlicher Abgeschiedenheit, sondern hinsichtlich der Eigentümlichkeit seiner besonderen Bräuche; es lässt sich im Verkehr mit anderen nicht zum Abweichen von den väterlichen Bräuchen (*toon patríoon*) bringen«. (Philon, Leben Moses I 278) Die Tora und ihre Auslegung manifestieren sich im Leben des Volkes in bestimmten Bräuchen, von Generation zu Generation weitergegeben. Zu diesen Bräuchen, die eigene Identität vermitteln und die spezifisch jüdische Lebensweise besonders deutlich herausstellen und erkennbar machen, gehörten vor allem: Beschneidung, Speisegesetze und Schabbat. In ihnen drückt sich einmal die Verehrung Gottes konkret aus und zum anderen und zugleich unterscheiden sie jüdische Lebensweise von anderer. Genau das ist mit der von Paulus am Anfang des Textes angeführten »Lebensführung im Judentum« gemeint. Das unterstreicht der Gebrauch der Worte »Judentum« (*ioudaismós*) und »jüdisch leben« (*ioudaídsein*) in Schriften der Zeit. Es geht um Bräuche und Verhaltensweisen, die jüdisches Leben von anderem Leben unterscheiden. So steht »Judentum« im Gegensatz zu »Hellenismus«, nämlich griechischer Lebensweise, wie sie in einem Aspekt im 2. Makkabäerbuch beschrieben wird, als jüdische Priester unter Vernachlässigung ihrer Aufgaben griechischen Sport treiben. (2. Makkabäer 4,13–14) Wenn Paulus also von seiner »einstigen Lebensführung im Judentum« spricht und den ebenfalls einstigen »Fortschritten im Judentum«, darf das nicht missverstanden werden, als wolle er sagen: Damals war ich noch im Judentum, aber heute bin ich im Christentum. Er betont vielmehr, dass er sich damals in der spezifisch jüdischen Lebensweise gerade in ihren sich von der nichtjüdischen Umwelt unterscheidenden Punkten in Theorie und Praxis besonders ausgezeichnet habe.

Am Schluss dieses Satzgebildes betont Paulus seinen »Eifer«. Der begründet parallel nebeneinander einmal außergewöhnliche Fortschritte im Judentum und zum anderen den Versuch, die Gemeinde der Messiasgläubigen zu zerstören. Das erlaubt den Schluss: Paulus hat diese Gemeinde in einer Form kennengelernt, die er als eine Infragestellung jüdischer Identität empfunden haben muss, wie sie im Befolgen der die besondere Lebensweise betreffenden Gebote gewonnen wird und sich darin äußert. Dieser Spur ist von weiteren Angaben her nachzugehen.

Im Brief an die Gemeinde in Philippi sagt Paulus über sich selbst: »Wenn irgendjemand meint, auf Irdisches vertrauen zu können, ich könnte es noch mehr: beschnitten am achten Tag, aus dem Volk Israel, dem Stamm Benjamin, Hebräer aus hebräischer Familie, toragemäßer Pharisäer, vom Eifer geleiteter Verfolger der Gemeinde, hinsichtlich der in der Tora verlangten Gerechtigkeit als untadelig erwiesen.« (Philipper 3,4b–6) Er betont hier seine jüdische Herkunft und seine jüdische Qualifikation. Er führt die *rite* vollzogene Beschneidung an sowie die Herkunft aus dem Volk Israel und einem bestimmten Stamm des Volkes, dem auch der berühmteste Träger seines hebräischen Namens angehörte: König Saul. Wenn er danach noch hervorhebt: »Hebräer aus hebräischer Familie«, stellt er sich bewusst in die uralte Tradition seines Volkes hinein und betont seine Orientierung am traditionell Gebotenen als auch seine Kenntnis der hebräischen Sprache. An anderer Stelle bezeichnet er sich nebeneinander als »Hebräer« und »Israelit«. (2. Korinther 11,22) An zwei Stellen bei Philon weist der Begriff »Hebräer« eindeutig auf die Sprache hin. (Philon, Verwirrung der Sprachen 129–130; Namensänderung 71) Erinnert sei auch an das in Kapitel 3 zu »Hebräern« und »Hellenisten« Ausgeführte. Dass Paulus also auch Hebräisch/Aramäisch sprach, ergibt sich nicht nur aus der Angabe des Lukas, dass er in Jerusalem aufwuchs und unterrichtet wurde, sondern auch aus seiner wiederholten Selbstbezeichnung als »Hebräer«. Auf Griechisch kann er sich nuanciert ausdrücken. Meistens gebraucht er auch die griechische Bibel, die Septuaginta. Aber einige seiner Zitate weisen darauf hin, dass er auch Kenntnis des hebräischen Textes hatte und sich von ihm beeinflussen ließ.

Im Philipperbrief nennt sich Paulus sodann einen »toragemäßen Pharisäer«. Darauf wiesen schon die Wendung von den »väterlichen Überlieferungen« und die Angabe »zu Füßen Gamaliels genau nach der väterlichen Tora unterwiesen«. (Galater 1,14; Apostelgeschichte 22,3) Während Paulus von sich als »Hebräer aus hebräischer Familie« spricht, lässt Lukas ihn analog sagen: »Ich bin Pharisäer aus einer Familie in pharisäischer Tradition«. (Philipper 3,5; Apostelgeschichte 23,6) Darin könnte ein Hinweis auf die Verwurzelung der Familie im Land Israel liegen, an dessen Traditionen sie auch in der Diaspora festhielt.

Paulus kennzeichnet sich also als einen Pharisäer, als einen Pharisäer von besonderer Art. Denn das ist der auffälligste Punkt, dass an allen drei Stellen – sowohl in den beiden autobiographischen Skizzen als auch in dem Fremdbericht des Lukas – der Eifer des Paulus herausgestellt wird, und zwar ein gewaltsamer. Zunächst ist abgrenzend festzuhalten, dass die Bezeichnung des Paulus als »Eiferer«, griechisch: *dselótes*, ins Deutsche als »Zelot« transkribiert, ihn nicht als Mitglied »der Aufstandspartei« erweist. Zum einen hat es in der Zeit nach dem Tod Herodes des Großen bis zum Ende des jüdisch-römischen Krieges im Jahr 70 nicht »die Aufstandspartei« gegeben, sondern unterschiedliche Gruppen und Gruppierungen von Sozialbanditen, Aufrührern und Aufständischen. Und zum anderen bezeichnet Josephus nur eine einzige kleine Gruppe der Aufständischen, die sich erst im Jahr 67/68 in Jerusalem bildet, als »Zeloten«. Weder vor dem Krieg noch im Krieg noch nach dem Krieg wurde der Begriff »Zeloten« von den jeweiligen Zeitgenossen gebraucht, um die Aufständischen im Land Israel insgesamt zu bezeichnen. Zu einer übergreifenden Bezeichnung wurde er erst in der modernen Forschung, was der Klärung der historischen Sachverhalte nicht dienlich ist.

Was war das für ein Eifer, mit dem Paulus sein Handeln vor der bei Damaskus gemachten Erfahrung kennzeichnet und der ihn auch nach Lukas charakterisiert? Die bisher herausgestellten Punkte seien noch einmal genannt: Er bezieht sich auf die »Lebensführung im Judentum«. Er hat daher besonders diejenigen Gebote und Verbote der Tora und ihrer Auslegung im Blick, die jüdische Lebensweise von nichtjüdischer Lebensweise abgrenzen. Er richtet sich gewaltsam gegen diejenigen Landsleute, die diese Grenzmarkierungen gegenüber der nichtjüdischen Welt überschreiten oder gar beseitigen.

Eine kleine Bemerkung innerhalb der Selbstvorstellung des Paulus in der Apostelgeschichte bestätigt das: »ein Eiferer für Gott, wie ihr alle es heute seid.« (Apostelgeschichte 22,3) Der vergleichende Nebensatz macht keine Aussage über die Gesamtheit des jüdischen Volkes, als wäre dieser Eifer ein allgemeines jüdisches Charakteristikum. Lukas lässt hier Paulus sehr spezifisch auf die dargestellte Situation bezogen reden. Paulus spricht zu denjenigen seiner Landsleute, die ihn im Tempel ergriffen, aus dem Bereich des Tempels hinausgezerrt hatten und gerade dabei gewesen waren, ihn zu lynchen, bevor die römische Truppe eingriff. Anlass dieser Aktion ist der Vorwurf: »Das hier ist der Mensch, der alle überall gegen das Volk, die Tora und diesen Ort lehrt und zudem noch Griechen in das Heiligtum hineingebracht und diesen heiligen Ort entweiht hat.« (Apostelgeschichte 21,28) Mit dem Lehren gegen Volk und Tora dürfte das Nichtbeachten von Grenzmarkierungen gemeint sein, dass also spezifisch jüdische Verhaltensweisen außer Kraft gesetzt und damit der Unterschied zwischen Israel und den Völkern eingeebnet wurden. Hinzu kommt hier der Vorwurf einer weiteren Grenzverletzung, insofern Paulus »Griechen« in den für Nichtjuden verbotenen Bereich des Heiligtums hineingebracht haben soll, was Lukas gleich anschließend als bloße Meinung kennzeichnet. Nichtjuden durften im Tempelbereich den Vorhof der Völker betreten, diesen aber nicht überschreiten. Der nächstinnere Bereich des Tempels lag vierzehn Stufen höher und war von einer Schranke umgeben. In bestimmten Abständen standen Grenzsteine, auf denen Nichtjuden in Griechisch und Latein unter Todesandrohung vor dem Überschreiten gewarnt wurden. Gegen solches Überschreiten richtet sich spontane Gewalt.

Da in der hier vorgestellten Situation der Nichtjude, der die Abgrenzung überschritten haben soll, nicht greifbar ist, richtet sie sich gegen den anwesenden Juden, der ihn dazu gebracht habe. Diese Gewalt meint Paulus mit dem Eifer, den er seinen gegen ihn erbosten Landsleuten attestiert – und den er einst auch gehabt hat. Dieser Eifer steht in einer bestimmten Tradition.

Er begegnet lange vorher am Beginn des makkabäischen Aufstands, der sich gegen die von der einheimischen Oberschicht zunächst selbst initiierte und dann von der seleukidischen Besatzungsmacht gewaltsam forcierte Hellenisierung im Lande Israel im 2. Jahrhundert v.d.Z. richtete. Das 1. Makkabäerbuch erzählt, dass ein seleukidischer Beauftragter mit seinen Leuten in der kleinen Stadt Modeïn einen Altar errichten ließ, um die Einwohnerschaft zu veranlassen, dass sie dort zum Zeichen ihrer Loyalität gegenüber König Antiochus IV. Opfer darbringe – aus jüdischer Sicht für Götzen. Er fordert den Priester Mattatias als einen im Ort sehr angesehenen und wichtigen Mann auf, mit gutem Beispiel samt seinen Söhnen voranzugehen, und verspricht ihnen die Freundschaft des Königs. Darauf antwortet Mattatias: »Auf die Worte des Königs werden wir nicht hören, um unseren Kult weder nach rechts noch nach links zu übertreten.« Nachdem daraufhin ein Bürger der Stadt hervortritt, um das geforderte Opfer zu vollziehen, wird als Reaktion des Mattatias berichtet: »Mattatias sah es und geriet in Eifer; er wurde zutiefst aufgewühlt; zu Recht stieg Zorn in ihm auf. Er rannte heran und machte ihn am Altar nieder. Auch den Mann des Königs, der zum Opfern zwang, tötete er im selben Augenblick und riss den Altar nieder.« Bevor er mit seinen Söhnen in die judäische Bergwüste flieht, von wo aus dann der makkabäische Aufstand beginnt, ruft er in der Stadt aus: »Alle, die für die Tora eifern und den Bund bestehen lassen, sollen hinausgehen. Mir nach!« (1. Makkabäer 2,22.24–25.27) Dieser Protest erfolgt also in einem

Kontext, in dem Menschen in Israel sich unter Aufgabe des spezifisch Jüdischen fremder, nämlich hellenistischer Lebensweise zuwenden. Dabei ist das Opfer an einen fremden Gott die äußerste Zuspitzung.

In diesem Bericht wird ausdrücklich an die biblische Gestalt des Pinchas angeknüpft. Mattatias »geriet für die Tora in Eifer, wie Pinchas an Simri, dem Sohn des Salu, gehandelt hatte«. (1. Makkabäer 2,26). Hier erfolgt ein Bezug auf 4. Mose 25,1–15. Dort wird über eine Phase des Zugs durch die Wüste berichtet und erzählt, dass sich Israeliten mit Moabiterinnen einließen, die sie zum Anbeten ihrer Götter verleiteten. Als ein israelitischer Mann eine Midianiterin vor den Augen Moses und des ganzen Volkes zu sich ins Zelt bringt, geht Pinchas mit einer Lanze hinter ihnen her und durchbohrt sie beide. Diese Tat wird als Eifer um Gott charakterisiert. Um es deutlich zu sagen: Es geht hier nicht um Sex. Der springende Punkt ist, dass die Verbindung und Vermischung mit anderen zur Hinwendung zu anderen Göttern und damit zum Abfall von Israels Gott führen. Dagegen erhebt sich der Eifer des Pinchas. Diese Momente finden sich, verbunden mit der Gestalt des Pinchas, auch in der späteren rabbinischen Tradition. Dort wird zunächst ein Stück aus der Mischna anzitiert: »Wer einer Aramäerin beiwohnt« und dann fortgefahren: »Rabbi Jischmael lehrte: Das ist derjenige, der eine Nichtjüdin heiratet und Kinder zeugt. Er lässt dem Ort (= Gott) von ihr Feinde erstehen. Es steht geschrieben (4. Mose 25,7): *Das sah Pinchas, der Sohn Elasars, des Sohnes Aarons, des Priesters.* Was sah er? Er sah die Tat und erinnerte sich an die Halacha: ›Wer einer Aramäerin beiwohnt‹ – die Eiferer stoßen sie [Plural! Jüdische Männer sind im Blick, die so handeln] nieder.« (Jerusalemer Talmud Sanhedrin 9,11 [27b]) Auch hier ist deutlich, dass es um Fragen des Götzendienstes und der Wahrung jüdischer Identität im Umfeld einer nichtjüdischen Mehrheit geht. Die steht bei Vermischung mit Fremden deshalb in Gefahr, weil dann leicht diejenigen Vorschriften, die jüdische Lebensweise von anderer abgrenzen – eben das Leben »im Judentum« –, aufgegeben werden. Das wird als Abfall von Gott gewertet. Dagegen richten sich die Eiferer.

Auch bei Philon aus Alexandria, einem Zeitgenossen des Paulus, findet sich diese Tradition. Er stellt fest, dass diejenigen aus dem jüdischen Volk, die von der Verehrung des einzigen Gottes abfallen, hart bestraft werden müssen, und fährt fort: »Ja, passenderweise ist es gestattet, dass alle, die voll Eifer für rechte Haltung und rechtes Verhalten sind, unmittelbar und unverzüglich die Strafe vollziehen. Sie müssen sie nicht vor ein Gericht bringen noch vor einen Rat oder überhaupt eine Behörde. Vielmehr dürfen sie sich durch den aufsteigenden leidenschaftlichen Hass gegen das Unrecht und durch die Liebe zu Gott hinreißen lassen zur unerbittlichen Bestrafung der Frevler. Und das im Glauben, dass sie augenblicklich zu allem geworden sind: zu Ratsherren, Richtern, leitenden Amtspersonen, Teilnehmern der Volksversammlung, Anklägern, Zeugen, zum Gesetz, zur Bürgerschaft, sodass sie ohne jedes Hindernis und nichts befürchtend in aller Sicherheit für die Frömmigkeit kämpfen.« Anschließend kommt er auf die Tat des Pinchas nach 4. Mose 25 zu sprechen, die er als »dieses gute Wagnis« bezeichnet. Er stellt die Situation, in der Pinchas handelt, über den biblischen Text hinaus in aller Deutlichkeit als Götzendienst und damit als Abfall von Gott heraus. (Philon, Einzelgesetze I 55–56) Was solche Eiferer tun, findet nicht bei allen anderen begeisterte Zustimmung. Bei den Rabbinen begegnet im Gegenteil auch Kritik am Tun der Eiferer, z.B. in der Fortsetzung der zitierten Stelle aus dem Jerusalemer Talmud.

Wenn Paulus sich als einen in der Tradition des Pinchas stehenden Eiferer verstand, muss er die Messiasgläubigen in einer Form kennengelernt haben, die diesen Eifer aktivierte. Was hat ihn herausgefordert? Die »Eiferer« wurden dadurch provoziert, dass sich Juden und Jüdinnen durch Verbindungen mit der nichtjüdischen Welt dazu bewegen ließen, Aspekte spezifisch jüdischer Lebensweise zu vernachlässigen. In der frühen messiasgläubigen Gemeinschaft bildete sich – wie im vorigen Kapitel dargelegt – eine Form des Zusammenlebens von Juden und Nichtjuden unter nichtjüdischen Bedingungen alsbald heraus. Das heißt: Die jüdischen Mitglieder dieser Gemeinde stellten bei den Zusammenkünften mit den anderen das Leben ihrer jüdischen Identität zurück, achteten also z.B. nicht darauf, dass das hier Gegessene koscher war. Wenn der Eiferer Paulus auf sich so verhaltende Jüdinnen und Juden traf, werden seine zitierten Aussagen verständlich. Er, der sich in Theorie und Praxis in jüdischer Lebensweise auszeichnete, sieht Landsleute, die auf diese Lebensweise bezogene Gebote Gottes im Zusammenleben mit Menschen aus der Völkerwelt verletzen, und wertet dieses Verhalten als Abfall von Gott. Dagegen schreitet er mit ihm zur Verfügung stehenden Mitteln ein. Wenn man fragt, welche das konkret gewesen sein könnten, muss man die Darstellung des Lukas – Fortschleppen von Männern und Frauen; ins Gefängnis werfen; umbringen – als dramatische Übersteigerung ansehen. Wir befinden uns im *Imperium Romanum* mit eingeschränkten jüdischen Rechtsmöglichkeiten. Spontane Eruptionen von Gewalt sind nicht auszuschließen, sondern im Gegenteil vorauszusetzen. Ansonsten wird Paulus an Gewaltmitteln kaum etwas anderes haben einsetzen können, als was er später von seinen Landsleuten selbst erfahren hat, nämlich die synagogale Prügelstrafe, die schon erwähnten »Vierzig weniger einen«. Das bedeutet aber auch, dass er nicht gegen die nichtjüdischen Mitglieder der messiasgläubigen Gemeinden vorgegangen ist, sondern ausschließlich gegen die jüdischen. Er hat also nicht »Christen verfolgt«, sondern hat sich energisch mit Mitteln körperlicher Gewalt gegen andere Juden gewandt, die er durch ihre Verbindung mit Nichtjuden im Abfall von Israels Gott begriffen sah.

c) »Apostel für die Völker« – die Berufung des Paulus und ihre Folgen

Wie kommt es bei Paulus zur Wende? Denn eine Wende hat es bei ihm gegeben, dass er von einem, der die messiasgläubige Gemeinde zu zerstören suchte, zu jemandem wurde, der wie kaum ein anderer für ihren Aufbau gewirkt hat. Lukas gibt hierfür in der Apostelgeschichte wieder eine dramatische Darstellung. Nach ihr ist Paulus in feindlicher Absicht gegen die jüdischen Anhängerinnen und Anhänger Jesu in Damaskus unterwegs. Nahe bei Damaskus umgibt ihn plötzlich ein Licht; er fällt zur Erde und hört eine Stimme: »Saul, Saul, was verfolgst du mich?« Auf die Frage: »Wer bist du, Herr?« antwortet die Stimme: »Ich bin Jesus, den du verfolgst.« Und dann bekommt Paulus Anweisung, nach Damaskus zu gehen; dort werde ihm gesagt, was er zu tun habe. (Apostelgeschichte 9,1–19)

Die große Bedeutsamkeit dieses Geschehens stellt Lukas auch dadurch heraus, dass er es in seiner weiteren Darstellung Paulus noch zweimal erzählen lässt. (Apostelgeschichte 22,6–16; 26,12–18) Bei aller dramatischen Ausgestaltung: Die wesentlichen Momente stimmen mit den eigenen Angaben des Paulus überein: Er hat diese Erfahrung nicht gesucht und erwartet; sie ist ihm überraschend widerfahren. Sie lässt ihn erkennen, dass der, auf den sich die von ihm Verfolgten berufen, lebendige, überlegene Wirklichkeit ist. Und sie veranlasst ihn, sich nun seinerseits in den Dienst dieses Herrn zu stellen.

Deutlich spricht er davon an drei Stellen. An der ersten führt er als einen wesentlichen Punkt für die Legitimität seines Apostolats an, dass er »Jesus, unseren Herrn, gesehen« habe. (1. Korinther 9,1) Den leibhaftigen Jesus vor dessen Tod hat er nicht gesehen. Das wäre auch noch keine apostolische Legitimation. Er meint also ein Sehen Jesu nach dessen Tod. Dadurch gewann er eine andere Sicht Jesu, als er sie vorher gehabt hatte, eine Sicht, in der er Jesus als lebendigen Herrn wahrnahm, dem er fortan als Sendbote, als Apostel, uneingeschränkt dient. Dasselbe Geschehen hat er im Auge, wenn er im Galaterbrief nach dem Rückblick auf sein Wirken vor der Wende beschreibt, wie er Botschafter Jesu geworden ist. »Als es aber dem gefiel, der mich von meiner Mutter Leib an ausgesondert und durch seine Gnade berufen hat, mir seinen Sohn zu offenbaren, damit ich ihn unter den Völkern verkündige [...].« (Galater 1,15–16) Was ihm widerfahren ist, woran er nach der vorher erwähnten Stelle als Sehender beteiligt war, versteht er hier als von Gott bewirkt. Das »Sehen« betraf nicht etwas, das ihm ohne Weiteres zugänglich gewesen wäre. Es musste ihm erst offengelegt, aufgedeckt werden – nicht etwas, sondern Jesus als »Sohn Gottes«, und das heißt in der jüdischen Tradition als der von Gott beauftragte Gesalbte, der Messias. Diese Wahrnehmung veränderte sein Leben radikal. An der dritten hier zu nennenden Stelle formuliert er wiederum anders: »Zuletzt aber von allen, gleichsam als einer Fehlgeburt, erschien er (der Gesalbte) auch mir.« Warum er sich hier als »Fehlgeburt« bezeichnet, begründet er damit, dass er »die Gemeinde Gottes verfolgt« hat. Gemeinde zu zerstören ist das genaue Gegenteil dessen, was ein Apostel zu tun hat. Er hebt jedoch hervor, dass er dank der Gnade Gottes »mehr als sie alle« als Apostel gewirkt habe. (1. Korinther 15,8–10) Auch an dieser Stelle ist also die neue Wahrnehmung Jesu durch Paulus unmittelbar mit der entscheidenden Wende in seinem Leben und – damit zusammenhängend – mit seiner apostolischen Wirksamkeit verknüpft. Hier geht die Initiative vom Gesalbten aus; er »erschien«. Als Bereich der Wahrnehmung, der dem auf Seiten des beteiligten Menschen entspricht, ist damit wiederum auf das »Sehen« hingewiesen.

Folgende Momente sind als wesentlich für das Geschehen festzuhalten, das Paulus an diesen drei Stellen im Blick hat: Es geht um eine nicht ohne Weiteres zugängliche Wahrnehmung. Sie versteht er als von Gott oder dem Gesalbten bewirkt. An ihr ist er aber selbst als Sehender beteiligt. Damit erkennt er Jesus als »Gesalbten«, als »Herrn« und »Sohn Gottes«, dem er in Änderung seines bisherigen Lebens fortan als Apostel dient. Jetzt war Jesus für ihn kein Gescheiterter mehr. So hatte er ihn vorher beurteilt. Aber das war, wie er jetzt sieht, eine Beurteilung »nach dem Fleisch«, nach dem Augenschein, der als Letztes Jesu Hinrichtung am Kreuz wahrnimmt. Mit der Auferweckung Jesu aber hat Gott neuschöpferisch gehandelt. Damit ist neue Schöpfung schon angebrochen. Und in den Bereich neuer Schöpfung ist schon jetzt hineingenommen, wer sich darauf einlässt. »Daher, ist jemand im Gesalbten [= im Bereich, in dem Jesus als Messias anerkannt ist und seiner Herrschaft entsprechend gelebt wird]: neue Schöpfung! Das Alte ist vergangen, siehe, Neues ist geworden!« (2. Korinther 5,16–17) Dass Gott Jesus von den Toten aufgeweckt hat, dass er neue Schöpfung hat werden lassen, das ist für Paulus jetzt der zentrale Dreh- und Angelpunkt.

An der zitierten Stelle des Galaterbriefes (1,15-16) wird ein Aspekt deutlich, auf den näher einzugehen ist. Paulus beschreibt dort den Wendepunkt in seinem Leben als ein Handeln Gottes an ihm. Dass ein Handeln Gottes vorliege, bringt er durch die Umschreibung des handelnden Subjektes zum Ausdruck: »der mich von meiner Mutter Leib an ausgesondert und durch seine Gnade berufen hat«. Damit spielt er auf prophetische Berufungen an. Im Buch Jesaja heißt es: »*Hört auf mich, ihr Inseln! Merkt auf, ihr Völker von ferne! Der Ewige hat mich berufen von Mutterleib an, vom Mutterschoß her meines Namens gedacht.*« (Jesaja 49,1) Und in der Berufungserzählung Jeremias lautet die Anrede Gottes: »*Bevor ich dich bildete im Mutterleib, habe ich dich gekannt; bevor du ausgingst aus dem Mutterschoß, habe ich dich geheiligt: Zum Propheten für die Völker habe ich dich gesetzt.*« (Jeremia

1,5) Das nimmt Paulus auf und lässt es bei der Beschreibung seiner eigenen Erfahrung anklingen. Er deutet sie mit dem überlieferten Sprachmuster prophetischer Berufungen. Als Inhalt dessen, was Gott an ihm wirken wollte, nennt er: »mir seinen Sohn zu offenbaren«. Er bekommt jetzt eine andere Sicht Jesu. Auf sie wäre er nicht von sich aus gekommen. Deshalb spricht er von einem »Offenbaren« vonseiten Gottes. Diese andere Sicht wird dadurch gekennzeichnet, dass er von Jesus als »seinem (Gottes) Sohn« spricht. Wie schon ausgeführt, werden mit dieser Bezeichnung eine enge Beziehung und zugleich eine Beauftragung zum Ausdruck gebracht. Als Ziel des ihn berufenden Handelns Gottes nennt Paulus schließlich: »[...] damit ich ihn [den Sohn Gottes] unter den Völkern verkündige«. Wie kommt er auf diese spezifische Bestimmung seiner Aufgabe als Verkündigung *unter den Völkern*? Die beiden Schriftstellen, mit denen Paulus seiner Erfahrung hier Ausdruck gibt, sind die einzigen prophetischen Berufungen der Bibel, in denen die Völker in den Blick kommen. Aber was veranlasst ihn, gerade diese Stellen heranzuziehen? Dieser Sachverhalt leuchtet von daher ein, dass der pharisäische Paulus ein Eiferer in der Tradition des Pinchas war, herausgefordert von Landsleuten, die unter nichtjüdischen Bedingungen mit Menschen aus den Völkern zusammenlebten. Gegen sie ging er vor. Sie beriefen sich auf ihre Sicht Jesu als des von Gott aufgeweckten Messias, die Paulus nicht zu teilen vermochte. Da er nun durch die gemachte Erfahrung dazu kommt, deren Sicht zu übernehmen, und er im Lichte seiner Bibel diese Erfahrung als Handeln Gottes an sich begreift, fühlt er sich gerufen, selbst programmatisch genau das zu tun, was er vorher bekämpft hat. Und so geht es ihm nicht mehr darum, die Verbindung jüdischer Menschen mit Menschen aus der Völkerwelt zu unterbinden, sondern sie ganz im Gegenteil entschieden zu fördern. Ihm ist daher mit seiner Berufungserfahrung das Problem des Verhältnisses der Völker zum

Gott Israels und damit auch zum Volk Israel vorgegeben. Das ist sein zentrales Thema.

Paulus versteht sich also von seiner Berufung an als Apostel für die Völker. Er handelt sofort entsprechend, zuerst für etwa zwei Jahre in Arabien. Nach kurzem Aufenthalt in Jerusalem bricht er für längere Zeit in die Provinzen Syrien und Kilikien auf, geht anschließend nach Antiochia, um von da aus am Aposteltreffen in Jerusalem teilzunehmen. Für die Zeit zwischen diesen beiden Aufenthalten in Jerusalem gibt er etwa dreizehn Jahre an. (Galater 1,17–2,1) Danach ist er weiterhin rastlos auf mehreren Reisen als »Apostel für die Völker« unterwegs. Er wirkt in Syrien, auf Zypern, in zahlreichen Städten unterschiedlicher Provinzen auf dem kleinasiatischen Festland, in Griechenland in den Provinzen Makedonien und Achaia, auch in den Ländern östlich der Adria, der Provinz Illyrien. Nach Rom gelangt er – anders als geplant – als Gefangener. Dort wird er schließlich hingerichtet.

Diese missionarische Reiseaktivität des Paulus zeigt eine Konzentration auf die Städte. Dort gab es die Synagogen, die für den Juden Paulus selbstverständlichen Anlaufstellen. Es entstanden Gemeinden aus jüdischen und nichtjüdischen Mitgliedern, wobei es sich bei Letzteren in erster Linie um Gottesfürchtige handelte. Die Rastlosigkeit des Paulus erklärt sich auch von daher, dass er das Prinzip hatte, nicht da aufzutreten, wo andere schon verkündigt hatten. (Römer 15,20–23) Verbunden ist dieses Prinzip mit einem sozusagen repräsentativen Missionsverständnis. Es zeigt sich, wenn er »das Haus des Stephanas«, das er selbst getauft hat, als »Erstlingsfrucht der (Provinz) Achaia« bezeichnet. (1. Korinther 1,16; 16,15). Entsprechend nennt er einen Epainetos »Erstlingsfrucht der (Provinz) Asia«. (Römer 16,5) Die Erstlingsfrucht repräsentiert das Ganze, von dem sie genommen ist. Mit ihr ist es gleichsam schon gegeben. Dieser Anfang wird weiterwirken. Auch wenn die Gemeinden in den Städten entstanden und auf sie konzentriert waren, so darf man doch annehmen, dass sie auch auf das sie umgebende Land ausstrahlten.

Dass das Verhältnis zwischen Israel und den Völkern das zentrale Thema des Paulus ist, zeigt sich auch am längsten und grundsätzlichsten seiner Briefe, dem Römerbrief. Es überspannt diesen Brief im Ganzen. In ihm reißt Paulus einerseits die Grenze zwischen Israel und den Völkern in doppelter Hinsicht ein, indem er einmal herausstellt, dass alle unter der Sünde sind, und zum anderen betont, dass durch Gottes Handeln in dem Gesalbten Jesus auch die Völker Zugang zu Gottes reichem Erbarmen haben. (Römer 1,18–3,20; 3,21–8,39) So findet sich, bezogen auf diese Aspekte, zweimal wörtlich identisch der Satz: »Es gibt ja keinen Unterschied (zwischen Juden und Griechen).« (Römer 3,22; 10,12) Andererseits jedoch hält Paulus entschieden an der Besonderheit Israels fest, gerade auch des nicht an Jesus als Messias glaubenden Israel. Das lässt er schon im ersten Teil anklingen (Römer 3,1–3) und wendet sich diesem Thema dann in Römer 9–11 ausführlich zu. Nach dem paränetischen Teil (Römer 12,1–15,6), in dem auch die Möglichkeit unterschiedlicher Lebensweisen, jüdisch und nichtjüdisch, eine wichtige Rolle spielt, zieht er – vor dem Briefschluss – das Fazit (Römer 15,7–13). In ihm fordert er die als Gemeinde aus den Völkern angeschriebenen römischen Adressaten mit dem Zitat aus 5. Mose 32,43 nach der Fassung der Septuaginta auf: »*Freut euch, ihr Völker, mit seinem Volk!*« Und zu diesem Volk Gottes gehören nicht nur die an Jesus als Messias glaubenden Jüdinnen und Juden, sondern auch die große Mehrheit der anderen. Gerade von ihnen sagt Paulus: »Sie sind ja doch Israeliten. Ihnen gehören die Sohnschaft, der Glanz, die Bundesschlüsse, die Gabe der Tora, der Kult und die Verheißungen. Ihnen gehören die Väter und von ihnen kommt der Gesalbte seiner Herkunft nach.« (Römer 9,4–5) Darauf bezieht er sich, wenn er gegen Schluss dieses Zusammenhangs feststellt: »Unwiderruflich sind die Gnadengaben und die Berufung Gottes.« Und unmittelbar vorher hatte er im Blick auf seine nicht an Jesus als Messias glaubenden Landsleute in zwei Hinsichten gesprochen und dabei eine klare Gewichtung vorgenommen: »In Hinsicht auf das Evangelium sind sie zwar Feinde um euretwillen, in Hinsicht auf die Erwählung aber Geliebte um der Väter willen.« (Römer 11,28–29) Er formuliert hier zwei Sätze mit je drei Gliedern in formaler Parallelität. Am Anfang gibt er jeweils einen Gesichtspunkt an, unter dem er seine Landsleute in den Blick nimmt. Da ist zum einen der Gesichtspunkt des Evangeliums, der Verkündigung der guten Botschaft vom Messias Jesus. Daneben steht der Gesichtspunkt der Erwählung, des Handelns Gottes, mit dem er Israel zu seinem Volk gemacht hat. Beide Gesichtspunkte stehen nicht einfach nebeneinander. Paulus gewichtet mit einer Zwar-aber-Konstruktion. Was mit »zwar« eingeführt wird, ist zu sagen, ist einzuräumen. Doch kommt ihm nicht das entscheidende Gewicht zu. Das liegt auf dem, was nach »aber« folgt. Das muss hier gesehen und festgehalten werden: Was für Paulus sonst am wichtigsten ist, die gute Botschaft vom Messias Jesus, ist es nicht, wenn es um seine jüdischen Landsleute geht. Wenn er sie in dieser Hinsicht Feinde nennt, wird er an das denken, was er aufgrund seiner Verkündigung in den Synagogen von der Mehrheit an Feindlichem erfahren hat – bis hin zur ihm mehrfach verabreichten Prügelstrafe. Aber können und dürfen wir diese Aussage des Paulus nachsprechen – angesichts einer ungeheuer schlimmeren Feindschaft, die Juden von Christen über einen um ein Vielfaches längeren Zeitraum ertragen mussten? Die Frage stellen heißt sie verneinen. Zudem fängt Paulus mit dem von ihm unter diesem Gesichtspunkt herausgestellten Negativen sofort etwas Positives an: »um euretwillen«. Er lässt hier anklingen, was er vorher schon mehrfach gesagt hat und gleich noch einmal sagen wird: Erst die weitgehende jüdische Ignorierung des

Evangeliums führte dazu, dass diese Verkündigung in die Völkerwelt hinausgetragen wurde. Unter dem anderen, dem hier wichtigeren Gesichtspunkt der Erwählung, bleibt für Paulus unverrückbar bestehen, dass die Menschen seines Volkes von Gott geliebt sind. Gott ist und bleibt treu. Er hält seine Zusage.

d) Wie Paulus nach seiner Berufung von Jesus redet

In der späteren Entwicklung wird Jesus in Aufnahme des hellenistischen Kontextes vergöttlicht und von ihm als Gott geredet. Zugleich damit gerät bei dem griechischen Wort *christós* aus dem Blick, dass es Jesus als den Gesalbten, den Messias in biblisch-jüdischer Tradition, kennzeichnet. Beides ist bei Paulus nicht der Fall. Allerdings verdecken es die meisten deutschen Bibelübersetzungen, dass er beim Gebrauch des Wortes *christós* von Jesus als dem Gesalbten spricht. Denn es wird nicht übersetzt, sondern mit »Christus« wiedergegeben. Das ist die latinisierte Form des griechischen Wortes *christós*. Es ist kein lateinisches Wort und wird als Name verstanden. Dass aber schon Paulus das auf Jesus bezogene Wort *christós* als Name verstanden habe und nicht als das, was es bedeutet, ist mehr als unwahrscheinlich. Grundsätzlich spricht zunächst folgende Erwägung dagegen. Wie sollte ein griechisch sprechender Jude, der in Jerusalem erzogen und ausgebildet wurde, der auch Hebräisch und Aramäisch sprach, dessen Familie in pharisäischer Tradition stand und der selbst als Pharisäer gelebt hatte, bei dem Wort *christós* an etwas anderes denken können als an das, was es bedeutet, und es inhaltlich anders verstehen als im Rahmen seiner jüdischen Tradition? Dafür, dass Paulus *christós* in der Tat titular als »Gesalbter«, als Messias, auffasst, sei auf nur wenige Stellen hingewiesen. Die von ihm sehr häufig gebrauchte Wendung *en iesoú christóo*, meist mit

»in Jesus Christus« wiedergegeben, kommt oft auch nur in der Fassung *en christóo* vor, aber nie in der Form »in Jesus«. Das ist nicht verwunderlich, wenn man sich die Bedeutung dieser Wendung klarmacht. Sie bezeichnet sozusagen einen Raum, nämlich den Bereich, in dem Jesus als der Gesalbte, als endzeitlicher messianischer König, jetzt schon herrscht, in dem auf ihn gehört und ihm gefolgt wird. Und das ist die Gemeinde. Daher kann Paulus auch, wie schon ausgeführt, von der Gemeinde als »Leib des Gesalbten« sprechen, als messianischer Verkörperung. (1. Korinther 12,27) Entsprechend verbindet er den Begriff »Evangelium«, »gute Botschaft«, an keiner Stelle mit dem bloßen Namen »Jesus«, führt aber oft »die gute Botschaft vom Gesalbten« an, womit er diese Verkündigung als eine messianische kennzeichnet. Und so gebraucht er auch nicht den Namen »Jesus«, wo er vom »Ziel der Tora« spricht, sondern: »Das Ziel der Tora ist der Gesalbte«, der Messias. (Römer 10,4)

Paulus redet von Jesus nicht nur als dem Messias. Dazu soll jetzt eine Stelle besprochen werden, in der er sehr hohe Aussagen von Jesus macht: Philipper 2,6–11. Er formuliert hier im Kontext biblisch-jüdischer Tradition. Im Vorangehenden hat er die Gemeinde zu einem respektvollen und wertschätzenden Umgang miteinander aufgefordert. Dafür empfiehlt er: »Haltet einander in Demut für vorzüglicher als euch selbst!« Wenn man den je anderen nicht »von oben herab« betrachtet, sondern sich versuchsweise unter ihn einordnet, ist die Wahrscheinlichkeit größer, dessen je besondere Gabe und Begabung wahrzunehmen. Dafür führt Paulus den Messias Jesus als Grund und Urbild an, indem er dessen Weg in bestimmter Weise nachzeichnet. Es ist zunächst ein Weg von ganz oben nach ganz unten; den geht er als Subjekt selbst. Und es ist dann ein Weg von ganz unten nach ganz oben; den geht er aber nicht selbst, sondern ist auf ihm Objekt des Handelns Gottes. Ich gebe zunächst eine Übersetzung des Textes:

Obwohl er in der Daseinsweise Gottes war,
hielt er das Sein gleichwie Gott nicht wie eine Beute fest,
sondern entblößte sich dessen,
nahm die Daseinsweise eines Sklaven an,
gelangte in den Zustand der Gleichheit mit allen anderen Menschen
und wurde in seiner Erscheinungsweise wie irgendein Mensch angetroffen.
Er erniedrigte sich selbst,
war gehorsam bis zum Tod,
ja zum Tod am Kreuz.
Deshalb hat Gott ihn überaus hoch erhoben
und ihm den Namen verliehen,
der über jeden Namen erhaben ist,
damit im Namen Jesu jedes Knie sich beuge
– der Himmlischen, Irdischen und Unterirdischen –
und jede Zunge bekenne:
»Herr ist Jesus, der Gesalbte!«
zur Ehre Gottes, des Vaters.

Auf diesem Weg von ganz oben nach ganz unten und von ganz unten nach ganz oben bildet das Unten den Wendepunkt. Es ist bei der Abwärts- und bei der Aufwärtsbewegung identisch. Auch sachlich ist völlig eindeutig, worin dieser Wendepunkt ganz unten besteht, nämlich dem Tod Jesu am Kreuz. Die Frage ist jedoch, ob auch der Ausgangspunkt bei der Abwärtsbewegung und der Zielpunkt bei der Aufwärtsbewegung miteinander identisch sind, das Oben am Anfang also kein anderes sei als das Oben am Schluss. Dagegen spricht: Das Oben am Anfang ist anders beschrieben als das Oben am Schluss. Am Beginn heißt es: »Obwohl er in der Daseinsweise Gottes war, hielt er das Sein gleichwie Gott nicht wie eine Beute fest.« Am einfachsten zu verstehen ist hier das Bild vom Festhalten einer Beute. Was erbeutet worden ist – bei Tieren und Menschen –, lässt man nicht so leicht wieder aus den Krallen. So habe sich Jesus nicht verhalten. Aber im Blick auf was? Es heißt nicht in glatter Identifizierung: »Obwohl er Gott (oder: göttlich) war, hielt er das Gottsein nicht wie eine Beute fest.« Im Blick auf das Verhältnis Jesu zu Gott redet Paulus sozusagen in Annäherungen: Jesus war »in der Daseinsweise Gottes«, hatte »das Sein gleichwie Gott«. Für »Sein« steht hier nicht das griechische Wort *ousía* im Sinn von »Wesen«, sondern das Verb *eínai* im Sinn von »existieren«. Warum formuliert Paulus so? Was meint er damit? Das erschließt sich von Ausführungen her, die er an anderer Stelle macht. (Römer 5,12–21) Dort stellt er gegenüber: »der eine Mensch«, nämlich »Adam« als der erste Mensch, und »der eine Mensch (!) Jesus, der Gesalbte«. Der erste wird durch »Übertretung« gekennzeichnet. Durch ihn kam die Sünde in die Welt und durch die Sünde der Tod, der auf alle Menschen nach ihm übergriff. Diese Nachgeborenen finden sich immer schon in einer durch Verfehlungen bestimmten Geschichte vor und machen sie sich durch eigenes Verfehlen zu eigen. Der »eine Mensch Jesus, der Gesalbte«, ist demgegenüber durch »Gehorsam«, durch das unbedingte Hören auf Gott, geprägt, wobei Paulus auch hier, wie der vorangehende Abschnitt im Römerbrief deutlich macht, an den Gehorsam »bis zum Tod« denkt.

Der im Judentum der Zeit vor und nach Paulus verbreitete Gedanke, dass der Tod durch die Sünde in die Welt kam, setzt die Vorstellung voraus, dass er ohne die Sünde nicht gekommen wäre. Sie wird in der rabbinischen Tradition ausdrücklich ausgesprochen. Von Rabbi Jehuda (um 150) heißt es: »Wenn dir ein Mensch sagt: ›Wenn der erste Mensch nicht gesündigt und von jenem Baum gegessen hätte, würde er leben und auf immer am Leben bleiben‹, dann sage du ihm: ›Das war ja doch der Fall bei Elija, der nicht sündigte: Er lebt und bleibt am Leben auf immer.‹« (Midrasch Wajikra Rabba 27,4) Von dieser Vorstellung her werden die Ausführungen des Paulus verständlich: Als der unbedingt Gott Gehorsame, der nicht gesündigt hat, hatte Jesus »Leben auf immer«, »ewiges Leben«. Das ist inhaltlich gemeint, wenn von ihm als dem die Rede ist, der »in der Daseinsweise Gottes« war; das ist bei dem »Sein gleichwie Gott« im Blick, das er nicht »wie eine Beute« festhielt. Aus dem Midrasch zu Elija wird deutlich, dass die Aussage von der Sündlosigkeit des Elija keine empirische Feststellung ist. Sie ist erschlossen aus dem biblischen Bericht über sein irdisches Ende als Himmelfahrt im feurigen Wagen, sodass Elija immer wieder als Lebendiger begegnen kann. Und auch bei Jesus ist sie keine empirische Feststellung. Wer sollte sie gemacht haben können? Sie ist erschlossen aus dem Zeugnis von seiner Auferweckung durch Gott.

Von diesem Reichtum ewigen Lebens »entblößte er sich«. Faktisch besteht diese Entblößung in seinem Tod. Am Sterben zeigt sich, dass das Leben nicht ewig, sondern endlich ist, begrenzt durch den Tod. Paulus fährt fort: »Er nahm die Daseinsweise eines Sklaven an.« Wie vorher beim Reden von der »Daseinsweise Gottes« formuliert er auch hier nicht identifizierend, sondern in Annäherung. Denn Jesus war kein Sklave. Aber er starb den Sklaventod am Kreuz – und sein Leben war ein dienendes. Diese differenzierende Redeweise behält Paulus bei, wenn er von Jesus weiter sagt: Er »gelangte in den Zustand der Gleichheit mit allen anderen Menschen und wurde in seiner Erscheinungsweise wie irgendein Mensch angetroffen«. Diese umständlich erscheinende Art der Formulierung hält die Differenz fest, dass sich für ihn, der Gott gehorsam war und nicht gesündigt hatte, das Todesschicksal nicht als Folge von Verhängnis und eigener Schuld zugleich ergab, sondern bewusst vollzogene Entscheidung war. Dass der Weg Jesu nach ganz unten als ein bewusst bejahter und aktiv gegangener verstanden ist, betont Paulus noch einmal, indem er schreibt: »Er erniedrigte sich selbst.« Begründet wird dieser Gang in die Niedrigkeit mit der Treue gegenüber Gott. Das meint die Aussage vom

Gehorsam »bis zum Tod«. Nicht, dass ihm befohlen worden wäre, in den Tod zu gehen. Vielmehr: Auch der drohende Tod hat Jesus nicht davon abgehalten, das zu tun, was er für seinen Auftrag hielt, nämlich die in den heiligen Schriften Israels verheißene Herrschaft Gottes als jetzt schon anbrechende und zu praktizierende zu verkünden und dafür Zeichen zu setzen.

Das Ende der Beschreibung des Weges Jesu nach unten gibt den Tiefpunkt pointiert an als »Tod am Kreuz«. Die Kreuzigung war die grausamste römische Strafe; sie wurde an Sklaven und Aufrührern durchgeführt. Die so Hingerichteten waren im wahrsten Sinn des Wortes auch aller Ehre entkleidet. Denn sie wurden völlig nackt aufgehängt. Diese Beschreibung des Weges Jesu nach ganz unten nimmt ein zentrales biblisches Motiv auf. Sie lässt eine Textstelle aus Jesaja 53 anklingen. Dort ist von einem Beauftragten Gottes die Rede, der als sein »Knecht«, sein »Sklave«, bezeichnet wird. Er ist ohne Glanz, ohne Ehre, vom Leben abgeschnitten und wird verachtet. Doch ihm gilt Gottes Verheißung, dass er *»hoch erhöht und sehr erhaben sein wird« – »dafür, dass er sein Leben hingegeben hat in den Tod und sich zu Verbrechern zählen ließ«.* (Jesaja 52,13; 53,12) Wer sich beim Lesen und Hören der Beschreibung des Weges Jesu im Philipperbrief an diesen biblischen Text erinnern lässt, wird damit aufgefordert, auch im Weg Jesu in die tiefste Erniedrigung das Mitsein Gottes wahrzunehmen. Und damit ist zugleich die Zu-Mutung gegeben, dass der Tod Jesu am Kreuz nicht die Endstation dieses Weges sei, sondern seinen Wendepunkt bilde. Dem entspricht es, dass nach biblischem Zeugnis für Gott selbst ein »Zug nach unten« eigentümlich ist. In Jesaja 57,15 heißt es von Gott: *»Ja, so hat er gesprochen, hoch und erhaben, thronend auf immer und heilig sein Name: ›Hoch oben und heilig throne ich – und bei dem Gedemütigten und Erniedrigten, um den Geist der Erniedrigten zu beleben und zu beleben das Herz der Gedemütigten.‹«* Gott selbst nimmt den Weg nach unten, weil es ihm um Recht und Gerechtigkeit geht, um das Recht derjenigen, denen es genommen ist oder vorenthalten wird, um Gerechtigkeit für diejenigen, die unter Unrecht leiden.

Analog zu Jesaja 53 begründet Paulus das erhöhende Handeln Gottes an Jesus mit der Selbsthingabe in den Tod: »Deshalb hat Gott ihn überaus hoch erhoben.« Derjenige, der die tiefste Erniedrigung auf sich genommen hat, erfährt die denkbar höchste Erhöhung. Doch handelt es sich bei dieser Aufwärtsbewegung nicht um eine Karriere im Sinne sozialen Aufstiegs, nicht um den »Weg nach oben«. Ein solcher Weg macht diejenigen, die ihn erfolgreich gehen, oft genug hart. Dass es darum hier nicht geht, zeigt schon die grammatische Beobachtung, dass Jesus nicht Subjekt dieses Weges ist, sondern ausschließlich Objekt des Handelns Gottes. Die Erhöhung Jesu macht Paulus nur mit einem einzigen Aspekt deutlich: » [...] und ihm den Namen verliehen, der über jeden Namen erhaben ist.« Im biblischen Kontext kann dieser Name nur der Name Gottes selbst sein. Von ihm heißt es in Psalm 99,3: *»Groß und Ehrfurcht gebietend, heilig ist er.«* Der Name Gottes wird im Judentum schon lange vor Jesu Zeit nicht ausgesprochen, sondern umschrieben, um nicht einmal mit der namentlichen Benennung Gottes Einzigkeit anzutasten. In allen biblischen Zitaten im Neuen Testament, in denen der Gottesname begegnet, steht an dieser Stelle *kýrios* (»Herr«). Das spricht neben anderen Beobachtungen dafür, dass auch schon im griechisch sprechenden Judentum der Gottesname so ausgesprochen, wenn auch nicht immer so geschrieben wurde. Diese Aussprache dürfte ihrerseits darauf gründen, dass damals schon im hebräischen Sprachbereich das Tetragramm, die vier Buchstaben des Gottesnamens, mit *adonáj* (wörtlich: »meine Herren«) ausgesprochen wurde.

Vielleicht ermöglichte es gerade diese Praxis des Umschreibens, davon zu reden, dass Gott seinen Namen jemand anderem verleiht. Im Midrasch zu Klagelieder 1,16 wird der Satz ausgelegt: »*Fern ist mir ja, wer mich tröstet* (*m*ᵉ*nachem*; eine der Messiasbezeichnungen), *wer meine Kehle erquickt.*« Daran schließt sich die Frage an: »Was ist der Name des königlichen Gesalbten (des Königs Messias)?« Rabbi Abba bar Kahana antwortet: Der Ewige (*adonaj*) ist sein Name. Denn es ist gesagt (Jeremia 23,6): »*Und das ist sein Name, den er ihm geben wird: Der Ewige (adonaj), unsere Gerechtigkeit.*« (Echa Rabbati 1,51 [18c]) Im Bibeltext Jeremia 23,5–6 erhält der Nachkomme Davids nicht den Namen Gottes. Der ihm gegebene Name ist im Hebräischen ein Nominalsatz: »*Der Ewige (ist) unsere Gerechtigkeit.*« Er bringt programmatisch zum Ausdruck, wofür Gott einsteht und wofür dieser Nachkomme Davids sorgen soll: für Recht und Gerechtigkeit auf Erden bzw. im Lande, damit Israel nicht mehr bedrängt wird, sondern sicher leben kann. In der Rezeption durch Rabbi Abba bar Kahana wird jedoch dem königlichen Gesalbten ausdrücklich der Gottesname verliehen. Aber damit wird er nicht zum Gott gemacht. Was schon der Bibeltext sagt, stellt die Verleihung des Namens Gottes an den königlichen Gesalbten, an den Messias, noch stärker heraus. Sie bedeutet eine Beauftragung, Gott in dem zu repräsentieren, wofür er einsteht, Gottes mit »Recht und Gerechtigkeit« zum Ausdruck gebrachten heilvollen Willen zum Zuge zu bringen.

Wenn Jesus als der Messias den Namen Gottes erhält, wird er damit nach Paulus also nicht zu Gott gemacht. In der Fortsetzung des Textes gibt er als erstes Ziel dieser Verleihung an: »damit im Namen Jesu jedes Knie sich beuge – der Himmlischen, Irdischen und Unterirdischen – und jede Zunge bekenne: ›Herr ist Jesus, der Gesalbte‹.« Es ist von vornherein mitzubedenken, dass noch ein zweites und letztes Ziel folgt: Das Bekenntnis gegenüber Jesus geschieht »zur Ehre Gottes, des Vaters«. Gott und Jesus stehen in einer bestimmten Relation zueinander. Jesus ist nicht mit Gott gleichgesetzt, nicht mit Gott verwechselt. Gottes erhöhendes Handeln am bis zum Kreuzestod erniedrigten Jesus, das sich in der Verleihung seines erhabenen Namens ausdrückt, intendiert weiteste Anerkennung und erweist sich so als Mittel, dass Gott selbst die Ehre gegeben wird. Das Bekenntnis gegenüber Jesus wird zum Vehikel umfassender Anerkenntnis des einen Gottes: *Soli Deo gloria!* »Allein Gott die Ehre!«

Bei der Formulierung des ersten Ziels spielt Paulus Jesaja 45,23a ein. Dort erfolgt die Anerkenntnis aller Gott gegenüber, in der Rezeption durch Paulus an dieser Stelle Jesus gegenüber. Aber Jesus gegenüber als dem, dem der Name Gottes verliehen worden ist und der damit Gott repräsentiert. In Römer 14,11 zitiert Paulus Jesaja 45,23a als Bekenntnis gegenüber Gott. Doch auch dort ist im vorangehenden Kontext vom Herrsein des Gesalbten Jesus die Rede. Beide Male ist das Reden von Jesus dem Reden von Gott zugeordnet.

Mit dem umfassenden Bekenntnis ist ein Ziel angegeben, nicht ein allgemein beobachtbarer Tatbestand festgestellt. Auf alle Fälle jedoch stimmt die Gemeinde in dieses Bekenntnis ein: »Herr ist Jesus, der Gesalbte.« In ihm ist einmal der Jesus gegebene Name Gottes, wie er in der griechisch-jüdischen Tradition ausgesprochen wird, ausdrücklich genannt: *kýrios* (»Herr«). Das Bekenntnis hat die Form der Akklamation. Mit dieser Akklamation anerkennen die Akklamierenden die Macht des Akklamierten. Sie unterstellen sich ihm und mit ihm dem, dessen Name ihm verliehen wurde. Und zum anderen bezeichnet Paulus Jesus abschließend noch einmal als »den Gesalbten«. Die Kennzeichnung Jesu als des endzeitlichen messianischen Königs umschließt also diese Darstellung seines Weges. (Philipper 2,5.11) Das unterstreicht die große Bedeutung, die dieser Titel bei Paulus hat.

6. Der Streit um die Beschneidung: Keine Ablehnung des Bundeszeichens Israels!

a) Wie es zum Streit kam und worum es ging

Im vierten Kapitel wurde gezeigt, wie in Antiochia gleichsam von selbst eine messiasgläubige Gemeinde aus jüdischen und nichtjüdischen Mitgliedern entstanden ist – aufgrund der in den jüdischen Diasporagemeinden gegebenen Situation, dass in ihnen eine nichtjüdische Sympathisantenschaft präsent war. Ein auffälliges Phänomen dieser Gemeinde wurde noch nicht besprochen. Die Menschen aus den Völkern in ihr wurden nicht aufgefordert, jüdisch zu werden, die Männer also nicht beschnitten, die Frauen nicht einem Tauchbad unterzogen. Das aber stellten Messiasgläubige aus dem Land Israel in Frage. Lukas berichtet: »Von Judäa kamen einige herab (nach Antiochia) und lehrten die Geschwister: ›Wenn sich die Männer unter euch nicht nach dem Ritus des Mose beschneiden lassen, könnt ihr nicht gerettet werden.‹« (Apostelgeschichte 15,1) Sie vertreten das traditionelle jüdische Konzept im Blick auf das Verhältnis zwischen dem Volk Gottes und den Völkern. Es bleibt für sie in Geltung auch angesichts des von Jesus schon heraufgeführten und bald in Gänze zu erwartenden messianischen Heils. Nämlich: Vollständige Zugehörigkeit zum Gott Israels und Teilhabe an den von ihm gewährten Gaben gibt es für Nichtjuden nur durch Integration in das Volk Israel. Sie müssen also Proselytinnen und Proselyten werden. Ob man in Jerusalem vernommen hatte, dass in der auf Jesus bezogenen Gruppe in Antiochia hinzukommende nichtjüdische Männer nicht beschnitten wurden, und man daraufhin einige nach Antiochia schickte oder ob diese Leute aus anderem Grund gekommen waren und nun davon erfuhren, wissen wir nicht. Jedenfalls nahmen sie daran Anstoß, hielten es für illegitim. Judentum war und ist keine missionierende Religion. Aber: »Die Tore stehen offen.« So formuliert es die spätere rabbinische Tradition in einem Midrasch und gibt damit dem Ausdruck, was schon lange vorher galt. (Sch'mot Rabba 19,4 [36c]) Der Midrasch zitiert Jesaja 56,3: »*Nicht spreche der Fremde, der sich dem Ewigen anschließen will: Trennen, trennen wird mich der Ewige von seinem Volk.*« Anschließend fährt er fort: »Hiob sprach (Hiob 31,32): *Draußen soll kein Fremder* (*ger*; bei den Rabbinen als Proselyt verstanden) *übernachten*. Denn der Heilige, gesegnet er, erklärt kein Geschöpf für untauglich, sondern er nimmt alle an. Die Tore stehen jederzeit offen. Und wer auch immer eintreten will, trete ein«, d.h. werde Proselyt. Das wird im Folgenden breit ausgeführt. »Die Tore stehen offen« – und hinein geht man durch Beschneidung und Tauchbad.

Das Auftreten der aus Judäa nach Antiochia Gekommenen löst einen schweren Konflikt aus. »Da stritten Paulus und Barnabas außerordentlich heftig mit ihnen.« Sie weisen das Ansinnen entschieden zurück, zum Glauben an Jesus gekommene nichtjüdische Männer müssten sich beschneiden lassen. Die Gegenposition dürfte mit derselben Entschiedenheit vertreten worden sein, sodass selbst der auf Harmonie bedachte Lukas diese Auseinandersetzung als »außerordentlich heftig« bezeichnet. Sie führt zum Beschluss der antiochenischen Gemeinde, eine Delegation »nach Jerusalem zu den Aposteln und Ältesten« zu schicken. (Apostelgeschichte 15,2) Es ist aufschlussreich, dass man in Antiochia nicht darauf beharrt: ›Das ist unsere wohl, begründete Position; mögen andere doch meinen, was sie wollen!‹ Und es ist weiter aufschlussreich, dass man zur Klärung des Sachverhalts eine Abordnung nach Jerusalem schickt und nicht meint, es sollten Autoritäten aus der Jerusalemer Gemeinde nach Antiochia kommen. Dem entspricht die Aussage des Paulus in seiner Darstellung des Aposteltreffens in Jerusalem: »Ich legte ihnen die gute Botschaft vor, die ich unter den Völkern verkündige, besonders denen, die etwas gelten, damit ich nicht ins Leere liefe oder gelaufen wäre.« (Galater 2,2) Ohne die Verbindung mit der messiasgläubigen Gemeinde in Jerusalem hinge für Paulus und die Antiochener das Hinzukommen von Menschen aus der nichtjüdischen Welt in der Luft. Die Verbindung mit der Gemeinde in Jerusalem steht für die Verbindung mit Israel als dem Volk Gottes.

Dass es bei dem Treffen in Jerusalem vorrangig darum ging, ob hinzukommende nichtjüdische Männer beschnitten werden müssten oder nicht beschnitten werden dürften, lässt Paulus in seiner Darstellung an der Hervorhebung dessen erkennen, dass er »auch Titus mitnahm« und dass dieser, »obwohl Grieche, nicht gezwungen wurde, sich beschneiden zu lassen«. (Galater 2,1.3) Es kommt also zu einer Besprechung in Jerusalem. Zunächst sei aber ausdrücklich festgehalten, worum es dort *nicht* ging. Es ging nicht um das Thema Beschneidung überhaupt. Dass jüdischen Messiasgläubigen geborene Knaben am achten Tag zu beschneiden seien, stand nicht zur Debatte. Das war als völlig selbstverständlich vorausgesetzt und wurde praktiziert. Im Römerbrief fragt Paulus: »Was ist das Besondere von Juden und was der Nutzen der Beschneidung?« Darauf antwortet er an dieser Stelle pauschal: »Viel in jeder Hinsicht.« (Römer 3,1–2)

b) Das Treffen in Jerusalem und seine Ergebnisse

In seiner Darstellung dieses Treffens in Jerusalem stellt Lukas zu Beginn noch einmal den Streitpunkt heraus. (Apostelgeschichte 15,4–29) Nach der Bemerkung, dass Paulus und Barnabas in der Gemeindeversammlung berichteten, »was alles Gott mit ihnen bewirkt hat«, dass nämlich Menschen aus der Völkerwelt dazugekommen sind, schreibt er:

»Da traten einige von der pharisäischen Gruppe auf, die zum Glauben (an den Messias Jesus) gekommen waren, und sagten: ›Man muss sie beschneiden und ihnen auftragen, die Tora des Mose zu halten.‹« Hier ist zunächst festzuhalten, dass es in der Jerusalemer messiasgläubigen Gemeinde Mitglieder der pharisäischen Gruppe gab, die betonten, dass es volle Zugehörigkeit nichtjüdischer Menschen nur durch Integration in das Volk Israel geben könne. Und sie hatten für diese Position das ganze Gewicht der Tradition. Die anschließende Verhandlung zur Sache findet nach Lukas jedoch nicht in der Gemeindeversammlung statt. Auf Jerusalemer Seite nennt er stattdessen »die Apostel und die Ältesten«. Aber auch in diesem kleineren Kreis gab es »eine lange Auseinandersetzung«. Dass es dabei heftig zuging, lässt auch der Bericht des Paulus erkennen. (Galater 2,1–10). Mit diesem Bericht verfolgt er ein bestimmtes Interesse im Blick auf die von ihm angeschriebenen galatischen Gemeinden. Dort waren messiasgläubige jüdische Landsleute aufgetreten und hatten entgegen dem Beschluss des Jerusalemer Treffens erneut die Forderung gestellt, dass sich die nichtjüdischen messiasgläubigen Männer beschneiden lassen müssten. Als Paulus das erfährt, bebt er vor Zorn und schreibt den Brief an die galatischen Gemeinden. Er will sie davon abbringen, der Forderung nach Beschneidung nachzugeben. Mit dieser Intention berichtet er auch über das Jerusalemer Treffen. Dabei geraten diejenigen, die in Jerusalem die Beschneidung forderten, in genaue Parallele zu denen, die es in Galatien tun. Beide erscheinen in alles anderem als in gutem Licht. Für Paulus ist der Hinweis auf das Jerusalemer Treffen außerordentlich wichtig, weil auf ihm grundsätzlich darüber debattiert und entschieden wurde, ob nichtjüdische Männer, die durch die messianische Verkündigung zum Glauben an den Gott Israels kommen, sich beschneiden lassen müssen oder nicht. Er nennt als Verhandlungsteilnehmer auf antiochenischer Seite sich und Barnabas. Dazu erwähnt er nur noch den Griechen Titus, den er »mitgenommen« habe. Auf Jerusalemer Seite nennt er als herausragende »Säulen« Jakobus, den Bruder Jesu, Simon Petrus und Johannes. Es muss hitzige Debatten gegeben haben. Paulus lässt seine Erregung noch in der Jahre später geschriebenen Darstellung im Galaterbrief spüren, erkennbar etwa an Folgendem: Er fängt einen Satz an und führt ihn – unter grammatischem Bruch – anders weiter. Er spricht von »heimlich eingedrungenen Falschbrüdern, die sich eingeschlichen« hätten. Denen habe er keinen Augenblick nachgegeben. Damit muss er diejenigen meinen, die die Forderung nach Beschneidung der hinzugekommenen Nichtjuden gestellt hatten. Wieso kann Paulus sie »Falschbrüder« nennen? Muss man daraus schließen, dass sie, als das Treffen gegen sie entschied, die Gemeinde verlassen und gegen sie agitiert haben? War für sie damit eine »rote Linie« überschritten?

Paulus betont als wichtigstes Ergebnis des Jerusalemer Treffens zunächst negativ: »Mir haben die Angesehenen nichts auferlegt.« Das heißt in dem hier besprochenen Zusammenhang vor allem: Der Forderung nach Beschneidung der hinzugekommenen und weiter hinzukommenden Nichtjuden haben die Jerusalemer Autoritäten nicht beigepflichtet. Positiv wurde mit Handschlag vereinbart, dass Paulus und Barnabas sich an die Völker wenden, die Jerusalemer an die Judenheit. Zuvor hatte er deren Erkenntnis hervorgehoben, dass er mit dem Evangelium, der guten Botschaft, für die Unbeschnittenen betraut sei. Das heißt in diesem Kontext: Die Jerusalemer akzeptierten die bisher von ihm und anderen geübte Praxis und erkannten damit an, dass durch diese Botschaft die nichtjüdische Welt zu Israels Gott gerufen wird, ohne sich in das Volk Israel inkorporieren zu müssen. Man kann daher von einem »beschneidungsfreien Evangelium« des Paulus für die Völker sprechen, das in Jerusalem anerkannt wurde. Hier ist jedoch sehr genau auf die Wortwahl zu achten: das »*beschneidungs*freie Evangelium«, wobei die Beschneidungsfreiheit selbstverständlich nur für die hinzukommenden Nichtjuden gilt, während eine mögliche Nicht-Beschneidung von Juden nicht einmal von ferne in den Blick gekommen war. Das »beschneidungsfreie Evangelium« ist aber kein »*gesetzes*freies«. Die Geltung der Tora steht nicht in Frage. Für die nichtjüdischen Gemeindeglieder ist lediglich das Gebot der Beschneidung ausgenommen. Für Paulus war damit eingeschlossen, dass nichtjüdische Messiasgläubige sich auch nicht an die Gebote halten müssen, die die spezifisch jüdische Lebensweise betreffen. Ob das den Jerusalemern bewusst war, ist fraglich. Aber auch für Paulus bedeutet die Verneinung der Beschneidung für hinzukommende Nichtjuden keineswegs zugleich eine Verneinung der Tora für sie. Durch die Verkündigung von Jesus treten Menschen aus den Völkern in eine vollgültige Beziehung zu Israels Gott, den die Tora bezeugt und von dessen besonderer Geschichte mit Israel und dessen Verhalten zur übrigen Welt sie erzählt, dessen Willen sie in Rechtssätzen, Geboten und Verboten Ausdruck gibt. Und dem Willen Gottes sollen doch auch die Völker im Tun des Guten entsprechen. Im Römerbrief stellt Paulus die Frage: »Setzen wir also die Tora außer Geltung durch die Betonung von Treue und Vertrauen?« Er beantwortet sie eindeutig: »Keineswegs! Vielmehr: Wir richten die Tora auf.« Und an späterer Stelle gibt er als Ziel der Sendung Jesu an, »dass die Rechtsforderung der Tora unter uns ausgeführt werde«. Mit »uns« fasst er sich mit der als Menschen aus den Völkern vorgestellten römischen Gemeinde zusammen. Nicht nur er ist an die Tora gebunden, auch sie soll »die Rechtsforderung der Tora« tun. (Römer 3,31; 8,4)

Wenn also Paulus und die übrige Vertretung der antiochenischen Gemeinde die Jerusalemer Autoritäten überzeugen konnten, dann müssen sie äußerst starke Argumente angeführt haben. Denn schließlich war die gegnerische Position das, was bisher in aller Selbstverständlichkeit nicht nur Geltung beanspruchte, sondern auch besaß. Was bisher unhinterfragt in Geltung stand, konnte nur dann überwunden werden, wenn man auf ein von Gott gewirktes neues Geschehen hinzuweisen vermochte, das dann seinerseits nach Neuerungen verlangte. Und als von Gott gewirkt, konnte das Neue nur behauptet werden, wenn es sich in der Schrift wiederfinden ließ.

Den Titus dürfte Paulus sozusagen als Demonstrationsobjekt mit nach Jerusalem genommen haben. Mit ihm wurde den Jerusalemern ein Element leibhaftiger Erfahrung geboten: ein von Gottes Geisteskraft ergriffener Mensch, obwohl er ein unbeschnittener Grieche war, der für diese Ergriffenheit eindrücklich Zeugnis abgelegt haben muss. Im Bericht des Lukas wird Titus nicht erwähnt, und weder Paulus noch Barnabas kommen dort zu Wort. Er vermerkt summarisch, dass die antiochenische Abordnung in Jerusalem berichtete, wie Gott durch sie unter den Menschen der Völkerwelt gewirkt habe, dass einige daraufhin die Forderung nach deren Beschneidung erhoben, dass man deshalb darüber beriet und sich lange stritt. Als Redner treten bei ihm ausschließlich Vertreter der Jerusalemer Seite auf, nämlich Petrus und Jakobus. Zunächst lässt er Petrus reden. Die Rede des Jakobus (Apostelgeschichte 15,13–21) hat nicht das Problem dieses Treffens im Blick. Sie führt zu einem Ergebnis, das es faktisch gewiss gegeben hat, aber nicht auf diesem Treffen vereinbart worden sein kann – wenn man Paulus Glauben schenken darf. Darüber ist im nächsten Kapitel zu handeln. In der Rede des Petrus gibt es ein Argument, das kaum aus einer jüdischen Perspektive heraus gesprochen ist: »Nun also, was fordert ihr Gott damit heraus, dass den Schülerinnen und Schülern ein Joch auf den Hals gelegt werde, das weder unsere Vorfahren noch wir zu tragen vermochten?!« (Apostelgeschichte 15,10) Jüdisch gilt »das Joch der Tora« keineswegs als untragbare Last, sondern zeichnet Judentum in seiner besonderen Beziehung zu Gott aus. »Das Joch der

Gebote« wird als »das Joch des Himmelreichs« gerne getragen. Dagegen ist diese Formulierung sehr gut verständlich aus der Perspektive eines bessergestellten Gottesverehrenden, wie Lukas wohl einer war. Für einen solchen können die Vorschriften über die besondere jüdische Lebensweise als eine untragbare Last erscheinen. Zuvor jedoch hatte Petrus im Blick auf Menschen aus den Völkern, denen Jesus verkündigt wurde, gesagt: »Ihnen hat Gott in Kenntnis der Herzen aller Menschen nicht anders als uns die heilige Geisteskraft geschenkt und damit Zeugnis für sie abgelegt, hat ihre Herzen durch den Glauben für rein erklärt und also keinerlei Unterschied zwischen ihnen und uns gemacht.« (Apostelgeschichte 15,8–9) Nach vielen Aussagen im Neuen Testament ist die Gabe von Gottes Geisteskraft eine im wahrsten Sinn des Wortes bewegende Erfahrung in der messiasgläubigen Gemeinschaft. Diese Erfahrung steht im Zusammenhang mit der für sie grundlegenden Aussage, dass Gott Jesus von den Toten aufgeweckt hat. Von daher lässt sich eine mögliche Argumentation rekonstruieren, die auf dem Treffen in Jerusalem überzeugen konnte. Wie schon ausgeführt, ist die Auferweckung Jesu als endzeitlich-neuschöpferische Tat Gottes verstanden, als ein Akt endzeitlicher Neuschöpfung. Mit der Erwartung der Endzeit ist traditionell die Erwartung der Gabe von Gottes Geisteskraft verbunden. Das tritt klar hervor in Joel 3. Nicht von ungefähr wird dieser Text in der Petrusrede am Wochenfest zitiert – im Anschluss an die Erzählung, in der Lukas die Begabung mit Gottes Geisteskraft so eindrucksvoll ins Bild setzt. (Apg 2,1–21) Für die Endzeit wird auch erwartet, dass die Völker zum Zion ziehen und sich von Israels Gott Weisung geben lassen – ohne dass sie jüdisch werden. (Jesaja 2,2–4; Micha 4,1–3) So etwa könnte die Argumentation des Paulus in Jerusalem gewesen sein.

Dieser Zusammenhang, dass Gott selbst mittels der Verkündigung Jesu mit seiner Geisteskraft das Hinzukommen von Menschen aus den Völkern bewirkt, ist anschaulich zum

Ausdruck gebracht, und zwar am Schluss der Erzählung von Petrus und dem römischen Hauptmann Kornelius. (Apostelgeschichte 10) Petrus, von Joppe aus in das Haus des Kornelius in Cäsarea gerufen, verkündet dort vor Kornelius und dessen Verwandten und engsten Bekannten die Botschaft von Jesus. »Während Petrus noch diese Worte sprach«, heißt es, »kam die heilige Geisteskraft über alle, die seine Rede hörten.« (10,44) Die jüdischen an Jesus Glaubenden, die mit Petrus aus Joppe nach Cäsarea gekommen waren, bringt es aus der Fassung, »dass die Gabe der heiligen Geisteskraft auch auf Menschen aus den Völkern ausgegossen war«. (10,45) Woran sie das erkannten – die heilige Geisteskraft ist nicht sichtbar –, sagt die Fortsetzung: »Sie hörten nämlich, wie sie verzückt in der Sprache des Himmels stammelten und Gott priesen.« (10,46) Das veranlasst Petrus zu der rhetorischen Frage: »Darf denn jemand das Wasser der Taufe denen verwehren, die genauso wie wir die heilige Geisteskraft empfangen haben?« (10,47) Wenn Gott selbst durch die Botschaft vom Messias Jesus Menschen aus den Völkern mit heiliger Geisteskraft begabt, dann kann und darf man ihm doch nicht in den Arm fallen und rufen: ›Halt, guter Gott! Nicht so schnell! Wir müssen die Männer unter ihnen erst noch beschneiden.‹

Die Überschrift dieses Abschnitts 6 b) hat am Schluss nicht ohne Grund einen Plural: Ergebnisse. Denn Paulus nennt noch einen zweiten Punkt in seinem Schreiben an die Galater. Auch der macht deutlich, dass das Verhältnis der Völker zu Israel eine zentrale, wenn nicht die zentrale Frage war. Ihm wurde nichts auferlegt, sagt Paulus. (Galater 2,6–7) Diese negative Feststellung enthält den für ihn höchst positiven Ertrag der Auseinandersetzungen, dass hinzukommende Menschen aus den Völkern nicht jüdisch werden müssen, was sich im Ausschluss der Beschneidung manifestiert. Aber am Ende seiner Ausführungen über das Jerusalemer Treffen führt er dann doch eine Ausnahme an:

»außer dass wir die Armen nicht vergessen dürften, worum ich mich auch bemüht habe, eben das zu tun.« (Galater 2,10) Wie andere Stellen der Paulusbriefe zeigen, ist damit eine Geldsammlung für die Jerusalemer Gemeinde gemeint, die Paulus und Barnabas in den von ihnen in der Völkerwelt gegründeten und noch zu gründenden Gemeinden durchführen sollen. In den zitierten Nebensätzen fällt ein Wechsel vom Plural zum Singular auf. Das »Wir« in der Verpflichtung, nicht die Armen zu vergessen, bezieht sich zurück auf Paulus und Barnabas, die als Vertragspartner der Jerusalemer Autoritäten angeführt worden waren. In der folgenden Versicherung, entsprechend der eingegangenen Verpflichtung gehandelt zu haben, spricht Paulus in der 1. Person Singular, also nur für sich. Dahinter dürfte das Faktum stehen, dass er nach dem noch zu besprechenden Streit in Antiochia mit Petrus und anderen messiasgläubigen Juden nicht mehr gemeinsam mit Barnabas, sondern eigenständig als Apostel wirkte. Aber auch so sieht er sich noch an die in Jerusalem getroffene Vereinbarung gebunden.

Diese Geldsammlung war gewiss auch ein karitativer Akt, wie es Paulus mehrmals betont. In der Jerusalemer Gemeinde gab es nicht nur Arme, weil es eben immer Arme gibt. (5. Mose 15,11; Matthäus 26,11; Markus 14,7) Zu ihr gehörten Menschen, die schon in der vorösterlichen Nachfolge Jesu ihren Beruf nicht mehr ausübten und die dazu – jedenfalls soweit sie Fischer oder Zöllner waren – auch in Jerusalem keine Möglichkeit hatten. Aber diese Geldsammlung auf den karitativen Aspekt zu beschränken, wäre eine Verkürzung. Er war nicht der ausschließliche, wahrscheinlich nicht einmal der entscheidende. Der korinthischen Gemeinde stellt Paulus im Blick auf die Geldsammlung für Jerusalem die makedonischen Gemeinden als Vorbild hin und spricht dabei von deren »abgrundtiefer Armut«. (2. Korinther 8,1–6) Er kommt nun nicht auf den Gedanken, die besser gestellte korinthische Gemeinde solle die so überaus armen makedonischen Gemeinden unterstützen. Diese und jene bringt er vielmehr dazu, für die Gemeinde in Jerusalem zu sammeln. Dieser Seitenblick kann schon deutlich machen, dass es bei der Geldsammlung nicht allgemein um Solidarität zwischen den messianischen Gemeinden geht. Der entscheidende Gesichtspunkt ist vielmehr, dass die auf Jesus bezogene Gemeinde in Jerusalem – wie schon dargelegt – sich als Repräsentanz Israels versteht. Daher ist die Geldsammlung für sie handfester Ausdruck der Zuordnung derjenigen zu Israel, die durch die Verkündigung von Jesus aus der Völkerwelt gewonnen werden. Auch das wird im Kontext der Lektüre der Schrift in endzeitlichem Horizont verstanden worden sein. Am Ende der Zeit werden mit der Restitution Israels die Völker ihre Gaben nach Jerusalem bringen. (Jesaja 60,1–11; 66,12; Psalm 68,29–30; 72,10; Offenbarung 21,24–26) Das wird jetzt als sich im Anbruch ereignend erfahren: Mit der neuschöpferischen Gottestat der Auferweckung Jesu von den Toten ist die Endzeit angebrochen; Menschen aus den Völkern wenden sich daraufhin Israels Gott zu; mit der Geldsammlung bringen sie Gaben nach Jerusalem. Hier gibt es noch nicht eine »Christenheit«, die sich als *tertium genus*, als ein dritter Stamm oder eine dritte Gattung jenseits der biblischen Unterscheidung zwischen Israel und den Völkern etabliert. Vielmehr verstehen sich die aus den Völkern Gewonnenen als zu Israels Gott Hinzukommende. Sie müssen sich nicht in Israel integrieren, wissen sich aber dennoch auf Israel ausgerichtet und an es gebunden. Und diese Ausrichtung und Bindung manifestiert sich in der Geldsammlung für Jerusalem.

7. Eine offen gebliebene Frage: Zusammenleben unter jüdischen oder nichtjüdischen Bedingungen?

Auf dem Apostelteffen wurde grundsätzlich entschieden, dass hinzukommende Menschen aus den Völkern nicht ins Volk Israel integriert werden müssen. Daraus ergab sich jedoch ein weiteres Problem. Wenn nämlich in derselben Gemeinde jüdische und nichtjüdische Mitglieder zusammen sind, stellt sich die Frage, unter welchen Bedingungen das gemeinsame Leben, vor allem gemeinsames Essen, geregelt wird, unter jüdischen oder nichtjüdischen. Dieses Problem scheint nicht erörtert worden zu sein. Wahrscheinlich hat es die Jerusalemer Seite als selbstverständlich vorausgesetzt, dass Jüdinnen und Juden sich in allen Belangen an das ihnen Gebotene halten, also auch dann, wenn sie sich mit Menschen aus der Völkerwelt versammeln. Ebenso selbstverständlich dürfte die antiochenische Delegation davon ausgegangen sein, dass mit der für sie positiven Grundentscheidung des Treffens auch die bisherige Praxis der Gemeinde in Antiochia beizubehalten sei, dass nämlich die jüdischen Mitglieder im Zusammenleben mit den anderen die Beachtung des ihnen spezifisch Gebotenen zurückstellen. Man würde also weiterhin in der Gemeinde »nach Art der Völker« leben.

Nach Lukas ist dieses Problem jedoch auf dem Jerusalemer Treffen behandelt worden. Es nimmt den größten Raum in seiner Darstellung ein und die Entscheidung darüber bildet geradezu deren Zielpunkt. Nach der Rede des Petrus und der pauschalen Bemerkung über den Auftritt von Paulus und Barnabas gibt er Jakobus das Wort. Der begründet das Hinzukommen der Völker mit dem Zitat von Amos 9,11–12. Er tut das mit dem Text der griechischen jüdischen Bibelübersetzung (Septuaginta), der hier charakteristisch vom hebräischen Text abweicht – ein deutlicher Hinweis, dass nicht der »historische« Jakobus spricht, sondern Lukas. Darauf folgt: »Deswegen urteile ich, dass man denen, die sich aus der Völkerwelt zu Gott hinwenden, keine Schwierigkeiten mache, sondern man soll ihnen auftragen, sich fernzuhalten von Berührungen mit Götzen, von torawidrigen geschlechtlichen Beziehungen, vom Fleisch erstickter Tiere und vom Blutgenuss.« (Apostelgeschichte 15,19-20) Nach dem dann folgenden Bericht wird das zum Beschluss gemacht. Der antiochenischen Delegation werden zwei Jerusalemer Abgesandte beigesellt, die einen Brief nach Antiochia bringen, dessen Schluss lautet: »Die heilige Geisteskraft und wir haben beschlossen, dass euch keine weitere Last auferlegt werde außer diesen notwendigen Dingen: Haltet euch fern vom Fleisch der den Götzen geopferten Tiere, vom Blutgenuss, vom Fleisch erstickter Tiere und von torawidrigen geschlechtlichen Beziehungen! Wenn ihr euch davor bewahrt, werdet ihr euch richtig verhalten.« (Apostelgeschichte 15,28–29; vgl. 21,25) Was hier zweimal in Variation steht, hat man das »Aposteldekret« oder die »Jakobusklauseln« genannt.

Darin werden Dinge angeführt, von denen sich zu Israels Gott aus der Völkerwelt Hinzukommende, die nicht durch Beschneidung bzw. Tauchbad ins Volk Israel integriert werden, enthalten und fernhalten sollen. Diese Bestimmungen lassen sich nicht so auslegen, als handle es sich um ethische Anforderungen. Dem steht vor allem die Enthaltung von »Ersticktem« entgegen. Sie betrifft einen Aspekt spezifisch jüdischer Lebensweise. In Bezug auf »Götzenopferfleisch« vertritt Paulus keine prinzipielle Position strikter Enthaltung. (1. Korinther 8) Dass also dieser Beschluss auf dem Jerusalemer Treffen gefasst worden sei, steht in einem unausgleichbaren Widerspruch zum Bericht des Paulus Er betont emphatisch, dass ihm nichts auferlegt worden sei –

außer der Kollekte. (Galater 2,6.10) So könnte er nicht reden, wenn es dort diesen Beschluss gegeben hätte – außer man hält ihn für einen abgefeimten Lügner. Der hätte dann auch noch die Dreistigkeit besessen, kurz vorher zu betonen: »Was ich euch schreibe: Seht doch – vor Gott! –, ich lüge nicht.« (Galater 1,20) Andererseits ist das Aposteldekret auch keine Erfindung des Lukas. Wahrscheinlich hat er gemeint, das ihm bekannte und in seiner Zeit in bestimmten Bereichen praktizierte »Aposteldekret« müsse doch auf dem Apostеltreffen in Jerusalem beschlossen worden sein. Die Wallfahrtsfeste machten diese Stadt zu einem zentralen Umschlagplatz weltweiter jüdischer Kommunikation. Bei einer solchen Gelegenheit wird es bekannt geworden sein, dass messiasgläubige Jüdinnen und Juden in Antiochia unterschiedslos mit nichtjüdischen Menschen Gemeinschaft pflegten und dabei bewusst ihnen gegebene Gebote übertraten. Es ist leicht vorstellbar, dass solche Nachrichten die Stellung der auf Jesus bezogenen Gruppe in Jerusalem gegenüber der jüdischen Mehrheit zu unterminieren vermochten. Um dem abzuhelfen – das wäre die Hypothese –, hat Jakobus das Aposteldekret formuliert. Lukas verortet es zu Unrecht auf dem Aposteltreffen. Aber dass diese Vorschriften mit der Person des Jakobus verbunden sind und dass sie zuerst an die Gemeinde in Antiochia gerichtet wurden, könnte den historischen Kern bilden, der Lukas so konstruieren ließ, wie er es getan hat. Als Reaktion auf die eben vermutete Situation ist die Entstehung des »Aposteldekrets« gut denkbar. Mit ihm sucht Jakobus nach einer Möglichkeit, wie das gemeinsame Leben unter jüdischen Bedingungen erfolgen könnte.

Zum Verstehen des Aposteldekrets führe ich ein fiktives Gespräch über seine mögliche Entstehung in Jerusalem und seine Abfassung durch Jakobus an – ein fiktives Gespräch zwischen Jakobus und einem anderen, den ich Jehuda nenne:

Jehuda: Jakob, Jakob, seit Sukkot laufen in Jerusalem Gerüchte um, unsere Leute in Antiochia predigten den Abfall von den Geboten, die uns Mose gegeben hat, und hielten sich auch selbst nicht daran. Hier in Jerusalem und im Land Israel würden wir uns ja an die Gebote halten, aber kaum wären wir aus dem Land, würden wir sie vergessen. Da sähe man, wo diese messianische Überspanntheit hinführe. Von Simon Petrus wird sogar behauptet, er habe in Antiochia Schweinefleisch gegessen.
Jakobus: Glaubst du das denn?
Jehuda: Ich weiß nicht. Natürlich ist das alles kräftig übertrieben. Aber leider ist da was dran. Ich habe mich bei denen von unseren Leuten erkundigt, die schon große Reisen gemacht haben. Danach ist es keineswegs so, dass unsere Schwestern und Brüder die Gebote nicht hielten, die Mose uns gegeben hat. Aber wenn sie in den Versammlungen mit unseren Geschwistern aus den Völkern in deren Häusern zusammen sind, dann scheinen sie ihr Judentum zu vergessen. Dann fragen sie nicht danach, was auf den Tisch kommt; dann ist ihnen alles gleich. Wir waren bei dem Treffen damals zu nachgiebig. Wir hätten von den Nichtjuden doch die Beschneidung verlangen sollen. Dann würden klare Verhältnisse herrschen; dann hätte man jüdisch zusammengelebt, wie es sich gehört. So aber ist eine Grauzone entstanden; und jetzt sieht man, was dabei herauskommt. Wenn man den Völkermenschen den kleinen Finger reicht, nehmen sie die ganze Hand. Und mit unserem Ansehen bei unseren Landsleuten hier in Jerusalem ist es nicht gut bestellt.
Jakobus: Ich glaube nicht, dass du Recht hast. Es war doch überzeugend, was Paulus und Barnabas vorgetragen haben. Und erinnere dich an diesen Griechen Titus, mit welch geisterfüllter Kraft er Gott gelobt hat. Nein, hinter das auf dem Treffen Vereinbarte können wir nicht zurück. Die Frage ist doch: Wie leben Juden und Völkermenschen zusammen? Warum halten wir uns nicht einfach an die Schrift? Darüber hat doch schon Mose in seinem dritten Buch geschrieben. Dort nennt er, woran sich Fremde, die im Land Israel leben, halten müssen, damit wir mit ihnen zusammenleben

können. Warum sollten sich daran nicht auch die halten, die jetzt durch den Messias Jesus aus den Völkern dazukommen? Dann können unsere Schwestern und Brüder auch mit ihnen zusammen jüdisch leben. Also: Sie sollen kein Fleisch essen, das aus den Tempeln der Götzen stammt, kein Blut und auch kein Fleisch von erstickten Tieren.

Jehuda: Jakob, du hast noch etwas vergessen. Anschließend werden doch auch noch Heiraten unter nahen Verwandten verboten und andere geschlechtliche Verfehlungen. Erst danach heißt es rückblickend (3. Mose 18,26): *So wahrt denn ihr meine Gesetze und meine Rechtssatzungen und tut nichts von all diesen Gräueln, der Einheimische und der Fremde, der unter euch weilt.* Daran sollten sie sich auch halten.

Jakob: Ja, so soll also gelten – und das wollen wir nach Antiochia schreiben –, dass unseren Geschwistern aus den Völkern »keine weitere Last auferlegt werde außer diesen notwendigen Dingen: Haltet euch fern vom Fleisch der den Götzen geopferten Tiere, vom Blutgenuss, vom Fleisch erstickter Tiere und von torawidrigen geschlechtlichen Beziehungen.«

Das Aposteldekret fällt also nicht hinter die Vereinbarung des Jerusalemer Treffens zurück, sondern setzt sie voraus. Es ist deutlich inspiriert von den Vorschriften in 3. Mose 17–18. Eine besonders starke Nähe zum Aposteldekret zeigt der Targum dieser Bibelstelle, die aramäische Paraphrase der hebräischen Bibel. Diese Vorschriften, die auf kultische Reinheit zielen, gelten auch den im Land Israel lebenden Fremden. Und zwar sollen die Fremden im Land diese Vorschriften deshalb einhalten, damit die israelitische Bevölkerung mit ihnen gesellschaftlich und wirtschaftlich uneingeschränkt verkehren kann, ohne dass ihre Reinheit verletzt wird. Entsprechend werden als Empfängerinnen und Empfänger des »Aposteldekrets« allgemein diejenigen genannt, »die sich aus der Völkerwelt zu Gott hinwenden«. (Apostelgeschichte 15,19) Dabei ist selbstverständlich vorausgesetzt, dass diese Hinwendung durch die auf Jesus bezogene Verkündigung geschieht. Als Angeschriebene an der zweiten Stelle erscheinen »die Schwestern und Brüder aus der Völkerwelt in Antiochia, Syrien und Kilikien«.

Die beiden Fassungen des Aposteldekrets enthalten jeweils vier Punkte, die sachlich miteinander übereinstimmen, in der Wortwahl teilweise und in der Reihenfolge an einer Stelle voneinander abweichen. Alle vier betreffen Aspekte spezifisch jüdischer Lebensweise, an die sich die nichtjüdischen Messiasgläubigen halten sollen. Der erste Punkt, wovon man sich fernhalten soll, wird an den beiden Stellen unterschiedlich formuliert: »von Berührungen der Götzen« bzw. »vom Fleisch der den Götzen geopferten Tiere«. Damit wird jeweils der Bibeltext 3. Mose 17,1–9 so zusammengefasst, dass man nicht mit Dingen in Berührung kommen soll, die mit anderen Göttern in Zusammenhang stehen und kultische Unreinheit bewirken. Das kann am ehesten geschehen – besonders wenn es um Speisen geht – beim »Götzenopferfleisch«. Damit wird aus jüdischer Perspektive Fleisch bezeichnet, das von Tieren stammt, die in anderen Göttern geweihten Tempeln als Opfer geschlachtet und dargebracht wurden. Im nichtjüdischen Bereich wurde solches Fleisch »heiliges Fleisch« genannt (*hieróthyta*). Für Jüdinnen und Juden war es strikt verboten. Sie nannten es »Götzenopferfleisch« (*eidolóthyton*). Ebenso selbstverständlich ist Blutgenuss ausgeschlossen. Schon in 1. Mose 9,4 heißt es: »*Jedoch Fleisch mit seinem Leben, mit seinem Blut, dürft ihr nicht essen.*« Und so ist Blutgenuss auch in 3. Mose 17,10–14 verboten. Der Targum folgt hier dem hebräischen Text. Die Bestimmung von 3. Mose 17,15–16, die sich auf den Genuss des Fleisches von verendeten oder gerissenen Tieren bezieht, findet sich im Targum so ausgelegt, dass der Genuss des Fleisches von nicht *rite* geschächteten Tieren ausgeschlossen wird. Das ist im »Aposteldekret« mit dem Begriff »Ersticktes« (*pniktón*) aufgenommen. Schließlich kann der Begriff *porneía* nicht einfach »Unzucht« oder »Hurerei« meinen; die sollen die aus den Völkern hinzukommenden Menschen ohnehin nicht begehen. Sie muss in diesem Kontext spezifischer verstanden sein, nämlich die in 3. Mose 18 unter Tabu gestellten sexuellen Beziehungen und Verhaltensweisen betreffen.

Am Ende des Briefes, in dem das Aposteldekret nach Antiochia übermittelt wird, heißt es: »Wenn ihr euch davor bewahrt, werdet ihr euch recht verhalten.« (Apostelgeschichte 15,29) Es ist deutlich zu sehen, dass es hier am Ende nicht heißt: »[...] werdet ihr gerettet« oder »[...] wird euch geholfen werden«. Es geht nicht um etwas, das endgültig rettet, um »Heil«, sondern um konkrete Praxis. Es geht um die Ermöglichung des Zusammenlebens unter jüdischen Bedingungen. Denn die bisher geübte Praxis in der antiochenischen Gemeinde ließ Jüdinnen und Juden darauf verzichten, ihre jüdische Identität zu leben, ließ sie ihnen gebotenes Verhalten zurückstellen und also »nach Art der Völker« leben. Das Aposteldekret soll ihnen helfen, auch im Zusammenleben mit Nichtjuden jüdisch leben zu können. Dafür bietet es eine pragmatische Lösung. Dafür benennt es die »notwendigen Dinge«, an die sich die nichtjüdischen Gemeindemitglieder halten müssen. Noch einmal: nicht »heilsnotwendige« Dinge, sondern solche, die es im Zusammenleben mit ihnen Jüdinnen und Juden erlauben, ihre jüdische Identität wahren zu können. Das »belastet« Nichtjuden, ja »belästigt« sie vielleicht sogar etwas. Aus ihrer Perspektive wird formuliert, wenn es heißt, dass ihnen »keine weitere Last auferlegt« werden soll als eben »diese notwendigen Dinge«. Zugespitzt: Für die nichtjüdischen Messiasgläubigen soll mit dem Einhalten dieser Vorschriften überhaupt nichts erreicht werden; es geht nicht um sie. Es geht um die jüdischen Messiasgläubigen, deren jüdische Integrität durch das Zusammenleben mit ihnen nicht beeinträchtigt werden soll. Und das nicht zuletzt auch im Blick auf die nicht an Jesus als Messias glaubende Mehrheit. Darauf weist die Begründung hin, die nach dem Bericht des Lukas Jakobus seinem Vorschlag hinzufügt: »Denn Mose hat von alten Zeiten her Stadt für Stadt solche, die ihn in den Synagogen verkündigen, wenn er an jedem Schabbat vorgelesen wird.« (Apostelgeschichte 15,21) Hier sind Jüdinnen und Juden überhaupt im Blick – und in erster Linie solche, die nicht an Jesus als Messias glauben. Es gibt sie in allen Städten und durch die Verlesung des Mose, der Tora, werden sie nicht zuletzt in ihrer Jüdischkeit bestärkt. Messiasgläubige Jüdinnen und Juden werden dadurch, dass sich ihre nichtjüdischen Geschwister in den Jesusgemeinden an die Vorschriften des Aposteldekrets halten, davor bewahrt, ihnen Gebotenes zu übertreten. Dadurch verringert sich das mögliche Angriffspotenzial vonseiten ihrer nicht messiasgläubigen Landsleute, besonders wenn es dort Eiferer gibt, wie Paulus einer war.

Für Paulus war von seiner Biographie her die Lösung des Aposteldekrets in keiner Weise annehmbar. Das wird deutlich an seinem Streit mit Petrus in Antiochia, wie er ihn im Galaterbrief schildert. Er schreibt dort im Anschluss an seine Darstellung des Treffens in Jerusalem:

»Als Kephas nach Antiochia kam, bin ich ihm Auge in Auge entgegengetreten, weil er sich ins Unrecht gesetzt hatte. Bevor nämlich Leute von Jakobus kamen, hatte er mit den Menschen aus den Völkern zusammen gegessen. Nachdem sie jedoch gekommen waren, zog er sich zurück und grenzte sich ab, weil er sich vor denen aus dem Volk der Beschneidung fürchtete. Und mit ihm verfielen auch die übrigen Juden und Jüdinnen ins Heucheln, sodass sogar Barnabas sich durch ihre Heuchelei mitreißen ließ. Als ich jedoch sah, dass sie sich im Hinblick auf die Wahrheit der guten Botschaft nicht recht verhielten, sagte ich zu Kephas in Gegenwart aller: ›Wenn du, obwohl du Jude bist, nach Art der Völker lebst und nicht jüdisch, wieso willst du dann die Menschen aus den Völkern zwingen, jüdisch zu leben?‹« (Galater 2,11–14)

Paulus schreibt an dieser Stelle hochemotional. Daher sollte bei der Frage, was tatsächlich vorgefallen ist, nicht einfach nur der paulinischen Perspektive gefolgt werden. Es ist zu unterscheiden: Was sind die Fakten? Was ist paulinische Wertung? Was ist möglicherweise die eigene Sicht des Petrus im Blick auf seine Verhaltensänderung?

Hinsichtlich der erkennbaren Fakten ist zunächst festzuhalten: Vor dem Kommen der Abgesandten des Jakobus haben die jüdischen und nichtjüdischen Mitglieder der Gemeinde in Antiochia bei ihren Versammlungen zusammen gegessen. Sie haben das, wie Paulus gegenüber Petrus ausdrücklich feststellt, »nach Art der Völker und nicht jüdisch« getan. Auch Petrus nahm bei seinem Aufenthalt in Antiochia an dieser Praxis teil. Nach dem Eintreffen der Jakobusleute zog er sich jedoch von ihr zurück. Das tat er nicht allein. Auch alle übrigen Juden und Jüdinnen der antiochenischen Gemeinde einschließlich Barnabas schlossen sich dieser Verhaltensänderung an. Anders formuliert – und so wird vielleicht klarer, was hier geschehen ist: Paulus war die einzige jüdische Person in der Gemeinde, die diese Änderung nicht mitvollziehen wollte.

Seine Darstellung ist außerordentlich stark mit negativen Wertungen verbunden. Petrus habe »sich ins Unrecht gesetzt«; er habe »sich vor denen aus dem Volk der Beschneidung gefürchtet«; sein Verhalten wie das der anderen sei Heuchelei und nicht dem Evangelium gemäß; Barnabas habe sich »mitreißen« lassen. Petrus selbst und die anderen werden ihre Verhaltensänderung nicht als Unrecht und Heuchelei eingeschätzt haben. Wenn alle jüdischen Gemeindemitglieder bis auf Paulus ihr Verhalten gegenüber der bisher geübten Praxis geändert haben, muss dahinter ein starker Grund gestanden haben, der sie zu solcher Änderung veranlasste. Das heißt: Die Abgesandten des Jakobus müssen eine diese Menschen überzeugende Argumentation vorgetragen haben. Als diese Argumentation ist gut vorstellbar, dass sie die Vorschriften des Aposteldekrets zur Regelung des Zusammenlebens überbrachten und entsprechend einführten. Es war für die jüdischen Mitglieder offenbar nachzuvollziehen, dass das Zusammenleben nicht »nach Art der Völker« geschehen müsse, sondern – von der Schrift her – angemessener »jüdisch« zu erfolgen habe.

Dass die Vorschriften des Aposteldekrets eingeführt werden sollten, darauf gibt Paulus einen ausdrücklichen Hinweis mit der rhetorischen Frage an Petrus: »Wieso willst du die Menschen aus den Völkern zwingen, jüdisch zu leben?« Wie kann Petrus es unternommen haben, die nichtjüdischen Gemeindemitglieder zu »zwingen, jüdisch zu leben«? Negativ ist jedoch zunächst festzuhalten: Es kann keineswegs darum gegangen sein, dass Petrus – und mit ihm die anderen jüdischen Gemeindemitglieder – etwa einseitig die Gemeinschaft mit ihren nichtjüdischen Geschwistern aufgekündigt hätten. Er wollte sie vielmehr veranlassen, jetzt ihrerseits – partiell – jüdisch zu leben, obwohl er vorher mit ihnen »nach Art der Völker« gelebt hatte. Das ergibt dann einen sinnvollen und nachvollziehbaren Zusammenhang, wenn Petrus sich hinter die Forderungen des Aposteldekrets gestellt hat und auf dessen Basis die Gemeinschaft in der Gemeinde gestaltet sehen wollte. Akzeptierten die nichtjüdischen Mitglieder die Vorschriften des Aposteldekrets, bedeutete das, dass sie partiell spezifisch jüdische Lebensweise für sich übernehmen würden.

Wird vorausgesetzt, dass die Abgesandten des Jakobus die Vorschriften des »Aposteldekrets« in Antiochia einführen wollten, erklärt sich auch die Unterstellung des Paulus gegenüber Petrus, dessen Verhaltensänderung sei in der Furcht »vor denen aus dem Volk der Beschneidung« begründet. Denn die Entstehung des Aposteldekrets war nicht zuletzt darin motiviert, welchen Eindruck die an Jesus glaubende Gruppe auf die Mehrheit des übrigen Judentums machte. Auch damit werden die Abgesandten des Jakobus argumentiert haben. Vom Vorwurf der Furcht ist es nicht weit zu dem der Heuchelei. Er setzt voraus, dass man es besser wisse. Dieses bessere Wissen bei Petrus war für die Wahrnehmung des Paulus dadurch gegeben, dass jener sich vorher anders verhalten hatte. Zugleich zeigt dieser Vorwurf, dass Paulus von der Richtigkeit der eigenen Position absolut überzeugt war, sodass er den davon Abweichenden nur unehrenhafte Motive unterstellte.

Warum war sich Paulus in dieser Frage so sicher? Warum widersprach er so vehement? Wieso stand für ihn »die Wahrheit des Evangeliums«, »der guten Botschaft«, auf dem Spiel? Wieso war das für ihn keine pragmatische, sondern eine prinzipielle Frage? Das Vertrackte an der Situation in Antiochia bestand zunächst und vor allem darin, dass es hier von Anfang an eine andere Praxis gegeben hatte. Und diese Praxis des Zusammenlebens von Juden mit Nichtjuden »nach Art der Völker« war es gewesen, die den Eiferer Paulus zum energischen Einschreiten herausgefordert und zu Gegenmaßnahmen veranlasst hatte. Seine bei Damaskus gemachte Erfahrung brachte ihn jedoch dazu, hier eine genaue Umwertung vorzunehmen. Die antiochenische Praxis war so für ihn in denkbar stärkster Weise legitimiert. So konnte er auf den Versuch, diese zu revidieren, nur prinzipiell reagieren. Die Option des Aposteldekrets war also für ihn von seiner Biographie her nicht akzeptabel, musste ihm als eine Unmöglichkeit erscheinen. Hinzugekommen mag sein, dass Paulus in der Übernahme des »Aposteldekrets« – und d.h., dass Menschen aus den Völkern für Israel spezifische Gebote übernahmen – die Gefahr sah, dass diese Menschen dann doch sozusagen als Juden minderen Grades angesehen werden konnten, wo sie doch durch Gottes Geisteskraft ganz dazugehörten.

Wie der von Paulus beschriebene Konflikt in Antiochia ausgegangen ist, teilt er nicht mit. Daraus lässt sich nur so viel erschließen, dass der Ausgang nicht in seinem Sinn war.

Andernfalls hätte er sich das als ein Argument im Zusammenhang des Galaterbriefes kaum entgehen lassen. Beim Bericht über das Treffen in Jerusalem nennt er sein Einvernehmen mit den dortigen Autoritäten und das – von ihm erwünschte – Ergebnis, führt aber nicht seine Argumentation dafür an. Hier verhält es sich genau umgekehrt. Er nennt kein Ergebnis, sondern schließt mit seiner an Petrus gerichteten argumentativen Rede, die nahtlos übergeht in eine grundsätzliche Argumentation gegenüber den im Brief angeschriebenen galatischen Gemeinden. Dort war eine für Paulus noch einmal verschärfte Situation aufgetreten, insofern in diesen Gemeinden Verkündiger agierten, die entgegen dem Jerusalemer Beschluss erneut die Beschneidung von hinzukommenden Nichtjuden forderten.

Neben der ursprünglich antiochenischen und dann paulinischen Option des Zusammenlebens in gemischten Gemeinden unter nichtjüdischen Bedingungen gab es auch die andere Option des Aposteldekrets. Diese Option des Zusammenlebens unter jüdischen Bedingungen ist im 1. Jahrhundert – und darüber hinaus – praktiziert worden. Darauf weisen schon seine Platzierung an prominenter Stelle in der Apostelgeschichte hin wie auch die weiteren in ihr gegebenen ausdrücklichen Verweise darauf. Von der Entstehung des Aposteldekrets in einem nicht näher bestimmbaren Abstand vom Jerusalemer Treffen bis zur Zeit des Lukas und darüber hinaus gab es gemischte Gemeinden, die sich an seine Vorschriften hielten. Ignatius aus Antiochia wendet sich in zwei Briefen entschieden dagegen, jüdisch zu leben, zeigt dabei aber in aller Deutlichkeit, dass nichtjüdische Menschen in den Gemeinden genau das taten.

Nach dem Aufkommen des »Aposteldekrets« bestanden also für das Zusammenleben von jüdischen und nichtjüdischen Mitgliedern in den auf Jesus bezogenen Gemeinden zwei Optionen. In Aufnahme der ursprünglich antiochenischen Praxis vertrat Paulus energisch die eine, dass das

Zusammenleben unter nichtjüdischen Bedingungen zu erfolgen habe. Das zeigt sich auch daran, dass er zur Frage des Opferfleisches eine pragmatische Stellung einnehmen kann (1. Korinther 8), während das »Aposteldekret« dessen Genuss prinzipiell ablehnt.

Noch Jahrzehnte später bildet für den Johannes der Offenbarung, der in der Tradition des Aposteldekrets steht, das Nicht-Essen von Opferfleisch den *status confessionis*. Seine kompromisslose Ablehnung ist eindeutig. (Offenbarung 2,14.20) Die erfolgreichere Option – auf Dauer gesehen – war die paulinische. Sie hat sich schließlich durchgesetzt. Aber das hat auch seinen Preis gehabt. Dieser Preis wird deutlich, wenn man versucht, sich vorzustellen, was gewesen wäre, hätte man die Option des Jakobus auf Dauer praktiziert. Das Zusammenleben von jüdischen und nichtjüdischen Gemeindemitgliedern unter jüdischen Bedingungen hätte den Zusammenhang dieser Gemeinschaft mit Israel manifest werden lassen und konkret erfahrbar gehalten. Es hätte in ihr Jüdinnen und Juden gegeben, die ihre Jüdischkeit und damit den Zusammenhang mit der Mehrheit ihres Volkes lebten. Es wäre so nicht zum Unverständnis gegenüber Israel und seiner Gebotspraxis gekommen; es hätte keine Judenfeindschaft gegeben. So wird schnell deutlich, dass der Preis des Erfolgs, den die andere Option hatte, sehr hoch war. Das hat Paulus in seiner Situation wahrlich noch nicht sehen können.

8. Noch einmal: Die messiasgläubige Gruppe in Jerusalem

Im zweiten und dritten Kapitel kam die Anfangszeit der in Jerusalem lokalisierten ersten Gemeinschaft in den Blick, die an den auferweckten Jesus als Messias glaubte. Es ist nicht viel, was man über sie wissen kann. Klar ist jedoch, dass sie sich ganz und gar als eine innerhalb des Judentums stehende Gemeinschaft verstand. Besonders deutlich spricht dafür die Hervorhebung »der Zwölf«, deren Rolle als Repräsentanten des endzeitlich erneuerten Zwölfstämmevolks Israel auch in der Darstellung der erst nach 70 geschriebenen Evangelien festgehalten wird. Die weitere Geschichte der Jerusalemer Messiasgemeinde bis zum jüdisch-römischen Krieg (66-70 d.Z.) bleibt für uns weitgehend im Dunkel. Es wird durch einige Informationen nur jeweils episodenhaft erhellt.

Lukas lässt »die Zwölf« nur kurz als ein Leitungsgremium erscheinen. Nach dem Streit zwischen »Hebräern« und »Hellenisten« und dessen Beilegung treten sie nicht mehr auf. Als Sprecher und Führungspersönlichkeit erscheint – auch schon vorher – Petrus. Bei den namentlichen Aufzählungen der Zwölf steht er jedes Mal an erster Stelle und in der Darstellung der Apostelgeschichte agiert er bis zum 12. Kapitel immer wieder in dieser Rolle. Seine grundlegende Bedeutung zeigt sich auch daran, dass sein eigentlicher Name Simon weitgehend von seinem Beinamen Kephas/Petrus (»Fels«) verdrängt wurde. An einigen Stellen tritt Johannes mit ihm zusammen auf. (Apostelgeschichte 3–4; 8,14)

Als Paulus gut zwei Jahre nach seiner Berufung nach Jerusalem reist, sieht er »Kephas« und auch »Jakobus, den Bruder des Herrn«. (Galater 1,18–19) In seinem Bericht über das Treffen in Jerusalem stellt er an einer Stelle Petrus und sich nebeneinander. Als Verhandlungspartner für die antiochenische Seite nennt er sich und Barnabas und für die Jerusalemer Gemeinde – in dieser Reihenfolge – »Jakobus, Kephas und Johannes«. Von ihnen redet er als »den Angesehenen« und sagt, dass sie »als Säulen gelten«. (Galater 2,6–9) Der eine »Fels« (Kephas/Petrus) trägt nicht mehr allein den Bau der Gemeinde; sie tun es jetzt zu dritt. Dabei steht hier Jakobus vor Kephas/Petrus.

Der an dritter Stelle genannte Johannes meint einen Schüler Jesu, wie sein Bruder Jakobus ein »Sohn des Zebedäus«. Beide Brüder sind als Zeugen für Jesus eines gewaltsamen Todes gestorben. (Matthäus 20,20–23; Markus 10,35–40) Wie Johannes zu Tode gekommen ist, wissen wir nicht. Die Notiz des Paulus über dessen Teilnahme am Jerusalemer Treffen ist die letzte sichere historische Information über ihn. Über den Tod des Jakobus schreibt Lukas: »Zu jener Zeit ließ König Herodes einige aus der Gemeinde ergreifen, um ihnen übel mitzuspielen. Jakobus, den Bruder des Johannes, ließ er durchs Schwert hinrichten.« (Apostelgeschichte 12,1–2) Mit »König Herodes« ist hier Herodes Agrippa I. gemeint, ein Enkel Herodes des Großen. Wie einige andere herodäische Prinzen ist er am römischen Kaiserhof aufgewachsen und dort erzogen worden. Bei Tiberius fiel er in Ungnade, hatte aber sehr gute Verbindungen zu den Nachfolgern Caligula und Claudius. Er erhielt von Caligula nach dessen Regierungsantritt den Titel König verliehen und als Gebiet das nördliche Ostjordanland, dazu bald danach Galiläa und Peräa. Als Claudius nach Caligulas Ermordung Kaiser wurde, entnahm er Judäa der direkten römischen Verwaltung und schlug auch dieses Gebiet dem Königreich Agrippas zu. Dadurch hatte es ungefähr denselben Umfang wie das seines Großvaters Herodes. Wie dieser gebärdete auch er sich als hellenistisch-römischer Herrscher, der sich zugleich aber auch für jüdische Belange einsetzte. Seine Königsherrschaft über das erweiterte Gebiet währte jedoch nur kurz, von 41 bis 44, da er plötzlich starb.

Lukas berichtet nicht, was Herodes Agrippa veranlasste, gegen die messiasgläubige Gemeinde vorzugehen und Jakobus hinrichten zu lassen. Man kann darüber nur Vermutungen anstellen. Etwa die, dass eine messianische Gruppe, die ihren königlichen Messias erwartet, in den Augen der politisch Führenden grundsätzlich verdächtig ist. Das umso mehr, wenn und weil sie jetzt schon von der Rettung und Befreiung »von unseren Feinden und aus der Hand aller, die uns hassen«, redet und Lieder von der großen Umwandlung singt. Gott »holt Mächtige von ihren Thronen herunter, erhöht die Erniedrigten, sättigt Hungrige mit Gutem und schickt Reiche mit leeren Händen fort«. (Lukas 1,71.74; 1,52–53) Dass Jakobus mit dem Schwert hingerichtet wurde, spricht für einen politischen Kontext.

Nach der Notiz über die Hinrichtung des Jakobus fährt Lukas fort: »Als er (Herodes Agrippa I.) sah, dass das jüdischerseits gefiel, ließ er dann auch Petrus festnehmen. Es war die Zeit des Mazzenfestes. Nach seiner Ergreifung ließ er ihn ins Gefängnis bringen. [...] Er wollte ihn nach dem Pessachfest dem Volk vorführen.« Petrus kommt jedoch auf eine Weise frei, die die Gemeinde nur als ein von Gott bewirktes Wunder begreifen konnte. Doch ist ihm der Boden in Jerusalem zu heiß geworden; er verlässt die Stadt. Lukas sagt lediglich, dass Petrus im Anschluss an sein Freikommen »sich an einen anderen Ort begab«. (Apostelgeschichte 12,3–11.17) Beim Konflikt mit Paulus hält er sich in Antiochia auf. (Galater 2,11–14) Wahrscheinlich war er auch in Korinth. Das legt die dort existierende Kephas-Gruppe nahe. (1. Korinther 1,12; 3,22) Es ist gut möglich, dass auch die kirchliche Tradition zutrifft, Simon Petrus sei als Märtyrer in Rom gestorben. – Zeitweise gehörte auch Barnabas zur Jerusalemer Gemeinde. Lukas kennzeichnet ihn als einen aus Zypern stammenden Leviten, der aber in oder bei Jerusalem einen Acker besaß, den er verkaufte und den Erlös der Gemeinde spendete. (Apostelgeschichte 4,36–37) Er scheint in der frühen Zeit so etwas wie ein Bindeglied zwischen Jerusalem und Antiochia gewesen zu sein.

Jakobus, der Bruder Jesu, blieb bis zu seinem Tod ortsfest in Jerusalem. Nach dem Weggang des Petrus war er in der dortigen Gemeinde offenbar die dominante Führungsperson. Als solche sucht ihn Paulus bei seinem letzten Besuch in Jerusalem auf. Am Ende des Römerbriefs fasst er diesen Besuch ins Auge und gibt als dessen Absicht an, die einst vereinbarte und inzwischen eingesammelte Kollekte zu überbringen. Dafür fordert er die römische Gemeinde zur Fürbitte auf. Was diese erreichen soll, gibt er in doppelter Weise an. (Römer 15,30–31) Zunächst: »[...] dass ich in Judäa vor denen bewahrt werde, die nicht auf die Botschaft hören«. Das Prädikat im ersten Nebensatz könnte auch übersetzt werden mit »gerettet werde«. Paulus fürchtet also, wenn er nach Judäa und Jerusalem kommt, um seine körperliche Unversehrtheit, wenn nicht um sein Leben. Für traditionsbewusste Landsleute war er eine prominente Feindfigur geworden. Das ist nachvollziehbar. Schließlich hat er im Zusammenleben mit Nichtjuden in den Gemeinden auf das Leben jüdischer Identität verzichtet, das heißt, er hat übertreten, was ihm als einem Juden geboten war. Und er hat sich nicht nur selbst so verhalten, sondern auch Landsleute veranlasst, es ihm gleichzutun. Aus der Perspektive von »Eiferern«, wie er sie selbst einmal vor »Damaskus« eingenommen hatte, musste er als Apostat erscheinen, der auch andere zur Apostasie brachte. War er so zum Feindbild geworden, konnte dieses Feindbild leicht weiter ausgemalt werden. Und dabei kamen auch Dinge hinzu, die nicht zutrafen. Das spiegelt sich wider im Bericht des Lukas, wenn Jakobus und die Ältesten zu Paulus sagen: »Über dich hat man vernommen, du lehrtest alle unter den Völkern lebenden Jüdinnen und Juden den Abfall von Mose, dass sie ihre Söhne nicht beschneiden und sich selbst nicht an die überlieferten Bräuche halten sollten.« (Apostelgeschichte 21,21) Dieses Gemisch an wenig Zutreffendem und viel Unzutreffendem, wobei sich das Zutreffende nur in wiederum verzerrender Allgemeinheit wiederfindet, ist typisch für Gerüchte. Zutreffend ist, dass Paulus Landsleute dazu angehalten hat, im Zusammenleben mit Nichtjuden in der messiasgläubigen Gemeinschaft die Israel von den Völkern abgrenzenden Vorschriften nicht zu beachten. Völlig unzutreffend ist dagegen, er habe jüdische Eltern dazu aufgefordert, ihre Söhne nicht beschneiden zu lassen. Aber das ist der Ruf, den er in bestimmten Kreisen nun einmal hat. Und deshalb ist er gefährdet. In Jerusalem ist es dann tatsächlich dazu gekommen, dass er durch einen gegen ihn jüdischerseits gerichteten Tumult in römische Gefangenschaft geriet, aus der er nicht mehr freikam.

Das zweite Ziel der erwünschten Fürbitte besteht darin, dass »mein Dienst an Jerusalem den Heiligen willkommen sei«. Wenn die römische Gemeinde dafür beten soll, befürchtet Paulus, dass die von ihm in Mazedonien und Achaia gesammelte Kollekte von der messiasgläubigen Gemeinde in Jerusalem nicht angenommen werden könnte. Auch diese Befürchtung ist nachvollziehbar. Als jemand, der das »Aposteldekret« abgelehnt hat und für die von ihm gegründeten Gemeinden nichtjüdische Lebensweise propagiert, dürfte er sich nicht nur Feinde unter seinen nicht an Jesus als Messias glaubenden Landsleuten gemacht, sondern auch die messiasgläubige Gemeinde in Jerusalem zumindest verstimmt haben. Im Gesamtkontext von Jerusalem könnte es für sie nicht opportun sein, Geld solcher Herkunft anzunehmen. Auch diese Befürchtung des Paulus ist also nicht unbegründet.

Um die gegen ihn umlaufenden Gerüchte zu widerlegen, habe Jakobus, erzählt Lukas, Paulus den Vorschlag gemacht, vier Männer aus der Gemeinde, die ein Nasiräat auf sich genommen hatten und deren Gelübdezeit zu Ende ging, auszulösen. (Apostelgeschichte 21,23–24; 4. Mose 6,1–21) Ein solches Nasiräat besteht darin, dass sich Menschen für eine bestimmte Zeit ganz Gott weihen, indem sie nichts vom Gewächs des Weinstocks zu sich nehmen, weder Trauben noch Wein, sich nicht das Haar schneiden und – als Männer – sich nicht rasieren. Für die Auslösung sind am Schluss aufwendige Opfer darzubringen. Die soll Paulus – das ist nach Lukas der Vorschlag des Jakobus – übernehmen (mit dem Geld der Kollekte?) und die restliche Zeit mit ihnen im Tempel verbringen. Ob dieser Rat dem Paulus tatsächlich von Jakobus gegeben wurde oder ob Paulus aus eigenem Entschluss so gehandelt hat, um seine Treue zur Tora unter Beweis zu stellen, sei dahingestellt. Es ist jedenfalls wahrscheinlicher, dass Paulus ein solches Nasiräat übernommen hat, als dass Lukas sich diese Geschichte aus den Fingern gesogen habe.

Beim Treffen mit Paulus bei dessen letztem Besuch in Jerusalem erwähnt Lukas zum letzten Mal Jakobus. Über dessen Tod findet sich jedoch eine aufschlussreiche Notiz bei Josephus. (Altertümer 20, 197–203) Im Jahr 62 stirbt Festus, der Prokurator Judäas, im Amt. Als dessen Nachfolger schickt Kaiser Nero den Albinus. Vom Tod des Festus bis zur Ankunft des Albinus in Judäa vergeht ungefähr ein Vierteljahr. Um diese Zeit hatte König Agrippa II. in seiner Funktion als Inhaber der Oberaufsicht über den Jerusalemer Tempel einen Wechsel im Hohepriesteramt vorgenommen. Den neuen Hohepriester – jüngster Sohn des in den Evangelien erwähnten Hohepriesters Chanan (»Hannas«) gleichen Namens – charakterisiert Josephus so: »Er war von verwegenem Charakter und geradezu ein Wagehals.« Er erwähnt ausdrücklich, dass er zu den Sadduzäern gehörte, »die in Gerichtssachen härter sind als alle übrigen Juden«. Durch die Vakanz im Prokuratorenamt war ein Machtvakuum entstanden. Das nutzt der Hohepriester aus. Nach Josephus meinte er, dadurch »eine günstige Gelegenheit in der Hand zu haben«. »Er bestellte das Synhedrium zum Gericht ein und ließ vor es den Bruder Jesu, des sogenannten Gesalbten, führen mit Namen Jakobus, dazu noch einige andere. Nachdem er als Anklage erhoben hatte, sie hätten gesetzwidrig gehandelt, übergab er sie zur Steinigung.« Hieraus ergibt sich einmal, dass Jakobus die führende Persönlichkeit der an Jesus als Messias glaubenden Gemeinde in Jerusalem war. Ob die mit ihm Angeklagten auch zu ihr gehörten, lässt der Text offen. Weiter ergibt sich, dass die Jesusgemeinde von den Sadduzäern bis aufs Blut gehasst worden sein muss. Diese bildeten die Elite, die mit der römischen Provinzverwaltung zusammenarbeitete – und die davon auch profitierte. Ihr musste eine messianische Gruppe grundsätzlich verdächtig sein. Und wenn man die Macht hat und sie skrupellos zu nutzen versteht, lässt sich gegen eine missliebige Person auch – scheinbar – legal vorgehen. Dass der Hohepriester mit dem von ihm durchgeführten Verfahren »nicht recht« gehandelt habe, ist das Urteil anderer, wie Josephus weiter bemerkt. Daran »nahmen diejenigen Anstoß, die es mit den Gesetzen genau nehmen«. Mit Charakterisierungen dieser Art bezeichnet Josephus öfter die Pharisäer. Sie erheben Protest. Sie tun es in der Weise, dass sie einmal eine Abordnung zu König Agrippa II. schicken mit der Bitte, dem Hohepriester ein solches Vorgehen für die Zukunft zu untersagen. Zum anderen ziehen einige von ihnen dem von Alexandria herankommenden Albinus entgegen und berichten ihm. Der gerät in Zorn und kündigt dem Hohepriester brieflich Bestrafung an. Sein Zorn dürfte sich darauf beziehen, dass die Kapitalgerichtsbarkeit dem Prokurator vorbehalten war und jener sie in der Zeit der Vakanz an sich gerissen hatte. König Agrippa reagiert so, dass er ihn sofort wieder aus dem Hohepriesteramt entlässt. Sowohl Albinus als auch Agrippa ahnden dessen Vorgehen, weil es sich dabei um Machtmissbrauch handelte. Dass sie aus Sympathie mit denjenigen eingeschritten seien, die er hatte hinrichten lassen, ist bei Machtmenschen kaum anzunehmen. Aber ist dieser Machtmissbrauch auch der einzige Anlass für das Einschreiten der Pharisäer? Gegenüber Albinus argumentieren sie zwar, dass ohne dessen Genehmigung der Hohepriester das Synhedrium nicht als Gerichtsinstanz hätte einberufen dürfen. Aber zuvor hatte Josephus dargelegt, Jakobus und die anderen seien als »gesetzwidrig« Handelnde angeklagt worden. Dann hatte er die Pharisäer als diejenigen eingeführt, »die es mit den Gesetzen genau nehmen«, und deren Abgesandte an König Agrippa ausführen lassen, dass der Hohepriester im angesprochenen Fall »nicht recht gehandelt« habe. Das lässt darauf schließen, dass die Pharisäer die messiasgläubige Gemeinschaft in Jerusalem anders wahrgenommen haben als die Sadduzäer. Wäre sie ihnen genauso verhasst gewesen wie diesen, hätten sie sich trotz aller Bedenken über die Steinigung klammheimlich darüber freuen können. Das haben sie ganz offensichtlich nicht getan. Sie nahmen im Gegenteil Anstoß daran. Das aber lässt die Folgerung zu, dass die Messiasgläubigen in Jerusalem in der Auslegung der Tora und in der Praxis des von ihr Gebotenen den Pharisäern ganz nahestanden. Was sie trennte, war der Glaube an Jesus als Messias. Pharisäer waren der messianischen Tradition gegenüber ganz gewiss nicht abgeneigt. Aber diesen von den Römern gekreuzigten Jesus für den Messias zu halten, musste ihnen als überspannt erscheinen. Dieser trennende Punkt hielt sie aber nicht davon ab, aufgrund der Gemeinsamkeit in Auslegung und Praxis der Tora die Messiasgläubigen zu respektieren. Das ändert sich nach dem tiefen Einschnitt, den das Jahr 70 bedeutet.

Rückblick auf den ersten Teil

In der Zeit von Jesus bis zum jüdisch-römischen Krieg gibt es noch kein Christentum. Dass Jesus Jude war und kein Christ, braucht heute nicht mehr betont zu werden. Es hat sich – weitgehend – herumgesprochen. Aber auch nach seinem Tod lässt sich in diesem Zeitraum kein Ereignis, keine Person oder Personengruppe benennen, mit dem oder der das Christentum begonnen hätte. Was es aber gab, waren zunächst ausschließlich Juden und Jüdinnen, die glaubten, Gott habe den von den Römern gekreuzigten Jesus von den Toten aufgeweckt und zum Messias gemacht. Zu diesem Glauben waren sie als Jüdinnen und Juden aufgrund bestimmter Erfahrungen sowie im Bezug auf ihre heiligen Schriften und im Kontext einer bestimmten jüdischen Tradition gekommen. Diese Tradition war die pharisäische. Das zeigen nicht nur die zahlreichen sachlichen Übereinstimmungen mit ihr in der Jesustradition, sondern vor allem auch die grundlegende Aussage von der Auferweckung Jesu. Sie setzt den Glauben voraus, dass Gott am Ende der Zeit die Toten aufwecken wird. Diesen Glauben vertraten vor allem die Pharisäer. Ihm widersprachen entschieden die Sadduzäer. Es ist daher eine absurde Behauptung, einen von den Römern Gekreuzigten für den Messias zu halten, sei jüdisch eine Unmöglichkeit. Sie konnte überhaupt *nur* im Rahmen des Judentums gemacht werden. Diejenigen, die diesen Glauben zuerst hatten, waren Jüdinnen und Juden und sie gewannen für ihn weitere jüdische Landsleute hinzu. Gewiss, die jüdische Mehrheit lehnte diesen Glauben ab. Für die Sadduzäer war das Reden von Auferweckung und Auferstehung grundsätzlich unglaubwürdig. Hinzu kam für sie als mit der römischen Verwaltung Judäas notwendig Kooperierende die politische Dimension. Messianische Bewegungen wurden wahrgenommen als Gefährdung der bestehenden

Ordnung. Für die römische Seite lässt das Lukas an einer Stelle der Apostelgeschichte erkennen, wenn er den Tribun bei der Festnahme des Paulus während des Tumults vor dem Tempel zu diesem sagen lässt: »Bist du denn nicht der Ägypter, der vor Kurzem einen Aufstand angezettelt und die 4000 Dolchmänner in die Wüste geführt hat?« (Apostelgeschichte 21,38) »Der Ägypter« ist nach Josephus »ein (jüdischer) Prophet aus Ägypten«, einer der messianischen Prätendenten vor dem Krieg. Als seine Bewegung niedergemacht wurde, entkam er. (Krieg 2, 261–263; Altertümer 20, 167–172) Für die Pharisäer, die den Glauben an die endzeitliche Auferstehung der Toten teilten, dürfte die Ablehnung des Glaubens an die Auferweckung Jesu einen klaren Grund gehabt haben: Mit dem Kommen des Messias ist das Kommen der messianischen Zeit verbunden; Gottes Reich und Herrschaft bricht sich dann unübersehbar und umfassend Bahn. Das war ganz offensichtlich nicht der Fall. Die unterschiedliche Stellung von Sadduzäern und Pharisäern zu der auf Jesus als Messias bezogenen Gemeinschaft in Jerusalem wurde deutlich in den Ereignissen um die Hinrichtung des Jakobus wenige Jahre vor dem Beginn des Krieges.

Die Jesusgemeinde bestand am Beginn also ausschließlich aus Jüdinnen und Juden. Sie hatten nicht das Selbstverständnis, statt jüdisch nun »christlich« zu sein. Und auch die übrige Judenheit sah sie als ihre Landsleute an. Eher zufällig kamen nichtjüdische Menschen dazu, als griechisch sprechende Messiasgläubige diese Botschaft in Synagogen der Diaspora verkündeten, zuerst in Antiochia und dann in anderen Städten der Mittelmeerwelt. Sie fanden bei einem Teil Glauben, nicht nur bei Juden und Jüdinnen, sondern auch bei anwesenden Sympathisanten, den Gottesverehrenden. Sie waren der sozusagen bestens präparierte Teil der nichtjüdischen Welt, um die Botschaft der Sendboten Jesu verstehen zu können. Auf diese Botschaft konnte, wer nicht wenigstens ein Stück weit Kenntnis des Judentums, seiner heiligen Schriften und Traditionen hatte, nur mit Unverständnis und Missverständnissen reagieren.

Dass Gemeinden aus jüdischen und nichtjüdischen Mitgliedern entstanden, führte an zwei Punkten zum Konflikt innerhalb der messianischen Gemeinschaft, war aber auch ein potenzieller Konflikt mit der jüdischen Umwelt außerhalb ihrer, der je und je akut werden konnte. Die Frage, ob männliche Hinzukommende aus der Völkerwelt beschnitten werden müssen oder nicht, wurde auf dem Treffen einer antiochenischen Delegation mit den Autoritäten der Jesusgemeinde in Jerusalem einvernehmlich in letzterem Sinn gelöst. Doch konnte es nicht ausbleiben, dass die jüdischen Messiasgläubigen aufgrund ihres Zusammenlebens mit nichtjüdischen von ihren nicht messiasgläubigen Landsleuten, besonders den »Eiferern« unter ihnen, misstrauisch beäugt wurden. Was schon den Eiferer Saulus Paulus vor seiner Erfahrung bei Damaskus herausforderte, blieb ein Punkt des Anstoßes in der weiteren Zeit. Das wird immer wieder zu verbalen Auseinandersetzungen geführt haben und manchmal auch zu handgreiflichen Aktionen. Über die Frage, ob das Zusammenleben unter jüdischen oder nichtjüdischen Bedingungen zu gestalten sei, gab es in den Gemeinden kein Einvernehmen. Beide Möglichkeiten wurden nebeneinander praktiziert. Da Paulus von seiner Biographie her entschieden das Zusammenleben unter nichtjüdischen Bedingungen vertrat und mit seiner Verkündigung Erfolg hatte, wurde er vor allem aus der Sicht der »Eiferer«, wie er selbst einer gewesen war, zu einem prominenten Gegner. Dabei kam es, wie bei Gegnerschaft häufig, zu Überzeichnungen und Gerüchten, indem man Paulus etwa unterstellte, er verbiete es, neugeborene jüdische Knaben zu beschneiden.

Für die auf Jesus bezogene Gemeinschaft war der Glaube fundamental, dass Gott den gekreuzigten Jesus in endzeitlich-neuschöpferischer Tat von den Toten aufgeweckt hat. Dieser Glaube enthielt zwei Aspekte, die Konfliktpotenzial mit der jüdischen Mehrheit außerhalb ihrer in sich barg. Einmal ließ er Jesus als den endzeitlichen König erkennen. So war er für sie nicht *ein* Gesalbter, *ein* Messias, sondern *der* Gesalbte, *der* Messias schlechthin. Was von der Grundaussage der Auferweckung Jesu her weiter an hohen Aussagen über Jesus gemacht wird, geschieht auf der Basis der Bibel und im Kontext der jüdischen Tradition. Es macht Jesus nicht zum Gott, tastet die Einzigkeit Gottes nicht an. Gott ist der in Israel bezeugte und bekannte Gott. Das wird weder verdeckt noch gar in Frage gestellt. Dass mit Jesu Auferweckung »neue Schöpfung« schon begonnen habe, bewirkte zum anderen die Öffnung hin auf die Völkerwelt. Die besondere Hervorhebung Jesu und das Hinzukommen von Menschen aus den Völkern führten unter den Bedingungen der Zeit nach 70 zu stärkeren Spannungen und einer Verschärfung des Konflikts zwischen der jüdischen Mehrheit und den messianischen Gemeinden.

Innerhalb dieser Gemeinden wurden Erfahrungen von »neuer Schöpfung« gemacht. Nur deshalb konnte das starke gegen sie vorgebrachte Argument von ihnen abprallen, Jesus sei nicht der Messias, weil in der Welt alles Schlimme weiterlaufe wie bisher und so vom messianischen Reich nichts zu bemerken sei. Es waren Erfahrungen von Vergebung und Versöhnung, nicht nur im Blick auf die je Einzelnen, sondern hinsichtlich einer miteinander versöhnten Gemeinschaft, die zur Darstellung von »Gottes Gerechtigkeit« wird. (2. Korinther 5,17–19.21) »Neue Schöpfung« wurde erfahren im gleichrangigen Miteinander sehr unterschiedlicher Menschen. So formuliert es Paulus für die Gemeinde: »Da geht es nicht an, dass es etwas zu sagen hätte, ob jemand griechisch oder jüdisch, versklavt oder frei, männlich oder weiblich ist. Alle nämlich seid ihr einzig unter der Herrschaft Jesu, des Gesalbten.« (Galater 3,28) Die Unterschiede spielen in der Weise keine Rolle, dass sie noch länger Begegnung von gleich zu gleich verhindern könnten. Die Unterschiede werden gleichgültig und damit die Unterschiedenen gleich gültig, um echtes Zusammenleben zu ermöglichen. Paulus intendiert nicht eine differenzlose Universalität, sondern kritisiert die Selbstgenügsamkeit der und des je Einzelnen, verneint jedoch nicht die je eigene Identität. Identität wird erst gewonnen im Eingeständnis der eigenen Begrenztheit und in der Anerkenntnis durch die anderen.

Diese Lebenspraxis der Gemeinden hat gewiss wesentlich dazu beigetragen, dass sich die Verkündigung des Messias Jesus als attraktiv erwies. Es ist erstaunlich, wie weit sie sich in den nicht einmal vierzig Jahren von Jesu Tod bis zum Beginn des jüdisch-römischen Krieges ausgebreitet und Glauben gefunden hat: Damaskus im noch relativ nahen Nordosten, Alexandria in Ägypten, der östliche Küstenstreifen des Mittelmeers von Jaffa bis Antiochia, Zypern, eine Reihe von Städten auf dem kleinasiatischen Festland mit Ausnahme des nördlichen Teils, Städte in Makedonien und Achaia, uns unbekannte Orte in Illyrien, Puteoli und Rom in Italien.

II. Bruchstellen

Vom jüdisch-römischen Krieg bis ca. 100 d.Z.

Der jüdisch-römische Krieg markiert einen tiefen Einschnitt in der Geschichte des Landes Israel, der auch starke Auswirkungen auf die jüdische Diaspora hatte. Das betraf auch die auf Jesus bezogene Gemeinschaft. Da Jerusalem unbewohnbar gemacht worden war, gab es dort keine Messiasgläubigen mehr. Wie war in dieser katastrophalen Lage jüdisches Überleben und Weiterleben möglich? Und konnte sich in ihr der Glaube an Jesus als Messias bewähren, dessen Ankunft doch in Jerusalem erwartet worden war?

1. Die Situation nach dem Ende des Krieges

a) Was zum Krieg führte und wie er verlief

Für die Verwaltung Judäas, der Provinz Syrien untergeordnet, ernannten die Kaiser Personen aus dem Ritterstand als Statthalter, zunächst als Präfekten, von Claudius an als Prokuratoren. Als die römische Verwaltung nach der Absetzung des Herodessohnes Archelaus im Jahr 6 d.Z. eingerichtet wurde, musste zunächst eine Vermögenseinschätzung als Grundlage für das Einziehen der Steuern durchgeführt werden. Dieses Unternehmen stieß sofort auf Widerstand. Dagegen agitierte Juda der Galiläer. Er stellte es als schlecht und schlimm hin, wenn seine Landsleute »dabei blieben, den Römern Steuer zu zahlen, und so neben Gott sterbliche Gebieter ertrügen«. (Josephus, Krieg 2, 118) In der Steuer kommt der römische Anspruch auf das Land unmittelbar zum Ausdruck. Nach biblischer Tradition aber ist Gott der Eigentümer des Landes. Josephus sieht hier Beginn und Ursache aller folgenden Unruhen und gewalttätigen und aufständischen Aktionen, die schließlich zum Krieg führten. (Altertümer 18, 1–10) Sie wurden aber nicht von einer einheitlichen Gruppierung getragen, die sich von Juda an gebildet hätte. Was es vielmehr gab, war einmal das immer wieder aufkommende Agieren unterschiedlicher Sozialbanditen. »Sozial« – weil sie aus erfahrener Bedrängnis heraus handelten, verursacht durch die römische Verwaltung unter der Führung korrupter und geldgieriger Statthalter. »Banditen« – weil auch ihnen Rauben und Morden alles andere als fremd waren. Mit dem sozialen Aspekt dürfte für die Mehrzahl der Agierenden der religiöse verbunden gewesen sein. In Gottes Land Israel gilt die Tora, in der die Forderung von Recht und Gerechtigkeit zentral ist – im Gegensatz zu der als schreiendes Unrecht erfahrenen Wirklichkeit. Einen weiteren Anstoß mögen Tempel für den Kaiserkult geboten haben, von Herodes und seinen Nachfolgern in nicht mehrheitlich jüdisch bewohnten Landesteilen errichtet. Und zum anderen trat in unregelmäßigen Abständen eine Reihe von Männern mit messianischem Anspruch auf. Sie verstanden sich als Werkzeuge Gottes und verkündeten die nahe bevorstehende Befreiung, wofür sie Zeichen erbringen würden. Dass ihnen immer wieder zahlreiche Menschen folgten, die alles stehen und liegen ließen, wirft ein bezeichnendes Licht auf ihre Lage. Das »Alles« war offenbar so wenig, dass ihnen die vage Hoffnung auf radikale Veränderung mehr Perspektive bot als ihre als aussichtslos erfahrene Situation. Das Schicksal dieser Zeichenpropheten und ihrer Anhängerschaft war immer dasselbe. Hatte der entstandene »Auflauf« ein Ausmaß erreicht, dass er von der römischen Verwaltung wahrgenommen wurde, griff sie mit militärischer Macht ein und machte dem jeweiligen Treiben ein schnelles und blutiges Ende.

Den Krieg verursachte zu einem sehr großen Teil das Verhalten der römischen Statthalter. Das sei beispielhaft an den beiden letzten aufgezeigt. Über den nach der Hinrichtung des Jakobus im Jahr 62 ins Land gekommenen Prokurator Albinus schreibt Josephus: »Es gibt keinerlei Art von Schurkerei, die er sich hätte entgehen lassen. Nicht nämlich nur im Zusammenhang seiner Verwaltungsaufgaben bestahl er die Vermögen von allen und jedem und plünderte sie aus, und nicht nur belastete er das gesamte Volk mit außerordentlichen Abgaben. Vielmehr gab er auch die wegen Räuberei von der jeweils betreffenden Behörde oder den früheren Statthaltern gefangen Gehaltenen gegen Lösegeld deren Verwandten frei. Allein wer nichts hergab, blieb als Übeltäter in den Gefängnissen zurück.« (Krieg 2, 272–273) Josephus fasst sarkastisch zusammen: »Verglichen mit dem nach ihm kommenden Gessius Florus: ein Ehrenmann.« (Krieg 2, 277) Der nämlich »ließ keine Art von Ausplünderung aus, keine Art von unrechtmäßiger Strafaktion. Denn Mitleid kannte er nicht, war unersättlich aus auf jeden sich bietenden Gewinn. Viel oder wenig bedeutete für ihn keinen Unterschied; sogar mit Banditen machte er gemeinsame Sache.« Sie konnten mit Straffreiheit rechnen, wenn sie Florus einen Teil ihrer Beute abgaben. Josephus fasst zusammen: »Was soll man noch mehr sagen? Es war Florus, der es uns aufnötigte, den Krieg gegen die Römer aufzunehmen.« (Altertümer 20, 252–257)

Allerdings: Die Ursache für den Krieg lässt sich nicht in dieser Weise personalisieren. Das Handeln des Gessius Florus bedeutete nur eine letzte dramatische Zuspitzung und bot somit den unmittelbaren Anlass zum Aufstand. Die Ursachen liegen tiefer in einer stetigen Zerrüttung der jüdischen Gesellschaft durch andauernde Ausbeutung, durch Korruption und schreiende Ungerechtigkeit. Die sozialen Spannungen wuchsen durch Verelendung von Kleinbauern. Nur so konnte das Treiben der Sozialbanditen, vor allem derjenigen, die sich gegen die römische Oberhoheit wandten, Zulauf und zugleich Deckung in der Bevölkerung erhalten. Nur so konnten größere Mengen den Endzeitpropheten und messianischen Prätendenten hinterherlaufen. Die einheimische Aristokratie musste mit den Römern zusammenarbeiten. Sie tat es wohl mehr *volens* als *nolens* – und profitierte ihrerseits davon auf Kosten der eigenen Bevölkerung. An einem Punkt lässt das Josephus geradezu drastisch erkennen, am Konflikt zwischen den Jerusalemer Oberpriestern und den einfachen Landpriestern, der von den Oberpriestern brutal zu ihren Gunsten entschieden wurde. Josephus resümiert: »So hatte parteiische Gewaltherrschaft das Recht völlig überwältigt.« (Altertümer 20, 179–181). Wenige Seiten später erzählt er von dem ehemaligen Hohepriester Chanan (»Hannas«) für die Zeit des Albinus, dass er es verstand, Geldgeschäfte zu machen und durch Bestechung sowohl den Statthalter als auch den amtierenden Hohepriester für sich einzunehmen. »Er hatte äußerst skrupellose Knechte, die sich mit den verwegensten Leuten zusammentaten, zu den Tennen gingen, die den Priestern zustehenden Zehntabgaben mit Gewalt an sich brachten und nicht davor zurückscheuten, diejenigen zu schlagen, die sie nicht hergeben wollten. Ebenso wie dessen Knechte verfuhren auch die übrigen Oberpriester. Und niemand vermochte, sie daran zu hindern.« (Altertümer 20, 205–207) Die einfachen Priester teilten so das verzweifelte Los eines großen Teils der Landbevölkerung. Für das Ausbrechen eines Aufstandes waren die Voraussetzungen gegeben. Es fehlte sozusagen nur der Tropfen, der das Fass zum Überlaufen brachte. Den steuerte Gessius Florus bei.

Er ließ es im Jahr 66 in Jerusalem zweimal zu Massakern kommen. Das führte in der Bevölkerung zu einer unerhörten Erbitterung und förderte die Aufstandsbereitschaft. Aufstandswillige bekamen Zulauf und breitere Zustimmung. König Agrippa II. versuchte, auf einer Durchreise in Jerusalem Station machend, mäßigend einzugreifen. Seine ihm von Josephus in den Mund gelegte Rede zeigt die Interessenperspektive einheimischer Eliten in von den Römern unterworfenen Gebieten und bietet dafür immer wieder höchst aufschlussreichen Klartext. (Josephus, Krieg 2, 345–401) Sein Versuch der Mäßigung misslingt. Er zieht sich resigniert in sein Reich im Norden zurück. Einer Gruppe von Aufständischen gelingt es, die römische Besatzung auf Masada zu überrumpeln und die Festung im Handstreich zu übernehmen. Entscheidend für den Beginn des Krieges wird jedoch – sozusagen die Kriegserklärung von jüdischer Seite –, dass der Oberpriester Elasar, der die Funktion des Tempelhauptmanns innehatte, die übrigen im Tempel Dienst tuenden Oberpriester, mit Ausnahme des Hohepriesters, und die Priesterschaft zu überreden vermochte, keine Gaben und Opfer mehr von Nichtjuden anzunehmen. Damit wurde aber vor allem das täglich dargebrachte Opfer zugunsten des Kaisers und der Römer ausgesetzt. Das geschah Ende August 66. Einflussreiche Kreise versuchten, das zu verhindern – erfolglos. Letztere nennt Josephus »die Machthaber zusammen mit Oberpriestern und angesehenen Pharisäern«. (Krieg 2, 409–411) Es kommt zu bürgerkriegsähnlichen Zuständen. Die Aufständischen haben die Unterstadt und den Tempelbereich in der Hand, ihre Gegner die Oberstadt. Nach sieben Tagen Kampf nehmen die Aufständischen die Oberstadt ein, brennen das Schuldarchiv nieder sowie die Paläste Agrippas und des Hohepriesters. Anfang September erobern sie auch die Burg Antonia. Die kleine Truppe Agrippas zieht sich in die Königsburg zurück und verhandelt um freien Abzug unter Herausgabe der Waffen. Das geschieht. Ende September wird das Lager der römischen Kohorte erstürmt, die sich in die drei stärksten Türme der Stadtmauer zurückzieht. Der Hohepriester, der sich versteckt hatte, wird gefunden und ermordet. Die in den Türmen belagerten Römer handeln ebenfalls gegen Herausgabe der Waffen freien Abzug aus. Als sie jedoch ihre Waffen niedergelegt haben, werden sie ermordet.

All das forderte die römische Macht aufs Heftigste heraus. Angesichts der objektiven Machtverhältnisse war klar, wie die Sache ausgehen würde. Bedingt durch bestimmte Umstände hat das jedoch bedeutend länger gedauert, als zu erwarten war. Zunächst greift der Legat von Syrien, Cestius, mit einer Legion ein. Er bekommt schnell Galiläa und die Küstenebene in die Hand und dringt bis Jerusalem vor, das er belagert. Aber dort gewinnt er den Eindruck – wohl auch wegen des hereinbrechenden Winters –, dass seine Truppe für eine erfolgreiche Belagerung nicht ausreichend versorgt und gerüstet und auch nicht stark genug ist. So zieht er ab. Bei der Steige von Horon überfallen die Aufständischen die Römer und reiben sie weitgehend auf. Dass ihr Erfolg nicht das Ende des Krieges sein würde, war ihnen bewusst. Sowohl der Erfolg als auch die Einsicht in die Unvermeidlichkeit eines Krieges mit den Römern durch ihn lassen auf jüdischer Seite eine breitere Koalition entstehen. Man trifft Vorkehrungen und teilt das Land in Militärbezirke mit Kommandanten und Truppen ein. So wird Josephus Kommandant von Galiläa.

Anfang 67 stirbt Cestius. Als seinen Nachfolger ernennt Kaiser Nero den kriegserprobten Vespasian. Er bekommt die Aufgabe, den Krieg in Judäa zu führen. Dafür verstärkt er die Truppen und geht ohne Übereilung Schritt für Schritt vor, beginnend im Frühjahr 67. Von Ptolemaïs (heute Akko) aus wendet er sich zunächst gegen Galiläa und nimmt einen Ort nach dem anderen ein. Im Jahr 67 waren Galiläa und die Küstenebene fest in römischer Hand. Auch der Nordosten war abgesichert. Im Winter 67/68 ruhte der Krieg. Ab Frühjahr 68 nahm Vespasian das südliche Küstengebiet ein sowie Peräa und das Jordantal. Der Ring um Judäa wurde enger geschlossen. Im Süden gingen die Römer bis Hebron vor, im Norden bis Sichem. Die zehnte Legion bezog ihr Lager bei Jericho. In diesem Zusammenhang wurde Qumran zerstört. Dann machte der Krieg vonseiten der Römer aus übergeordneten Gründen sozusagen eine Pause. Denn nachdem seine Macht schon zerfallen war, beging Kaiser Nero Anfang Juni 68 in aussichtsloser Lage Selbstmord. Dem folgte eine sehr instabile Phase, wie sie Rom in der Zeit des Prinzipats bis dahin nicht gekannt hatte. In blutigen Auseinandersetzungen lösten Heerführer, die für ihre Machtinteressen massenhaft Soldaten verheizten, in schneller Abfolge als Kaiser einander ab. Auf Galba und Otho folgte Vitellius, den die in Germanien stationierten Legionen zum Kaiser ausgerufen hatten.

Im Osten war man von dem, was in Rom geschah, nicht unberührt geblieben. Als die Wirren in Rom begannen, beließ es Vespasian erst einmal bei dem bis dahin erreichten Stand des Krieges und zog sich nach Cäsarea zurück. Das Beispiel des Verhaltens der germanischen Truppen im Hinblick auf Vitellius hat wohl die Truppen Vespasians veranlasst, hinsichtlich ihres Feldherrn Entsprechendes zu tun. Vespasian hält ihr Drängen zunächst zurück. Aber am 1. Juni 69 proklamiert ihn der Präfekt Ägyptens, Tiberius Alexander, zum Kaiser, zwei Tage später folgen seine Legionen diesem Beispiel. Weitere Truppen im Osten schließen sich an. Die Getreidezufuhr von Ägypten nach Rom wird gesperrt. Ein Feldherr Vespasians zieht mit Truppen nach Westen. Im Oktober 69 kommt es zur Entscheidungsschlacht. Die Vitellianer unterliegen. Im Dezember wird Rom genommen. Noch im selben Monat erkennt der Senat Vespasian an. Der kommt selbst erst im Lauf des Jahres 70 nach Rom.

Die Pause im Krieg von anderthalb Jahren wurde von den Aufständischen so »genutzt«, dass sie sich untereinander blutig befehdeten. Radikale – in unterschiedlichen Fraktionen – hatten die Oberhand gewonnen. Im Frühjahr 70 beauftragte Vespasian seinen Sohn Titus, den Krieg in Judäa zu Ende zu führen. Es galt nur noch, Jerusalem einzunehmen. Als Titus den Belagerungsring um Jerusalem schließt, ist gerade Pessach. Die Stadt ist vollgestopft mit Wallfahrern, die nun nicht mehr herauskommen können. Das verschärft die Ernährungslage enorm, zumal durch interne Fehden auch noch ein Teil der Getreidevorräte in Flammen aufgeht und verbrennt. Jerusalem ist gut geschützt. Auf der einzig von Natur schwachen Seite nach Norden stehen drei Mauern. In mühevoller und verlustreicher Belagerungsarbeit nehmen die übermächtigen Truppen des Titus eine nach der anderen. Schließlich fällt auch der Tempelbereich, zuerst die Burg Antonia Ende Juli 70 und Ende August das eigentliche Tempelareal. Am 9. Av brennt der Tempel und wird zerstört. Dieser Tag ist bis heute ein Tag jüdischen Gedenkens, auch an die Zerstörung des ersten, des salomonischen Tempels durch die Babylonier. Einen Monat später fällt auch die Oberstadt. Danach werden noch im selben Jahr als letzte Widerstandsnester die Festungen im Land geräumt. Nur Masada hält sich bis 73/74.

b) Das Ergebnis des Krieges: ein verheertes Land

Der Krieg hinterließ ein »verheertes« Land. Wie die Einnahme einer Stadt, die überhaupt nicht verteidigt wurde, verlief und was das für deren Umland bedeutete, sei an einem Beispiel verdeutlicht, als Vespasian im Frühjahr 67 begann, Galiläa einzunehmen. Josephus schreibt: »An die Stadt Gabara herangerückt, eroberte Vespasian sie im ersten Anmarsch, da sie vom kampffähigen Volk verlassen war. Nachdem er sie eingenommen und selbst herbeigekommen war, ließ er Mann für Mann umbringen. Dabei kannten die Römer kein Erbarmen im Blick auf das Lebensalter aus Hass gegen das Volk und in Erinnerung an dessen Frevel gegenüber Cestius. Er ließ nicht allein die Stadt selbst in Brand stecken, sondern auch die umliegenden Dörfer sowie alle Kleinstädte. Die einen fand er gänzlich verlassen vor. In den anderen versklavte er die Bewohnerschaft.« (Krieg 3, 132–134) Was hier beschrieben wird, ist kein Sonderfall, sondern die Regel. Wie es bei der Erstürmung des engeren Tempelbereichs in Jerusalem zuging, beschreibt Josephus, nachdem das Tempelgebäude schon in Brand gesetzt war, so: »Überall Mord und Flucht. Die Mehrzahl waren Leute aus dem einfachen Volk, schwach und unbewaffnet. Wo jemand ergriffen wurde, wurde er sofort abgeschlachtet. Um den Altar häufte sich eine Menge von Toten, die Stufen des Tempels hinunter floss Blut in Strömen und die Leiber der oben Ermordeten glitten hinab.« (Krieg 6, 259) Und schließlich: »Nachdem das Heer weder etwas zu morden noch an sich zu raffen hatte und so der Wut jedweder Gegenstand fehlte – aus Schonung nämlich wollten sie in ihrem Tun von nichts und niemand ablassen –, befahl der Caesar (Titus) sogleich, die gesamte Stadt und den Tempel zu schleifen. Ausgenommen jedoch diejenigen Türme, die die anderen überragten, nämlich Phasael, Hippikos und Mariamne, auch die Mauer, soweit sie im Westen die Stadt umschloss. Diese, damit sie der künftig vor Ort bleibenden Besatzung als Lager diene, die Türme, damit sie in der Folgezeit anzeigten, was für eine und auf welche Art befestigte Stadt die Tapferkeit der Römer überwältigt hatte. Die gesamte übrige Ringmauer der Stadt machten sie beim Schleifen so platt, dass sie denjenigen, die sich nähern würden, nicht die Annahme nahelegte, der Ort sei jemals bewohnt gewesen.« (Krieg 7, 1–3) Die Schäden der langen Belagerungszeit waren auch für die Umgebung Jerusalems gravierend, da die Belagerung einen enormen Holzbedarf hatte. Josephus vermerkt, dass im Umkreis von etwa siebzehn bis achtzehn Kilometern kein einziger Baum mehr stand. (Krieg 5, 523; 6, 5)

Das also hinterließ der Krieg: ein verwüstetes Land und eine dezimierte Bevölkerung mit schlechten Aussichten fürs Überleben und Weiterleben. Eine unmittelbar nach dem Krieg getroffene Maßnahme Roms betraf sowohl die überlebende jüdische Bevölkerung im Land Israel als auch die in der Diaspora: der *fiscus iudaicus*, die »Judensteuer«. Josephus berichtet über diese Anordnung Vespasians: »Den Juden, wo auch immer sie seien, legte er eine Steuer auf. Er ordnete an, dass jeder jährlich zwei Drachmen an das Kapitol versteuere, wie sie diese zuvor an den Tempel in Jerusalem entrichteten.« (Krieg 7, 218) An anderer Stelle heißt es, bezogen auf das Ende des jüdisch-römischen Krieges: »Von da an wurde ihnen (den Juden) – bei weiterer Ausübung ihrer väterlichen Sitten – angeordnet, dem Juppiter Capitolinus jährlich eine Doppeldrachme zu entrichten.« (Cassius Dio 65, 7,2) Zur Zeit des Jerusalemer Tempels hatte jeder jüdische Mann mit Erreichen des 20. Lebensjahres jährlich den Halbschekel als Tempelsteuer zu bezahlen. Diese Abgabe wurde nun umgewandelt in eine Abgabe für den römischen Hauptgott, Juppiter Capitolinus. Das war keine extravagante römische Bösartigkeit, sondern ergab sich unter den Bedingungen des Ausgangs des jüdisch-römischen Krieges aus der römischen Perspektive gleichsam von selbst. Bis zu dessen Beginn wurde am Jerusalemer Tempel täglich ein Opfer für das Wohl (*salus*) des Kaisers dargebracht. Das genügte Rom als Ausdruck jüdischer Loyalität gegenüber seiner Herrschaft. Und so erlaubte es dem jüdischen Volk, seine eigene religiöse Praxis exklusiv auszuüben. Mit der Zerstörung des Tempels in Jerusalem als des einzigen jüdischen Heiligtums war aber diese Möglichkeit, die Loyalität gegenüber Rom zu bekunden, nicht mehr gegeben. Der Betrieb des Tempels wurde nicht zuletzt durch die Entrichtung des Halbschekels ermöglicht. Auch die war jetzt hinfällig geworden. Was lag da für Rom näher, als diese Institution aufzunehmen und sie auf den Tempel des kapitolinischen Juppiter umzulenken und sich auf diese Weise der Loyalität des jüdischen Volkes zu versichern? Und damit war dann auch die Voraussetzung gegeben, ihm im Übrigen wie bisher die Gestaltung seiner besonderen religiösen Praxis zu gewähren.

Von der Zerstörung des einzigen jüdischen Heiligtums – ohne Aussicht auf Wiederaufbau – war nicht nur die im Land verbliebene Bevölkerung betroffen, sondern auch die Judenheit in der Diaspora. Ohne den Tempel gab es keine Wallfahrten. Damit entfiel auch *der* Kommunikationsraum zwischen dem Land Israel und der Diaspora sowie zwischen den Gemeinden der Diaspora untereinander. Nicht nur die Wallfahrtsfeste waren hinfällig, auch die anderen Feste und Feiern, all die am Tempel ausgeübten rituellen Vollzüge, vor allem auch der Versöhnungstag, an dem Israel Vergebung der Sünden erfuhr. Als Ort der besonderen Gegenwart Gottes war der Tempel auch bevorzugter Ort des Gebets. Er war Ort des Einlösens von Gelübden und Ort der Lehre. All das war dahin. Wie sollte, wie konnte jüdisches Leben weitergehen?

c) Wer die Katastrophe bestehen und überstehen konnte und wer nicht

Keine Perspektive hatten *die Aufständischen*. Die meisten von ihnen waren getötet worden – im Kampf mit den Römern und in Kämpfen untereinander. Wer von ihnen überlebt hatte, musste untertauchen oder möglichst unauffällig leben. Im Blick auf ihr Ziel – ein von feindlicher Macht befreites Land Israel – waren sie völlig gescheitert. Ein solches Ziel lag in unerreichbarer Ferne.

Auch *die Sadduzäer* hatten keine Perspektive und konnten in dieser neuen Situation keine bieten. Diese priesterliche Aristokratie war an die Existenz des Tempels gebunden. Dessen Zerstörung machte ihre Lage aussichtslos. Das galt in ökonomischer Hinsicht. Sie lebten schlicht vom Tempel, und zwar nicht nur von den ihnen zustehenden Opferanteilen und Abgaben. Tempel in der Antike hatten zugleich die Funktion heutiger Groß- und Zentralbanken. In religiöser Hinsicht nahmen die sadduzäischen Oberpriester die leitenden Funktionen bei den biblisch vorgegebenen rituellen Vollzügen wahr. Konnten sie diese nicht mehr ausüben, waren sie funktionslos. Theologisch vertraten sie ein am Wortlaut orientiertes Schriftverständnis. So lehnten sie die sich immer stärker verbreitende Vorstellung von der Auferstehung der Toten ab, weil sie nicht in der Tora bezeugt sei. In der Rechtsprechung hielten sie an aus alter Zeit stammenden harten Bestimmungen fest, wie sie sich in der Bibel niedergeschlagen hatten. Eine neue Situationen berücksichtigende und so diese Bestimmungen ändernde Auslegung lehnten sie ab. Wie sollten sie mit der Katastrophe der Tempelzerstörung umgehen können?

Ob die von Philon und Josephus erwähnten *Essener* mit der 1947 entdeckten Siedlung von *Qumran* am Toten Meer samt den zahlreichen in benachbarten Höhlen versteckten Handschriften zu verbinden sind, ist umstritten. Wie dem auch sei, von den Essenern erfahren wir für die Zeit nach dem Krieg nichts mehr. Die Siedlung von Qumran wurde bereits im Juni 68 zerstört, nachdem Vespasian sein Feldlager nahe Jericho aufgeschlagen hatte. Die zuvor in benachbarten Höhlen versteckten zahlreichen Handschriften sollten gewiss später, wenn der Krieg überstanden wäre, zu erneutem Gebrauch hervorgeholt werden. Das geschah nicht. Entweder hat niemand von denen, die von dem Versteck wussten, überlebt, oder die Überlebenden sahen für einen Neubeginn keine Perspektive. In den Texten von Qumran zeigt sich eine starke Gegnerschaft zu den am Jerusalemer Tempel agierenden Oberpriestern. Man vertrat einen anderen Kalender, hatte aber nicht die Macht, ihn auch real am Tempel zu vollziehen. So zeigt sich auch hier – trotz spiritualisierender Elemente – eine starke Fixierung auf den realen Tempel. Da es ihn mit dem Ende des Krieges nicht mehr gibt, sehen auch eventuell Überlebende der Siedlung von Qumran keine Perspektive mehr.

Es bleiben *die Pharisäer*. In den neutestamentlichen Evangelien bilden sie neben der Anhängerschaft Jesu die wichtigste jüdische Gruppe. Im Matthäus- und Johannesevangelium stehen sie in einem oft harten Gegensatz zu Jesus. Die Evangelisten stellen sie so dar aufgrund ihrer Erfahrungen in ihrer zeitgeschichtlichen Situation. Darüber wird noch ausführlich zu handeln sein. Von daher hat sich in der christlichen Tradition ein sehr negatives Bild der Pharisäer verfestigt, das sie vor allem als »gesetzlich« und als »Heuchler« kennzeichnet. Das tut ihnen Unrecht. Deshalb und wegen ihrer Bedeutung in den Evangelien sei auf sie ausführlicher eingegangen.

In seinem Werk »Jüdische Altertümer« erwähnt Josephus die Pharisäer erstmals als geschichtlich handelnde Personen in seinem Bericht über Johannes Hyrkan I., einen Enkel des Priesters Mattatias, mit dem der makkabäische Aufstand begann. Wie schon sein Vater Simon vereinte er in seiner Person drei Funktionen. Er war Fürst des Volkes (Ethnarch), Heerführer und Hohepriester. In seiner langen Regierungszeit (135/134–104 v.d.Z.) festigte er die Herrschaft der hasmonäischen Familie für etwa ein Jahrhundert. Josephus berichtet, dass er sich zunächst an den Pharisäern orientierte, die die große Menge des Volkes hinter sich wussten, und bezeichnet ihn als ihren »Schüler«. Er habe dann aber die Partei gewechselt und sich auf die Sadduzäer gestützt. (Altertümer 13, 288–298) Aus dieser Stelle ergeben sich für die Pharisäer drei Punkte, die festzuhalten sind und von denen aus weitere Überlegungen angestellt werden können. 1. Sie werden als eine feste, zu eigenständigem und einheitlichem Handeln fähige Gruppe vorausgesetzt. Sie müssen also deutlich früher entstanden sein. 2. Sie hatten Ansehen beim Volk, was Josephus nicht nur hier anmerkt. 3. Bis zu dem hier erzählten Bruch stützte sich Johannes Hyrkan auf die pharisäische Gruppe.

Diese Punkte lassen sich nun mit einem weiter zurückliegenden Datum verbinden, einem Ereignis zu Beginn des makkabäischen Aufstands. Nachdem der Priester Mattatias mit seinen Söhnen in die Wüste gegangen war, stieß zu ihnen eine Gruppe von Chassidim, von »Frommen«. Diese Verbindung war die Keimzelle der Träger der Aufstandsbewegung. Gegen die Hypothese, dass aus dieser sich mit den Makkabäern verbindenden Gruppe der Chassidim die Pharisäer hervorgegangen sind, spricht nichts. Und positiv kann sie die beobachtbaren Phänomene erklären: den Einfluss auf die zu Herrschern werdenden Hasmonäer einerseits und den Rückhalt im Volk andererseits. Diese Hypothese kann weiter verstärkt werden: Die Makkabäer und die Chassidim verbindet am Anfang die Betonung jüdischer Identität in der Abgrenzung gegen den Hellenismus.

Die ursprüngliche Verbindung einer Gruppe von Chassidim mit einer Gruppe von Priestern könnte auch den Punkt erklären, der für den Pharisäismus grundlegend und charakteristisch ist: die Heiligung des Alltags durch die Überführung der Priestertora aus dem sakralen Bereich in die Lebensvollzüge des Volkes. Das sei erläutert: Die Tora enthält Reinheitsvorschriften, die den Priestern besonders gelten, und zwar allein während ihres Dienstes im Tempel. Der Tempel ist der Ort der besonderen Gegenwart Gottes, und in der Gegenwart des lebendigen und heiligen Gottes hat man sich entsprechend zu verhalten, steht man in der ständigen Verantwortung vor Gott. Sich das im Ablauf des Tages immer wieder in Erinnerung zu rufen, dazu dienten vorgeschriebene Reinigungen als Merkzeichen. Warum werden diese Vorschriften von den Pharisäern als in der Mehrheit Nichtpriestern in ihren Alltag übernommen? Dahinter steht die Einsicht, dass Gott nicht nur im Tempel gegenwärtig ist. »*Der Himmel ist mein Thron, die Erde Schemel meiner Füße*«, steht in Jes 66,1 in Gottesrede. Nach 1. Könige 8,27 betet Salomo bei der Einweihung des Tempels: »*Sollte Gott wirklich auf der Erde wohnen? Seht doch! Der Himmel und der Himmel des Himmels können Dich nicht umfassen. Wie dann dieses Haus, das ich gebaut habe?*« Gleichgültig, wann und wo ein Mensch sich aufhält, immer und überall befindet er sich in der Gegenwart des lebendigen und heiligen Gottes. Um sich der damit gegebenen Verantwortung bewusst zu sein, haben die Pharisäer die priesterlichen Reinheitsvorschriften als Merkzeichen in ihren Alltag übernommen. Dazu dürfte beigetragen haben, dass in der Anfangszeit des Aufstands Chassidim und Priester in der Wüste zusammenlebten – fernab vom entweihten Tempel in Jerusalem, sodass es den Priestern nicht möglich war, ihren Dienst auszuüben. Diese Situation ist als Entstehungsort für den Transfer priesterlicher Reinheitsvorschriften in den Alltag sehr gut denkbar. Da mag dann auch aufgenommen worden sein, was 2. Mose 19,6 in Gottesrede als Ideal für das Volk Israel formuliert ist: »*Ihr sollt mir ein Königreich von Priestern sein und ein heiliges Volk!*« Das konnte mit 3. Mose 19,2 in Verbindung gebracht werden, wo es ebenfalls in Gottesrede heißt: »*Heilig sollt ihr sein. Ja, heilig bin ich, der Ewige, euer Gott.*« Im rabbinischen Midrasch wird diese Stelle verbunden mit dem Begriff für »Pharisäer« (*parúsch*): »Der Heilige, gesegnet er, sprach zu Mose: ›Geh, sage zu Israel: Meine Kinder, wie ich abgesondert (*parúsch*) bin, so sollt ihr abgesondert sein; wie ich heilig bin, so sollt ihr heilig sein. Das meint, was geschrieben steht: *Heilig sollt ihr sein*.« (Wajikra Rabba 24,4 [34d]) Das aber zeigt in aller Deutlichkeit: Es ging den Pharisäern nicht um eine Abgrenzung ihrer Gruppe innerhalb Israels, sondern um ein Programm für das ganze Volk.

Das Bewusstsein, in der Gegenwart des heiligen und lebendigen Gottes zu leben, schärft die Verantwortung dafür, der Heiligkeit Gottes im eigenen Leben zu entsprechen. Und das geschieht im Tun des Willens Gottes, wie er sich in der Tora äußert. Josephus nennt die Pharisäer »einen Zusammenschluss von Juden, der gegenüber den anderen als frömmer galt und als genauer (*akribésteron*) in der Darlegung der Gesetze«. (Krieg 1, 110) Sie stehen »im Ansehen, das herkömmlich Gebotene mit Sorgfalt (*metá akribeías*) auszulegen«. (Krieg 2, 162; ähnlich Altertümer 17, 41 und Leben 191) Diese Sorgfalt und Gewissenhaftigkeit in der Beachtung und Auslegung der Tora und ihrer Gebote ist gepaart mit einer großen Nüchternheit. Josephus schreibt: »Die Pharisäer pflegen einen einfachen Lebensstil und zeigen nicht den mindesten Hang zum Luxuriösen. Was die Lehre als gut beurteilt und überliefert hat, dem folgen sie als Leitungsinstanz und richten dabei die wesentliche Aufmerksamkeit auf das, was ihr zu empfehlen gefallen hat.« (Altertümer 18, 12) Es geht den Pharisäern um Praktikabilität. Die Tora soll getan werden, und zwar vom ganzen Volk. Und dafür muss sie so verstanden und gefasst sein, dass das auch möglich ist. Das schließt die Notwendigkeit ein, die Tora in den Alltag hinein auszulegen und sie für den Alltag praktikabel zu machen. Hier liegt der Ursprung der mündlichen

Tora. Sie gewinnt dieselbe Autorität wie die schriftliche und wird deshalb ebenfalls auf den Sinai zurückgeführt. Die das gesamte Volk umschließende Programmatik verlangte eine Auslegung, die auch von der großen Mehrheit erfüllt werden konnte. Das erklärt die Menschenfreundlichkeit pharisäischer Ethik. In Qumrantexten hat ihnen das freilich die Beschimpfung eingebracht, sie seien »glatte Dinge Suchende bzw. Auslegende«, also solche, die es leicht machen. (*dorschéj chalakót*; 4QpNah 1,2.7; 2,2; 3,7; 1QH 10 [Sukenik 2],15.32) Dabei wird ihnen unterstellt, sie täten es, um sich einzuschmeicheln. Damit verbunden ist eine milde Rechtsprechung. Auch darin unterscheiden sie sich charakteristisch von den Sadduzäern, die an der härteren Praxis der älteren Zeit, wie sie in der Bibel ihren Niederschlag gefunden hat, festhalten. Josephus sagt von den Pharisäern geradezu, dass sie »sich von Natur (!) hinsichtlich der Strafen mild verhalten«. (Altertümer 13, 294) Und schließlich ist ihre Sorgfalt im Auslegen und Beachten der Gebote verbunden mit einer solidarischen Praxis untereinander. Josephus nennt sie »einander liebend«. (*philálleloi*; Krieg 2, 166)

Mit all dem verwundert es nicht, dass die Pharisäer die Partei des Volkes waren. Im Zusammenhang der Darstellung über die mündliche Überlieferung und den Streit um sie zwischen Pharisäern und Sadduzäern schreibt Josephus abschließend: »Darüber kam es zu großen Auseinandersetzungen und Differenzen, wobei die Sadduzäer nur die Reichen überzeugten, nicht aber die einfachen Leute im Gefolge hatten, die Pharisäer jedoch die große Menge des Volkes auf ihrer Seite hatten.« (Altertümer 13, 298) Das aber schließt ein, dass zu den Pharisäern, anders als bei den Sadduzäern, nicht nur Oberschichtangehörige gehörten. Sie müssen in nicht nur geringem Maß auch für Menschen aus dem Volk offen gewesen sein.

Für die Zeit des Herodes d.Gr. gibt Josephus ihre Zahl mit über 6000 an, während die Sadduzäer nur wenige waren.

(Altertümer 17, 42) In dieser Zeit, etwa eine Generation vor Jesu Geburt, wirkten zwei bedeutende Lehrer, Schammaj und Hillel, von denen zwei rivalisierende Schulen hervorgingen. Über diese Lehrer werden viele Geschichten erzählt, die in idealer Weise herausstellen wollen, wie sich ein Lehrer zu verhalten habe. Dabei dient Schammaj oft nur als Hintergrund für Hillel. Im Vergleich der Schulen fällt auf, dass die von den Schammaiten vertretenen halachischen Entscheidungen in der Regel einen strengeren Standpunkt vertreten. Entsprechend erscheint auch in den Geschichten über die Schulhäupter Schammaj als der Ungeduldige und Unfreundliche. Das passt nicht unbedingt zu von ihm überlieferten Aussprüchen: »Mache dein Torastudium zu etwas Festgesetztem! [D.h. mache dir einen ordentlichen Stundenplan und halte dich daran!] Rede wenig und tu viel! Empfange jeden Menschen mit freundlichem Gesicht!« (Mischna Avot 1,15) Daneben seien Aussprüche Hillels gestellt: »Gehöre zu den Schülern Aarons: Frieden liebend und nach Frieden trachtend, die Menschen liebend und sie an die Tora heranführend!« (Mischna Avot 1,12) »Sondere dich nicht von der Menge ab! [Gemeint ist: keine Isolierung der Elite vom Volk!] Setze nicht dein Vertrauen auf dich selbst bis zum Tag deines Todes! Urteile nicht über einen Mitmenschen, bis du in seine Lage gelangst!« (Mischna Avot 2,4)

Da die Pharisäer schon zur Zeit, als der Tempel noch stand, auf ihn bezogene Vorschriften in ihren Alltag umgesetzt hatten, waren sie geradezu dafür prädestiniert, nun, da der Tempel nicht mehr bestand, Möglichkeiten jüdischen Lebens auch ohne den Tempel zu entwerfen. Und neben dem Tempel hatte es schon die Synagogen gegeben und gab es sie weiterhin bzw. konnten sie wieder errichtet werden. Und wie in ihnen vor der Katstrophe des Krieges und seines Ausgangs Schabbat für Schabbat die Tora gelesen wurde, so konnte sie auch jetzt wieder gelesen und in die neue Situation hinein ausgelegt werden. So wurde – wie es Heinrich Heine ausgedrückt hat –

in der Zeit ohne den Tempel die Tora zu einem »portabilen Heiligtum«, einem in doppelter Hinsicht tragbaren Heiligtum, das seinerseits zu tragen vermochte.

Und dann gab es da noch *die auf Jesus als Messias bezogene Gruppe*. Auch sie erwies sich in der Situation nach dem Krieg als überlebensfähig. Sie war auf einen Messias bezogen, den sie nicht »hatte«, den sie nicht leibhaftig vorweisen konnte. Er war ihr entzogen, seitdem er am Kreuz hingerichtet worden war. Aber seitdem sie ihr Vertrauen darauf setzte, dass Gott ihn von den Toten aufgeweckt hat und also auch den Weg bis in den Tod hinein mit ihm gegangen ist, war er ihr dennoch gegenwärtig. Er war ihr gegenwärtig in der geisteskräftigen und geistvollen Erinnerung an das, was er gesagt, getan und erlitten hatte. In dieser Vergegenwärtigung wirkte er schon jetzt heilvoll in seiner Gemeinde. Darin hatte auch die Erwartung Grund, dass er schließlich als Beauftragter Gottes kommen würde zur Vollendung von Zeit und Welt. Das war schon vor dem Krieg nicht anders. Und das hatte sich durch die Katastrophe des Krieges nicht grundlegend geändert. Da die an Jesus als Messias Glaubenden in seiner Geschichte das Mitsein Gottes wahrgenommen hatten, war der erinnerte Jesus für sie bleibender Ort der Gegenwart Gottes. So bedeutete der Verlust des Tempels als Ort der Gegenwart Gottes auch für sie nicht das Ende ihrer Hoffnungen.

Was die Besonderheit dieser Gruppe im Judentum ausmachte, ihr Bezug auf den Messias Jesus, wurde also durch den Krieg nicht in Frage gestellt oder gar zunichtegemacht. So konnte sie den Krieg überleben und weiterleben. Wie den Pharisäern war ihr selbstverständlich auch »die Schrift« weiterhin als Basis vorgegeben, die in ihr ebenfalls situationsbezogen ausgelegt wurde. Mit der jüdischen Bibel, den entstehenden Evangelien und weiteren Schriften aus der eigenen Anfangszeit hatte auch sie so etwas wie ein »portabiles Heiligtum«, das ihr Dauer zu geben vermochte. Wie würde sich das Verhältnis dieser beiden Gruppen zueinander, der Pharisäer und der Jesusleute, in der Notsituation nach dem Krieg weiterhin gestalten?

d) Der Neubeginn mit dem Lehrhaus in Javne – zur Entstehung des rabbinischen Judentums

Dass es nach der Katastrophe des Krieges jüdisches Überleben gab, lässt sich – vielleicht nicht nur legendarisch, sondern auch historisch – mit dem Namen einer bestimmten Person verbinden: Jochanan ben Sakkaj. Er war schon der bedeutendste Lehrer seiner Zeit in den Jahren vor der Tempelzerstörung. Die rabbinische Tradition weiß von Disputen mit Sadduzäern zu erzählen. Seine Weitherzigkeit gegenüber Nichtjuden wird aus folgender Aussage deutlich, die er noch während der Tempelzeit gemacht haben muss: »Wie das Sündopfer für Israel Versöhnung bewirkt, so bewirkt Gerechtigkeit Versöhnung für die Völker der Welt.« (Babylonischer Talmud Bava Batra 10b)

Noch während des Krieges muss sich Rabban Jochanan die Einsicht aufgedrängt haben, dass er mit einer Katastrophe für Israel enden würde. So versuchte er, aus Jerusalem herauszukommen. Das tat er im Sommer 68, als der Ring enger wurde, mit dem Vespasian das restliche Judäa samt Jerusalem umschloss. Offen konnte Jochanan Jerusalem nicht verlassen. Das hätten die Aufständischen, die die Tore bewachten, nicht zugelassen, sondern als Versuch der Desertion gewertet. So ersann er eine List. Er musste sich tot stellen, um dem Judentum zum Überleben zu verhelfen. Die Geschichte seiner Flucht aus Jerusalem wird, legendarisch ausgestaltet, in leichter Variation an mehreren Stellen der rabbinischen Literatur erzählt. (z.B. Babylonischer Talmud Gittin 56a.b) Danach legte er sich, in Leinentücher eingewickelt, auf eine Totenbahre und ließ sich von seinen

Schülern Rabbi Elieser und Rabbi Jehoschua aus der Stadt hinaustragen bis zum Feldlager Vespasians. Von ihm erbat er sich – und bekam es – »Javne und seine Weisen«. Es gab dort also schon ein Lehrhaus, aber Rabban Jochanan ben Sakkaj würde es nun entscheidend prägen. Die Legende erzählt, er habe Vespasian angekündigt, Kaiser zu werden. Das ist dasselbe Motiv, das Josephus von sich erzählt, als er beim Fall von Jotapata in Gefangenschaft gerät. (Krieg 3, 399–408) Bei ihm dürfte es historisch verankert sein. Die rabbinische Tradition, der an Josephus nichts lag, übertrug es auf Jochanan. Sie verbindet dessen Ankündigung an Vespasian mit einem Zitat aus Jesaja 10,34. Das ist hintergründig. Wer dessen Kontext mithört, bekommt einen Hinweis auf Gott, der jede Gewaltherrschaft zerschlagen wird.

Jochanan lehrt also in dem unbedeutenden Ort Javne, konzentriert sich auf die Tora und ihre Auslegung. Vordergründig sieht das aus wie ein Rückzug aus der Politik. In der Tat: Mit Machtpolitik hat das nichts zu tun. Dafür besteht auch nicht die geringste Chance. Aber dass machtpolitisches Handeln die ganze Wirklichkeit sei, genau das bestreitet Jochanan faktisch mit dem, was er treibt. Für ihn ist die Tora die entscheidende Wirklichkeit und nicht sind es die Fakten, die die gewalttätigen Sieger setzen. So wird erzählt: Rabban Jochanan und sein Schüler Rabbi Jehoschua kommen nach dem Krieg an den Trümmern Jerusalems vorbei. Als der Schüler die Verwüstung des Heiligtums wahrnimmt, ruft er aus: »Weh uns, weil der Ort verwüstet ist, an dem man die Verfehlungen Israels bedeckte (sühnte)!« Darauf sagt Rabban Jochanan: »Mein Sohn, das soll dich nicht bekümmern. Wir haben ein Sühnemittel, das dem gleich ist. Und was ist das? Die Freundlichkeitserweise (*g'milút chasadím*; Bekundungen mitmenschlicher Solidarität als manifeste Taten). Denn es ist gesagt (Hosea 6,6): *Ja, Erbarmen will ich und nicht Opfer.*« (Avot de Rabbi Natan [A] 4 [11a]) Das darf nicht als »Verdienstdenken« missverstanden werden. Im Anschluss an die Mitteilung, Rabban Jochanan ben Sakkaj habe Tradition von Hillel und Schammaj empfangen, ist als seine Aussage überliefert: »Wenn du viel Tora gelernt hast, halte das nicht dir selbst zugute; denn dazu bist du erschaffen worden.« (Mischna Avot 2,8) Die Bindung an die Tora ist entscheidend. Aber die Tora muss ausgelegt werden. Dabei kann Rabban Jochanan sie im Extremfall in bestimmten Teilen sogar außer Kraft setzen. So hat er das Verfahren von 4. Mose 5,11–31 abgeschafft, dem die des Ehebruchs verdächtige Frau sich unterziehen müsse. (Mischna Sota 9,9) Andererseits ist aber auch klar, dass es dabei nicht um Nützlichkeitserwägungen geht. Das Tun der Tora hat seinen Wert in sich selbst. Es geschieht um Gottes willen.

Schließlich sei noch herausgestellt, dass Rabban Jochanan aus den schrecklichen Fehden untereinander im eigenen Volk während des Krieges und der sich aus dem Krieg ergebenden Katastrophe die Herstellung von Frieden als eines außerordentlich wichtigen Gutes zu schätzen gelernt hat. An einer Stelle legt er die Wendung aus 2. Mose 20,25: »*Mit ganzen [sch'lomót] Steinen sollst du bauen*«, nämlich den Altar, so aus: »Steine, die Frieden (*schalóm*) stiften. Pass auf! Das ergibt einen Schluss vom Leichten aufs Schwere. Schon im Blick auf die Steine des Altars, die weder sehen noch hören noch reden, hat der Heilige, gesegnet er, gesagt (5. Mose 27,5): ›*Du darfst über ihnen kein Eisen schwingen*‹, weil sie Frieden stiften zwischen den Israeliten und ihrem Vater im Himmel. Um wieviel weniger werden dann über diejenigen Strafen kommen, die Frieden stiften zwischen Mensch und Mensch, zwischen Mann und Frau, zwischen Stadt und Stadt, zwischen Volk und Volk, zwischen Regierung und Regierung, zwischen Familie und Familie.« (Mechilta de Rabbi Jischmael, Jitro [BaChodesch] 11 [244])

Nichts spricht dagegen, in Jochanan ben Sakkaj einen Vertreter der pharisäischen Tradition zu sehen. Für eine Kontinuität der Pharisäer zum sich nach dem Krieg herausbildenden rabbinischen Judentum spricht einmal der schon genannte Punkt, dass die Pharisäer von ihrem Schriftverständnis und ihrer Praxis her die Zerstörung des Tempels bestehen und überstehen konnten. Weiter lassen sich dafür die folgenden Beobachtungen anführen. Von den in den »Sprüchen der Väter« angeführten Personen aus der Zeit vor der Tempelzerstörung werden Sch'maja und Avtalion, die zur Zeit des Herodes lebten, als Pharisäer kenntlich gemacht. (Josephus, Altertümer 15, 3). Im Neuen Testament geschieht das im Blick auf Gamliel (I.), der in der ersten Hälfte des 1. Jahrhunderts wirkte und bei dem der Pharisäer Saulus Paulus Schüler war. (Apostelgeschichte 5,34) Sein Enkel Gamliel (II.) wurde Nachfolger Jochanan ben Sakkajs im Lehrhaus in Javne. In der rabbinischen Literatur werden die Sadduzäer negativ gezeichnet, die Pharisäer aber positiv. Dass sich die Lehrer in Javne – und in der Folgezeit dann in Bet Schearim und in Tiberias – nicht als »Pharisäer« bezeichneten, dürfte darin begründet sein, dass sie auf weitgehende Integration der Überlebenden bedacht waren und deshalb nicht mehr die Gruppenbezeichnung aus der Vorkriegszeit gebrauchten.

Das Lehrhaus in Javne entwickelte eine starke Anziehungskraft. Um Rabban Jochanan scharten sich fähige Schüler, solche, die es schon vor der Tempelzerstörung waren, und auch neue. Nach ihm wurde Rabban Gamliel (II.) die entscheidende Führungsperson. Unter ihm zog das Lehrhaus nicht nur Schüler an, sondern wirkte auch stark nach außen. So gewann das, was hier gelehrt wurde, Prägekraft und Verbindlichkeit für das Judentum im Ganzen. Entscheidend blieb die Bindung an die Tora.

Die gerade gemachten Erfahrungen mit dem Krieg und seinen trostlosen Folgen erinnerten an die erste Tempelzerstörung und das daran anschließende Exil, damit aber auch an Erfahrungen der Gegenwart Gottes selbst im Exil. Gott in seiner Gegenwart war und ist nicht an den Tempel gebunden, sondern ging und geht mit seinem Volk in jedes Exil. So heißt es: »Immer wenn die Israeliten versklavt werden, wird gleichsam Gott in seiner Gegenwart *(sch'chináh)* mit ihnen versklavt. [...] Rabbi Akiva sagt: ›Wenn es nicht als Schrift geschrieben stünde, wäre es unmöglich, es zu sagen. Die Israeliten sagten gleichsam vor dem Heiligen, gesegnet er: Du hast dich selbst erlöst [bei der Befreiung Israels aus Ägypten; so wird 2. Samuel 7,23 verstanden]. Und so findest du: An jeden Ort, wohin man die Israeliten exilierte, wurde Gott in seiner Gegenwart gleichsam mit ihnen exiliert.‹« Als solche Exilsorte werden dann – jeweils mit Schriftbegründung – Ägypten, Babel, Elam und Edom aufgezählt, wobei Letzteres für das römische Reich steht. Damit ist die Gegenwart der Verfasser und der Leser- und Hörerschaft dieses Midraschs erreicht. Er schließt mit dem Satz: »Und wenn sie einst zurückkehren, kehrt Gott in seiner Gegenwart gleichsam mit ihnen zurück.« Gott bleibt seinem Volk treu – und deshalb auch das Volk ihm. (Mechilta de Rabbi Jischmael Bo 14 [51–52])

Das ist also ein erster Punkt: Gott ist nicht an den Tempel gebunden, sondern er ist da, wo sein Volk ist. Ein zweiter Punkt wurde schon genannt: Es gibt Ersatz für den Tempel. Nach Rabban Jochanan bilden die Freundlichkeitserweise einen gleichgewichtigen Ersatz für die Sühnerituale des Tempels. Drittens hielt man fest, dass Gott das Nachdenken über die Opfervorschriften genauso ansieht, als hätte man sie vollzogen. Bei den Vorschriften über die Wallfahrten findet man beides: Es wird über sie nachgedacht, als stünde der Tempel noch da. Zugleich werden sie umgesetzt in konkret zu vollziehende Festriten – und das funktioniert bis heute.

Bei all dem zeigt sich die Nötigung, aus der Tora praktikable und zu praktizierende Anweisungen zu gewinnen, »Halacha«: einen gangbaren und zu gehenden Weg. Das war in der pharisäischen Tradition schon in der Zeit des Zweiten Tempels geschehen. Dabei hatten sich die konkurrierenden

Schulen Hillels und Schammajs herausgebildet. Die Notsituation nach dem Krieg ließ es nicht zu, beide Traditionen weiter unentschieden nebeneinander herlaufen zu lassen. Man suchte eine verbindliche Entscheidung. Sie wird legendarisch erzählt, indem eine Himmelsstimme feststellt, sowohl die Worte der Schule Schammajs als auch die der Schule Hillels seien »Worte des lebendigen Gottes. Aber die Halacha ist, wie das Haus Hillel es sagt.« Als Grund gilt, dass die Hilleliten »sowohl ihre Worte als auch die des Hauses Schammaj lernten. Und nicht nur das, sondern sie ließen die Worte des Hauses Schammaj ihren Worten vorangehen.« (Babylonischer Talmud Eruvin 13b) Die unterlegene Lehrmeinung wird also weiter überliefert und diskutiert. Das ist eine Entscheidung für den weitergehenden Diskurs. Unter veränderten Bedingungen kann sich eine vorher abgelehnte Lehrmeinung doch wieder als hilfreich erweisen. Die gültige Auslegung ist Sache der an der Auslegung beteiligten Gemeinschaft. Sie muss selbst den Weg zu einem Konsens finden, mit dem sie leben kann. Und als dieser Weg gilt die Mehrheitsentscheidung. (Babylonischer Talmud Bava Mezia 59b)

Das ist die Basis, auf der jüdische Weiterexistenz möglich wurde. Die Tora gilt als Vor-Gabe Gottes für Israel. Sie ist der Raum, der kreativ zum Haus des Lebens für das Volk Gottes auszugestalten ist. Die pharisäischen Lehrer, die an diesen Bau Hand anlegten, wollten nicht mehr Partei sein, sondern diejenigen integrieren, die überlebt hatten. Der Pharisäismus ging auf im rabbinischen Judentum. Die Notwendigkeit, darüber zu verbindlichen Entscheidungen zu kommen, wie denn nun jüdisches Leben zu gestalten sei, und das Prinzip, für das Gewinnen von Verbindlichkeit die Mehrheitsentscheidung einzusetzen, führen zur Ablehnung von Minderheitsmeinungen. Und wenn die Vertreter der Minderheitsmeinung sich nicht in die Mehrheit einfügen, kommt es auch zu Distanzierungen bis Ausgrenzungen.

Die Devise heißt jetzt: keine Spaltungen mehr in Israel, keine Parteien, keine Fraktionierungen! Das war vor dem Krieg und noch im Krieg der Fall. So bildet sich nun ein normatives Judentum heraus. Wer sich auf Dauer in diesen Konsens nicht einbinden lässt, wird als Häretiker (*min*) betrachtet und entsprechend behandelt. In dieser Hinsicht aufschlussreich ist die Einfügung der *birkát ha-miním* in die zwölfte Benediktion des Achtzehngebets. Das ist dreimal am Tag zu beten und hat auch einen wichtigen Platz im synagogalen Gottesdienst. Bei der Bezeichnung *birkát ha-miním* handelt es sich wahrscheinlich um die Kurzfassung für: »die Benediktion über die Verfluchung der Häretiker«. Nach einer Tradition ist das Achtzehngebet unter Rabban Gamliel in Javne von Schim'on dem Flachshändler neu geordnet worden. Dabei ging es darum, für den künftigen Gebrauch einen normativen Text zu gewinnen. In ihn wurde auch die *birkát ha-miním* aufgenommen. Unmittelbar anschließend an die Notiz von der Neuordnung des Achtzehngebets fährt der Bericht fort: »Rabban Gamliel sprach zu den Weisen: ›Gibt es wohl jemanden, der es versteht, einen Segensspruch gegen die Häretiker anzuordnen?‹ Schmuel der Kleine stand auf und ordnete ihn an.« (Babylonischer Talmud B'rachot 28b) Den Wortlaut dieser 12. Benediktion teilen die rabbinischen Quellen nicht mit. Verschiedene Fassungen sind erst in sehr viel späterer Zeit erhalten. Die wahrscheinlich älteste aus der Genisah der Kairoer Synagoge lautet: »Den Abtrünnigen sei keine Hoffnung und die überhebliche Herrschaft rotte schnell aus in unseren Tagen! Und die *nozrím* und die *miním* mögen plötzlich zugrunde gehen! Sie mögen aus dem Buch des Lebens ausgewischt und mit den Gerechten nicht hineingeschrieben werden! Gesegnet Du, Ewiger, der die Hochmütigen beugt!« Der erste Teil gegen die Apostaten und »die überhebliche Herrschaft« dürfte in die Zeit der Kämpfe während der gewaltsamen Hellenisierung in der Mitte des 2. Jahrhunderts v.d.Z. zurückgehen. Die Neufassung betrifft die Aussagen über die *minim*. Die ausdrückliche Erwähnung der *nozrím*, der »Christen«, stammt sicher aus einer sehr viel späteren Zeit als der Rabban Gamliels. Die Häretiker werden in der 12. Benediktion nicht allein angeführt. Sie stehen nicht einmal an erster Stelle. Dennoch wird diese Benediktion in den rabbinischen Texten *birkát ha-minim* genannt (»Häretiker-Benediktion«). Das zeigt, dass für die Weisen in Javne das Phänomen der Häresie ein neues und wichtiges Problem darstellte. Ihm suchten sie u.a. mit der Neufassung dieser Benediktion zu begegnen. Ein *min* (wörtlich: »eine Art«, hier im Sinne von »Abart« verstanden) ist demnach, wer als Glied des jüdischen Volkes von dem in Javne sich bildenden Konsens beständig abweicht. Innerhalb dieses weit gefassten Konsenses gibt es Platz für Debatten und Meinungsverschiedenheiten, auch heftige. Aber man distanziert sich von Gruppen, die – in den Augen der Mehrheit – ein sektiererisches Selbstverständnis haben, die exklusive Ansprüche stellen, die für die anderen nicht ausgewiesen sind. Durch sie sah man sich in dieser traumatischen Situation nach 70 bedroht. Gegen sie richtet sich die *birkát ha-minim*. In diesem Kontext ist sie, wie man formuliert hat, als ein Mittel zur »innerjüdischen Frontbegradigung« (G. Sternberger) zu verstehen.

Wie wirkte sie? Mit ihr vollzog sich keine ausdrückliche Ausschlusshandlung. Sie enthält einen Fluch innerhalb einer Bitte. Wenn das sowohl privat als auch öffentlich im synagogalen Gottesdienst gebetet werden soll, verfolgt das die Absicht, die Gemeinschaft vor Häresie zu warnen und ihre Einheit zu stärken. Für diejenigen, die sich nicht selbst für Häretiker halten und von den anderen nicht dafür gehalten werden, wirkt sie nicht ausschließend. Die Situation ändert sich, wenn Minderheitsgruppen in der Gemeinschaft von der Mehrheit den Stempel der Häresie aufgedrückt bekommen. Für solche Leute wird die Teilnahme am Gottesdienst beim Beten des Achtzehngebets unbehaglich. Sie werden über kurz oder lang wählen müssen, entweder das aufzugeben, was die Mehrheit für Häresie hält, und dann auch unbelastet auf die 12. Benediktion »Amen« sagen zu können oder sich von der Mehrheit zu trennen.

Was die Einschätzung als Häretiker für Folgen hatte, lässt sich weiter verdeutlichen. Rabbinische Stellen halten dazu an, ihnen gegenüber alle Bindungen abzuschneiden, jeden persönlichen und geschäftlichen Verkehr zu unterbinden und Hilfe in jeder Richtung auszuschließen. So heißt es an einer Stelle: »Es darf nicht an sie verkauft und es darf nicht von ihnen gekauft werden. Es darf nichts von ihnen angenommen und es darf ihnen nichts gegeben werden. Es darf ihren Söhnen kein Handwerk gelehrt werden und man darf sich von ihnen nicht ärztlich behandeln lassen, weder eine ärztliche Behandlung des Besitzes noch eine ärztliche Behandlung der Menschen.« (Tosefta Chullin 2,21) Hiernach sollen also gegenüber Häretikern wirtschaftliche Boykottmaßnahmen verhängt und ihre Söhne faktisch einem Ausbildungsverbot unterworfen werden. Letzteres ergibt sich daraus, dass das Handwerk die einzige Möglichkeit gewerblicher Berufsausübung bot. Häretiker wurden als schlimmer eingeschätzt als Nichtjuden. So wird auf Rabbi Tarfon folgende Aussage zurückgeführt: »Wenn mich ein Verfolger verfolgte, würde ich in einen Götzentempel eintreten. Aber ich würde nicht in ihre [der Häretiker] Häuser eintreten. Denn die Götzendiener kennen ihn [Gott] nicht und so verleugnen sie ihn. Aber diese kennen ihn und verleugnen ihn dennoch.« (Tosefta Schabbat 13,5) Selbst in Gefahr ist also der Verkehr mit Häretikern zu meiden.

2. Zunehmende Auseinandersetzungen zwischen dem sich herausbildenden rabbinischen Judentum und den Jesusgläubigen

a) Die Abfassung der Evangelien als Antwort auf die Situation nach dem Krieg

Schlimme Erfahrungen vor dem Krieg und im Krieg deutete man als »messianische Wehen«, die dem endgültigen Kommen des Messias unmittelbar vorausgehen würden. (Matthäus 24,8; Markus 13,8) Der Krieg war zu Ende, die Lage trostlos. Der schon vorher nicht leibhaftig anwesende Messias Jesus blieb abwesend. Wo war in dieser Welt des Todes messianische Lebendigkeit? Denjenigen, die nach Jesu Tod auf ihn als Messias setzten, war von vornherein entgegengehalten worden, er könne es nicht sein, weil er ganz offenkundig gescheitert sei. Dieses Argument schien von der Erfahrung in der Zeit nach dem Krieg auf stärkste Weise bestätigt zu werden. Es dürfte verschärft vorgetragen worden sein. Das ist die Situation, die in den auf Jesus bezogenen Gemeinden zur Abfassung von Evangelien führt. Diese Gemeinden hielten an der Erwartung fest, dass der abwesende Messias Jesus kommt und mit ihm Gottes Herrschaft und Reich. Sie konnten daran festhalten, weil er auch in dieser Gegenwart – wie schon in der gesamten Zeit seiner leibhaftigen Abwesenheit – da war in der vom Glauben an seine Auferweckung geprägten Erinnerung an sein vergangenes Wirken. Dieses sich Erinnern erfolgte im mündlichen Erzählen. Dafür standen die Augenzeugen seiner Geschichte ein. Aber diese Gewährsleute gab es nur noch vereinzelt, vielleicht auch gar nicht mehr. Der Verlust der mit Jesus gleichzeitigen Generation im Innern und die verstärkten Angriffe von außen veranlassten es, Jesus nun im geschriebenen Wort präsent zu halten, indem man die mündlich überlieferten Erinnerungen an ihn in zusammenhängende Darstellungen brachte. So hielt man das Bild des erwarteten, aber auch schon gekommenen Messias Jesus fest. Gegenüber der radikalen Infragestellung bezeugen sie die gesamte Geschichte Jesu durchgehend als eine Geschichte des Mitseins Gottes, gerade auch in seinem Sterben. So ergab es sich, dass diese Darstellungen »Passionsgeschichten mit ausführlicher Einleitung« wurden. Martin Kähler hatte diese Charakterisierung der Evangelien einst formuliert, um deutlich zu machen, wie wenig sie für die Rekonstruktion eines »Leben Jesu« hergeben. Aber diese Charakterisierung ist vor allem sachlich zutreffend. Gegen die Infragestellung integrieren die Evangelisten das Ende des Lebens Jesu mit Hilfe der Schrift in die überkommene messianische Tradition. Es geht ihnen nicht um eine Korrektur oder Ersetzung eines überlieferten Messiasbildes, sondern um die Vergewisserung, dass Jesus mit seinem Schicksal des Todes am Kreuz und trotz seiner leibhaftigen Abwesenheit doch der Messias sei. Die Evangelien sind Texte der Vergewisserung. Daher sind sie auch transparent auf ihre je spezifische Situation. Im Blick auf sie stellen sie die Geschichte Jesu dar und legen damit das ihnen Überlieferte je neu so aus, dass das Erzählen vergangenen Geschehens doch zugleich in die je eigene Gegenwart hinein spricht. Es ist das dieselbe Struktur der Erinnerung, wie sie sich im Judentum bis heute besonders deutlich in der Erinnerung an den Auszug aus Ägypten am Pessachfest zeigt. Und es ist dieselbe Weise des Erzählens wie in den heiligen Schriften Israels und damit dieselbe Weise des Redens von Gott. Es wird eine Geschichte in Geschichten erzählt, die das Faktische immer wieder transzendieren und so den niederschmetternden – und wahrgenommenen! – Fakten nicht das letzte Wort lassen.

Es ist wahrscheinlich die Infragestellung durch den Hinweis auf den Krieg, die den Evangelisten Matthäus veranlasst, seinerseits den Krieg zu instrumentalisieren. Er unternimmt eine höchst fragwürdige Geschichtsdeutung, indem er den für das jüdische Volk katastrophalen Ausgang des Krieges als Folge der mehrheitlichen Ablehnung Jesu ausgibt. Das zeigt sich in seiner Fassung des Gleichnisses vom großen Gastmahl. (Matthäus 22,1–10) Er erzählt von einem König, der für seinen Sohn die Hochzeitsfeier ausrichtet. Die Hochzeitsfeier ist traditionell Bild für die messianische Zeit. Als alles vorbereitet ist und die Feier stattfinden soll, werden die Geladenen durch Boten herbeigerufen. Aber sie wollen nicht kommen. Erneute Boten machen die Einladung dringlicher. Aber die Geladenen kümmern sich nicht darum. Zunächst bleibt die Erzählung im Rahmen des Vorstellbaren, wenn sie den einen aufs Feld, den anderen zu seinem Geschäft gehen lässt. Das auf der Bildebene Vorstellbare wird anschließend jedoch gesprengt, wenn es heißt, dass die Geladenen die Boten des Königs »misshandelten und töteten«. Hier dringt das Gemeinte in die Bildebene ein. Matthäus dürfte an Umgebrachte aus der auf Jesus bezogenen Gemeinschaft denken wie Stephanus und Jakobus. Noch stärker ist die Sprengung der Bildebene, wenn danach ein ganzer Kriegszug stattfindet, auf dem der König »jene Mörder umbringen und ihre Stadt in Brand stecken ließ«, um zu resümieren: »Die Hochzeitsfeier ist zwar bereit, die Geladenen aber waren es nicht wert.« In denselben Zusammenhang gehört es, wenn Matthäus »das ganze Volk« im Blick auf die anstehende Hinrichtung Jesu sagen lässt: »Sein Blut auf uns und auf (die Generation) unsere(r) Kinder!« (Matthäus 27,25; vgl. Josua 2,19) Er versteht das nicht in der Weise, wie es spätere christliche Auslegung tat, als gelte das hier Ausgesagte für alle folgenden Generationen des jüdischen Volkes. Er denkt an die in der Erzählung sprechende Generation und deren Kinder als die nächstfolgende Generation.

Sie waren vom jüdischen Krieg und seinen Folgen betroffen. Darauf blickt er bei seinem Schreiben zurück. Problematisch bleibt solche Geschichtsdeutung allemal.

Die Auseinandersetzungen zwischen der messiasgläubigen Minderheit und der jüdischen Mehrheit sind auch in den Jahren nach dem jüdisch-römischen Krieg nach wie vor innerjüdische Auseinandersetzungen. Aber sie werden in dieser Situation entschieden schärfer. Dabei zeigt sich eine Bruchstelle, die eine Integration der Minderheit in die sich als normativ formierende Mehrheit als nicht möglich erscheinen lässt. Das tritt besonders deutlich im Matthäus- und Johannesevangelium hervor.

b) Auseinandersetzungen im Spiegel des Matthäusevangeliums

Es ist frappierend zu beobachten, dass das Matthäusevangelium sich einerseits inhaltlich immer wieder als jüdisch erweist und sich dabei besonders Entsprechungen zu Aussagen der rabbinischen Tradition zeigen, dass der Evangelist aber andererseits immer wieder in schärfster Weise gegen »die Pharisäer und Schriftgelehrten« polemisiert. Mit dieser Bezeichnung meint er die rabbinischen »Weisen« seiner Zeit, die – vor allem – pharisäischen Lehrer, die jüdisches Weiterleben nach der Katastrophe ermöglichen.

Matthäus lebt und denkt ganz und gar in einem jüdischen Kontext. Und da er erwartet, dass seine intendierte Leser- und Hörerschaft ihn versteht, ist das auch deren Kontext. Er schreibt griechisch. Aber sein Griechisch zeigt einen hebräischen Sprachhintergrund. Er gebraucht sowohl die hebräische Bibel als auch deren griechische Übersetzung, die Septuaginta, verstand also auch hebräisch-aramäisch. Wenn er an einer Stelle unübersetzt ein aramäisches Wort in syrischer Aussprache bietet (*raka* – Matthäus 5,22), setzt er voraus, dass den sein Werk Lesenden und es Hörenden dieses Wort vertraut sei.

Der jüdische Kontext dieses Evangeliums sei nur an wenigen Stellen schlaglichtartig aufgezeigt. Dass der Jesus der Evangelien in der Frage, was am Schabbat getan und was nicht getan werden darf, innerhalb des pharisäisch-rabbinischen Diskurses steht, ist im ersten Teil gezeigt worden. Für das Matthäusevangelium sei eine aufschlussreiche kleine Besonderheit hinzugefügt: Während Jesus in der Endzeitrede im Markusevangelium im Blick auf die zu erwartende bedrängende Zeit, die zur Flucht in die Berge nötigt, zum Beten auffordert, dass das nicht im Winter geschehen möge (Markus 13,18), heißt es bei Matthäus: »Betet, dass eure Flucht nicht im Winter sein möge, auch nicht am Schabbat!« (Matthäus 24,20) Der Winter macht die Umstände der Flucht noch einmal schlimmer. Muss sie auch noch am Schabbat erfolgen, müssten für ihn geltende Verbote übertreten werden. Wenn es sein muss, wenn das Leben nicht anders zu retten ist, soll das dennoch geschehen. Aber es belastet und macht die Sache schwerer, als sie ohnehin schon ist, dass auch der Schabbat noch entweiht werden muss. Das entspricht rabbinischen Traditionen. So wird etwa festgelegt: »Wenn Feinde oder ein Fluss eine Stadt umringen und ebenso wenn ein Schiff auf dem Meer herumgetrieben wird und ebenso wenn ein Einzelner von Nichtjuden, Räubern oder einem bösen Geist verfolgt wird, dann darf man derentwegen den Schabbat entweihen und sich retten.« (Tosefta Eruvin 4,8)

Jesus gilt von Beginn des Evangeliums an – und dann immer wieder – als messianischer König: als Sohn Davids und »Gesalbter«. (Matthäus 1,1.16.17) Das ist ein nur im Judentum begegnendes Konzept. Der Weg dieses Messias wird auf Schritt und Tritt mit der Schrift als ein von Gott gewollter und begleiteter beschrieben. Das geschieht oft mit der an ein erzähltes Geschehen angeschlossenen Wendung: »damit vollbracht/ausgeführt/erfüllt werde, was gesagt ist«, worauf ein Schriftzitat folgt. Das versteht Matthäus nicht im Sinne der späteren kirchlichen Tradition im Schema von Verheißung und Erfüllung. Diese Wendung kennzeichnet vielmehr das erzählte Geschehen als eins, in dem Gottes Handeln zum Zuge kommt, in dem er dabei ist und wirkt. Dem entspricht genau die im rabbinischen Schrifttum sehr häufig vorkommende Wendung: »Da wurde aufgerichtet/ausgeführt/vollbracht, was gesagt ist«, worauf ein Bibelzitat folgt.

Dass Jesus als Ausleger der Tora dargestellt wird, wurde ebenfalls schon im ersten Teil ausgeführt. Im Matthäusevangelium ist er das in besonders prägnanter Weise – und das wieder und wieder in sachlicher Übereinstimmung mit der pharisäisch-rabbinischen Tradition. Der Evangelist gibt diese Übereinstimmung jedoch nicht zu. Das zeigt sich zum Beispiel, wenn er Schriftgelehrten und Pharisäern vorwirft, sie ließen »das Gewichtigere in der Tora beiseite: das Recht und das Erbarmen und die Verlässlichkeit.« (Matthäus 23,23) Als Maßstab, der »die ganze Tora« zusammenfasst und gemäß dem ihre Einzelgebote zu lernen und einzuhalten sind, gibt schon Hillel der Alte an: »Was dir verhasst ist, das tu deinem Mitmenschen nicht an!« (Babylonischer Talmud Schabbat 31a) Andere benennen als »große Zusammenfassung in der Tora« und damit als einen solchen Maßstab das Gebot, den Nächsten zu lieben wie sich selbst, oder – noch umfassender – die Gottebenbildlichkeit des Menschen. (B'reschit Rabba 24,7) Bezeichnend ist weiter, wie Matthäus die Szene von der Frage nach dem größten Gebot gestaltet. (Matthäus 22,34–40) Bei Markus nimmt der Gesprächspartner Jesu, ein Schriftgelehrter, die von diesem mit dem Gebot der Liebe zu Gott und zum Nächsten gegebene Antwort weiterführend auf, und Jesus erkennt das seinerseits lobend an. (Markus 12,28–34) Bei Lukas ist es Jesu Gesprächspartner, ein Toralehrer, der auf die Gegenfrage Jesu hin, was geschrieben stehe und wie er lese, das Doppelgebot der Liebe formuliert. (Lukas 10,25–28) Nichts dergleichen findet sich bei Matthäus. Warum gibt er die Gemeinsamkeiten nicht zu? Warum erscheinen immer wieder Pharisäer als Gegner Jesu? Warum zeigt sich bei ihm so eine außerordentlich scharfe Polemik? Was wirft er »den Pharisäern und Schriftgelehrten« vor? Und worin ist seine Polemik begründet? Im unmittelbaren Anschluss an die Aufforderung, alles zu tun und zu halten, »was die Schriftgelehrten und die Pharisäer« sagen, fährt Jesus nach Matthäus fort: »An ihren Taten jedoch sollt ihr euer Tun nicht ausrichten. Sie reden nämlich, tun es aber nicht. Sie schnüren schwere Lasten und legen sie den Menschen auf die Schultern, selbst aber wollen sie daran keinen Finger rühren.« (Matthäus 23,2–4) Matthäus klagt also eine Diskrepanz von Lehre und Praxis, von Reden und Tun an. Dass Menschen nicht tun, was sie sagen, kommt vor. Matthäus beobachtet das auch in der Gemeinde Jesu – und kritisiert es scharf. (Matthäus 7,21–23) Das wird auch in der übrigen jüdischen Gemeinschaft vorgekommen sein – und wird auch dort kritisiert. Hinter der Formulierung vom Schnüren schwerer Lasten steht die Frage, ob Toragebote in der Auslegung zu erleichtern oder zu erschweren sind. Die rabbinischen Lehrer befolgen die Regel, die Gebote so auszulegen, dass sie auch faktisch von der großen Menge der Gemeinde befolgt werden können. Als Ideal für den Lehrer gilt, für die anderen erleichternd, für sich selbst aber erschwerend auszulegen. Matthäus mag das Auseinandergehen von Lehren und Tun bei einem Lehrer der Mehrheit beobachtet haben. Aber damit wäre nicht gerechtfertigt, diese Beobachtung zur totalen Perspektive der Wahrnehmung der anderen Seite zu machen. Genau das jedoch tut Matthäus. Und so lässt er Jesus »den Schriftgelehrten und Pharisäern« siebenmal ein »Wehe euch!« entgegenschleudern und diffamiert sie pauschal als »Heuchler«. (Matthäus 23,13–33)

Was könnte ihn zu dieser scharfen – und ungerechten – Polemik veranlasst haben? Erfährt er zusammen mit seiner Gemeinde Bedrängnisse, die seine Polemik zwar nicht rechtfertigen, aber vielleicht doch etwas verständlicher machen können? Wie er die Situation der auf Jesus bezogenen Gemeinschaft wahrnimmt, scheint primär durch negative Erfahrungen im jüdischen Umfeld geprägt zu sein, die um Jesu willen gemacht werden. Schon am Ende der Beglückwünschungen sind verbale Attacken gegen Jesusleute im Blick. Sie werden geschmäht und diffamiert. (Matthäus 5,11) Ein Beispiel für Letzteres wird an anderer Stelle angeführt: »Wenn sie den Hausherrn Beëlzebul genannt haben, um wieviel mehr seine Hausgenossen.« (Matthäus 10,25) Über verbale Anfeindungen hinaus spricht Matthäus aber auch vom »Verfolgen«. (Matthäus 5,11) Darunter können die Auslieferung an örtliche Gerichte und der Vollzug der synagogalen Prügelstrafe, der »Vierzig weniger einen«, verstanden sein. (Matthäus 10,17; 23,34) Im Bibeltext wird die Begrenzung der Schläge begründet: *»damit dein Bruder nicht verächtlich gemacht werde vor deinen Augen«*. (5. Mose 25,3) Daraus folgert die rabbinische Auslegung: »Nachdem er geschlagen worden ist, ist er wie dein Bruder.« (Mischna Makkot 3,15) Das aber heißt, dass die Jesusanhängern verabreichte Prügelstrafe nicht als an Außenstehenden verübt, sondern als innersynagogale Maßnahme verstanden wurde. Nach anderen Stellen werden die Boten Jesu um seinetwillen vor Statthalter und Könige geschleppt, werden einige getötet und gekreuzigt. (Matthäus 10,18; 23,34; 24,9) Hier sind in erster Linie nichtjüdische Instanzen im Blick. Aber diese Aussagen können sich auch auf die Lynchjustiz an Stephanus beziehen (Apostelgeschichte 7,54–58), auf die Hinrichtung des Zebedaiden Jakobus durch König Herodes Agrippa I. (Apostelgeschichte 12,1–2), auf die Hinrichtung des Jakobus, des Bruders Jesu, durch den jungen sadduzäischen Hohepriester Chanan. Weiterhin lässt Matthäus Jesus ankündigen: »Bei allen werdet ihr um meines Namens willen verhasst sein.« (Matthäus 10,22) Während das hier zu den ins Land Israel ausgesandten Boten gesagt ist, wird zu derselben Ankündigung an späterer Stelle hinzugefügt: »bei allen *Völkern*«. (Matthäus 24,9)

Die innerjüdische Auseinandersetzung hat ihren Anlass an dem für Jesus erhobenen hohen Anspruch, der in den Augen der Mehrheit nicht ausgewiesen ist. Das spiegelt sich etwa in der Szene wider, nach der »einige der Schriftgelehrten und Pharisäer« gegenüber Jesus das Wort ergreifen. Sie sagen zu ihm: »Lehrer, wir wollen von dir ein Zeichen sehen.« Er soll sich ausweisen. Der vorangehende Kontext spricht summarisch von vielen Heilungen Jesu und erzählt dann einen Einzelfall, nämlich die Heilung eines blinden und stummen Besessenen. Pharisäer führen diese Heilung auf »Beëlzebul, den Herrscher der Dämonen«, zurück. Ihnen gegenüber kann daher jetzt nicht auf die wunderbaren Taten Jesu als »Zeichen« hingewiesen werden. Der Hinweis auf sie verfängt bei Außenstehenden in der Zeit des Matthäus nicht, da in ihren Augen sein Wirken und also auch sein Anspruch durch seine Hinrichtung als gescheitert gelten. Demgegenüber formuliert Matthäus als Antwort Jesu: »Diese böse und ehebrecherische Generation begehrt ein Zeichen. Aber es wird ihr kein anderes Zeichen gegeben werden als nur das Zeichen des Propheten Jona: Wie nämlich *Jona drei Tage und drei Nächte im Bauch des großen Fisches war*, so wird der Menschensohn drei Tage und drei Nächte im Herz der Erde sein.« (Matthäus 12,38–40) »Das Zeichen des Jona« meint das Zeugnis von der Auferweckung Jesu. Dadurch, dass es mit dem Zitat aus Jona 2,1 verbunden wird, erhält es Grund in einem Zeugnis der Schrift, das auf Gottes wunderbares Handeln verweist, der neuschöpferisch Leben aus den Toten schafft.

An dieser Stelle scheint für Matthäus in der Tat ein zentrales Problem vorzuliegen. Das zeigt sich daran, dass er dieselbe Thematik noch einmal aufnimmt. (Matthäus 16,1–4) Da sind es dann »Pharisäer und Sadduzäer«, die an Jesus herantreten und von ihm ein Zeichen vom Himmel verlangen. Er entgegnet ihnen: »Am Abend sagt ihr: ›Es gibt schönes Wetter; denn der Himmel glüht rot.‹ Und am Morgen: ›Heute gibt es Sturm und Regen; denn der Himmel glüht rot, während er sich eintrübt.‹ Wie es am Himmel aussieht, versteht ihr zwar zu beurteilen; bei den Zeichen der Zeiten vermögt ihr's jedoch nicht? Eine böse und ehebrecherische Generation begehrt ein Zeichen, aber es wird ihr kein anderes Zeichen gegeben werden als nur das Zeichen des Jona.« Die Forderung nach dem »Zeichen vom Himmel« wird erhoben, nachdem unmittelbar vorher die wunderbare Speisung der 4000 erzählt worden ist. Denen, die die Wetterzeichen zu lesen verstehen, wirft Jesus vor, es bei den »Zeichen der Zeiten« nicht zu vermögen. Beide Worte stehen im Plural; das ist auffällig. Es lässt sich verstehen, wenn einmal an die Zeit des irdischen Wirkens Jesu gedacht ist. In ihr gelten seine »messianischen Taten« als »Zeichen«. Zum anderen ist die Zeit nach Jesu Tod im Blick; in ihr gibt es nur »das Zeichen des Jona«: die im verkündigten Wort bezeugte Auferweckung Jesu von den Toten, die als Zeitenwende verstanden ist.

Dass hier zur Zeit des Evangelisten der entscheidende Kontroverspunkt liegt, zeigt die eigenartige Erzählung, die auf die eben besprochene Szene folgt. (Matthäus 16,5–12) Nach ihr stoßen die Schüler wieder zu Jesus. Es wird vermerkt, sie hätten »vergessen, Brot mitzunehmen«. Jesus fordert sie auf: »Seht zu, dass ihr vor dem Sauerteig der Pharisäer und Sadduzäer auf der Hut seid!« Sie nehmen das nicht weiter wahr und machen sich Gedanken wegen der vergessenen Brote. Deshalb werden sie von Jesus getadelt und an die beiden wunderbaren Speisungen erinnert und bekommen noch einmal die Warnung vor dem »Sauerteig der Pharisäer und Sadduzäer« zu hören. Danach bemerkt Matthäus abschließend: »Da begriffen sie, dass er nicht gesagt hatte, vor dem Sauerteig für Brot auf der Hut zu sein, sondern vor der pharisäischen und sadduzäischen Lehre.« Wie verhält sich diese Warnung, jedenfalls soweit sie die pharisäische Lehre betrifft, zu der Beobachtung, dass Jesu Lehre im Matthäusevangelium immer wieder mit der pharisäischen sachlich übereinstimmt und dass er die mündliche Tora für verbindlich erklärt? Man muss dieses Stück in seinem Kontext sehen. Schon in der Szene vorher standen »die Pharisäer und Sadduzäer« zusammen. Sie stehen zusammen in der Ablehnung Jesu aufgrund der Überzeugung, dass der für ihn erhobene Anspruch nicht ausgewiesen sei. Das meint Matthäus in diesem Zusammenhang mit der Lehre, vor der es sich zu hüten gilt. Im Gegenüber dazu bietet er anschließend das Bekenntnis zu Jesus als dem Gesalbten, verbunden mit der Perspektive auf Leiden, Tod und Auferweckung. (Matthäus 16,13–23).

Dass für diejenigen seiner Landsleute, mit denen er sich in Auseinandersetzung befindet, der für Jesus erhobene messianische Anspruch vor allem deshalb als nicht ausgewiesen gilt, weil er in ihren Augen als am Kreuz Hingerichteter gescheitert war, zeigt sich an mehreren Stellen im Evangelium. Als Jesus am Kreuz hängt, verspotten ihn die Vorübergehenden: »Der du den Tempel niederreißt und in drei Tagen erbaust: Hilf dir selbst! Wenn du Sohn Gottes bist, steige herab vom Kreuz!« »Sohn Gottes« steht hier als Bezeichnung des königlichen Gesalbten. Das zeigt die unmittelbar folgende Verspottung Jesu durch Vertreter der Elite, durch »die Oberpriester samt Schriftgelehrten und Ältesten«, bei der die Bezeichnung »Sohn Gottes« mit »der König Israels« aufgenommen ist: »Anderen hat er geholfen; sich selbst kann er nicht helfen. Der König Israels ist er? Dann soll er jetzt vom Kreuz herabsteigen, so werden wir auf ihn unser Vertrauen setzen.« Mit beiden Aussagen ist im Sinne der als redend Vorgestellten gemeint: Da Jesus sich gegenüber seinem schlimmen Schicksal nicht als souverän erweist, sondern tatsächlich hilflos am Kreuz hängend stirbt, stellt sich der für ihn erhobene messianische Anspruch als haltlos heraus. Die Vertreter der Elite verbinden ihre Argumentation mit der Schrift: »Auf Gott hat er vertraut; *der soll ihn jetzt retten, wenn er Gefallen an ihm hat.* [Psalm 22,9] Hat er doch gesagt: ›Gottes Sohn bin ich.‹« (Matthäus 27,39–43) Wäre Jesus wirklich Gottes Gesalbter gewesen, hätte Gott ihn nicht auf diese Weise schmählich umkommen lassen, sondern ihn gerettet. Für Matthäus und seine Gemeinde hat er das auch – in der Auferweckung Jesu von den Toten. Aber das ist für die anderen bloße Behauptung. Sie gehen nach Matthäus sogar so weit, den Schülern Jesu zu unterstellen, sie hätten den Leichnam Jesu heimlich bei Nacht gestohlen und dann die Parole von seiner Auferweckung ausgegeben. (Matthäus 28,13.15) Als besonders provokativ dürfte es umgekehrt auf Seiten der Mehrheit empfunden worden sein, dass dieser so offensichtlich Gescheiterte als der ausgegeben wird, der – von Gott beauftragt und an seiner Stelle – das letzte Gericht vollziehen würde. (Matthäus 23,39; 26,64–65)

In der Frage der Einschätzung Jesu zeigt sich also ein schroffer Gegensatz. Matthäus erfährt sich mit den Seinen vonseiten der Mehrheit gerade an dem Punkt zutiefst in Frage gestellt, der für ihn der zentrale ist, dass nämlich Gott Jesus von den Toten aufgeweckt hat. Er musste es darüber hinaus als schlimme Diffamierung empfinden, dass unterstellt wurde, gerade dieser Punkt beruhe auf Betrug. Demgegenüber sieht sich die Mehrheit von der Minderheit mit einem Anspruch konfrontiert, der ihr völlig unausgewiesen und deshalb auch unglaubwürdig erscheint. Dass es so in der schwierigen Zeit nach 70 zu heftigem innerjüdischen Streit um Jesu willen kommt, ist leicht vorstellbar. Die auf Jesus bezogene Minderheit ist zumindest verbal aggressiv. Sie diffamiert die Lehrer der Mehrheit pauschal als »Heuchler«. Die Deutung der katastrophalen Niederlage im jüdisch-römischen Krieg als Strafe Gottes für die mehrheitliche Ablehnung Jesu setzt den für ihn erhobenen Anspruch implizit absolut. Das verhindert, dass diese Gruppe in die Mehrheit integriert werden kann, die sich unter pharisäisch-rabbinischer Führung vom Lehrhaus in Javne aus neu formiert. So werden ihr gegenüber distanzierende Maßnahmen nicht nur verbaler Art ergriffen, die von der Minderheit als bedrängend erfahren werden. Das ist die Situation, in der Matthäus schreibt, in der er die eigene Gemeinschaft vergewissern will.

c) Auseinandersetzungen im Spiegel des Johannesevangeliums

Auffällig häufig ist im Johannesevangelium von »den Juden« die Rede, und an der Mehrzahl dieser Stellen erscheinen sie als feindlich gegenüber Jesus. Von den jüdischen Gruppen begegnen so gut wie ausschließlich die Pharisäer. Dabei können im selben Zusammenhang dieselben handelnden Personen einmal als »die Juden« und dann als »die Pharisäer« bezeichnet werden, auch in umgekehrter Reihenfolge. Das ist als Wiedergabe von historischer Wirklichkeit sowohl für die Zeit Jesu als auch für die Zeit nach Jesu Tod bis zum Ende des jüdisch-römischen Krieges im Jahr 70 ausgeschlossen. So kann man verstehen, dass die These aufgestellt wurde: Unter »den Juden« im Johannesevangelium seien gar keine wirklichen Juden verstanden, sondern sie gälten als Repräsentanten der feindlichen Welt. Aber damit sind die tatsächlichen Verhältnisse von den Füßen auf den Kopf gestellt. Die nichtjüdische Welt kommt in diesem Evangelium nur sehr am Rand in den Blick. Die in ihm erscheinende Welt ist in erster Linie eine jüdische. Vor einem Laubhüttenfest fordern die Brüder Jesu diesen auf, zum Fest nach Jerusalem zu gehen und sich dort »der Welt« zu zeigen. (Johannes 7,4) Die an einem Wallfahrtsfest in Jerusalem anzutreffende Welt ist die jüdische Welt – in Form der aus dem Land Israel und der gesamten Diaspora kommenden Pilgerscharen. Nachdem beim Einzug Jesu in Jerusalem vor seinem letzten Pessachfest viele Menschen, die zum Fest gekommen waren, ihn feierlich wie einen König eingeholt hatten, »sprachen die führenden Pharisäer zueinander: ›Merkt ihr, dass ihr nichts ausrichtet? Seht doch! Alle Welt ist ihm nachgelaufen.‹« (Johannes 12,19) In den Abschiedsreden kündigt Jesus seinen Schülern an, dass »die Welt« sie hassen wird, wie sie ihn zuvor gehasst hat. Von dieser »Welt« wird anschließend als solchen Personen gesprochen, zu denen Jesus geredet und unter denen er seine Taten vollbracht und aus deren Tora er zitiert hat. (Johannes 15,18–25) Bei der Vernehmung durch Hannas sagt Jesus: »Ich habe öffentlich vor aller Welt geredet.« Was das Reden »vor aller Welt« konkret meint, führt er gleich anschließend aus: »Ich habe stets in Synagogen und im Heiligtum gelehrt, wo alle Juden zusammenkommen.« (Johannes 18,20) »Die Welt« ist also für Johannes die jüdische Welt.

Der abwechselnde Gebrauch von »die Juden« und »die Pharisäer« zeigt, dass diese jüdische Welt pharisäisch bestimmt ist. Ein pharisäisch bestimmtes Judentum ist keine Fiktion. Es beginnt nach der Katstrophe des jüdisch-römischen Krieges. Die Erfahrungen, die Johannes und seine Gemeinde im Kontext dieses Judentums machen, prägen sein Schreiben. Das zeigt sich am deutlichsten in dem dreimal im Evangelium begegnenden Motiv über Maßnahmen, die Personen in der synagogalen Gemeinschaft von dieser distanzieren. Dabei sind Verhältnisse vorausgesetzt, die für die erzählte Zeit, die Zeit Jesu, nicht vorstellbar sind, die aber ausgezeichnet in die Zeit nach 70 d.Z. passen.

Die erste Stelle steht innerhalb der Erzählung von der Blindenheilung. (Johannes 9,1–34) Nach der Heilung wundern sich die Nachbarn. Einige sind unsicher, ob es sich um dieselbe Person handelt. Der Geheilte selbst stellt das klar und berichtet auf die Frage, wieso er denn jetzt sehe, fast so ausführlich, wie die Heilung zuvor erzählt worden ist: »Der Mensch, der Jesus heißt, machte Schlamm, bestrich damit meine Augen und sprach zu mir: ›Auf zum Schiloach und wasch dich!‹ Nachdem ich also hingegangen war und mich gewaschen hatte, konnte ich sehen.« In der nächsten Szene wird er zu »den Pharisäern« gebracht, die in gleichsam behördlicher Machtstellung erscheinen. Das ist für die Zeit Jesu nicht vorstellbar, sehr wohl aber für die Zeit nach 70. Von der »Behörde« befragt, wieso er jetzt sehe, antwortet der Geheilte äußerst knapp und nennt dabei bezeichnenderweise nicht einmal den Namen seines Heilers: »Schlamm hat er mir auf die Augen gelegt und ich habe mich gewaschen und sehe.« Dieselben Leute, die ihn vernommen haben, werden in der folgenden Szene als »die Juden« bezeichnet. Sie glauben nicht, dass dieser Mensch blind gewesen und sehend geworden sei. Zur Klarstellung zitieren sie seine Eltern herbei und wollen von ihnen wissen: »Das hier ist euer Sohn, von dem ihr sagt, er sei blind geboren? Wieso denn sieht er jetzt?« Sie sollen also einmal die Identität des Vorgeführten als die ihres Sohnes bestätigen, von dem es offenkundig ist, dass er jetzt sieht, und von dem behauptet wird, dass er blind geboren wurde; und zum anderen sollen sie den Wechsel – wenn es ihn denn gegeben hat – erklären. Ihre Antwort ist bezeichnend. Mit dem ersten Fragenteil haben sie keinerlei Schwierigkeiten: »Wir wissen, dass das unser Sohn ist und dass er blind geboren wurde.« Die Schwierigkeiten beginnen aber sofort da, wo die Person Jesu ins Spiel kommen müsste; mit ihr wollen sie auch nicht indirekt in Beziehung gesetzt werden. So weichen sie aus: »Wieso er aber jetzt sieht, wissen wir nicht. Oder wer ihm die Augen geöffnet hat, wissen wir jedenfalls nicht. Fragt ihn selbst! Er hat das entsprechende Alter. Er soll für sich selbst reden.« Sie geben Nichtwissen vor und verweisen auf ihren für sich selbst verantwortlichen Sohn. Zu diesem Verhalten bietet Johannes eine kommentierende Bemerkung. Er konstatiert zunächst: »Das aber sagten seine Eltern, weil sie die Juden fürchteten.« Was sollte es für das Jerusalem der Zeit Jesu heißen, dass die Eltern, als wären sie selbst keine Juden, »die Juden« fürchteten? So kann nur in einer Umgebung geredet werden, in der Juden nicht die einzigen Bewohner sind, in der sie aber die dominierende Kraft bilden. Die Eltern fürchten »die Juden«, obwohl sie selber gar nicht als Anhänger Jesu geschildert werden, und geben deshalb Nichtwissen vor, sobald die Person Jesu ins Blickfeld gerät. Hier ist eine Atmosphäre der Angst vorausgesetzt, in der es opportun erscheint, nicht mit Jesus in Verbindung gebracht zu werden. Das unterstreicht die anschließend gegebene Begründung: »Denn schon hatten die Juden untereinander verabredet, dass – wer immer ihn als Gesalbten bekenne – von der synagogalen Gemeinschaft ferngehalten würde.« Aufschlussreich ist das Wörtchen »schon«. Es schließt ein, dass – wie immer es sich mit dem hier genannten Geschehen auf der Zeitebene der Erzählung verhalten haben mag – es sich auf alle Fälle um ein solches handelt, das Johannes und seiner ersten Leser- und Hörerschaft als gegenwärtige Erfahrung vertraut und also auf ihrer Zeitebene zu Hause ist. Die beiden anderen Stellen bestätigen das. (Johannes 12,42; 16,2) Die zuletzt genannte steht in den Abschiedsreden Jesu an seine Schüler. Über sie lässt ihn Johannes zur Leser- und Hörerschaft des Evangeliums sprechen. Daher geht es bei dem hier angekündigten Fernhalten von der synagogalen Gemeinschaft nicht um ein für die Gemeinde längst vergangenes und sie nicht mehr berührendes Problem. Es ist vielmehr bedrängende Erfahrung ihrer Gegenwart.

Aber was für ein Geschehen, was für eine Erfahrung ist das? Johannes gebraucht dafür einen Begriff (*aposynágogos*), der sich ausschließlich drei Mal in seinem Evangelium und an davon abhängigen Stellen findet. Daher ist anzunehmen, dass er ihn selbst gebildet und es sich also nicht um eine bereits geprägte Bezeichnung für ein feststehendes Verfahren handelt. Das aber suggeriert die übliche Übersetzung mit »aus der Synagoge ausschließen«, die an die Analogie eines formellen Ausschlusses aus einer Partei oder einer anderen organisierten Gemeinschaft denken lässt. Johannes bringt mit dieser Bezeichnung solche Maßnahmen auf den Begriff, wie sie im ersten Kapitel dieses Teils (s.o. S. 188) für das sich bildende rabbinische Judentum gegenüber Häretikern angeführt wurden, Maßnahmen, die von der synagogalen Gemeinschaft distanzieren und das Leben in ihr schwer machen.

Johannes wirkt also in einem ganz und gar jüdischen Kontext. Das legt nahe, auch ihn für einen Juden zu halten. Er schreibt ein einfaches, fehlerfreies, stark semitisierendes Griechisch. Dass er auch des Hebräischen und Aramäischen mächtig war, zeigen einige seiner Bibelzitate. Als einziger Autor der im Neuen Testament gesammelten Schriften bietet er das aramäische Wort für den Gesalbten (*meschichá*) in gräzisierter Form: *messías*. (Johannes 1,41; 4,25) An beiden Stellen gibt er anschließend die griechische Übersetzung: *christós*. Er kann formal und sachlich Jesus analog zu dem argumentieren lassen, wie es sich auch bei Rabbinen findet. So begründet Jesus, warum die von ihm bewirkte Heilung des Gelähmten an einem Schabbat erfolgen durfte: »Mose hat euch die Beschneidung gegeben – nicht, dass sie von Mose wäre, vielmehr von den Vätern –, und ihr beschneidet einen Menschen auch am Schabbat. Wenn ein Mensch am Schabbat die Beschneidung erhält, damit die Tora des Mose nicht außer Geltung gesetzt werde, dann zürnt ihr mir, weil ich einen ganzen Menschen am Schabbat gesund gemacht habe?« (Johannes 7,22–23) Im Hintergrund dieser Argumentation steht eine Kollision zwischen dem Arbeitsverbot am Schabbat und dem Gebot, einen neugeborenen Knaben am achten Tag zu beschneiden. Sie ergibt sich, wenn die Geburt an einem Schabbat erfolgt. Das Problem wurde in der Weise gelöst, dass die Beschneidung den Schabbat verdrängt. Diesen Grundsatz bringt Rabbi Elieser durch einen Schluss vom Leichten auf das Schwere mit dem anderen in Verbindung, dass auch jede Art von – sehr weit gefasster – Lebensgefahr den Schabbat verdrängt: »Wenn ein einzelnes Glied von ihm den Schabbat verdrängt, wird dann nicht er als ganzer den Schabbat verdrängen?« (Tosefta Schabbat 15,16)

Der jüdische Kontext des Johannes und seines Schreibens zeigt sich an weiteren Aspekten. In diesem Evangelium verlässt Jesus an keiner Stelle das Gebiet, das biblisch als »Land Israel« gilt. Nichtjüdischen Menschen begegnet er erst bei seiner Festnahme in Gestalt der als beteiligt vorgestellten römischen Kohorte und bei seinem Prozess und seiner Hinrichtung in Gestalt seines Richters Pilatus und dessen Soldaten. Vorher trifft er außer Jüdinnen und Juden nur Menschen aus Samaria, die sich ebenfalls auf die Tora beziehen. Der nichtjüdische Hauptmann von Kafarnaum bei Matthäus und Lukas ist bei Johannes ein jüdischer Hofmann. Als »Griechen« Jesus sehen wollen und über die Vermittlung des Schülers Philippus das Gespräch mit ihm suchen und dieser zusammen mit Andreas deren Bitte an Jesus heranträgt, kommt eine Begegnung dennoch nicht zustande. (Johannes 12,20–23) Nur ganz gelegentlich ist davon die Rede, dass sich nichtjüdische Menschen auf Jesus beziehen werden. Das geschieht da, wo Jesus bildlich davon spricht, dass er »auch andere Schafe« habe, »die nicht aus dieser Hürde sind«, die auf seine Stimme hören werden und die er ebenfalls leiten müsse. (Johannes 10,16) Diese »anderen Schafe« sind wahrscheinlich auch mit im Blick im Gebet Jesu, wenn er nicht nur für seine Schüler bittet, »sondern auch für diejenigen, die durch ihr Wort an mich glauben«. (Johannes 17,20) Entsprechend wird Jesus von den Samaritern als »der Retter der Welt« bekannt. (Johannes 4,42) Auf diese Dimension weisen auch eine Reihe weiterer Stellen, die »die Welt« erwähnen. (z.B. Johannes 1,29; 3,16)

Dem durchgehenden jüdischen Kontext entspricht, dass Johannes als Ziel seines Schreibens die Bewahrung des Glaubens angeben kann, »dass Jesus der Gesalbte ist, der Sohn Gottes«. (Johannes 20,31) Johannes geht es darum zu vermitteln, dass Jesus der messianische König ist. Und sein Königtum ist ausdrücklich bezogen auf Israel, auf das jüdische Volk. Das zeigt sich besonders deutlich an der von Johannes breiter ausgeführten Szene über die Inschrift am Kreuz Jesu. Er macht sie zu einer Proklamation: »Jesus aus Nazaret, der König des jüdischen Volkes.« Aber dieser gekreuzigte König geht die gesamte Welt an, wie Johannes mit der Dreisprachigkeit der Inschrift zeigt. (Johannes 19,19–22) Die Zielangabe des Evangeliums über Jesus als Messias wird nicht von den im Evangelium vorher gemachten Hoheitsaussagen überboten, die davon sprechen, dass Jesus von Gott gekommen sei und wieder zu Gott gehe, dass er erhöht und verherrlicht werde. Sie dienen vielmehr dazu, es möglichst einsichtig zu machen, dass der am Kreuz hingerichtete Jesus dennoch der Messias, der Gesalbte, sei. So ist es nicht verwunderlich, dass der Streit darüber, ob Jesus der Gesalbte sei, im Johannesevangelium breiten Raum einnimmt. In keinem anderen Evangelium wird so oft darüber gestritten wie in ihm. Es sei hier nur auf das stärkste Argument eingegangen.

Der Tod Jesu am Kreuz ist ein unbestreitbares Faktum; er wird als ein Tatsacheneinwand gegen Jesus angeführt: »Wir haben aus der Tora gehört, dass der Gesalbte für immer bleibt.« (Johannes 12,32–34) »Tora« ist hier Bezeichnung der ganzen Schrift. Eine sehr nahe Entsprechung bietet Psalm 89,37, wo es im Blick auf David heißt: »*Sein(e) Nachkomme(nschaft) wird für immer bleiben.*« Im Targum zu Jesaja 9,5 wird die Prädikation »Ewig-Vater« so wiedergegeben: »der für immer besteht, der Gesalbte«. Wie die Annahme, jemand sei der Messias, durch dessen Tod als widerlegt gilt, zeigt sehr deutlich eine Tradition in einem Midrasch, »dass unser Vater Jakob ihn [Simson] sah und von ihm meinte, er sei der

König Messias. Als er aber sah, dass er starb, sprach er: ›Auch dieser starb.‹« (B'reschit Rabba 98,14 [183a]) Der gegen die Messianität Jesu aufgrund seines Todes erhobene Einwand ist also von der Schrift und ihrer Auslegung her gut begründet. Johannes bestreitet die Tatsächlichkeit des Todes Jesu selbstverständlich nicht, begegnet aber diesem Einwand so, dass Gott sich gerade in diesen Tod habe hineinziehen lassen und dass er ihn in der Auferweckung des Gekreuzigten gewendet habe. Daher kann er die Hinrichtung Jesu zugleich als seine Erhöhung und Verherrlichung beschreiben.

Jemanden für den Messias zu halten war und ist im Judentum kein Problem, das heftigste Auseinandersetzungen und schärfste Distanzierungen hervorrufen müsste. Das zeigen aktuell diejenigen, die in dem bereits 1994 gestorbenen Rabbi Schneerson den Messias erkennen. Im Blick auf Jesus jedoch wurde es schon im letzten Drittel des 1. Jahrhunderts zu einem solchen Problem. Das dürfte daran gelegen haben, dass man seine Messianität absolut setzte. Ist das lediglich Reaktion darauf, selbst in diesem Glauben radikal in Frage gestellt zu sein, oder gibt es dafür auch einen inneren Grund? Die Besonderheit der für Jesus angenommenen Messianität besteht darin, dass sie sich auf einen am Kreuz Hingerichteten bezieht und auf dem Glauben beruht, dass Gott ihn von den Toten aufgeweckt hat. Diese Auferweckung wurde nicht als bloße Wiederbelebung eines Einzelnen verstanden, sondern als ein Akt endzeitlicher Neuschöpfung, mit dem die neue Schöpfung schon begonnen hat. Daher galt Jesus als der endzeitliche messianische König, sozusagen der Messias mit Letztgültigkeit. Dementsprechend wurde er auch als der von Gott beauftragte endzeitliche Richter identifiziert. Das enthält zumindest eine Tendenz, seine Messianität absolut zu setzen. Und das wiederum bewirkt auf der anderen Seite entschiedene Ablehnung, die sich zu dem Vorwurf steigert, Jesus zu vergöttlichen und damit Gotteslästerung zu treiben.

Gegen Ende des öffentlichen Wirkens Jesu erzählt Johannes von einem Versuch, ihn zu steinigen. (Johannes 10,22–38) Er wird damit begründet, Jesus habe sich gottgleich gemacht. Das bezieht sich auf dessen Aussage, die üblicherweise so übersetzt wird: »Ich und der Vater sind eins.« Damit ist jedoch keineswegs ausgesagt, dass Gott und Jesus, der Vater und der Sohn, eines Wesens seien, wie es die spätere altkirchliche Dogmatik versteht. Eine dem Sinn entsprechende Übersetzung müsste lauten: »Ich und der Vater wirken zusammen.« Dieser Sinn ergibt sich einmal von einer sprachlich genau entsprechenden Parallele her. In 1. Korinther 3,4–9 stellt Paulus sich und Apollos als Menschen nebeneinander, die in der korinthischen Gemeinde gewirkt haben: »Ich habe gepflanzt, Apollos hat begossen; Gott aber hat es wachsen lassen. Daher gilt weder, der pflanzt, etwas, noch der, der begießt, sondern der wachsen lässt: Gott.« Eine genau dem griechischen Wortlaut folgende Übersetzung des anschließenden Satzes müsste lauten: »Wer pflanzt und wer begießt, sind eins.« Das aber ergäbe Unsinn. Es ist deutlich, dass die Formulierung mit dem Neutrum von »eins« den Sinn des gemeinsamen Wirkens hat.

Zum anderen macht auch der Zusammenhang des Textes im Johannesevangelium deutlich, dass es hier nicht um Wesenseinheit, sondern um eine funktionale Einheit geht. Unmittelbar vorher hatte Jesus von den Seinen als solchen gesprochen, die auf seine Stimme hören und denen er Leben gibt, und daran angeschlossen: »Und sie gehen nie und nimmer verloren und *niemand wird sie aus meiner Hand rauben*. Was mein Vater mir gegeben hat, ist größer als alles, und *niemand kann es aus der Hand des Vaters rauben*.« Hier ist geradezu terminologisch zum Ausdruck gebracht, dass Jesus und der Vater Hand in Hand arbeiten. Die danach ausgesprochene Einheit ist somit von vornherein als eine funktionale gekennzeichnet, eben als ein gemeinsames Wirken, noch genauer, da mit der Aussage vom Vater als dem, der Jesus gibt, dessen Vorordnung herausgestellt ist: als ein Wirken des Vaters durch Jesus. Den Vorwurf, Jesus mache sich gottgleich, lässt Johannes Jesus unter Berufung auf eine Bibelstelle zurückweisen. Er zitiert als »eure Tora« die Aussage aus Psalm 82,6: »*Ich habe gesagt: Götter seid ihr.*« Anschließend betont er, dass »die Schrift nicht aufgelöst werden kann«. Daran wird deutlich, dass die Formulierung »*eure* Tora« keine Distanzierung meint. Aus der zitierten Psalmstelle folgert Jesus: »Wenn er jene Götter nannte, an die das Wort Gottes erging [...], dürft ihr dann dem, den der Vater geheiligt und in die Welt gesandt hat, sagen: ›Du lästerst‹, weil ich gesprochen habe: Sohn Gottes bin ich?« Ein entsprechendes Verständnis von Psalm 82,6 findet sich in der jüdisch-rabbinischen Literatur. In einer auf Rabbi Elasar, den Sohn des Rabbi Josse des Galiläers, zurückgeführten Tradition heißt es, dass Gott Israel als seine Kinder »zu Göttern gemacht« habe. »Denn es ist gesagt (Psalm 82,6): *Ich habe gesagt: Götter seid ihr und Kinder des Höchsten ihr alle.*« (Tanchuma Buber Waera 9 [13b]) Die Israeliten werden nach dieser Auslegung, wie der weitere Text zeigt, deshalb »Götter« und »Kinder des Höchsten« genannt, weil Gott seine Worte an sie gerichtet hat. Wenn also schon alle Adressaten des Gotteswortes »Götter« genannt werden, um wie viel weniger verdient dann Jesus aufgrund seines Anspruchs, Sohn Gottes zu sein, die Anklage der Lästerung, da er doch von Gott geheiligt und in die Welt gesandt worden ist. Dass jetzt für Jesus der Titel »Sohn Gottes« gebraucht wird, könnte durch die nicht mitzitierte, aber doch mitgemeinte und mitgehörte Fortsetzung des Psalmverses bedingt sein: »*und Söhne des Höchsten ihr alle*«. Zugleich liegt ein Rückbezug auf den zu Beginn des Abschnitts eingebrachten Messiastitel vor, mit dem er zusammengehört. Die Folgerichtigkeit des Schlusses hängt an der Aussage, dass Gott Jesus »geheiligt und in die Welt gesandt« habe. Das Sendungsmotiv unterstreicht wieder, dass Jesus in der Autorität des ihn Sendenden auftritt. Heiligung von

Gott her ist, biblisch verstanden, Beschlagnahme vonseiten Gottes, verbunden mit einer Beauftragung. Von daher versteht Johannes den für Jesus erhobenen Anspruch: In dem, was Jesus sagt und tut, zeigt sich Gott selbst. In dieser Weise gilt, dass er und der Vater zusammenwirken, »eins sind«, dass er »Sohn Gottes« ist. Es geht nicht um die Vergötzung eines Menschen, sondern um die Präsenz Gottes in Jesus. Die Möglichkeit, so von Jesus zu reden, hat Johannes von der Schrift her aufgezeigt. Aber ob der in seinem Schluss für Jesus erhobene Anspruch, dass Gott selbst in ihm präsent ist, zu Recht besteht, erscheint außerhalb des Glaubens nicht als evident.

An mehreren Stellen ist bei Johannes ein eigenartiger Zusammenhang zu beobachten. Zunächst setzt er voraus, dass Gott in Israel bekannt ist. Dann aber spricht er denjenigen, die das Wirken dieses Gottes in und durch Jesus nicht erkennen und anerkennen, jedwede Kenntnis Gottes ab. Dass Jesus nicht einen bis dahin unbekannten Gott »offenbart«, ist schon durch den grundlegenden Bezug auf Israels heilige Schriften gegeben. Dem entspricht es, dass »der Vater« für »den Sohn« Zeugnis ablegt, aber nicht »der Sohn« für »den Vater«. (Johannes 8,12–20) »Jesus, der unbekannte Sohn Gottes, wird bekannt durch den bekannten Vater. [...] Jesus appelliert an diese Größe als eine bekannte Größe.« (Karl Barth) Im jüdischen Kontext, in dem das Evangelium geschrieben ist, wird also »der Vater« als bekannt vorausgesetzt. Dementsprechend lautet die an Jesus gerichtete Frage auch nicht: »*Wer* ist dein Vater?« Vielmehr: »*Wo* ist dein Vater?« Umstritten ist in der Situation des Johannesevangeliums der Ort der Präsenz des in Israel bekannten Gottes. Gegenüber der Bestreitung der Präsenz Gottes in Jesus formuliert Johannes als Wort Jesu: »Weder mich kennt ihr noch meinen Vater. Wenn ihr mich kenntet, kenntet ihr auch meinen Vater.« Aufgrund der Voraussetzung, dass der Vater sich im Sohn zeigt, dass der Gott Israels in Jesus präsent ist, wird geschlossen, dass den Vater überhaupt nicht kennt, wer ihn nicht im Sohn erkennt. Die gerade noch vorausgesetzte Bekanntheit Gottes als des für Jesus Zeugnis Ablegenden schlägt angesichts der Ablehnung dieses Zeugnisses um in die Behauptung völliger Unkenntnis Gottes. Der Umkehrschluss schließt zuvor vorausgesetzte Gemeinsamkeit aus und beansprucht Exklusivität.

In der Auslegungsgeschichte hat dieser gegenüber Juden gemachte Umkehrschluss eine Sogwirkung ausgeübt zu negativen Aussagen über das Judentum. Im Johannesevangelium selbst führt dieser Sog gegen Ende des achten Kapitels dazu, »die Juden« zu verteufeln. Und so verwundert es nicht, dass dieses Evangelium immer wieder auch das Zeugnis eines gescheiterten Gesprächs ist. Es bietet Dialoge, die in Wirklichkeit keine sind, sondern sich bei näherem Hinsehen als Proklamationen der eigenen Position erweisen, der auch die Gegenseite letztlich dienen muss. Die verfahrene Gesprächssituation sei im Spiegel eines kurzen Abschnitts aufgezeigt: Johannes 8,22–26. Dort wird übereinander geredet und nicht miteinander, und wo dennoch zum jeweils anderen gesprochen wird, tauscht man verhärtete Positionen aus und giftet einander an. Auf die Ankündigung Jesu an seine Gesprächspartner, wo er hingehe, könnten sie nicht hinkommen, reagieren sie so, dass sie über ihn sprechen und dabei eine abwegige Vermutung anstellen: »Er wird sich doch nicht selbst umbringen?« In seiner Antwort verortet Jesus ihre Herkunft »unten« und seine »oben«, worauf sie verächtlich fragen: »Wer bist du denn schon?« und Jesus seinerseits kontert: »Was rede ich überhaupt noch mit euch?« und hinzufügt: »Über euch könnte ich viel reden und urteilen.« Auf die eigene Infragestellung durch die anderen, wer man denn schon sei, folgt die Ankündigung, viel Negatives über die anderen sagen zu können. Sie wird nicht ausgeführt, aber doch ausgesprochen, was dem Gesprächsklima in der Zeit des Evangelisten gewiss nicht förderlich war.

Am Matthäus- und Johannesevangelium konnte beobachtet werden: In der Zeit nach dem jüdisch-römischen Krieg gibt es heftige Auseinandersetzungen zwischen der an Jesus als Messias glaubenden jüdischen Minderheit und dem sich vom Lehrhaus in Javne aus bildenden pharisäisch-rabbinischen Judentum als Mehrheit. Es handelt sich dabei immer noch um innerjüdische Auseinandersetzungen. Allerdings werden die Bruchstellen deutlich sichtbar. Die Jesusleute erheben für den Messias Jesus einen absoluten Anspruch, der so weit geht, dass sie diejenigen, die ihn nicht anerkennen, aus wahrer Gotteserkenntnis ausschließen. Da die Mehrheit diesen Anspruch nicht nachvollziehen kann und sich die Jesusleute aufgrund ihres absoluten Anspruchs nicht integrieren lassen, werden diese als Häretiker betrachtet. Das hat distanzierende Maßnahmen zur Folge, die die Jesusleute sozial, ökonomisch und religiös treffen. Das wiederum dürfte eine Tendenz hervorgerufen und befördert haben, dass diese sich – je länger je mehr – als eine eigene Größe verstehen in Abgrenzung von der Mehrheit.

3. Auseinandersetzungen im politischen Kontext des Imperium Romanum

a) Mögliche Folgen des *fiscus iudaicus* – auch für »Gottesfürchtige«

Dass Juden nach dem Krieg auferlegt wurde, statt der jährlichen Abgabe eines Halbschekels an den Jerusalem Tempel eine entsprechende Zahlung an den Tempel des Juppiter Capitolinus in Rom als »Judensteuer« (*fiscus iudaicus*) zu leisten, wurde schon vermerkt. Zu deren Eintreibung unter Domitian, Kaiser von 81–96, als dieser dringenden Geldbedarf hatte, gibt Sueton eine interessante Notiz: »Vor allem wurde die Judensteuer mit äußerster Strenge durchgeführt. Zu ihr wurde z.B. herangezogen, wer – ohne sich als Jude erklärt zu haben – jüdische Lebensweise an den Tag legte, oder wer unter Verheimlichung seiner Herkunft die diesem Volk auferlegten Abgaben nicht bezahlt hatte. Ich erinnere mich, als ganz junger Mensch dabei gewesen zu sein, als von einem Prokurator und seinem zahlreichen Beraterstab bei einem neunzigjährigen Greis nachgesehen wurde, ob er beschnitten wäre.« (Sueton, Domitian 12,2) Bei denjenigen, »die jüdische Lebensweise an den Tag legten, ohne sich als Juden erklärt zu haben«, kann es sich nur um »Gottesfürchtige« handeln. Die kaiserlichen Geldeintreiber möchten den Personenkreis, der unter die Judensteuer fällt, möglichst weit fassen. So gehören für sie auch diejenigen darunter, die – wie partiell auch immer – jüdisch leben. Betroffen sind damit ebenfalls diejenigen nichtjüdischen Sympathisanten des Judentums, die den Weg in die Jesusgemeinde gefunden haben und sich zumindest an das Aposteldekret halten – oder auch nur einfach deshalb, weil sie in Gemeinschaft mit Juden beobachtet werden. Veranlasst sie der drohende Zwang, die »Judensteuer« zu zahlen, sich von Jüdischem und vom Judentum zu distanzieren? Es gibt darüber keine Quellen. Aber unterschiedliche Reaktionen Betroffener sind gut denkbar.

Ein völlig eindeutiges Kriterium für das Handeln der staatlichen Seite ergibt die Überprüfung, ob Männer beschnitten sind oder nicht. Für jüdische Männer, auch in der Jesusgemeinde, gibt es keine Möglichkeit, sich der »Judensteuer« zu entziehen. Aber wie stellt man sich zu ihr? Im Matthäusevangelium findet sich wahrscheinlich ein Bezug auf sie. (Matthäus 17,24–27) In einer kleinen Erzählung lässt der Evangelist »die Einnehmer der Doppeldrachme« den Petrus fragen, ob sein Lehrer Jesus sie entrichte. Auf der erzählten Ebene wird damit die jährliche Abgabe für den Jerusalemer Tempel erinnert. Aber warum sollte das für Jesus, der mit Selbstverständlichkeit zum Tempel ging, ein Problem gewesen sein? Und warum lässt Matthäus hier eine Frage diskutieren, die zur Zeit der Abfassung seines Evangeliums aufgrund der Zerstörung des Tempels keine mehr war? Mussten nicht er beim Schreiben dieses Textes und seine Adressatenschaft bei dessen Lesen und Hören an das denken, was es anstelle der Tempelsteuer nun tatsächlich gab, an den *fiscus iudaicus*? In der Erzählung bejaht Petrus die Frage der Steuereinnehmer. Dem widerspricht Jesus im Folgenden nicht, macht aber einen Vorbehalt. Als Petrus zu Jesus geht, kommt ihm der mit einer Frage seinerseits zuvor: »Was meinst du, Simon? Die Könige der Völker der Erde – von wem nehmen sie Abgaben und Steuer ein? Von ihren Kindern oder von Fremden?« Natürlich von den Fremden und so sagt Jesus weiter: »Also sind die Kinder frei davon.« Schon die Nennung der »Könige der Völker« als Steuerempfänger in der Frage Jesu zeigt, dass es der Erzählung nicht um den Halbschekel für den inzwischen zerstörten Jerusalemer Tempel geht. Sie gewinnt ihr scharfes Profil gerade auf dem

Hintergrund der für Matthäus und seine Gemeinde aktuellen Problematik des *fiscus iudaicus*. Dass als »Kinder« hier Petrus und die anderen Schüler und mit ihnen die Menschen in der Gemeinde im Blick sind, dürfte klar sein. Aber wessen »Kinder« sind sie und weshalb sind sie »frei«? Zweimal findet sich im Matthäusevangelium die Wendung »die Kinder des Reichs«, nämlich des »Himmelreichs«: Kinder unter der Herrschaft Gottes. (Matthäus 8,12; 13,38) Als »Kinder des Reichs« (*basileía*) gehören sie zu Gott als dem königlichen Herrscher schlechthin (*basileús*) und sind nicht irgendwelchen Königen (*basileís*) unterworfen. Deshalb sind sie frei. Auf der Zeitebene des Evangelisten und seiner Gemeinde gelesen, heißt das: Die rechtmäßige Geltung des *fiscus iudaicus* wird in Frage gestellt. Aber man mag und soll diese Steuer zahlen, »damit wir ihnen keinen Anstoß geben« – also pragmatisch um des Friedens willen. Um das Bezahlen zu ermöglichen, lässt Matthäus abschließend ein kleines Wunder geschehen. Petrus angelt einen Fisch, in dessen Maul er ein Geldstück findet. Das wird erzählt, damit auch in dürftigen Umständen das Vertrauen auf den einzig wirklichen »König«, auf Gott, nicht aufhören muss und man sich von »den Königen der Völker der Erde« nicht unterkriegen lässt.

Die »Judensteuer« lässt die Möglichkeit deutlich werden, dass messiasgläubige »Gottesfürchtige« die Distanz zur Synagoge verstärken, um das Zahlen dieser Steuer zu vermeiden. Hinzu kommt der Umstand, dass die Gottesfürchtigen gleichsam einen Zankapfel zwischen der Synagogengemeinde und der messianischen Gemeinde bildeten. Wir haben darüber nur die Berichte des Lukas in der Apostelgeschichte über die Zeit des Paulus. Aber seine Darstellung dürfte mitbestimmt sein von den Erfahrungen der eigenen Zeit nach dem Krieg. Alle Wahrscheinlichkeit spricht dafür, dass sich in dieser Zeit die Auseinandersetzungen um die Gottesfürchtigen und mit ihnen, die es schon vor dem Krieg gab, verstärkt haben. Dass auch in dieser Zeit die nichtjüdischen Mitglieder der Jesusgemeinden sich hauptsächlich aus den »Gottesfürchtigen« rekrutierten, zeigt sich schlicht daran, dass die Evangelisten bei ihrer intendierten Leser- und Hörerschaft Kenntnis der heiligen Schriften und jüdischer Tradition voraussetzen.

Lukas berichtet: Nachdem Paulus und Barnabas mit der messianischen Verkündigung in der Synagoge im pisidischen Antiochia großen Erfolg haben, hetzen die jüdischen Autoritäten vornehme gottesfürchtige Frauen auf, bei den führenden Personen der Stadt zu intervenieren. Das führt zur Vertreibung von Paulus und Barnabas aus diesem Gebiet. Ähnliches spielt sich anschließend an anderen Orten ab. (Apostelgeschichte 13,50; 14,1–6; 17,1–9) Als Motiv für das Handeln der jüdischen Autoritäten nennt Lukas Eifersucht. Die ist darin begründet, dass die messianische Verkündigung – aus Sicht der jüdischen Mehrheit – den Effekt hat, potente nichtjüdische Sympathisanten abzuwerben. Im Bericht über Thessaloniki kommt ein gewichtiges politisches Moment dazu. Über die messianischen Verkündiger wird vor den Stadtpräfekten gesagt: »Diejenigen, die die ganze Welt in Aufruhr bringen, sind jetzt hier. […] Sie alle handeln den kaiserlichen Dekreten zuwider; sie behaupten, ein anderer sei König, nämlich Jesus.« (Apostelgeschichte 17,6–7) Nach dem Trauma des jüdisch-römischen Krieges muss jüdischen Gemeinden im römischen Reich alles daran liegen, nicht mit aufrührerischen Bestrebungen in Verbindung gebracht zu werden. Die messianische Verkündigung hat mit der Propagierung des Glaubens an den messianischen König Jesus und der Erwartung des mit ihm kommenden messianischen Reiches gegenüber der bestehenden Ordnung zumindest ein aufrührerisches Potenzial. Mit diesen des Aufruhrs verdächtigen Messianischen möchte man von der Ordnungsmacht auf keinen Fall in einen Topf geworfen werden. Und so tritt man gleichsam die Flucht nach vorn an, indem man sie aufrührerischer Propaganda bezichtigt.

b) Das lukanische Werk im Verhältnis zu Israel und zum Imperium

Der Autor des Lukasevangeliums und der Apostelgeschichte verwendet die heiligen Schriften Israels in Gestalt der Septuaginta. Es gibt keinen Hinweis darauf, dass er neben ihr auch den hebräischen Text benutzt hätte. Er kennt sich nicht nur sehr gut in dieser Bibel aus, sondern weiß auch Bescheid über jüdische Feste und Bräuche sowie jüdisches Leben überhaupt. Dennoch war er wahrscheinlich kein Jude, sondern gehörte zu den »Gottesfürchtigen«. Das wird an der schon besprochenen Äußerung deutlich, die er Petrus beim Apostelteffen machen lässt über das den Schülerinnen und Schülern nicht auf den Hals zu legende Joch. (Apostelgeschichte 15,10) Es hatte sich gezeigt, dass das keine innerjüdische Wahrnehmung ist. Lukas formuliert aus der Perspektive eines bessergestellten Gottesfürchtigen. Wer sozial und ökonomisch in seine Umwelt eingebunden ist, geriete mit ihr in einen Konflikt, der einer Zerreißprobe gleichkäme, würde er jüdische Lebensweise vollständig übernehmen. Für ihn, will er nicht den Bruch mit seiner Umwelt, ist daher die Beschneidung – und was mit ihr zusammengehört – ein untragbares Joch. Weil diese Bedingung wegfiel, war gerade für solche Menschen die messianische Verkündigung attraktiv.

Lukas war ein in jedem Sinn des Wortes in der Mittelmeerwelt erfahrener Mensch. Das zeigen die Berichte in der Apostelgeschichte über die Reisen des Paulus. Sie machen auch den Autor dieser Berichte als einen Menschen kenntlich, der in der Welt herumgekommen ist und sich auskennt. Die größere Weltsicht des Lukas zeigt sich auch an einem Detail: Die drei anderen Evangelisten sprechen vom See Genesaret als einem »Meer«. Dagegen nennt ihn Lukas, der das Mittelmeer kennt und es befahren hat, schlicht einen »See«. Er erweist seine Bildung auch darin, dass er ein gutes, in der

Apostelgeschichte sogar ein elegantes Griechisch schreibt. Im Evangelium ist das nach dem literarischen Vorwort weniger deutlich, weil er hier in wesentlich stärkerem Ausmaß von traditionsgebundenem Stoff abhängig ist. Als Leser- und Hörerschaft hat er wahrscheinlich mehr als nur eine Gemeinde im Blick. Dieser welterfahrene Autor lässt sich nicht in einem bestimmten Ort oder Bereich lokalisieren. Das literarische Vorwort kann es nahelegen, dass er darüber hinaus auch noch andere Adressaten im Blick hatte, nämlich Gottesfürchtige, die noch nicht mit dem messianischen Glauben an Jesus in Berührung gekommen waren.

Die Situation für Lukas und seine Leserschaft ist ebenfalls durch den Konflikt bestimmt, in dem die auf Jesus bezogene Gemeinschaft mit der jüdischen Mehrheit wegen des für Jesus erhobenen messianischen Anspruchs steht. Dieser Konflikt vollzieht sich bei ihm in den Städten der Mittelmeerwelt, wobei das vom Imperium Romanum bestimmte Umfeld eine wesentliche Rolle spielt. Doch stehen auch für Lukas die Jesusleute noch im Kontext des Judentums. Das zeigt sich schon an der Terminologie. Er bezeichnet die sich an Jesus orientierende Überzeugung und Praxis als einen »Weg«, als eine »Richtung« (*hodós*). (Apostelgeschichte 9,2; 18,24–26; 19,9.23; 22,4; 24,14) In allen Stellen ist »der Weg«, der gemäß dieser »Richtung« gegangen wird, als ein Weg im Judentum verstanden. Und so sind auch die Menschen, die ihn gehen und zu dieser »Partei« gehören, Juden oder gelten als im Zusammenhang des Judentums stehend. Das zeigt sich auch am Gebrauch des Begriffs »Partei« (*haíresis*). An der zuletzt genannten Stelle hebt Paulus den von ihm eingeschlagenen »Weg« dadurch als jüdisch legitim hervor, dass er auf ihm Gott diene, »wie von den Vorfahren uns vor Augen gestellt«, während die Benennung als »Partei« von »ihnen«, der jüdischen Mehrheit, erfolge. Entsprechend war es nach der Darstellung des Lukas der jüdische Anwalt Tertullus, der als Ankläger in der Verhandlung vor Marcus

Antonius Felix, dem Prokurator von Judäa, Paulus als den »Rädelsführer der nazarenischen Partei« bezeichnet. (Apostelgeschichte 24,5) Als Paulus nach Rom kommt, sucht er das Gespräch mit führenden Vertretern der jüdischen Gemeinde. Sie wollen hören, was er meint, bemerken aber gleich: »Von dieser Partei ist uns allerdings bekannt, dass ihr überall widersprochen wird.« (Apostelgeschichte 28,20–22) Es ist nun aufschlussreich, dass Lukas mit demselben Wort »Partei« auch die Sadduzäer und die Pharisäer bezeichnet. (Apostelgeschichte 5,17; 15,5; 26,5) Er entspricht damit dem Sprachgebrauch des Josephus, für den Essener, Pharisäer und Sadduzäer jeweils eine »Partei« (*haíresis*) im Judentum bilden. (So z.B. in: Altertümer 13, 171; Leben 10) Die diesen Gruppen Zugehörigen nennt er »Parteimitglieder«, »Parteigänger«. (*hairetistaí*; Krieg 2, 119.124) In der Perspektive des Lukas ist also die an Jesus sich orientierende »Richtung« eine »Partei«, eine Gruppe, im Judentum wie Pharisäer und Sadduzäer auch.

Bei Lukas zeigt sich keine so scharfe Gegnerschaft zu den Pharisäern, wie das besonders bei Matthäus und Johannes der Fall ist. Er zeichnet sie nicht als Jesu entschiedene Feinde. Das zeigt etwa die folgende Erzählung. Als Jesus im Haus eines führenden Pharisäers am Schabbat zum Essen weilt, heißt es, dass man ihn belauerte. Angesichts eines anwesenden wassersüchtigen Menschen ergreift Jesus die Initiative und fragt: »Ist es erlaubt, am Schabbat zu heilen oder nicht?« Als die Versammelten stumm bleiben, heilt er den Kranken und argumentiert anschließend sofort: »Wer von euch würde nicht seinen Sohn oder sein Rind, wenn sie in einen Brunnenschacht fallen, sofort heraufziehen – auch an einem Schabbattag?« Jesus weist also auf ihre eigene Praxis hin, nach der schon bei einem am Schabbat in Not geratenen Tier und erst recht bei einem nahestehenden Menschen unverzüglich geholfen wird. Lukas konstatiert: »Darauf konnten sie ihm nichts entgegensetzen.« (Lukas

14,1–6) Wie sollten sie das auch tun, da hier Gemeinsames formuliert wird? Das im Ganzen differenziertere Pharisäerbild weist darauf hin, dass er in einem Bereich lebte, in dem das Judentum nicht als dominant erfahren wurde, und in einer Situation, die nicht so stark von der Auseinandersetzung mit der nicht an Jesus als Messias glaubenden jüdischen Mehrheit geprägt war, wie das besonders im Matthäus- und Johannesevangelium der Fall ist.

Dennoch ist auch bei Lukas ein spannungsvoller Zusammenhang mit den Synagogengemeinden gegeben. Gerade weil die jüdischen Jesusleute sich weiterhin als deren Mitglieder verstanden und entsprechend verhielten und die Jesusgemeinde insgesamt von außen, von der hellenistisch-römischen Umwelt als jüdisch wahrgenommen wurde, blieb das Verhältnis von Mehrheit und Minderheit konfliktbeladen. Nach Lukas setzt Jesus in einer Rede an seine Schüler, die zum offenen und mutigen Bekenntnis zu ihm mahnt, den Fall, dass »man euch vor Synagogengerichte, Magistrate und Mandatsträger schleppt«. (Lukas 12,11; vgl. 21,12) Hier dürften Erfahrungen seiner eigenen Zeit im Blick sein. Zu »Magistraten und Mandatsträgern« als städtischen und imperialen Behörden steht parallel nur »Synagogen«. Sie müssen in dieser Zusammenstellung ebenfalls in einer Funktion verstanden sein, die sie berechtigt, Vernehmungen durchzuführen und Sanktionen zu verhängen. Nur Juden konnten in Synagogen »hineingebracht werden« – so wörtlich –, um in irgendeiner Weise zur Verantwortung gezogen zu werden. Das unterstreicht einmal, dass sich die jüdischen Jesusleute als innerhalb des Judentums befindlich verstehen und dort agieren. Und es zeigt zum anderen, dass die Vertreter der Mehrheit deren Verhalten als eine Angelegenheit betrachten, die sie angeht, die in ihren Bereich gehört und für die sie also zuständig sind.

Diese Auseinandersetzungen erregen aber auch die Aufmerksamkeit der politischen Instanzen. Sie reagieren empfindlich auf Turbulenzen in Versammlungen aus Sorge um die Gefährdung der öffentlichen Ruhe und Ordnung. Verdacht wird auch erregt haben, wenn Nichtjuden in größerer Zahl jüdisches Verhalten an den Tag legten und bei öffentlichen Feiern wie zum Geburtstag oder Jahrestag des Regierungsantritts des Kaisers nicht mitmachten. Es wird auch geschehen sein – wie schon im vorigen Abschnitt dargestellt –, dass Vertreter der jüdischen Gemeinde Messiasgläubige bei den Behörden verdächtigten.

Nach Lukas betreiben die führenden Juden die Überstellung Jesu an Pilatus. Im Anschluss an die Aktion Jesu im Tempelbereich, die bei ihm lediglich aus der Notiz besteht – verbunden mit einem Schriftzitat –, dass er »begann, die Verkäufer hinauszutreiben«, vermerkt er: »Die Oberpriester jedoch und die Schriftgelehrten waren darauf aus, ihn aus dem Weg zu räumen, die Spitzen des Volkes nämlich.« Zu diesem Zeitpunkt sind sie noch ratlos: »Aber sie fanden nicht heraus, wie sie es anstellen sollten. Denn das gesamte Volk hing ihm an den Lippen.« (Lukas 19,45–48) Das wiederholt Lukas noch zweimal, bis sich ein Erfolg versprechender Plan ergibt, um Jesus in die Hand zu bekommen, »ohne dass ihnen eine Menschenmenge im Wege wäre«. (Lukas 20,19; 22,1–6)

Dieser Darstellung entsprechend stellt Lukas sehr betont heraus, dass Jesus von der einheimischen Führung mit politischer Anklage an Pilatus ausgeliefert wird. Die Verhandlung vor dem Synhedrium wird von ihm wesentlich kürzer dargestellt als bei Matthäus und Markus. (Lukas 22,66–71) Einzig relevant ist die Frage, ob Jesus beansprucht, der messianische König zu sein. Das interessiert hier nicht als eine innerjüdische Angelegenheit, sondern als ein den Repräsentanten der römischen Macht herausfordernder Tatbestand. So wird Jesus gefragt: »Wenn du der Gesalbte bist, sage es uns!« Das ist keine sie in religiöser Hinsicht existenziell betreffende Frage; sie gehört ausschließlich in ihr politisches

Kalkül. Als Jesus die Frage: »Du bist also der Sohn Gottes?« bejaht, stellen sie fest: »Wozu brauchen wir noch eine Zeugenaussage? Wir haben es ja selbst aus seinem Mund gehört.« Jesus hat sich als messianischer König bekannt. Damit kann er als Aufrührer gegen die von Rom gesetzte Ordnung an Pilatus überstellt werden.

Und so wird als Anklage vor Pilatus formuliert: »Den haben wir dabei angetroffen, wie er unser Volk abtrünnig macht, es hindert, dem Kaiser Steuern zu entrichten, und behauptet, selbst der Gesalbte zu sein, ein König.« Dass Jesus das Volk abtrünnig mache, wird von den Anklägern gegenüber Pilatus noch einmal verstärkt aufgenommen: »Er wiegelt mit seinen Lehren das Volk auf über ganz Judäa hin, angefangen von Galiläa bis hierher.« (Lukas 23,1–2.5) In der Perspektive derer, die die bestehende Ordnung bejahen oder zumindest ihren Frieden mit ihr gemacht haben, ist das keine falsche Aussage. Vor dem Hinaufgehen Jesu nach Jerusalem hatte Lukas berichtet, in Jesu Umgebung hätte die Meinung bestanden, »dass alsbald das Reich Gottes in Erscheinung trete«. (Lukas 19,11). Schon am Anfang des Evangeliums hatte Mirjam gesagt, was Gott tut, wenn er zur Herrschaft kommt: »Er holt Mächtige von ihren Thronen herunter, erhöht die Erniedrigten, sättigt Hungrige mit Gutem, schickt Reiche mit leeren Händen fort.« (Lukas 1,52–53).

Dagegen gibt sich der Vorwurf, Jesus hindere das Volk, »dem Kaiser Steuern zu entrichten«, auf der Ebene des Lukasevangeliums als eine falsche Bezichtigung zu erkennen. Die von »den Schriftgelehrten und den Oberpriestern« veranlasste Aktion, Jesus zu fragen, ob es erlaubt sei, »dass wir dem Kaiser Steuer zahlen oder nicht«, wird so eingeleitet: »Sie belauerten ihn und schickten Spitzel, die taten, als wären sie aufrichtige Leute, damit sie ihn bei einem Wort packten, sodass sie ihn der Amtsgewalt des Statthalters ausliefern könnten.« Aber auf Jesu Antwort hin: »Also gebt dem Kaiser, was des Kaisers ist, aber Gott, was Gottes ist!« muss festgestellt werden: »So vermochten sie es nicht, ihn bei einem Wort zu packen in Gegenwart des Volkes.« (Lukas 20,20–26).

Der dritte Anklagepunkt hat wieder festen Anhalt an der vorangehenden Darstellung des Evangeliums: Jesus behaupte, »selbst der Gesalbte zu sein«, wobei die Ankläger die im griechisch-römischen Bereich nichtssagende Bezeichnung »der Gesalbte« für Pilatus sofort verständlich machen: »ein König«. Das hatten sie sich von Jesus selbst bestätigen lassen. Und als »der König« war er zuvor beim Einzug in Jerusalem von seiner gesamten Schülerschar öffentlich proklamiert worden. (Lukas 19,38) Die Anklage führt also Tatbestände an, auf die hin, wenn sie auch nur teilweise zutreffen, jeder an verantwortlicher Stelle in einer Provinz stehende römische Mandatsträger mit äußerster Härte reagiert. So befragt Pilatus in der Rolle des Richters den Angeklagten hinsichtlich des gravierendsten Punktes: »Du da, bist du der König des jüdischen Volkes?« Wenn daraufhin Jesus lediglich antwortet: »Du sagst es«, kann das nur so verstanden werden, dass er diesen Anklagepunkt als zutreffend anerkennt. (Lukas 23,3). Damit wäre die Sache schon geklärt. Und so ist Jesus auch als »der König des jüdischen Volkes« hingerichtet worden. (Lukas 23,38)

Allerdings nimmt die unmittelbar an diese Bestätigung Jesu anschließende Darstellung demgegenüber einen eigenartigen Verlauf. Ohne jedes weitere Nachfragen oder Nachforschen sagt Pilatus »zu den Oberpriestern und den vielen Leuten: ›Ich finde keinerlei Schuld an diesem Menschen.‹« (Lukas 23,4) Noch einmal: Unmittelbar nachdem der Angeklagte den wichtigsten Punkt der Anklage zugegeben hat, der schließlich auch als Grund für seine Hinrichtung angegeben wird, bekundet der Richter dessen Unschuld im Sinne der Anklage. Und er tut es ein zweites und drittes Mal, ohne dass auch dort deutlich würde, wie er zu diesem Urteil gelangt. (Lukas 23,13–14.22)

Was veranlasst Lukas zu dieser seltsamen Darstellung? Der Grund dafür ist wahrscheinlich in seiner zeitgeschichtlichen Erfahrung zu suchen, dass die auf Jesus bezogene messianische Verkündigung in jüdischen Gemeinden zu Unruhen führt, die behördliche Aufmerksamkeit erregen. So werden Jesusleute als Unruhestifter und Störenfriede der öffentlichen Ordnung bezichtigt und politischer Illoyalität verdächtigt. In diesem Zusammenhang ist es alles andere als eine Empfehlung, dass derjenige, auf den sie sich berufen, an einem römischen Kreuz hingerichtet worden ist und so als Aufrührer gilt. Demgegenüber liegt Lukas daran herauszustellen, dass Jesus kein Aufrührer war – und bedient sich dazu des römischen Präfekten, den er Jesu Unschuld beteuern lässt. Als Kontrastfigur zu Jesus gebraucht er zudem Barabbas, von dem er zweimal sagt, dass er »wegen Aufruhr und Mord« gefangen gesetzt war. Lukas scheint die römische Herrschaft weniger schlimm zu erfahren und wahrzunehmen als andere. Während etwa nach dem Markusevangelium die – scheinbaren – »Herrscher über die Völker« diese unterjochen und sie mit Gewalt unterdrücken (Markus 10,42), trifft Lukas lediglich die Feststellung: »Die Könige der Völker herrschen über sie und ihre Machthaber lassen sich Wohltäter nennen.« (Lukas 22,25) Aber er ist auch keineswegs ein Propagandist Roms.

Die Distanz zur römischen Macht zeigt sich etwa darin, wie er Jesus die Zerstörung Jerusalems ankündigen lässt: »Wenn ihr die Stadt Jerusalem von Heeren umringt seht, dann wisst ihr, dass ihre Verwüstung bevorsteht. [...] Sie werden durch die Schneide des Schwertes fallen und als Gefangene unter alle Völker zerstreut werden. Jerusalem wird von Völkern zertreten sein, bis die Zeitläufte für die Völker abgelaufen sind.« (Lukas 21,20.24). Er stellt hier nicht lediglich das traurige Ende Jerusalems fest, das die Truppen des Titus dem Erdboden gleichgemacht haben. »Die Zeitläufte für die Völker« werden ein Ende haben; ihr Triumph wird von nur begrenzter Dauer sein. Diese Aussage steckt schon in der Ankündigung der Zerstörung selbst, insofern Lukas mit ihrer Formulierung eine Schriftstelle einspielt, nämlich den Abschnitt Sacharja 12,1–8. Dort spricht Gott durch den Propheten von einer »*Belagerung gegen Jerusalem. Sein wird's an jenem Tag, dass ich Jerusalem zu einem niedergetretenen Stein für alle Völker mache.*« So lautet der Text nach der griechischen Übersetzung, die Lukas hier anklingen lässt. Nach der Fortsetzung dieses Textes, die mit zu vernehmen ist, erleiden die Völker eine Niederlage, und Jerusalem wird wiederhergestellt. Hier liegt dieselbe Struktur vor wie in der Ankündigung der Herrschaft Vespasians durch Rabban Jochanan ben Sakkaj in der rabbinischen Darstellung. Die faktisch vorhandene Macht Roms wird hingenommen, aber zugleich gedanklich – und doch sehr grundsätzlich – von der heiligen Schrift her unterminiert. Nach Lukas weint Jesus, als er in Jerusalem einzieht – im Wissen um dessen Zerstörung. (Lukas 19,41) Indem er Jesus über die Zerstörung Jerusalems weinen lässt, bringt er damit auch seine eigene tiefe Verbundenheit mit dieser Stadt zum Ausdruck. Im Blick auf ihre Zerstörung hat er kein Triumphgefühl, sondern nichts als Trauer.

Wie der von ihm dargestellte Hauptmann von Kafarnaum liebt Lukas Gottes Volk Israel. (Lukas 7,5) Das erweist sich vor allem auch darin, dass er die auf Israel bezogene messianische Hoffnung festhält und durchhält. Er hebt sie bereits betont in den ersten beiden Kapiteln seines Evangeliums hervor, in denen er Geschichten um Geburt und Beschneidung Johannes des Täufers und Jesu miteinander verzahnt: Hoffnung auf soziale und politische Befreiung. Ich weise nur auf zwei Beispiele hin. Was er die schwangere Mirjam im Blick auf ihr Kind Gott lobend singen lässt, wurde schon zitiert. (Lukas 1,52–53) Der Priester Zacharias gibt als Ziel des messianischen Handelns an: »Rettung vor unseren Feinden und aus der Hand aller, die uns hassen«. Und dann formuliert er noch einmal als Erwartung an Gott, »es uns – befreit aus der Hand unserer Feinde – zu geben, dass wir ihm ohne Furcht dienen in Lauterkeit und Gerechtigkeit vor ihm all unsere Tage«. (Lukas 1,71.73–75) Die hier geweckte Hoffnung wird in der Darstellung des Evangeliums von Jesus nur fragmentarisch eingelöst. Sie wird nirgends dementiert. Lukas hält an der Hoffnung »des Reiches für Israel« fest. In der zweiten Erzählung von der Himmelfahrt Jesu am Beginn der Apostelgeschichte fragen ihn seine Schüler, ob er denn nun »das Reich für Israel« aufrichte. Dass das geschehe, verneint Jesus nicht. Er stellt aber den Zeitpunkt von dessen Errichtung der Souveränität Gottes anheim. Seiner Schülerschaft verheißt er die heilige Geisteskraft, die sie befähigt, Jesus »bis ans Ende der Erde« zu bezeugen. (Apostelgeschichte 1,6–8)

So verbindet Lukas die Hoffnung für Israel mit der Sendung an die Völker. Diese Verbindung nimmt er bereits an einer Stelle im Anfangsteil seines Evangeliums vor. (Lukas 2,30–32) Dort spricht der greise Simeon, der »auf den Trost Israels« wartet, mit dem sechs Wochen alten Jesus auf den Armen, dass er nun in Frieden sterben kann. Er begründet das zunächst in der Anrede an Gott in Aufnahme biblischer Stellen so: »Haben doch meine Augen gesehen, womit Du retten willst. Du hast es bereitet vor allen Völkern.« Hier begegnen im Lukasevangelium erstmals die Völker. Das helfende Handeln Gottes bezieht sich auf Israel. Aber es vollzieht sich vor der Welt. Dann jedoch bestimmt Simeon das mit dem Kind Jesus identifizierte helfende und rettende Handeln Gottes in solcher Weise näher, dass es auch die Völker zum direkten Gegenstand hat und in ihnen nicht nur ein Forum für Gottes Handeln an Israel sieht: »ein Licht zur Offenbarung für die Völker und zum Glanz für Dein Volk Israel«. Lukas nimmt hier die biblische Grundunterscheidung zwischen »dem Volk« und »den Völkern« auf, zwischen Israel und allen übrigen Völkern. Womit Gott retten will, mit dem Kind Jesus, das Simeon in den Armen hält und das seine

Augen gesehen haben – von dieser Hilfe Gottes macht er, der auf Trost für Israel wartet, zuerst eine Aussage im Blick auf die Völker: »ein Licht zur Offenbarung für die Völker«. Auch hier spielt Lukas biblische Stellen ein. (Jesaja 42,6–7; 49,6) Den Völkern der Welt soll offenbart, enthüllt, aufgedeckt werden, dass Israels Gott als der eine und alleinige Gott auch der Gott aller Welt und also auch ihr Gott ist, der sich in seinem Wirken durch Jesus auch ihnen rettend und helfend zuwendet. Damit ist kein Übergang der Zuwendung Gottes von Israel zu den Völkern im Sinne einer Ablösung von Israel angesagt. Wo Lukas hier zum ersten Mal in seinem Werk die Völker in eine positive Beziehung zu Jesus als dem Mittel bringt, mit dem Gott hilft und rettet, stellt er sofort Israel positiv daneben. Jesus ist danach nicht nur »ein Licht zur Offenbarung für die Völker«, sondern zugleich damit auch ein Licht »zum Glanz für dein Volk Israel«. Aber wie geht das zusammen? Inwiefern kann Jesus als »Licht zur Offenbarung für die Völker« zugleich damit Gottes Volk Israel in Glanz und Ehre erstrahlen lassen? Mit der auf Jesus bezogenen Verkündigung wird Gott, Israels Gott, auch den Völkern bekannt gemacht, wendet er sich auch ihnen rettend und helfend zu. Sie bekommen die im Evangelium ausgebreitete Gabe des Reiches Gottes zur Kenntnis gebracht. Sie können sich darauf einlassen und so Erfahrungen dieses Reiches machen. Weil dieses Reich zuerst »das Reich für Israel« ist und bleibt, werden die Völker mit der auf Jesus bezogenen Botschaft vom Reich Gottes zugleich auch mit »Israels Hoffnung« konfrontiert. Von daher könnte ein Zusammenhang zwischen der »Offenbarung für die Völker« und dem »Glanz für dein Volk Israel«, zwischen der Wiederherstellung des Reiches für Israel und der Sendung in die Völkerwelt in folgender Weise gedacht sein. Wenn die Völker durch Jesus Israels Gott als den einen Gott aller Welt und damit auch als den ihren erkennen, wenn sie an seinen Gaben Anteil bekommen und sich an seine Weisungen halten, wie es ihnen durch Jesus vermittelt wird, dann können sie doch nicht mehr Gottes Volk Israel bedrängen und bedrücken und sich feindlich gegen es verhalten. Dann müsste sich für Israel erfüllen, was Zacharias gesagt hatte, »dass es uns gegeben sei – befreit aus der Hand unserer Feinde –, ohne Furcht Gott zu dienen in Lauterkeit und Gerechtigkeit, vor ihm all unsere Tage«. (Lukas 1,73–75).

c) Das Festhalten an einem jüdischen Identitätsmerkmal als Widerstand gegen Rom Zur Offenbarung des Johannes

Das letzte Buch der christlichen Bibel, die Offenbarung des Johannes, ist nicht das Werk eines spleenigen Visionärs. Vielmehr führt eine scharfe Wahrnehmung der Wirklichkeit aus einer Perspektive von unten, verbunden mit einer Sichtung heiliger Schriften Israels, zu den Visionsschilderungen dieses Buches. Dessen Verfasser, der seinen Namen mit »Johannes« angibt, lässt sich nicht blenden vom Glanz des römischen Imperiums und blind machen für das, worauf er beruht und womit er erworben ist. Johannes sieht das Unrecht, all die Gewalt mit den Strömen von Blut; er hört die Schreie der Opfer. Er wünscht sich nicht eine kommende Katastrophe herbei. So, wie es läuft – das ist schon die Katastrophe. Und deshalb darf es nicht so weitergehen und immer so weiter. Daher ist sein Buch Enthüllung der Macht im doppelten Sinn. Es enthüllt einmal schonungslos die Grausamkeit imperialer Gewalt. Bereits das biblische Danielbuch symbolisierte die vier aufeinanderfolgenden Weltreiche mit Raubtieren, kennzeichnete sie so als gewalttätig, räuberisch und ausbeuterisch und stellte ihnen mit dem von Gott her kommenden Menschengestaltigen die Hoffnung auf endlich humanes Regieren entgegen. (Daniel 7,1–15) Das nimmt Johannes auf, indem er die Raubtiere Daniels in einem einzigen Untier zusammenfasst. (Offenbarung 13,1–10) So sieht er – im totalen Gegensatz zur offiziellen Propaganda – im römischen Imperium die Scheußlichkeiten aller Weltreiche kumuliert. Zum anderen enthüllt Johannes visionär, dass gegen den machtvollen Augenschein des Imperiums Gott alle Macht gehört – Gott und seinem ohnmächtigen Messias Jesus, dem geschlachteten Lamm, dem Reiter auf weißem Pferd, der keine andere Waffe hat als »das scharfe Schwert aus seinem Mund«: das Wort. (Offenbarung 5,6; 19,15)

Wer ist »Johannes«, der dieses Buch geschrieben hat? Wir können ihn nicht mit einer anderen im Neuen Testament genannten Person dieses Namens identifizieren. Aussagen über ihn lassen sich nur aus seinem Text erschließen. Danach wirkt er als Prophet in der Provinz Asia, dem südwestlichen Teil der heutigen Türkei. Er schreibt ein stark semitisierendes Griechisch. Er zeigt zur Genüge, dass er es fehlerlos gebrauchen kann. Wo er – auf dem Hintergrund des Hebräischen – gegen die griechische Grammatik verstößt, tut er das nicht aus Unvermögen, sondern höchst bewusst aus inhaltlichen Gründen. Sein Buch weist ihn als einen in Israels heiligen Schriften außerordentlich belesenen und gebildeten Menschen aus. Es ist als Ganzes ein souverän gestaltetes und durchreflektiertes literarisches Kunstwerk. Bei seinen zahlreichen biblischen Zitaten zeigt sich oft hebräisch-aramäischer Einfluss. Die Schlachten und ihre Ergebnisse, wie er sie in seinen Visionen beschreibt, haben Entsprechungen in Schilderungen des »Jüdischen Krieges« von Josephus. Das alles spricht dafür, dass Johannes aus dem Land Israel stammt mit Hebräisch-Aramäisch als Muttersprache, dass er Augenzeuge des Krieges war und in dessen Folge in die Provinz Asia verschlagen wurde. Er schreibt, dass er »auf die Insel Patmos gelangte um des Wortes Gottes und des Zeugnisses Jesu willen«. (Offenbarung 1,9) Diese – in seiner Schrift mehrfach gebrauchte – Wendung macht deutlich, dass er nicht freiwillig auf Patmos ist, sondern dass sein Aufenthalt dort gezwungenermaßen erfolgte und dass dieser unfreiwillige Ortswechsel durch seine Wirksamkeit als messiasgläubiger Prophet verursacht war. So ist es wahrscheinlich, dass er nach Patmos verbannt wurde. Das erzwingt weitere Folgerungen. Die Verbannung wurde im römischen Recht anstelle der Todesstrafe bei römischen Bürgern der höheren Stände praktiziert. Johannes müsste dann ein sozial hochstehender römischer Bürger gewesen sein. Das ist keineswegs ausgeschlossen. Er könnte einer hochpriesterlichen Familie entstammen. Das schon angeführte innere Zeugnis seines Buches spricht jedenfalls dafür. Er scheint auch Kenntnis des Lateinischen gehabt zu haben. Jedenfalls verwendet er in griechischer Übersetzung in deutlich antithetischer Abzweckung immer wieder Termini, die in der politischen Ideologie eine wichtige Rolle spielten. Er ist nicht nur ein scharfer Beobachter und Kritiker der politischen, sondern auch der wirtschaftlichen Verhältnisse. Das alles weist ihn als einen hochgebildeten Menschen aus – und das hieß in der Antike in aller Regel auch als einen sozial hochstehenden.

Johannes erfährt die eigene Situation als eine bedrängte. Und so schätzt er auch die Situation der Gemeinden in der Provinz Asia ein, an die er sein Werk richtet. Er weist auf zurückliegendes Leiden hin und erwartet weiteres. Als dessen Verursacher gilt ihm die römische Macht. Namentlich nennt er nur einen hingerichteten Messiasgläubigen. Dessen Martyrium scheint auch schon einige Zeit zurückzuliegen. Im Sendschreiben nach Pergamon lobt er die Gemeinde, indem er den erhöhten Jesus sprechen lässt: »Und du hältst meinen Namen fest und hast die Treue zu mir nicht verleugnet, selbst in den Tagen des Antipas nicht – mein treuer Zeuge! –, der bei euch getötet worden ist.« (Offenbarung 2,13) Das griechische Wort für »Zeuge« (*mártys*) hat hier noch nicht den technischen Sinn von »Märtyrer«. Aber es ist an dieser Stelle deutlich, wie der Begriff von hier aus technisch werden konnte. Am Beginn der

Offenbarung wird Jesus selbst »der treue Zeuge« genannt. (Offenbarung 1,5) Er blieb vor einem römischen Richter standhaft bis zum Tod. Johannes parallelisiert also die Tötung Jesu und die Tötung des Antipas. Letztere wird zudem in einem Zusammenhang erwähnt, der vom Festhalten am Namen Jesu und vom Nichtverleugnen der Treue zu ihm spricht. Das alles weist daraufhin, dass sein Tod aufgrund eines analogen Verfahrens erfolgte, wie es Plinius d.J. als Statthalter der Provinz Bithynien-Pontus in einem Brief an Kaiser Trajan über von ihm durchgeführte Christenprozesse schildert. (Briefe 10, 96) Obwohl er zu Beginn seines Schreibens mangelnde Erfahrung hinsichtlich Christenprozessen einräumt und Unsicherheit zugesteht, berichtet er doch über ein von ihm in aller Selbstverständlichkeit eingeschlagenes Verfahren. Diejenigen, die auch bei der dritten Nachfrage trotz Androhung der Todesstrafe dabei beharrten, Christen zu sein, ließ er, sofern es sich nicht um römische Bürger handelte, sofort hinrichten. Letztere merkte er für die Überführung nach Rom vor. Wenn er, der bis dahin Christenprozessen nicht beigewohnt hatte, gleichwohl so sicher vorging, muss dieses Verfahren ein geläufiges gewesen sein. Eine anonym eingereichte Klageschrift führte dann zu unterschiedlichen Fällen. Zunächst ist festzuhalten, dass Plinius an der Anonymität keinen Anstoß nahm; er ging den Anklagen nach. Auch das war also üblich. Im Blick auf diejenigen, »die leugneten, Christen zu sein oder gewesen zu sein«, wusste er ebenfalls sehr genau, was er zu tun hatte: Er unterzog sie einem Loyalitätstest, indem er sie vor den Götterstatuen und dem Kaiserbild eine religiöse Handlung vornehmen und Christus fluchen ließ. Er war sich sicher, dass »wirkliche Christen« sich dazu nicht zwingen ließen. Wer den Loyalitätstest bestand, wurde freigelassen. Auch dieses Verfahren muss also ein schon geübtes gewesen sein. Unsicher war Plinius hinsichtlich derjenigen, die zugaben, Christen gewesen zu sein, aber bestritten, dass sie es immer noch wären, und das durch Bestehen des Loyalitätstestes unter Beweis stellten und zudem beteuerten, auch als Christen nichts Kriminelles verübt zu haben. Kriminelles fand Plinius auch durch die unter Anwendung der Folter vorgenommene Vernehmung zweier Diakoninnen nicht heraus, sondern »nichts anderes als einen verschrobenen, unmäßigen Aberglauben«. Nur für diesen Fall, dass jemand tatsächlich Christ war, das Christsein aber aufgegeben und das auch durch die Tat bewiesen hat, braucht Plinius die Entscheidung des Kaisers. Dessen Reskript ordnet an, in solchem Fall »Nachsicht« (*venia*) zu üben. Im Wesentlichen bestätigt es das von Plinius eingeschlagene Verfahren, das gängige Praxis fortsetzte, untersagt jedoch grundsätzlich die Berücksichtigung anonymer Anklagen; »denn das wäre ein sehr schlechtes Beispiel und passt nicht in unsere Zeit«. (Plinius d.J., Briefe X 97) Damit setzte sich Trajan (98 bis 117) von der Zeit Domitians (Kaiser von 81 bis 96) ab.

Der Christenbrief des Plinius und das Reskript Trajans bezeichnen also keinen wesentlichen Einschnitt im Verhalten der römischen Macht gegenüber den auf Jesus bezogenen Gemeinden. Im Gegenteil erweist sich das von Plinius eingeschlagene Verfahren als ein schon geläufiges. Auf einem solchen Hintergrund wird deutlich, dass das Festhalten am Namen »Jesus« und das Nichtverleugnen der Treue zu ihm zum Tod führen kann, wie das bei Antipas der Fall war. Zwischen Johannes und Plinius ist in diesem Zusammenhang ein kleiner terminologischer Unterschied beachtenswert. Plinius benutzt zur Bezeichnung der Mitglieder der auf Jesus bezogenen Gemeinschaft den aus römisch-politischer Perspektive entstandenen Begriff *chrestiani*, der jahrzehntelang ausschließlich Außenbezeichnung und nicht Eigenbezeichnung war. So ist für ihn *Christus* selbstverständlich ein Name. Johannes jedoch denkt bei dem Namen, an dem festzuhalten ist, an den Namen »Jesus«. Das zeigt sich im Zusammenhang des Sendschreibens nach Pergamon und an einer ganzen Reihe weiterer Stellen seines Werks. Das Wort *christós* versteht er titular: »der Gesalbte«.

Neben dem einen Antipas, der wahrscheinlich wegen seiner Prominenz namentlich genannt wird, stehen viele anonyme Opfer römischer Gewaltherrschaft. Dass sie ausschließlich in Visionen erwähnt werden, spricht nicht gegen ihre Tatsächlichkeit. Die Visionen des Johannes sind nicht die Ausgeburten einer wilden Fantasie, sondern von tatsächlicher Erfahrung gespeist. Er schaut »die Seelen der Hingeschlachteten um des Wortes Gottes willen und um des Zeugnisses willen, das sie festhielten«. Er sieht die Seelen derjenigen auf Thronen sitzen, »die enthauptet sind um des Zeugnisses Jesu willen und um des Wortes Gottes willen«. Nach ihm führt Rom geradezu Krieg gegen alle, »die die Gebote Gottes einhalten und am Zeugnis Jesu festhalten«. »Babylon«, »die große Hure« – Deckname und Bild für Rom –, ist »trunken vom Blut der Heiligen und vom Blut derer, die Jesus bezeugen«. Noch weitergehend kann er schließlich sagen, dass an Rom »das Blut der Prophetinnen und Propheten, der Heiligen und aller Hingeschlachteten auf der Erde« klebt. Hier geht der Blick über die messiasgläubigen Opfer hinaus auf alle Opfer von Roms mörderischer Herrschaft. (Offenbarung 6,9; 12,17; 17,6; 18,24; 20,4) So zeigt sich bei Johannes eine Solidarität der Opfer über die Grenzen der Gemeinde hinweg.

Was ist das für eine Situation, in der an Jesus als Messias glaubende Menschen in der Provinz Asia in einer Weise auffällig werden, dass sie sich von der römischen Macht als tödlich bedroht erfahren? Wie lässt sich diese Situation näher beschreiben? Als ein entscheidender Punkt muss hier der Kaiserkult gelten, weil es sich bei ihm nicht um einen isolierten und isolierbaren Aspekt handelte, sondern um ein Phänomen, das das gesamte politische und gesellschaftliche Leben durchdrang. Im Herrscherkult war der Kaiser als lebende Gottheit präsent. Zu ihm gehörten als Staatsgötter auch die zu Göttern erklärten gestorbenen Kaiser. Der Kaiserkult nahm Einfluss auf das gesamte städtische Leben.

Er manifestierte sich nicht nur im Stadtbild durch die Kaisertempel und die zahlreichen Statuen, sondern vor allem auch in den zugehörigen Festen. Sie gewannen besondere Attraktivität durch ergänzende Wettbewerbe im Theater, durch Athletenspiele und Tierkämpfe, durch Spenden und Festmahle. Bei Prozessionen wurde erwartet, die Türpfosten der Häuser mit Lorbeerkränzen zu behängen. Ein bezeichnendes Beispiel: »Der Landtag der Griechen in der Provinz Asia sowie das Volk und die Gerusie von Sardes« beschließen, den Tag, an dem der älteste Sohn des Augustus, Gaius Julius Caesar, erwachsen geworden ist, jährlich mit Opfern und Gebeten zu begehen und dessen Standbild im Tempel seines Vaters aufzustellen und zu weihen. Besonders aufschlussreich ist die an erster Stelle für diesen Tag genannte Anordnung, weil sie die gesamte Bevölkerung ausdrücklich und sehr konkret einbezieht: »An diesem Jahrestag sollen alle gut gekleidet Kränze tragen.« Öffentliche Gelübde für das Wohl *(salus)* des Kaisers gab es von Augustus an. Bei allen öffentlichen und privaten Eiden wurde der *genius* des Kaisers angerufen. Außerdem war es üblich, Statuen und Büsten beim Vorübergehen durch einen Handkuss zu ehren.

Wer sich all dem entzog, konnte nur allzu leicht in den Verdacht der Illoyalität geraten. Die von Johannes vorausgesetzte Situation ist daher so vorzustellen, dass in einer vom Kaiserkult geprägten Atmosphäre Gemeindemitglieder sich am öffentlichen Leben nicht beteiligten und so durch ihr weltfremdes Verhalten auffielen. Sie wurden beargwöhnt und verdächtigt, schließlich angezeigt. Das wiederum führte zu Hinrichtungen, die ihrerseits wieder in der Lage waren, eine Pogromstimmung zu schüren, die Schlimmes befürchten ließ.

Allerdings: Dieses distanzierte Verhalten zu dem in ihrer Umwelt Üblichen und Selbstverständlichen ist nicht von allen Mitgliedern der messianischen Gemeinden eingehalten worden. Die von außen bestimmte Situation führte zu unterschiedlichen Optionen und damit auch zu internen Auseinandersetzungen. In sie greift Johannes keineswegs schlichtend ein, sondern mit einer klaren eigenen Position. Er fordert die Distanzierung entschieden ein. Am prägnantesten – und zugleich am weitesten gefasst – formuliert er das so, und zwar in Gottesrede: »Zieh, mein Volk, aus ihr [›Babylon‹] heraus, damit ihr nicht Komplizen ihrer Sünden werdet und damit ihr nichts von ihren Schlägen abbekommt!« (Offenbarung 18,4) »Babylon« ist Deckname für Rom. Johannes kann selbstverständlich keinen im räumlichen Sinn verstandenen Auszug aus der Stadt Rom meinen. Denn seine Adressatenschaft lebt in der Provinz Asia. Hier ist vielmehr ein Auszug im Blick, der es verhindern kann, zum Komplizen der Sünden »Babylons« zu werden. Es geht um Verweigerung gegenüber dem von Rom geprägten herrschenden Gewaltsystem. Daraus folgt soziale Isolierung. Sie soll bewusst bejaht werden. Denn wenn die bestehenden Strukturen Sünde sind, bedeutet das Mitmachen unweigerlich Komplizenschaft mit der Sünde. Das aber hat zur Konsequenz, in die Folgen der Sünde einbezogen zu sein. Die Untat fällt auf diejenigen zurück, die sie tun. Man soll nicht mitgegangen sein, um auch nicht mitgefangen und mitgehangen zu werden. Als nichts anderes ist das Gerichtshandeln Gottes verstanden: von der eigenen Sünde eingeholt zu werden. Für Johannes kann es gegenüber einem System, das sich selbst vergötzt, nur Nonkonformismus, kompromisslose Verweigerung geben. Er will nicht, dass die Menschen in den Gemeinden im allgemeinen Trend als Mitläufer mitmachen. Das betrifft insbesondere Feste und Feiern, die von den Kaisertempeln, aber auch von anderen Tempeln ausgehen. Es konkretisiert sich für Johannes vor allem in der strikten Enthaltung von »Götzenopferfleisch«. Das steht *pars pro toto* für gesellschaftliche Partizipation.

Sich von »Götzenopferfleisch« zu enthalten ist die einzig konkrete Forderung, die Johannes stellt. Solches Fleisch wurde auch auf dem Markt angeboten. Für Juden und Jüdinnen war es ganz selbstverständlich, dass es ihnen zum Genuss verboten war. In den Jesusgemeinden taucht die Frage von dessen Genuss als Problem schon zur Zeit des Paulus in Korinth auf. Dieser nimmt dazu eine gleichsam liberal-seelsorgerliche Haltung ein. (1. Korinther 8; 10,25–11,1) Grundsätzlich hält er den Genuss dieses Fleisches für erlaubt. Was auf dem Markt zum Verkauf angeboten wird, könne gegessen werden. Bei Einladungen solle man nicht nachfragen, wo das Angebotene herkomme. Würde aber ausdrücklich darauf hingewiesen, es handle sich um »heilig Geschlachtetes«, solle man nicht davon essen. Außerdem rät er zur Rücksichtnahme auf diejenigen in der Gemeinde, die am Essen von »Götzenopferfleisch« Anstoß nehmen könnten. Zur Erinnerung: Im »Aposteldekret« steht das strikte Verbot, solches Fleisch zu essen. Dessen Genuss betraf kein isoliertes religiöses Problem, sondern allgemein die Frage gesellschaftlicher Kommunikation, Partizipation und Integration. Für Angehörige unterer Schichten, bei deren Ernährung Fleisch kaum eine Rolle spielte, gab es die Möglichkeit des Fleischgenusses bei öffentlichen Feiern, die mit Tempeln und also auch Göttern und Göttinnen verbunden waren. Vereins- und Familienfeiern fanden im Rahmen von Opfermahlen in Tempeln statt. Das galt etwa auch für die Jahresfeiern von Handwerkervereinen. Die Frage des Genusses von Götzenopferfleisch betraf also nicht bloß den privaten Bereich. Wie Anpassung an die nichtjüdische Umwelt in religiöser Hinsicht und ökonomischer Vorteil zusammengehen konnten, zeigt sehr schön ein kleines Beispiel aus einem anderen Bereich. »Rabbi Natan sagt: An einem Götzenfeiertag, an dem der Zoll erlassen wird, ruft man aus und sagt: ›Jedem, der einen Kranz trägt und legt ihn auf seinen Kopf und auf den Kopf seines Esels, um den Götzendienst zu ehren, wird man den Zoll erlassen, und wenn nicht, wird man ihm den Zoll nicht erlassen.‹ Wenn sich dort ein Jude befindet, was soll er tun?« (Babylonischer Talmud Avoda Sara 13a) Und wie sollen sich die Mitglieder der messiasgläubigen Gemeinschaft verhalten? Sich allem radikal entziehen? Oder gab es Möglichkeiten, in gewissen Grenzen doch auch mit gutem Gewissen am öffentlichen Leben teilnehmen zu können? Es bestand in dieser Frage keine einmütige Übereinkunft. Und das gilt auch noch für die Gemeinden, an die Johannes seine Schrift schickt.

Der Streit um den Genuss von »Götzenopferfleisch« zeigt sich am deutlichsten im Sendschreiben nach Thyatira. (Offenbarung 2,18–29) Auf ein großes Lob der Gemeinde lässt Johannes ausführliche Kritik folgen. Diese Kritik richtet sich allerdings in erster Linie gegen eine bestimmte Person, gegen die Gemeinde insofern, als sie diese Person gewähren lässt. Johannes schreibt als Rede des »Sohnes Gottes« an diese Gemeinde: »Aber ich habe gegen dich, dass du die Frau Isebel gewähren lässt, die behauptet, eine Prophetin zu sein. Aber sie lehrt und verführt diejenigen, die mir gehören und dienen, zu huren und Götzenopferfleisch zu essen.« Der hier genannte Name »Isebel« ist selbstverständlich nicht der tatsächliche Name der betreffenden Frau. Es handelt sich sozusagen um einen Ketzerhut, den Johannes mit diesem Namen vergibt. Er greift ihn aus der Schrift auf, um das Wirken dieser Frau zu kennzeichnen und damit zugleich zu disqualifizieren. Isebel war die Tochter des Königs von Sidon, die Ahab, der König des Nordreichs Israel, aus politischen Gründen geheiratet hatte. (1. Könige 16,31) Zu den Implikationen dieser Politik gehörte es allerdings, dass Isebel auch in Israel ihren heimatlichen Baalskult pflegte und förderte. Bevor Jehu bei seiner Revolution Ahabs Sohn Joram umbringt und danach auch dessen Mutter Isebel, sagt er zu Joram: »Noch gibt es die Hurerei deiner Mutter und ihre vielen Zaubereien.« (2. Könige 9,22) Hier werden Isebel mit dem Begriff »Hurerei« keine ethisch-sexuellen Verfehlungen vorgeworfen, sondern kultisch-religiöse. Mit der Bezeichnung als »Isebel« stellt Johannes diese Frau so dar, dass sie zum Abfall von Gott verführe.

Eine Selbstbezeichnung der angegriffenen Frau liegt jedoch bei dem Begriff »Prophetin« vor. Johannes hält sie zwar für eine falsche Prophetin, aber er gibt zugleich zu erkennen, dass sie mit prophetischem Anspruch aufgetreten ist, und ebenso ist klar, dass die Gemeinde sie als Prophetin anerkannt hat. Sie war offenbar in Thyatira ansässig. Dadurch hatte sie im Blick auf ihre Gemeinde von vornherein eine bessere Position als der Wanderprophet Johannes. Was dieser ihr vorwirft, formuliert er so: Sie verführe die Mitglieder der Gemeinde, »zu huren und Götzenopferfleisch zu essen«. Hier kann das »Huren« nicht im wörtlichen Sinn verstanden sein. Wer das gelehrt hätte, wäre von einer Gemeinde des 1. Jahrhunderts nie und nimmer als Prophetin anerkannt worden. Für den metaphorischen Gebrauch als Fremdgehen mit anderen Göttern sei an die vorher zitierte Stelle über die biblische Isebel und auf eine rabbinische Stelle verwiesen: »Jedem, der Götzendienst treibt, rechnet die Schrift es an, als breche er die Ehe hinter dem Ort [= Gott].« (Mechilta de Rabbi Jischmael, Jitro [BaChodesch] 8 [233])

Es sei der Versuch unternommen, die Situation aus der Perspektive der »Isebel« genannten Frau vorzustellen und sie nicht von vornherein für eine Irrlehrerin und Schreckensgestalt zu halten. Schließlich war sie in der von Johannes zunächst kräftig gelobten Gemeinde anerkannt, muss also für diese respektabel gewesen sein. Die Situation aus ihrer Perspektive zu sehen, geht natürlich nur mit etwas Fantasie, da wir über sie fast nichts wissen. Aber was ich im Folgenden ausführe, bleibt in einem denkmöglichen Rahmen. Ich stelle mir eine Frau wie Lydia vor, die Purpurwollenhändlerin in Philippi, die aus Thyatira stammte: eine »emanzipierte« Frau, die mit Geschick und Erfolg ein Geschäft führte. Sie war Sympathisantin der jüdischen Gemeinde, eine Gottesverehrerin. Was die Juden sagten, hatte ihr imponiert: dass es nur den einen

Gott gibt; dass die Götter und Göttinnen nichts als Götzen sind, die nur deshalb Macht haben, weil die Menschen so tun, als hätten sie Macht, und ihnen Macht einräumen; dass der Nächste zu lieben ist, weil er ein Mensch ist wie ich; dass da eine Gemeinschaft war, in der alle nicht nur geistlich zusammengehörten, sondern in der auch materiell füreinander gesorgt wurde, sodass niemand herausfiel. Sie hätte auch gerne ganz dazugehört. Am Tauchbad, das sie dann zu vollziehen gehabt hätte, hatte es nicht gelegen. Aber sie hätte dann auch alle diejenigen Vorschriften einhalten müssen, die sich auf die spezifisch jüdische Lebensweise bezogen. Davon empfand sie vieles nicht nur als kleinlich, worauf sie z.B. am Schabbat alles zu achten gehabt hätte. Wichtiger war: Dann wäre sie geschäftlich dem Ruin entgegengegangen. Nicht nur, dass ein großer Teil der Kundschaft sie für verrückt gehalten und boykottiert hätte. Sie hätte auch an offiziellen und offiziösen Veranstaltungen in Tempelrestaurants nicht mehr teilnehmen können, nicht einmal mehr an dort stattfindenden Familienfeiern und vor allem nicht an der Jahresversammlung ihrer Geschäftsvereinigung im Apollotempel. Der religiöse Rahmen dabei bedeutete ihr schon lange nichts mehr – und vielen ihrer Kollegen auch nicht; das war doch nur gesellschaftliche Konvention. Und dann waren in der Synagoge Propheten von auswärts aufgetaucht und hatten verkündigt: Der Messias, auf den das Volk Gottes warte, sei schon gekommen. Gott habe den von den Römern gekreuzigten Jesus aus Nazaret von den Toten aufgeweckt und zum Herrn und Messias gemacht. Damit sei die neue Schöpfung schon angebrochen und Gott gebe daher seine Geisteskraft allen, die darauf vertrauen. Deshalb zähle es nicht mehr, ob jemand frei oder versklavt sei, Mann oder Frau; und deshalb zähle es auch nicht mehr, ob jemand jüdisch oder nichtjüdisch sei. Allen habe Gott in diesem Messias Jesus seine rettende Hilfe erwiesen. Jede und jeder sei durch ihn von Gott geliebt; jede und jeder gehöre voll und ganz dazu. Deshalb brauche kein Nichtjude sich beschneiden zu lassen, keine Nichtjüdin sich durch das Tauchbad auf die ganze Tora mit allen ihren Geboten verpflichten zu lassen. Es genüge die Taufe auf den

Namen Jesu. Nach heftigen Auseinandersetzungen in der Synagoge, die sich über einige Zeit hinzogen, begann eine Gruppe von Jüdinnen und Juden sowie Gottesfürchtigen, zu der später auch andere hinzustießen, die vorher nichts mit der Synagoge zu tun gehabt hatten, sich neben den Versammlungen in der Synagoge auch privat zu treffen. In dieser Gruppe wehte ein neuer Geist der Geschwisterlichkeit, der Schranken unterschiedlichster Art überwand. In ihr spielte die Frau, die Johannes »Isebel« nennt und die ich mir hier versuchsweise näher vorstelle, eine wichtige Rolle. Sie war froh, nun nicht mehr nur »in der zweiten Reihe« dabei zu sein, sondern so, wie sie war, als erfolgreiche Geschäftsfrau, ganz dazuzugehören. Und dann kam ein Wanderprophet nach Thyatira und verlangte in der Gemeinde, dass man kein heiliges Fleisch mehr esse, von dem er nur verächtlich als »Götzenopferfleisch« sprach. Dann hätte sie auch gleich zum Judentum übertreten können! Sie musste diese Forderung als Rückfall in längst überwunden geglaubte Probleme empfinden. Da kommt einer her, offenbar einer, der das Neue an Jesus noch nicht recht begriffen hat, und macht eine Nebensache, das bisschen gesellschaftliche Konvention, zur Hauptsache. So viel hat sie vom neuen Geist mitbekommen, dass sie sich gegen solche Zumutung entschieden zur Wehr setzen kann und muss.

Die Prophetin in Thyatira hatte in der dortigen Gemeinde offenbar eine geachtete Stellung. Sie verstand es, einsichtig zu machen, dass der Genuss von Opferfleisch keinesfalls Abfall von Jesus bedeutet. Es lässt sich vorstellen, dass sie, während Johannes in der Tradition des »Aposteldekrets« stand, in dieser Frage paulinische Tradition vertrat. Dabei könnte sie insofern »radikaler« als Paulus gewesen sein, als sie dessen Mahnung nicht beachtete, auf diejenigen Rücksicht zu nehmen, die sich anders orientieren. In der Gemeinde gibt es also gegensätzliche Positionen hinsichtlich der Frage, ob der Genuss von Götzenopferfleisch erlaubt oder verboten ist. Dabei geht es nicht um eine isolierbare kultisch-rituelle Frage. Am Genuss von Götzenopferfleisch spitzt sich vielmehr die Alternative von gesellschaftlicher Partizipation oder gesellschaftlicher Isolierung zu. Wer unbedenklich an den religiösen Begleiterscheinungen des Lebens in der nichtjüdischen Gesellschaft teilnimmt, wird kaum der Illoyalität verdächtigt und angezeigt werden. Warum soll man auch – aus einer solchen Sicht gesprochen – wegen einer solchen Banalität, wie sie das Götzenopferfleisch darstellt, sein Leben verlieren? Zwischen denen, die ausdrücklich und offensiv lehrten, Götzenopferfleisch zu essen, auf der einen Seite und Johannes, der jeden Kompromiss mit der nichtjüdischen Umwelt kategorisch ablehnt, auf der anderen Seite dürfte es eine Mehrheit in den Gemeinden »auf mittlerer Linie« gegeben haben. Sie lehnte zwar den Genuss von Götzenopferfleisch prinzipiell ab, wollte aber doch die eigene Orientierung an Jesus nicht unbedingt und demonstrativ herausstellen, sondern in der gegebenen brisanten Situation lieber taktierende Vorsicht walten lassen. Warum ist Johannes die Sache mit dem Götzenopferfleisch so wichtig? Ist er einfach nur jüdisch-konservativ? Für ihn lautet die entscheidende Frage nicht, wie die gegebene Situation mit dem geringstmöglichen Schaden überstanden werden kann, sondern wie in ihr die Herrschaft Gottes und seines Messias Jesus bezeugt wird. Und da gibt es für ihn keinen Kompromiss. Von daher bezeichnet für ihn die Ablehnung des Genusses von Götzenopferfleisch den *status confessionis*. Das »Mitmachen« ist für ihn in keiner Weise in der Lage, die Herrschaft Gottes und seines Messias zu bezeugen. Es ist für ihn Opportunismus, der im Gegenteil denen die Welt überlässt, die sich Herrschaft über sie anmaßen.

Johannes stärkt also die Widerständigkeit gegen die sich in den vielfältigen Phänomenen des Kaiserkults äußernde und mit ihnen in den Alltag hineinwirkende imperiale Macht. Der Widerstand konzentriert sich für ihn in einem jüdischen Identitätsmerkmal, dem Nichtessen von »Götzenopferfleisch«. Das ist sicher kein Zufall. Damit verlangt er von den nichtjüdischen Gemeindemitgliedern, ein Stück weit jüdische Lebensweise zu übernehmen. Das bewirkt Distanz zu ihrer Umwelt und gibt ihrer Verbundenheit mit dem Judentum manifesten Ausdruck.

Und so ist es auch kein Zufall, dass Johannes eine Vorstellung von der Jesusgemeinde hat, die wesentlich von Israel her bestimmt ist. Seine letzte Vision ist die des vom Himmel herabkommenden neuen Jerusalem. (Offenbarung 21,9–22,5) Als »Braut des Lammes«, nämlich Jesu, versteht er dieses Jerusalem auch als Bild für die Gemeinde. Bei der Beschreibung der Mauer, die eine antike Stadt »definiert«, erwähnt er zwölf Tore, auf denen »Namen eingeschrieben sind – das sind die Namen der zwölf Stämme Israels«. Das neue Jerusalem beschreibt er somit als wiederhergestelltes Zwölfstämmevolk Israel. Zugang zum neuen Jerusalem, Zugang zur Gemeinde gibt es nach ihm nur als Zugang zu Israel. Diesen Bezug auf das Zwölfstämmevolk betont er schon in einer früheren Doppelvision. (Offenbarung 7) Dabei wird zugleich deutlich, wie er sich die durch die messianische Verkündigung bewirkte Verbindung Israels mit den Völkern denkt. Dort hört er in der ersten Vision »die Zahl der Versiegelten: 144.000«. Die »Versiegelten« sind die von Gott Beschützten und dadurch Bewahrten. Die Zahl 144.000 hat, wie das Folgende deutlich macht, symbolische Bedeutung. Sie ist aufzulösen in das Quadrat der 12, multipliziert mit 1000 als der Zahl für eine unübersehbar große Menge. Die 12 bezieht sich auf die zwölf Stämme Israels. Und so zählt Johannes anschließend als Versiegelte je 12.000 aus jedem je einzeln genannten Stamm Israels auf: Ausdruck für das endzeitlich vollkommen wiederhergestellte Volk Israel. Diese Vision verbindet er mit einer weiteren: »Danach sah ich – passt auf! – eine große Menge, die niemand zählen konnte, aus jedem Volk, aus Stämmen, Nationen und Sprachen.« Es liegt hier ein eigenartiges Ineinander vor: Die 144.000 wurden für »die große Bedrängnis« versiegelt, um diese überstehen zu können, und die unzählige Menge der zweiten Vision kommt aus eben dieser Bedrängnis heraus. Johannes stellt also einen Zusammenhang her zwischen den hinzukommenden Menschen aus der Völkerwelt mit Israel als der Grundlage. Wie er sich diese Bestimmtheit der Jesusgemeinde von Israel her konkret gedacht und selbst praktiziert hat, führt er nicht aus. Es ist jedoch wahrzunehmen, dass sie sich in einer kanonisch gewordenen Schrift aus dem letzten Jahrzehnt des ersten Jahrhunderts findet. Wie damit heute umzugehen ist, wird im nun folgenden Schlussteil dieses Kapitels zu bedenken sein.

d) Wie die Fremdbezeichnung *christiani* zur Eigenbezeichnung wurde

Es sei zunächst daran erinnert, dass die Bezeichnung der an Jesus als Messias glaubenden Menschen als »Christianer« (lateinisch *chrestiani*; gräzisiert *christianoí*) ursprünglich keine Eigenbezeichnung war, sondern eine Fremdbezeichnung. Dem entspricht ihr weiterer Gebrauch bei römischen Schriftstellern. Tacitus berichtet, dass Nero dem Gerücht ein Ende machen wollte, er selbst habe den Brand Roms legen lassen, um Platz für eine Neubebauung zu gewinnen. Deshalb habe er diejenigen der Brandstiftung beschuldigt und grausam bestrafen lassen, »die – wegen ihrer Schandtaten verhasst – das gemeine Volk Chrestianer nannte«. Als »Urheber dieser Benennung« führt er einen »Christus« an, der »während der Herrschaft des Tiberius durch den Prokurator Pontius Pilatus hingerichtet worden war«. (Tacitus, Annalen XV 44,2-3) In dem schon erwähnten Brief über Prozesse gegen Jesusleute spricht Plinius mehrfach von ihnen als *christiani*. Das tut dann auch Kaiser Trajan in seinem Antwortschreiben. (Plinius d.J., Briefe X 96.97) Die Vertreibung der Juden aus Rom durch Claudius begründet Sueton damit, dass es unter ihnen fortwährend Unruhen gab »auf Veranlassung eines Chrestus« hin. (Sueton, Claudius 25,4) Hier zeigt sich, dass Chrestus/ Christus als Name verstanden wurde, von dem sich die Bezeichnung »Christianer« ableitet. Unter welchen Umständen aus dieser Fremdbezeichnung eine Eigenbezeichnung wurde, lässt sich aus dem 1. Petrusbrief erkennen. Leider ist er nicht genau datierbar. Die Autorenangabe ist fiktiv. Dass der Brief nicht von Petrus geschrieben sein kann, der Mitte der 60er-Jahre d.Z. hingerichtet wurde, wird heute so gut wie allgemein angenommen. Dafür sei nur ein Punkt angeführt, der zugleich die Abfassungszeit des Briefes betrifft. Er muss nach dem Jahr 70 abgefasst worden sein, als Petrus nicht mehr lebte. Dafür spricht die Ortsangabe am Schluss über den Abfassungsort: »Babylon«. Dass die tatsächliche Stadt Babylon – weit im Osten am Euphrat gelegen – gemeint sei, als tatsächlicher oder fiktiver Abfassungsort, ist völlig unwahrscheinlich. Und zwar deshalb, weil die Adressatenschaft in einer Situation in Kleinasien vorausgesetzt ist, die derjenigen in Städten des römischen Imperiums entspricht. Wie in der Offenbarung des Johannes ist »Babylon« Deckname für Rom. (Offenbarung 17,5) Das war nur nach 70 in jüdischen Kreisen möglich. Babylon hatte Jerusalem und den ersten Tempel zerstört. Rom als neues Babylon hatte Jerusalem und den zweiten Tempel zerstört. Wie Gottes Gericht das alte Babylon eingeholt hatte, würde eben das auch dem neuen Babylon widerfahren. Der 1. Petrusbrief muss also nach dem Jahr 70 abgefasst worden sein und andererseits aufgrund der Bezeugung durch Polykarp aus Smyrna und Papias aus Hierapolis vor dem Jahr 120. Da die Bezeichnung »Christianer« im ganzen Neuen Testament nur zweimal in der Apostelgeschichte als Fremdbezeichnung vorkommt und sich bei dem einzig weiteren Beleg im 1. Petrusbrief der Übergang zur Eigenbezeichnung andeutet, dürfte man nicht so falsch liegen, wenn man im Blick auf dessen Entstehungszeit rät: am Anfang des 2. Jahrhunderts.

Als in diesem Brief Angeschriebene sind Menschen aus der Völkerwelt vorgestellt. Sie sind erst durch den Messias Jesus »zum Vertrauen auf Gott gekommen, der ihn von den Toten aufgeweckt und ihm Glanz gegeben hat, sodass ihr auf Gott vertrauen und auf ihn hoffen könnt«. (1. Petrus 1,21) Sie hatten vorher »keine Ahnung [von Gott]« und damit auch nicht von dem von ihm gewiesenen rechten Weg. Der Verfasser redet in jüdischer Perspektive auf heidnisches Leben schematisch von »Leidenschaften, die euch früher beherrschten«. (1. Petrus 1,14; vgl. 1,18; 4,3) Aber schon zum Beginn seines Schreibens hat er sie als von Gott »Auserwählte« angesprochen. (1. Petrus 1,1) Das sind sie nicht von Haus aus, also als zum Volk Israel Gehörige. Sie sind durch die messianische Heilsbotschaft aus den Völkern Gewonnene und also »Herbeigerufene«. (1. Petrus 1,15) Da sie sich haben rufen lassen, sind sie hinzugekommen.

Wenn der Briefschreiber auch nicht Petrus ist, so ist er doch ein Jude. Am Beginn des Lobpreises spricht er gattungsgemäß in der 1. Person Plural, fasst sich also mit seiner intendierten Leser- und Hörerschaft zusammen. Aber sehr bald wechselt er in die zweite Person Plural, spricht also in Unterschiedenheit zu den von ihm Angeschriebenen. (1. Petrus 1,3–4) Dass hier ein Jude sich an Nichtjuden wendet, tritt besonders an den angeführten Stellen hervor, an denen er sich über deren frühere schlechte Lebensführung auslässt. Der 1. Petrusbrief ist ein Rundbrief. Die Adresse hat das gesamte Kleinasien mit Ausnahme der Provinzen Kilikien und Lykien im Blick. Es geht nicht um die Probleme einer einzelnen Gemeinde. So fehlt dem Schreiben auch Korrespondenzcharakter. Es geht um die so gut wie überall im römischen Imperium wiederkehrenden Probleme der Zeit, in denen sich nichtjüdische Mitglieder in den auf Jesus bezogenen Gemeinden vorfinden.

Der Verfasser bezeichnet die angeschriebenen nichtjüdischen Messiasgläubigen als solche, »die zerstreut in der

Fremde wohnen«. (1. Petrus 1,1) Sie sind nicht in ihre Gesellschaft integriert; sie gehören nicht dazu. Und das, obwohl sie doch da, wo sie leben, zuhause, obwohl sie Einheimische sind. Sie leben zuhause »in der Fremde«. (1. Petrus 1,17) Sie sind keine Juden und teilen doch jüdisches Schicksal der Zeit nach 70. Und zwar deshalb, weil sie sich durch die messianische Botschaft zu Israels Gott haben herbeirufen lassen. So haben sie sich – anders als die Prophetin in Thyatira und deren Gefolgschaft (Offenbarung 2,18–29) – ihrer bisherigen Umwelt entfremdet. Bei vielem, was den anderen selbstverständlich ist, sind sie nicht dabei. Sie betreten keinen Tempel mehr; dort gar Opfer darzubringen verachten sie. Bei keinem Tempelfest werden sie angetroffen. Sie machen nicht mit, wenn der Geburtstag oder der Regierungsantritt des Kaisers gefeiert wird. Und auch von anderen öffentlichen Feiern halten sie sich fern. Den Kaiser- und Götterstatuen erweisen sie beim Vorübergehen in der Stadt keine Reverenz.

Darin bestärkt sie der Verfasser, wenn er sie auffordert: »Passt euch nicht den Leidenschaften an, die euch früher beherrschten, als ihr noch keine Ahnung von Gott hattet!« In dem mit »sich anpassen« übersetzten griechischen Wort steckt das aus dem Griechischen ins Deutsche gekommene Wort »Schema«. Für die in messianischer Zeit zu Israels Gott Gekommenen gelten die alten Schemata nicht mehr. Sie können nicht einfach so weitermachen wie bisher, sondern müssen das »Schema«, die Gestalt und Gestaltung ihres Lebens neu ausrichten. Das soll geschehen in Entsprechung zum heiligen Gott. So gilt auch für sie, was Gott zu Israel sagt: »*Heilig sollt ihr sein! Denn heilig bin ich.*« (1. Petrus 1,14–16; 3. Mose 19,2) Damit nimmt der Verfasser das pharisäische Konzept der Heiligung des Lebens im Alltag auf. Man hält Gott heilig, indem man dem entspricht, dass man von ihm geheiligt, von ihm mit Beschlag belegt ist und sich also im Alltag seiner Weisung gemäß verhält. Dass sich die messiasgläubigen Menschen aus der Völkerwelt durch ihr andersartiges Verhalten ihrer Umwelt entfremden, führt auf der anderen Seite dazu, dass diese ihrerseits befremdet ist. Das stellt der Verfasser an anderer Stelle ausdrücklich fest und begründet dieses Befremden damit, »dass ihr nicht mehr mitlauft im allgemeinen heillosen Trend«. Man könnte auch übersetzen: »im allgemeinen Sog der Verschwendung«. (1. Petrus 4,4) Sie sind keine »Mitläufer« mehr, sondern folgen einem anderen Schema.

Zudem halten diese Menschen ihre Versammlungen auch noch während der Dunkelheit ab, wozu der von Sonnenaufgang bis Sonnenuntergang reichende Arbeitstag zwingt. So nimmt es nicht wunder, dass ihre Umwelt sie mit Argwohn betrachtet, sie schmäht und beschuldigt. Dass die anderen über ihr Verhalten befremdet sind, davon sollen wiederum sie sich nicht befremden lassen, als stoße ihnen etwas Fremdes zu. Sie sollen, was sie von daher an Negativem trifft, als Teilhabe an den Leiden des Gesalbten verstehen, als messianische Leiden; diese haben die Verheißung ihrer Verwandlung in Glanz. (1. Petrus 4,12–14) Die Schmähungen vonseiten der Umwelt gingen aller Wahrscheinlichkeit nach über bloß verbale Attacken hinaus und bestanden auch nicht nur darin, dass die Messiasgläubigen gesellschaftlich »geschnitten« wurden. Wenn eine Minderheit von der in der Mehrheit üblichen Lebensweise signifikant abweicht, wird sie in der Regel schlimmer und schlimmster Taten verdächtigt und dann auch kriminalisiert. Dass der Verfasser des 1. Petrusbriefes eine solche Situation voraussetzt, in der Messiasgläubige mit der Anschuldigung vor Gericht gebracht wurden, kriminelle Taten begangen zu haben, zeigt sich, wenn er justiziable Taten anführt. Er beschwört die Angeschriebenen geradezu: »Nur, dass ja niemand von euch leide als Mörder oder Dieb oder Übeltäter oder als jemand, der veruntreut!« Alle derartigen Anklagen, mit denen sie vor Gericht gezerrt werden, sollen sich dort als ganz und gar nichtig herausstellen. Er fährt fort: »Wenn aber als Christianer« – wenn also alle Anschuldigungen krimineller Art ausgeräumt sind und nur noch der Vorwurf übrig bleibt: »Aber Christianer oder Christianerin ist diese Person doch!«, dann soll man auch dazu stehen, »dann soll man keine Scheu haben, sondern Gott mit diesem Namen preisen«. (1. Petrus 4,15–16) Das kann und darf man dann nicht abstreiten, dass man »Christianer«/»Christianerin« ist. Dazu muss man sich offen bekennen. Darin besteht in dieser Situation das Lob Gottes.

Genau an dieser Stelle scheint mir der Ansatzpunkt dafür zu liegen, dass diese von außen den an Jesus als Messias Glaubenden gegebene Bezeichnung zur Eigenbezeichnung wird. Von hier aus wird es auch vorstellbar, wie es zu Anklagen allein mit dem »Delikt«, »Christ« oder »Christin« zu sein, kommen konnte und dann auch zu dem von Plinius schon vorausgesetzten Verfahren. Wie sollte ein Gericht weiter vorgehen, wenn nur der Vorwurf des Christseins übrig blieb? Verbunden war mit ihm der Verdacht der Illoyalität. Mitglieder der Gemeinde, die den *fiscus iudaicus* zahlten – zwangsweise traf das für alle jüdischen zu –, konnten den Verdacht mit Verweis auf diese Steuer auszuräumen versuchen. Aber bei denjenigen, die sie nicht geleistet hatten, ergab sich die Notwendigkeit eines von ihnen zu vollziehenden Aktes, mit dem sie ihre Loyalität hätten unter Beweis stellen können. Wie sollte das einfacher geschehen als mit einer schlichten Opferhandlung vor Götterstatuen und dem Kaiserbild sowie einer Verfluchung »Christi«? Solche Fälle dürften zur Ausbildung einer *christlichen* Identität beträchtlich beigetragen haben.

4. Israelbezug und Israelvergessenheit Zu den Briefen nach Ephesus und Kolossae

Diese beiden Briefe haben so starke Übereinstimmungen, dass sie die Annahme einer literarischen Beziehung nahelegen. Sie wird in der Forschung fast einmütig so bestimmt, dass der Verfasser des Epheserbriefes den Kolosserbrief benutzt habe. Ich sehe nicht, dass diese Meinung zwingende Argumente für sich hätte. Die signifikanten Unterschiede zwischen den beiden Briefen scheinen mir eher in die umgekehrte Richtung zu weisen. Ob nun so oder so, diese Unterschiede sind in jedem Fall für die Fragestellung dieses Buches aufschlussreich.

a) Die Imagination einer Gemeinde aus jüdischen Menschen und Menschen aus den Völkern Zum Brief nach Ephesus

Der Verfasser: ein Jude, aber nicht Paulus

Der Brief »an die Heiligen in Ephesus« gibt sich als von Paulus geschrieben aus. Dass er nicht von Paulus verfasst wurde, ist in der Wissenschaft schon seit Langem Konsens. Dafür sprechen der deutlich andere Stil und Wortschatz sowie inhaltliche Unterschiede. Weiter auch der Umstand, dass der Brief an keiner Stelle Korrespondenzcharakter zeigt, obwohl sich Paulus zwei bis drei Jahre lang in Ephesus aufgehalten hat. Ein anderer nimmt Paulus hier auf und schreibt ihn in veränderter Situation weiter. Wie Paulus ist dieser Verfasser ein Jude. Mit anderen messiasgläubigen Landsleuten fasst er sich in einem gemeinsamen »Wir« zusammen. Diese »Wir« unterscheidet er von den angesprochenen »Ihr«, die er als Menschen aus der Völkerwelt kennzeichnet. (Epheser 1,11–13) Dass das »Wir« in diesem Zusammenhang ein jüdisches »Wir« ist, tritt klar hervor, wenn es von den damit bezeichneten Menschen heißt: »die zuvor schon auf den Gesalbten gehofft«. Hier sind Jüdinnen und Juden im Blick, die aufgrund ihrer biblischen Tradition bereits in messianischer Hoffnung lebten, bevor sie diese als in Jesus sich ereignend erkannten. Damit ist auch schon gesagt, dass dieser jüdische Verfasser das Wort *christós* nicht als Name versteht, sondern als Bezeichnung der messianischen Rettergestalt kennt und gebraucht. Das zeigt sich deutlich an einer weiteren Stelle. Wenn er den Angeschriebenen sagt, dass sie über den Gesalbten so unterrichtet worden sind, »wie er in Jesus wahr und wirklich ist«. (Epheser 4,20–21)

Die Angeschriebenen: Menschen aus der Völkerwelt

Als »Paulus« nimmt der Verfasser dessen Selbstverständnis als eines »Apostels für die Völker« betont auf. Er setzt die Situation einer Gefangenschaft voraus und bezeichnet sich als »Gefangener des Gesalbten Jesus für euch, die Völker« und beschreibt es als die ihm gegebene »Begnadung, den Völkern den unergründlichen Reichtum des Gesalbten zu verkünden«. (Epheser 3,1.8) Dementsprechend redet er die von ihm Angeschriebenen ausdrücklich an als »die Völker der Herkunft nach, die ihr ›Unbeschnittenheit‹ genannt werdet von denen, die sich ›Beschnittenheit‹ nennen«. (Epheser 2,11) Deren frühere Zeit, bevor sie von der Jesusbotschaft gewonnen wurden, beschreibt er vom jüdischen Standpunkt aus als eine in Verfehlungen und Übertretungen verbrachte. Sie waren in einem verfehlten Lebenswandel gleichsam durch Sünden Tote. (Epheser 2,1–2) Doch bezieht er sich anschließend samt seinen Landsleuten selbst mit ein – gemäß der Aussage des Paulus im Römerbrief: »Es gibt ja keinen Unterschied; denn alle haben gesündigt und es fehlt ihnen am Glanz Gottes.« (Epheser 2,3.5a; Römer 3,22b–23)

Die Situation, in der und für die der Verfasser schreibt

In diesem Brief »an die Heiligen in Ephesus« schreibt also ein jüdischer Verfasser unter dem Namen des Paulus und spricht dabei ausschließlich Menschen aus der Völkerwelt an. Wie ist das zu verstehen? Wie kann man sich die Situation näherhin vorstellen, in der und für die der Verfasser schreibt? Der Brief verhandelt kein akutes Problem, wie es in einer einzelnen Gemeinde auftreten kann, das nun mit ihm durch die Autorität des Paulus geregelt werden sollte. Unter den Angeschriebenen erwähnt er keine einzige Person mit Namen. Er wird von vornherein eine über Ephesus als Hauptstadt der Provinz Asia hinausgehende Leser- und Hörerschaft intendiert haben. Er hat nicht eine einzelne Gemeinde vor Ort im Blick, sondern die an Jesus als Messias Glaubenden aus der Völkerwelt überhaupt. Sie redet er an. Wie das ihnen gegenüberstehende »Wir« zeigt, setzt er auch jüdische Messiasgläubige voraus. Warum spricht er nur die anderen an? Sie bildeten im Lebensbereich des Verfassers wahrscheinlich schon den größeren Anteil in den Gemeinden und rekrutierten sich auch nicht mehr nur aus der Gruppe der Gottesfürchtigen. So kamen zunehmend Menschen in die Gemeinden, die nicht schon mit Israels heiligen Schriften und jüdischem Leben und jüdischen Traditionen vertraut waren. Hier scheint das Problem zu liegen, das den Verfasser zur Feder greifen lässt. Er erinnert diese Menschen daran, dass sie nicht nur eine Wendung von den Götzen zu Gott vollzogen haben, dass nicht nur eine Änderung ihrer Lebensweise eingetreten ist, sondern dass sie mit dem Glauben an

Israels Gott als den einen Gott auch zu Israel ins Verhältnis gesetzt sind. Und so kennzeichnet er sie im Blick auf ihre frühere Existenz auch als »die Fernen«. (Epheser 2,12.17)

Israel und die Menschen aus der Völkerwelt

»Zu jener Zeit« waren sie nicht nur »ohne den Gesalbten«, sondern auch »ausgeschlossen von der Bürgerschaft Israels und fremd gegenüber den verheißungsvollen Bundesschlüssen, ohne Hoffnung und ohne Gott in der Welt«. (Epheser 2,12) Israel also bildet den Bezugspunkt, von dem aus sie als »die Fernen« gelten. Und zwar Israel in seiner besonderen Geschichte mit Gott als dem *einen* Gott. Auf diese besondere Geschichte weist die Wendung von den »verheißungsvollen Bundesschlüssen« hin. Fern von Israel ist fern von Gott, weil Gott in seinem Mitsein in der Geschichte dieses Volkes zeigt, wer er ist.

Gegenüber dieser Kennzeichnung der Angeschriebenen als den Fernen stellt der Verfasser dann jedoch fest: »Jetzt aber, unter der Herrschaft des Gesalbten Jesus, seid ihr, die einst Fernen, nahegekommen durch den gewaltsamen Tod des Gesalbten.« (Epheser 2,13) Wörtlich lautet der Schluss »durch das Blut des Gesalbten«. »Blut« steht für gewaltsamen Tod. Hier nimmt der Verfasser auf, was er vorher schon ausgeführt hat: »Durch ihn [den Gesalbten Jesus] haben wir die Erlösung durch seinen gewaltsamen Tod, die Vergebung der Sünden.« (Epheser 1,7) Gott hat sich in Mitleidenschaft in diesen Tod hineinziehen lassen. Er lässt ihn nicht nur nicht das letzte über Jesus zu erzählende Ereignis sein, sondern indem er ihn aus den Toten aufweckte, lässt er dessen Tod auch als stellvertretende Sühne gelten für diejenigen, die sich an diesen Messias halten. Und so kann der Verfasser, sich mit seinen Adressaten zusammenfassend, weiter formulieren: »Und uns, die wir durch die Übertretungen tot waren, hat er mit dem Gesalbten lebendig gemacht – durch Gnade seid ihr errettet.« Als mit dem Gesalbten lebendig Gemachte, gleichsam mit ihm Auferweckte sind sie »ein Werk Gottes, erschaffen zu guten Taten unter der Herrschaft des Gesalbten Jesus«. Darin, dass sie in solchen Taten – ebenfalls schon von Gott vorbereitet – auch tatsächlich ihr Leben führen, manifestiert sich ihre Lebendigkeit. (Epheser 2,5–10) Das lässt der Verfasser wieder anklingen, wenn er sagt, dass die einst Fernen durch den Tod des Messias Jesus nahegekommen sind. Was dieser Tod an Veränderung zwischen den »Fernen« und »Nahen« brachte, führt er dann weiter aus. »Denn er [der Gesalbte] ist unser Friede: Beide hat er eins gemacht und die Trennmauer, die Feindschaft, niedergerissen – in seiner Leibhaftigkeit.« (Epheser 2,14) Der Verfasser beschreibt hier den Messias Jesus als Friedensstifter zwischen jüdischen und nichtjüdischen Menschen. Dabei dürfte er wieder, worauf die Wendung »in seiner Leibhaftigkeit« hinweist, an den Tod Jesu am Kreuz denken. Es gab Feindschaft, sagt er; die sei beseitigt. Dafür bringt er das Bild einer niedergerissenen Trennmauer.

Was ist mit der »Trennmauer« gemeint? In einem jüdischen Text aus der zweiten Hälfte des 2. Jahrhunderts v.d.Z. werden die »Bestimmungen in der Gesetzgebung über Speisen und Getränke sowie über die als unrein angesehenen Tiere« interpretiert als die »undurchdringlichen Wälle und eisernen Mauern«, mit denen Gott Israel umgab. Diese Wälle und Mauern bestehen also in denjenigen Geboten, die die besondere jüdische Lebensweise ausmachen und jüdisches Leben von dem der nichtjüdischen Welt unterscheiden und trennen. Sie sollen Jüdinnen und Juden davor bewahren, dass sie sich umstandslos mit der nichtjüdischen Welt verbinden und sich dadurch verleiten lassen, nicht mehr den einzigen Gott allein zu verehren. (Aristeasbrief 139–142) Auf der anderen Seite bewirkt solch abgrenzendes Verhalten Misstrauen, Ablehnung und Feindschaft. Dass auch der

Verfasser des Epheserbriefes bei der »Trennmauer« zwischen jüdischen und nichtjüdischen Menschen an diejenigen Vorschriften der Tora denkt, die die besondere jüdische Lebensweise betreffen, zeigt seine auf den ersten Blick umständlich wirkende, aber eben doch präzise Beschreibung dieser »Trennmauer« in der Fortsetzung seines Textes: »Die in (bestimmten) Satzungen bestehenden Toragebote hat er außer Kraft gesetzt.« Der Verfasser sagt nicht, der Messias Jesus habe die Tora aufgelöst. Wäre das seine Absicht gewesen, hätte er das sehr klar und einfach formulieren können. Das tut er nicht. Wenn er stattdessen drei Begriffe – Tora, Gebote, Satzungen – zueinander in Beziehung setzt, will er etwas anderes sagen. So liegt es am nächsten anzunehmen, dass er genau die Bestimmungen der Tora im Blick hat, von denen auch der zitierte Text aus dem Aristeasbrief spricht. Als Ziel dessen, dass diese Bestimmungen außer Kraft gesetzt seien, gibt er an, »damit er [der Gesalbte] unter sich [= unter seiner Herrschaft] die Zwei zu einem neuen Menschen erschaffe und so Frieden stifte und die beiden in *einem* Leib für Gott versöhne durch das Kreuz, indem er die Feindschaft in seiner Person tötete«. (Epheser 2,15–16) Dem Verfasser geht es um die Möglichkeit des uneingeschränkten Zusammenlebens von jüdischen und nichtjüdischen Menschen in der Gemeinde. Als »Paulus« folgt er dabei der paulinischen Tradition und nicht der des Aposteldekrets, dass also die jüdischen Mitglieder die Praktizierung ihrer Lebensweise, die sie von der nichtjüdischen Welt abgrenzt, in der Gemeinde zurückstellen. Im Aristeasbrief gilt es als schlimme Gefahr, dass solche Praxis Jüdinnen und Juden von der Alleinverehrung Gottes abführe und zu Götzendienst verführe. Solche Gefahr war für den Verfasser des Epheserbriefes nicht gegeben. Waren doch die nichtjüdischen Gemeindemitglieder durch die messianische Botschaft zur Verehrung von Israels Gott als des einzigen Gottes gekommen. Wie sollten diese dann die jüdischen Mitglieder zum Götzendienst verführen können? Sie, »die einst Fernen«, kann er deshalb in dieser Weise ansprechen: »Also seid ihr nun nicht mehr Fremde und Ausländer. Ihr seid vielmehr Mitbürger der Heiligen und Hausgenossen Gottes.« (Epheser 2,19) Nach den vorangehenden Ausführungen waren sie vorher »ausgeschlossen von der Bürgerschaft Israels und fremd gegenüber den verheißungsvollen Bundesschlüssen«. Wenn sie jetzt »Mitbürger der Heiligen« sind, dann sind »die Heiligen« eine Bezeichnung Israels als des von Gott geheiligten Volkes. (2. Mose 19,6; 3. Mose 19,2) Ob der Verfasser zu den »Heiligen« alle Mitglieder des Volkes Israel rechnet oder nur die jüdischen Messiasgläubigen, muss offenbleiben. Er versteht jedenfalls die Gemeinde als eine, die jüdische Menschen und Menschen aus der Völkerwelt zu einer Einheit verbindet, zustande gekommen durch den von Gott aus den Toten aufgeweckten Messias Jesus kraft des heiligen Geistes. »So ist er [der Gesalbte] gekommen und verkündete Frieden – sowohl euch, den Fernen, als auch den Nahen. Denn durch ihn haben wir beide kraft des *einen* Geistes den Zugang zum Vater.« (Epheser 2,17–18) Der Verfasser bestimmt damit die Gemeinde von Israel her. Die Menschen aus den Völkern, »die Fernen«, sind die Hinzugekommenen.

Diese Kennzeichnung der nichtjüdischen Gemeindemitglieder als in bestimmter Weise zu Israel Hinzugekommene deutet sich bereits an der ersten Stelle an, an der der Verfasser sie anspricht. Dort findet sich ein doppeltes »Auch«. Nachdem er jüdische Gemeindemitglieder im Blick hatte, die schon »vorher ihre Hoffnung auf den Gesalbten gesetzt hatten«, fährt er fort: »Durch ihn [den Gesalbten] habt *auch* ihr das verlässliche Wort gehört, die Botschaft von eurer Rettung, durch ihn seid *auch* ihr zum Glauben gekommen und gesiegelt worden mit der verheißenen heiligen Geisteskraft.« (Epheser 1,13) Dass sie »Mitbürger der Heiligen« geworden sind, hatte er ebenfalls an früherer Stelle schon anklingen lassen, als er sie aufforderte »zu erkennen, [...] was für ein reiches und glänzendes Erbe er unter den Heiligen« für sie bereithält. (Epheser 1,18) Die Zuordnung der Menschen aus der Völkerwelt zu Israel zeigt sich schließlich im dreifachen »Mit« in der Aussage, dass sie »durch den Gesalbten Jesus mittels der Botschaft *Mit*erbende, *mit* zum Leib Gehörige und *Mit*teilhabende an der Verheißung sind«. (Epheser 3,6) Diese Aussage steht innerhalb des Schemas von einst Verborgenem und jetzt Enthülltem. Das, nämlich die Mitteilhaberschaft der Völker, »wurde während anderer Generationen den Menschenkindern nicht bekannt gemacht, wie es jetzt seinen heiligen Aposteln und Propheten durch Geisteskraft enthüllt worden ist«. (Epheser 3,5) Menschen aus den Völkern werden durch die Botschaft von Jesus als dem Messias mit hineingenommen in die heilvolle Zuwendung Gottes zu seinem Volk Israel. Das – und nur das – ist für den Verfasser »das Geheimnis, das von ewigen Zeiten her in Gott verborgen war, der das All erschaffen hat«. (Epheser 3,9; vgl. 3,3)

Die Gemeinde aus jüdischen und nichtjüdischen Menschen als »Leib« und der Gesalbte als »Haupt«

Diese Gemeinschaft aus jüdischen und nichtjüdischen Menschen versteht der Verfasser als »Leib des Gesalbten«, als »messianische Verkörperung«, wobei er diese paulinische Vorstellung aufnimmt und verändert. Während nach Paulus sich der Messias Jesus als ganzer in der Gesamtheit seiner Gemeinde verkörpert und sie ihn somit in der Welt repräsentiert, bildet sie im Epheserbrief – im Bild gesprochen – nur den Rumpf. Diesem gegenüber ist er das Haupt. Ihn hat Gott durch die Auferweckung über alles gesetzt. (Epheser 1,22–23; vgl. 4,15–16; 5,23.30) Die Aussage, dass alle in der Gemeinde »Glieder seines Leibes« sind, wie auch die andere von der »Wirkkraft [›Energie‹], die jedem einzelnen Teil zugemessen ist«, machen deutlich: Wie Paulus hält auch dieser Verfasser fest, dass es in der Gemeinde keine Unbegabten gibt. Jede und jeder trägt mit der je eigenen Begabung zum Aufbau der Gemeinde bei. Ebenfalls kennt er auch noch keine ausgeprägte Ämterlehre. Was er an besonderen Funktionen in der Gemeinde aufzählt, geht nicht über Vergleichbares bei Paulus hinaus. »Und er [der Gesalbte] machte die einen zu Aposteln, andere zu Propheten, andere zu Verkündern, andere zu Hirten und Lehrern.« Was sie leisten, hat ein gemeinsames Ziel, das wörtlich so zu übersetzen wäre: »zur Zurüstung der Heiligen für die Ausübung des Dienstes zur Erbauung des Leibes des Gesalbten«. Die hervorgehobenen Funktionen haben also vor allem die gemeinsame Aufgabe, es zu ermöglichen, die Voraussetzungen dafür zu schaffen, dass jedes Gemeindemitglied gemäß der je eigenen Begabung seinen spezifischen Beitrag einbringen kann. So lebt und wächst Gemeinde. Nur so gelangt sie zur vollen Reife, sodass es keine Unmündigen mehr in ihr gibt. (Epheser 4,11–14)

Gemeinde in der Welt

Der von Gott aus den Toten aufgeweckte Jesus ist als »der Gesalbte« nicht nur »das Haupt der Gemeinde«. Der Verfasser proklamiert ihn, wie schon zitiert, als »Haupt über alles«. Gott hat ihn an seiner Rechten Platz nehmen lassen, »hoch erhaben über jeder Regierung, Macht, Behörde und Herrschaft und jedem nennbaren Namen – nicht allein in dieser Weltzeit, sondern auch in der kommenden«. (Epheser 1,20–21) Die gebrauchten Begriffe bezeichnen politische Machtinstanzen jeder Art. An sie dürfte daher für diese Weltzeit in erster Linie gedacht sein. Die unerhörte Erhabenheit des Gesalbten Jesus betont der Verfasser noch an einer weiteren Stelle. Dafür, dass jedem Gemeindemitglied »die Gabe gegeben ist entsprechend dem Maß, wie der Gesalbte schenkt«, führt er als Schrift Psalm 68,19 an: *»Zur Höhe hinaufgestiegen hat er Gefangene in Gefangenschaft geführt, gute Gaben hat er den Menschen gegeben.«* Der Verfasser hat den Bibeltext für seinen Kontext passend gemacht. Im Psalm wird Gott angeredet, der hinaufgestiegen ist und in Gefangenschaft führt und unter den Menschen Geschenke nimmt. Dem Verfasser geht es um den Aufstieg des Gesalbten, der Geschenke gibt. Er fährt fort: »Das *Er ist hinaufgestiegen* – was bedeutet es anderes, als dass er auch hinabgestiegen ist in die Tiefen der Erde? Der hinabgestiegen ist, ist derselbe, der auch hinaufgestiegen ist über alle Himmel hinaus, damit er das All erfülle.« (Epheser 4,7–10) Beim Hinabstieg »in die Tiefen der Erde« ist nicht an den Abstieg eines Himmelwesens auf die Erde gedacht. Die Wendung von den »Tiefen der Erde« findet sich biblisch in Psalm 63,10. Dort wird denjenigen, die anderen nach dem Leben trachten, angekündigt, dass sie *»in die Tiefen der Erde kommen werden«*, also selbst sterben, ins Totenreich hinabsteigen müssen. Beim Hinabstieg »in die Tiefen der Erde« ist also an den Tod Jesu gedacht. Er, der durch seine Hinrichtung an einem römischen Kreuz zutiefst Entehrte und Erniedrigte und so ins Totenreich Hinabgestiegene, wurde von Gott hoch über alle Mächte hinaus erhoben – zum Gesalbten, dem alle Macht gehört. Das stellt alle irdisch ausgeübte Macht und gerade auch die religiös überhöhte imperiale Macht Roms kritisch in Frage, bestreitet ihr den Anspruch von Absolutheit und Letztgültigkeit. Gerade Jesus, ein Opfer der imperialen Gewalt, wird als über allen institutionellen Machtinstanzen und personellen Machthabern stehend postuliert. Er ist das Haupt; nichts und niemand von ihnen ist das. Genau das könnte veranlasst haben, dass der Verfasser die paulinische Vorstellung von der Gemeinde als »Leib des Gesalbten« in der dargestellten Weise verändert hat. Indem die Gemeinde als ein Teil dieser Welt den Gesalbten Jesus als ihr Haupt bekennt, proklamiert sie ihn damit zugleich als Haupt der ganzen Welt. In ihr gewinnt diese Proklamation wahrnehmbare Realität.

Allerdings wirkt sich das Beharrungsvermögen der bestehenden Ordnung auch in der Gemeinde aus. Das zeigt sich deutlich in der sogenannten Haustafelethik, die Mahnungen an Ehefrauen und Ehemänner, Kinder und Eltern, Versklavte und Herren enthält. (Epheser 5,21–6,9) Zwar stellt der Verfasser die Mahnung voran: »Ordnet euch einander unter in der Ehrfurcht vor dem Gesalbten!« Im Blick auf ihn, der das Haupt aller ist, kann es untereinander kein gegenseitiges Übertrumpfen geben, sondern nur respektvollen Umgang miteinander. In den konkreten Ausführungen zeigt sich dann jedoch, dass die *gegenseitige* Unterordnung eine starke Schlagseite hat. Sie gilt in den vorgegebenen Strukturen des Hauses nur für die jeweils Schwächeren in der willigen Einordnung in diese Strukturen. Bei den jeweils Stärkeren kann von Unterordnung keine Rede sein. Hier finden sich patriarchale Behauptungen. Aber immerhin: Die Mahnungen des Verfassers intendieren eine entschiedene Humanisierung innerhalb der Strukturen.

Noch einmal zur Sicht der Gemeinde als einer Einheit aus jüdischen Menschen und Menschen aus der Völkerwelt. Diese Menschen treffen sich nicht irgendwo in der Mitte zwischen Israel und den Völkern, sondern – zugespitzt gesagt – in Israel. Jesus als der Gesalbte der biblisch-jüdischen Tradition bringt beide zusammen. Die »Fernen« kommen zu den »Nahen«. Diejenigen, die »von der Bürgerschaft Israels ausgeschlossen« waren, sind »Mitbürger der Heiligen« geworden. Der Verfasser bestimmt die Gemeinde – wie der Johannes der Offenbarung – von Israel her. Das ist festzuhalten. Wie daran angeknüpft werden kann, wird später zu erwägen sein. Es kann jedenfalls nicht in direkter Weise geschehen. Denn diese Gemeinde aus jüdischen und nichtjüdischen Menschen gibt es schon sehr lange nicht mehr und wird es in dieser Weise nicht wieder geben. Anders als bei Paulus kommt im Epheserbrief das nicht an Jesus als Messias glaubende Israel, also die große jüdische Mehrheit, nicht in den Blick. Das könnte ein Hinweis darauf sein, dass hier etwas Eigenes neben Israel im Entstehen begriffen ist.

b) Ein Stück Hellenisierung Zum Brief nach Kolossae

Die Angeschriebenen: Menschen aus der Völkerwelt

Wie der Epheserbrief richtet sich auch der Kolosserbrief an Menschen aus der Völkerwelt. Der Verfasser kennzeichnet sie als solche, die »ihr einst durch schlechte Taten ausgeschlossen und feindlich gesonnen wart«, »tot durch Übertretungen und die Unbeschnittenheit eures Fleisches«. (Kolosser 1,21; 2,13) Sie sind »mit einer nicht von Händen gemachten Beschneidung beschnitten worden«, der »Beschneidung, die Christus gibt«, als die er die Taufe versteht. (Kolosser 2,11–12) Sie gehören also nicht zur »Beschnittenheit«, nicht zum jüdischen Volk. Dieser Brief lässt sich im selben Bereich lokalisieren wie der Epheserbrief, also in der Provinz Asia und deren Nachbarschaft. Darauf weisen die Adressierung nach Kolossae sowie die Erwähnung der Nachbarorte Laodizea und Hierapolis. (Kolosser 4,13.16)

Der Verfasser: weder Paulus noch ein Jude

Der Verfasser gibt sich als »Paulus« aus – und damit implizit auch als Jude. Aber dass er ein Jude sei, tritt an keiner Stelle hervor. Er bringt kein einziges Zitat aus der »Schrift«, keine Anspielung auf sie. Bei der Lektüre seines Schreibens würde man nicht darauf kommen, dass es sie überhaupt gibt. Dass Gott Israels Gott ist, wird nirgends erkennbar. Wovon er stark beeinflusst ist und worauf er oft anspielt, sind Paulusbriefe, aus denen er Aspekte aufnimmt. Insofern ist er ein Paulusschüler – ein nichtjüdischer, literarischer Paulusschüler. Darauf weisen signifikante Unterschiede zum Epheserbrief im Blick auf die Wahrnehmung Israels hin. Dessen Verfasser gibt sich klar als Jude zu erkennen im Unterschied zu seinen nichtjüdischen Adressaten. Davon findet sich im Kolosserbrief keine Spur. Zwar nimmt der Verfasser dieses Briefes als »Paulus« betont das Selbstverständnis des Apostels für die Völker auf. Er ist »Diener« der Gemeinde, »um euch gegenüber das Wort Gottes zur Wirksamkeit zu bringen«. Dieses »Wort Gottes« kennzeichnet er als »das Geheimnis, das vor Zeiten und vor Generationen verborgen war, jetzt aber seinen Heiligen offenbart worden ist«. Anschließend spricht er vom »herrlichen Reichtum dieses Geheimnisses unter den Völkern« und identifiziert es mit »Christus unter euch«. (Kolosser 1,25–27) Auch im Epheserbrief ist die Beauftragung des Paulus für die Völker mit dem Motiv des einst verborgenen und jetzt offenbarten Geheimnisses verbunden. Dort besteht es präzise im Hinzukommen der Völker. Sie sind »durch den Gesalbten mittels der Botschaft Miterbende, mit zum Leib Gehörige und Mitteilhabende an der Verheißung«. (Epheser 3,1–7) Dieser Bezug auf Israel findet sich im Kolosserbrief nicht. Im Epheserbrief waren die Adressaten »ausgeschlossen von der Bürgerschaft Israels und fremd gegenüber den verheißungsvollen Bundesschlüssen«. (Epheser 2,12) Nach dem Kolosserbrief waren sie »durch schlechte Taten ausgeschlossen und feindlich gesonnen«. (Kolosser 1,21) Wo sich dort ein Israelbezug findet, ist hier eine Leerstelle. Wenn im Epheserbrief die angeschriebenen nichtjüdischen Menschen, die »von der Bürgerschaft Israels ausgeschlossen« waren, »Mitbürger der Heiligen« genannt werden, dann sind diese Heiligen Angehörige des jüdischen Volkes. Im Kolosserbrief sind »die Heiligen« die Angeschriebenen und überhaupt alle in der Gemeinde sowie himmlische Wesen. (Kolosser 1,12) Dasselbe Phänomen zeigt sich beim Motiv des »Erbes«. Im Epheserbrief sind die angeschriebenen Menschen aus den Völkern »Miterbende« mit Israel, im Kolosserbrief sind sie »bevollmächtigt für den Anteil am Erbe der Heiligen im Licht«. (Epheser 1,18; 3,6; Kolosser 1,12) So wird man feststellen müssen: Im Kolosserbrief zeigt sich eine Paulusrezeption aus nichtjüdischer Perspektive, die Israel nicht mehr im Blick hat. Das schließt die Hypothese aus, beim Verfasser dieses Schreibens handle es sich um einen persönlichen Paulusschüler – oder gar um Paulus selbst.

Zur Situation, die den Verfasser schreiben lässt

An zwei Stellen klingt Jüdisches an. Doch ist nicht erkennbar, dass der Verfasser dort auf spezifisch Jüdisches eingeht. In dem schon erwähnten Zusammenhang, in dem er davon spricht, dass die Angeschriebenen durch »Christus« »mit einer nicht von Händen gemachten Beschneidung beschnitten worden« seien, ist es besonders auffällig, dass er hier nicht biblische Zitate einbringt, die von der Beschneidung der Herzen oder Ohren reden. Mit der Erwähnung der Beschneidung assoziiert er offenbar, dass bei ihr nur ein kleines Stück Fleisch abgeschnitten wird. Die »Beschneidung Christi« aber bewirkt »das Ausziehen des vom Fleisch bestimmten Leibes« im Ganzen. Mit dem »vom Fleisch bestimmten Leib« dürfte er jede Art von Begehren meinen, das sich gegen alles gute Recht wendet und zu vielerlei Übertretungen führt. Entsprechend stellt er kurz danach für die Vergangenheit der Angeschriebenen »Übertretungen und die Unbeschnittenheit eures Fleisches« nebeneinander. (Kolosser 2,11–13)

Noch an einer zweiten Stelle könnte Jüdisches im Blick sein. (Kolosser 2,16–23) Hier führt der Verfasser Außenstehende an, die die Gemeindemitglieder zu etwas veranlassen wollen, was er für falsch hält und woran sich diese bisher auch nicht gehalten haben. Sie sollen sich nicht davon imponieren lassen, wenn diese anderen sie deshalb zur Rede stellen und sie davon überzeugen wollen, das von ihnen Angeführte zu praktizieren: »Niemand darf euch also kritisieren beim Essen und Trinken, wegen Festfeier, Neumond oder Sabbat.« Neumond und Sabbat betreffen eindeutig Jüdisches. So könnte bei »Festfeier« auch an jüdische Feste gedacht sein und bei »Essen und Trinken« an jüdische Speisevorschriften. Das ist jedoch nicht wahrscheinlich. Was der Verfasser weiter von den anderen sagt, erweist sie nicht als jüdisch: »Niemand darf euch herabsetzen, der sich in Demut und Engelverehrung gefällt, in dem, was er bei der Einweihung geschaut hat.« Die zuletzt gebrachte Wendung ist technisch für die Einweihung in Mysterienreligionen. Auf Nichtjüdisches weist auch, wenn der Verfasser im weiteren Text von »selbstgemachtem Kult« und von körperlicher Askese spricht sowie Tabuvorschriften anführt. »Fasse nicht an! Schmecke nicht! Berühre nicht!« Diese werden mit den »Elementen der Welt« in Zusammenhang gebracht. Denen seien die Gemeindemitglieder, sagt der Verfasser, »mit Christus abgestorben«. Und so hatte er schon an früherer Stelle gesagt: »Seht zu, dass niemand euch kapere durch Philosophie und leeren Trug gemäß der Überlieferung von Menschen, gemäß den Elementen der Welt und nicht gemäß Christus!« (Kolosser 2,8) Es scheint daher so, dass es sich bei dieser »Philosophie« um einen synkretistischen Mysterienkult handelt, der Versatzstücke aus unterschiedlichen Bereichen aufgenommen hat. Dieser Kult stellt wahrscheinlich die Gemeinde nicht grundsätzlich in Frage, sondern hält dazu an, durch Teilnahme auch an ihm sich breiter abzusichern. Demgegenüber stellt der Verfasser betont heraus, dass die Gemeindemitglieder an »Christus« volles Genügen haben. Auch in diesem Zusammenhang hat er nicht spezifisch Jüdisches im Blick und polemisiert auch nicht dagegen.

Der Verfasser betont also, dass die Angeschriebenen es nicht nötig haben, sich religiöse Praktiken von anderen aufdrängen zu lassen. Sie haben an »Christus« genug und mehr als genug. Was aber versteht er unter »Christus«? Wie beschreibt er ihn näher? Zunächst: Ist das Wort *christós* für ihn ein Titel (»Gesalbter«/Messias) oder ein Name? Dass er bei *christós* an den Gesalbten der biblisch-jüdischen Tradition denke, ist an keiner einzigen Stelle auch nur andeutend angezeigt. Das entspricht dem Tatbestand, dass er sich nirgends auf »die Schrift« bezieht. Aufschlussreich ist auch der vokabelstatistische Befund. Der Name »Jesus« kommt in diesem Brief nur sechsmal vor, nie für sich allein, sondern immer verbunden mit *christós* und/oder »Herr«. Das Wort *christós* findet sich 25-mal, davon steht es 19-mal für sich allein. Das weist darauf hin, dass er es parallel zum Namen Jesus gebraucht. Zwei Wendungen zeigen das besonders deutlich. An einer Stelle fordert der Verfasser dazu auf, alles »im Namen des Herrn Jesus« zu tun. Und an einer anderen mahnt er: »Dient dem Herrn Christus!« (Kolosser 3,17.24) Wenn also auch *christós* dem Namen »Jesus« entspricht, so ist der Name »Christus« für den Verfasser doch gewichtiger. Darauf weisen sowohl die Häufigkeit seines Vorkommens als auch der Umstand, dass er an den meisten Stellen im Unterschied zum Namen »Jesus« für sich allein steht. Er ist ein Name und zugleich mehr als ein Name – außerordentlich bedeutungsvoll.

Was verbindet der Verfasser mit »Christus«? Hier ist zunächst der Unterschied aufschlussreich, der sich beim Schema des einst verborgenen, jetzt aber offenbarten Geheimnisses gegenüber dem Epheserbrief zeigt. Dort ist es auf das Hinzukommen der Völker und ihre Teilhabe mit Israel bezogen. Hier wird dieses Geheimnis mit »Christus« personifiziert. Zwar bringt es dessen Verfasser als »Paulus« zunächst im Zusammenhang seiner Beauftragung für die Völker, unter ihnen »das Wort Gottes zur Wirksamkeit zu bringen«. Dieses »Wort Gottes« kennzeichnet er dann als »das Geheimnis«, vor Zeiten verborgen und jetzt offenbart, und identifiziert »dieses Geheimnis unter den Völkern« schließlich mit »Christus unter euch«. (Kolosser 1,24–27) Kurz danach führt er aus, dass sein Bemühen zum Ziel habe: »die Erkenntnis des Geheimnisses Gottes: Christus«. Von diesem »Christus« sagt er unmittelbar anschließend: »In ihm sind alle Schätze der Weisheit und Erkenntnis verborgen.« (Kolosser 2,2–3) Schließt das nicht auch das Wissen über Gott ein und wie man von ihm reden kann? Dann wäre also auch Gott vor der Offenbarung dieses Geheimnisses verborgen gewesen? Oder zumindest erst jetzt kenntlich, wie er »wirklich«, wie er »eigentlich« ist? Es wäre also nicht als selbstverständlich vorausgesetzt, dass es um den in Israel bezeugten und bekannten Gott geht, der in der Geschichte Jesu zu Wort und Wirkung kommt? Angesichts schon vorher angeführter Beobachtungen sind diese Fragen nicht abwegig. Der Verfasser hat die Absicht, hier seine weitere Argumentation gegen die »Philosophie« vorzubereiten und es stark zu machen, dass die von ihm Angeschriebenen deren Angebote nicht brauchen. Aber wie er »Christus« herausstellt, hat das die Kehrseite, dass die in der Bibel erzählte Geschichte Gottes mit seinem Volk Israel aus dem Blick gerät.

Bei der Frage, welche konkreten Inhalte der Verfasser im Zusammenhang mit »Christus« anführt, ist zunächst festzuhalten, dass er grundlegende Aussagen der eigenen Tradition aufnimmt. Gott »hat ihn aus den Toten aufgeweckt« und seinen Tod am Kreuz als stellvertretende Sühne gelten lassen zur Vergebung der Übertretungen. (Kolosser 2,12–14) Das ist ein gewichtiger Grund dafür, dass die Angeschriebenen an »Christus« genug haben. Die Aufforderung, sich nicht von der »Philosophie« kapern zu lassen, die sich an menschlicher Überlieferung orientiert und nicht an »Christus«, begründet er so: »Denn in ihm wohnt die ganze Fülle der Gottheit leibhaftig.« (Kolosser 2,8–9) Schon an früherer Stelle hatte er davon gesprochen, dass es »der ganzen Fülle gefallen hat, in ihm zu wohnen«. (Kolosser 1,19) Wenn »die ganze Fülle« den Entschluss fassen kann, in »Christus« zu wohnen, ist sie als eine Bezeichnung Gottes verstanden. Der Verfasser entnimmt sie seiner hellenistischen Umwelt, in der sie das allumfassende Durchdringen des Kosmos durch Gott bzw. die Götter zum Ausdruck bringen kann. Er tut das, um einmal mehr deutlich zu machen, dass mit »Christus« alles gegeben sei. Der hellenistische Einfluss ist noch deutlicher bei der Wendung »die ganze Fülle der Gottheit«. »Gottheit« (*theótes*) ist das Abstraktum der persönlichen Bezeichnung »Gott«. Dieses Abstraktum kommt im gesamten Neuen Testament nur an dieser Stelle vor. In der Septuaginta findet es sich nirgends, nicht einmal bei Philon aus Alexandria. »Die ganze Fülle der Gottheit« meint Gott in allem, was ihn als Gott ausmacht. Gott in seiner ganzen Fülle, Gott ganz und gar wohne »in Christus« »leibhaftig«. Man hat gemeint, »leibhaftig« hier im Sinne von »wirklich« verstehen zu können aufgrund von Kolosser 2,17. Dort werden die Dinge, die Essen und Trinken sowie besondere Zeiten betreffen, als »Schatten des Zukünftigen« bezeichnet, dem »Christus« als »Körper« – der den Schatten wirft –, also als das Wirkliche gegenübersteht. Aber bei der dortigen metaphorischen Rede liegt eine ausdrückliche Gegenüberstellung von »Körper« und »Schatten« vor. Das ist hier nicht der Fall. Gleich im folgenden Kontext ist vom »*fleischlichen* Leib/Körper« die Rede. (Kolosser 2,11; vgl. 1,22) Dass »in ihm die ganze Fülle *leibhaftig* wohnt«, ist also im wörtlichen Sinn zu verstehen. Diese Aussage meint »Christus« als den Irdischen und den Erhöhten – und auch als den Präexistenten. Letzteres zeigt sich deutlich in dem Abschnitt, in dem der Verfasser ihn als »das Bild des unsichtbaren Gottes« und »Erstgeborenen aller Schöpfung« bezeichnet, »weil Alles/das All durch ihn geschaffen worden ist«. (Kolosser 1,15–17) Diese Begründung zeigt schon, dass er nicht »Bild Gottes« in der Weise ist, wie es nach dem biblischen Schöpfungsbericht für »den Menschen« gilt. (1. Mose 1,26–27) »Christus« gehört sozusagen ganz und gar auf die Seite Gottes und nicht auf die der Geschöpfe; in ihm manifestiert sich Gott. Entsprechend ist er »Erstgeborener aller Schöpfung« nicht als erstes Geschöpf, sondern er ist »*vor* allem/allen«, wie es kurz danach ausdrücklich heißt. Was der Verfasser hier über »Christus« ausführt, berührt sich ganz eng mit Aussagen, die Philon aus Alexandria über den »Logos« als »ältesten Sohn Gottes« macht. Er tut das in Aufnahme von biblischen Aussagen über die Weisheit und – vor allem – von hellenistischem Gedankengut in der Tradition griechischer Philosophie. Bei Philon ist der Logos eine geistige Wesenheit. Beim Verfasser des Kolosserbriefes ist bei diesen Aussagen über Gottes »Sohn«, über »Christus«, immer auch Jesus im Blick, also ein Mensch mit bestimmtem Schicksal. Das zeigt sich, wenn er bald danach von dessen Tod spricht und ihn noch davor als »Erstgeborenen aus den Toten« bezeichnet, mit der Zielangabe, »damit er in allem [= in jeder Hinsicht] Erster würde«. (Kolosser 1,18) Er, von dem es vorher hieß, dass er »Bild des unsichtbaren Gottes, Erstgeborener (vor) aller Schöpfung« ist, gehörte also zu den Toten. Dass er nicht mehr dazu gehört, wird hier nicht mit der an anderer Stelle gebrauchten traditionellen Aussage begründet, dass Gott ihn von den Toten aufgeweckt hat, sondern mit dem schon erwähnten Satz, »weil die ganze Fülle beschlossen hatte, in ihm zu wohnen«. Und diese Einwohnung ist schon mit der Aussage über ihn als »Bild des unsichtbaren Gottes« gegeben. Damit ist hier angelegt, dass im Blick auf den toten Jesus nicht nur gesagt wird, dass Gott ihn in neuschöpferischer Tat aufgeweckt hat, sondern dass er dank seiner völligen Partizipation an Gottes Gottsein selbst aufsteht. Das geschieht in dieser ausdrücklichen Weise erstmals bei Ignatius aus Antiochia.

Die Frage, wie das alles zusammen zu *denken* ist, wird – im selben griechisch-philosophischen Kontext – von den späteren Kirchenvätern aufgenommen werden. Noch einmal: Die Intention dessen, dass der Verfasser in so starker Weise hellenistisches Gedankengut aufnimmt und damit »Christus« in zeitlicher und räumlicher Hinsicht kosmisch-universale Dimensionen zuschreibt, ist deutlich. Gegenüber der synkretistischen »Philosophie«, von der er seine intendierte Leser- und Hörerschaft bedroht sieht, will er sie versichern, dass sie keiner Anleihen von dort bedarf, sondern dass sie an der ihr übermittelten Botschaft von »Christus« voll und ganz genug hat. Dafür begibt er sich sozusagen auf das Terrain, auf dem die »Philosophie« sich gebildet hat, und interpretiert »Christus« in diesem Kontext, treibt also notwendige Kontextualisierung. Das Problem, wie er das tut, besteht jedoch darin, dass ihm darüber der Zusammenhang der auf den Messias Jesus bezogenen Botschaft mit Israel, mit dessen heiliger Schrift und Geschichte, aus den Augen geraten ist. Das Universale hat das Partikulare verschlungen.

Wie der Verfasser die Gemeinde versteht

Wie der Verfasser des Epheserbriefes nimmt auch der Verfasser des Kolosserbriefes die paulinische Vorstellung von der Gemeinde als Leib auf. Wie dieser und anders als Paulus stellt auch er »Christus« als Haupt der Gemeinde gegenüber. (Kolosser 1,18.24; 2,19) Aber er wertet dieses Bild nicht aus für die einzelnen Mitglieder der Gemeinde als Glieder dieses Leibes mit je unterschiedlichen Gaben. Über die Strukturierung der Gemeinde lässt er nichts erkennen. An einem zentralen Punkt jedoch nimmt er Paulus auf – gegen den Trend der späteren Zeit. Er fordert seine Leser- und Hörerschaft auf: »Das Wort Christi wohne mit seinem ganzen Reichtum unter euch! Mit aller Weisheit lehrt und mahnt *einander*!«

(Kolosser 3,16) Hier ist der Verfasser Paulusschüler, der allen in der Gemeinde etwas zutraut.

Wie der Verfasser die politische und gesellschaftliche Wirklichkeit wahrnimmt

Der Verfasser des Epheserbriefes betont die Überlegenheit des Gesalbten »hocherhaben über jede Macht und Gewalt, Behörde und Herrschaft«. (Epheser 1,21) In ähnlicher Weise bezeugt der Verfasser des Kolosserbriefes »Christus« als »das Haupt jeder Macht und Gewalt«. (Kolosser 2,10) Das kann in diesem Zusammenhang, der ausdrücklich vor der »Philosophie« warnt, nicht als harmonisches Zusammenspiel gemeint sein. Dabei wird zuerst an »Mächte« gedacht sein, auf die sich diese »Philosophie« bezieht. Aber da mit diesen Begriffen vor allem auch politische Machtinstanzen bezeichnet werden, kann die politische Dimension nicht als ausgeschlossen angenommen werden. Hier ist auch daran zu erinnern, dass der Verfasser die Kreuzigung Jesu – in der Interpretation als stellvertretende Sühne – bildlich als Annageln eines »gegen uns gerichteten Schuldscheins« durch Gott darstellt, der damit »die Mächte und Gewalten entwaffnet« und sie mit »Christus« im Triumphzug führt. (Kolosser 2,14–15) Da kann mitgehört werden, dass gerade diejenige Macht, die in der Kreuzigung über Jesus triumphierte und die in Rom höchst reale Triumphzüge inszeniert, von diesem als Mittriumphator Gottes im Triumphzug vorgeführt wird. Wie im Epheserbrief schlägt sich das auch im Kolosserbrief in der Haustafelethik nieder. Wie dort erfolgt hier eine Humanisierung innerhalb der vorgegebenen patriarchalen Strukturen, die jedoch zugleich theologisch legitimiert und verfestigt werden.

Der Kolosserbrief im Verhältnis zum Epheserbrief

Nach dem in diesem Kapitel Ausgeführten scheinen mir die Gemeinsamkeiten und Unterschiede zwischen den Briefen an die Epheser und die Kolosser weitaus besser verstehbar zu sein, wenn der Verfasser des Kolosserbriefes den Epheserbrief benutzt hat, als umgekehrt. Der Kolosserbrief wird oft relativ früh um das Jahr 70 d.Z. datiert, geschrieben von einem Paulusschüler. Dagegen spricht, dass in diesem Schreiben »die Schrift« nirgends einen Bezugspunkt bildet und Israel und Jüdisches nicht im Blickfeld des Verfassers liegen. In den von ihm anvisierten Gemeinden gab es offenbar kaum noch jüdische Mitglieder. Wenn man – was auch nur hypothetisch geschehen kann – den Epheserbrief nach 80 bis um 90 d.Z. ansetzt, würde die Abfassung des Kolosserbriefes an das Ende des ersten oder in den Anfang des zweiten Jahrhunderts rücken. Für eine solche relativ späte Datierung spricht auch, dass sich eine sachliche Nähe zu den Pastoralbriefen zeigt. Das ist einmal der Fall im Verständnis der Hoffnung als eines Hoffnungsgutes, das im »ewigen Leben« besteht. (Kolosser 1,5; Titus 2,13; 3,7) Zum anderen wird Paulus zur in der Überlieferung verwahrten apostolischen Autorität und Instanz für die weitergehende Christusverkündigung, die sich umfassend an die Völkerwelt richtet. (Kolosser 1,23; 2. Timotheus 4,17)

Im Kolosserbrief artikuliert sich in der auf Jesus bezogenen Gemeinschaft erstmals eine Stimme ohne jeden Israelbezug. Sie dokumentiert das Entstehen einer eigenen Größe neben dem Judentum. So gehört die Besprechung dieser Schrift sachlich in den dritten Teil dieses Buches. Sie wurde an dieser Stelle wegen ihres Zusammenhangs mit dem Epheserbrief gebracht.

Rückblick auf den zweiten Teil

Nach den uns erhaltenen Quellen haben sich für die Zeit nach dem jüdisch-römischen Krieg von den jüdischen Gruppen die Pharisäer und die messianische Gemeinde als überlebensfähig erwiesen. Die Verfasser des Matthäus- und Johannesevangeliums schreiben im Zusammenhang mit dem sich nun herausbildenden pharisäisch-rabbinischen Judentum und in Auseinandersetzung mit ihm. Aber diese Auseinandersetzungen werden von beiden Seiten immer noch als innerjüdische verstanden. Doch zeigen sich deutlich mögliche Bruchstellen. Die an Jesus Glaubenden fordern für ihren Messias einen absoluten Anspruch ein. Damit erweisen sie sich als nicht in die Mehrheit integrierbar. Dass er den Messias Jesus absolut setzt, veranlasst Matthäus zu einer fragwürdigen geschichtstheologischen Konstruktion. Er führt die Katastrophe des jüdisch-römischen Krieges darauf zurück, dass die Mehrheit des jüdischen Volkes Jesus nicht als Messias anerkannte. Johannes setzt bei seinem innerjüdischen Gegenüber selbstverständlich Kenntnis und Bekanntheit Gottes voraus. Ihm liegt alles daran aufzuzeigen, dass es dieser in Israel bekannte und bezeugte Gott ist, der durch Jesus wirkt, in ihm präsent ist. Dann aber vollzieht er einen Umkehrschluss. Denjenigen, die das Wirken Gottes in Jesus nicht erkennen und anerkennen, spricht er jedwede Kenntnis Gottes rundweg ab. Das führt auf Seiten der Mehrheit dazu, die Messiasgläubigen als Häretiker zu betrachten und distanzierende Maßnahmen zu ergreifen, die die anderen empfindlich treffen. Wenn »Häretiker« sich nicht »bekehren«, wenn sie an ihrem absoluten Anspruch festhalten und sie damit die Mehrheit auch weiterhin nicht überzeugen können, wird die Distanzierung auf Dauer zur Trennung führen.

Alle vier Evangelien sind in diesem Zeitraum zwischen 70 und 100 d.Z. entstanden. Alle vier sind im biblisch-jüdischen

Kontext verfasst. Alles in ihnen ist jüdisch. Es ist anzunehmen, dass ihre Autoren davon ausgingen, von der jeweils intendierten Leser- und Hörerschaft in den Gemeinden verstanden zu werden. Das setzt bei dieser Kenntnis der heiligen Schriften Israels und jüdischer Tradition voraus. Dann ist weiter zu folgern, dass der Anteil der »Gottesfürchtigen« bei den nichtjüdischen Mitgliedern der Gemeinden noch relativ groß gewesen sein muss. Die Briefe nach Ephesus und Kolossae zeigen jedoch, dass er abnahm.

Die Einführung des *fiscus iudaicus*, der »Judensteuer«, durch Rom nach dem Krieg konnte nichtjüdische Messiasgläubige veranlassen, sich vom Judentum zu distanzieren, um nicht diese Steuer zahlen zu müssen. Eine solche Tendenz wird sich im Laufe der Zeit verstärkt haben. Auf der anderen Seite gab es in den Städten des römischen Imperiums mit jüdischer Diaspora für diese doppelten Anlass, sich von den Messiasgläubigen zu distanzieren und im politischen Kontext auch gegen sie vorzugehen. Dass Gottesfürchtige sich dem Messiasglauben zuwandten, wurde als Abwerbung potenter Sympathisanten bitter empfunden. Außerdem wollte man von der römischen Verwaltung nicht mit den politisch verdächtigen Messianischen in Verbindung gebracht werden. Von römischer Seite waren diese schon sehr früh als eine eigene Gruppe ins Auge gefasst und beobachtet worden – aufgrund der Auffälligkeit, dass sich hier jüdische und nichtjüdische Menschen versammelten. Das schlägt sich nieder und zeigt sich in deren Benennung als *chrestiani* (»Christianer« und »Christianerinnen«). Lange Zeit bleibt das eine Fremdbezeichnung. Sie wird zur Eigenbezeichnung im Zusammenhang der zu Prozessen führenden Kriminalisierung der Messiasgläubigen. In solcher Situation muss man dann zu dieser Benennung stehen. So wird sie langsam zur Bezeichnung einer eigenen Identität. Aber das ist im 1. Petrusbrief, der den Übergang von der Fremd- zur Eigenbezeichnung andeutet, noch nicht der Fall.

Sowohl dieser Brief als auch das Werk des Lukas, der Epheserbrief und die Offenbarung des Johannes zeigen eine starke Verbundenheit mit Israel. Johannes und die Verfasser des Epheserbriefes und des 1. Petrusbriefes sind Juden, die die messianische Gemeinde noch ganz und gar in einem unlösbaren Zusammenhang mit Israel und von Israel her verstehen. Allerdings wird bei ihnen – anders als bei Paulus – das den Messias Jesus ablehnende Judentum nicht thematisiert. Lukas, ein Gottesfürchtiger, der Israel liebt, stellt in klarer Weise die Israel geltenden Verheißungen heraus und hält sie fest. Er macht ihre Einlösung durch Gott nicht abhängig vom Glauben an den Messias Jesus. Die auf diesen bezogene Botschaft soll die Völker der Welt zu Israels Gott bringen. Dagegen ist im Kolosserbrief, in dem der nichtjüdische Verfasser gegenüber seinen nichtjüdischen Adressaten auf deren und seinen paganen Kontext eingeht und in und mit ihm »Christus« zur Sprache bringen will, Israel aus dem Blickfeld verschwunden.

III.
Im und nach dem Bruch

Von der Zeit um 100
bis zur Zeit um 150 d.Z.

1. Eine römisch gewordene Gemeinde
Zum 1. Clemensbrief

Der 1. Petrusbrief lässt die Distanz zur Welt, in der die Menschen in den Jesusgemeinden stehen, deutlich erkennen. Sein Verfasser bestätigt und bestärkt diese Distanz als in einem guten Sinn »weltfremd«. Sie sind keine »Mitläufer« im allgemeinen Trend, den die römische Macht bestimmt. Wenn in diesem Kontext die Fremdbezeichnung »Christinnen und Christen« als Eigenbezeichnung aufgenommen wird, manifestiert sich »Christsein« gerade im Leben in dieser Distanz. In ihr wird die römische Macht als eine bedrängende erfahren. Eine solche Erfahrung und eine davon bestimmte äußerst negative Wertung dieser Macht spiegeln sich besonders deutlich in der Offenbarung des Johannes wider. Geht man von der Lektüre dieser beiden Schriften zu der des 1. Clemensbriefes über, gelangt man in eine andere Welt. Dieser Brief wurde wahrscheinlich gegen Ende des 1. Jahrhunderts geschrieben, also ungefähr zur selben Zeit. Aber er wurde – tatsächlich, nicht fiktiv – in Rom verfasst, der Hauptstadt des Imperiums. Als Absender ist »die Gemeinde Gottes, die in Rom in der Fremde wohnt«, angegeben, als Adressat »die Gemeinde Gottes, die in Korinth in der Fremde wohnt«. Auch hier wird zwar das Leben der Gemeinde in der Welt als eines »in der Fremde« charakterisiert. Das dürfte in den zu Beginn angeführten, erst kurz zurückliegenden, »plötzlich und Schlag auf Schlag über uns gekommenen Missgeschicken und Unglücksfällen« begründet sein. (1. Clemens 1,1) Aber hier zeigt sich schon der Unterschied zum 1. Petrusbrief. Dort soll die Gemeinde sich nicht davon »befremden« lassen, was ihr von außen zugefügt wird, als stoße ihr »etwas Fremdes« zu. (1. Petrus 4,12) Hier dagegen wird es als »Missgeschicke und Unglücksfälle« benannt –

Begriffe, die ein eintreffendes Ereignis vor allem als Zufall charakterisieren. Obwohl vom Sein »in der Fremde« die Rede ist, zeigt das Schreiben immer wieder: Sein Verfasser fühlt sich in Rom »zuhause«. Auf eine Einzelperson als Verfasser weist die Einheitlichkeit von Sprache, Stil und Inhalt hin. Deren Namen geben die Handschriften in den Über- und Unterschriften mit Clemens an. Dem entspricht die kirchliche Überlieferung. Um 170 erwähnt Bischof Dionysius von Korinth in einem Brief an Bischof Soter von Rom »das frühere, durch Clemens uns zugesandte Schreiben«.

a) Clemens: ein Römer, kein Jude

Clemens schreibt nicht nur im Namen der römischen Gemeinde; er ist auch ein Römer. Diese Verortung bestimmt in starkem Maß seine Wahrnehmung. Für die Mahnung, das Leben nach dem Willen Gottes zu führen, gebraucht er militärische Sprache: »Lasst uns also mit aller Anstrengung Kriegsdienst leisten unter seinen tadellosen Vorschriften!« Das könnte metaphorisch eine energische Umsetzung des von Gott Gebotenen einfordern. So spricht der Verfasser des Epheserbriefes von »der vollen Waffenrüstung Gottes«, die es anzuziehen gilt, um ein gottgefälliges Leben in allen auftretenden und andrängenden Widerwärtigkeiten bestehen zu können. Er zählt einzelne Teile der Rüstung auf und deutet sie metaphorisch. (Epheser 6,10–17) Clemens aber fährt fort: »Betrachten wir doch diejenigen, die unseren Führern Kriegsdienst leisten!« (1. Clemens 37,1–2) Wie er diese Betrachtung auswertet, ist an späterer Stelle zu besprechen. Schon der Umstand, dass er das römische Militär als beispielhaftes Anschauungsmaterial anführen kann, verblüfft. An seinem Ort, in Rom, bekommt er nicht mit, was die Legionen im Kampf anrichten, wie sie ihren Kriegsdienst leisten. In der Hauptstadt wird bei den Triumphzügen der Glanz der

Siege wahrgenommen und deren positive Folgen in Form von Getreidespenden und überhaupt im Zufluss von Waren und Gütern. Aufschlussreich ist vor allem auch die Wendung »*unsere* Führer«. Ganz analog spricht Clemens – wahrscheinlich in Aufnahme eines in der Gemeinde gebrauchten Gebetes – vom Kaiser und seinen höchsten Beamten als »*unseren* Herrschern und Führern«. (1. Clemens 60,2.4) Das zeigt eine starke Identifizierung mit dem Imperium und seiner Hauptstadt sowie der politischen Führung.

Die positive Sicht der bestehenden politischen Wirklichkeit kommt auch darin zum Ausdruck, dass Clemens an diesen Stellen Gott und die Herrschenden parallelisiert. Im Gebet heißt es: »Mache unsere Schritte gerade, damit wir mit rechtschaffenem Herzen das Leben führen und das Gute und Wohlgefällige tun vor Dir und vor unseren Herrschern!« Nur wenig später begegnet dieselbe Parallelisierung noch einmal: »Lass uns gehorsam sein Deinem allmächtigen und vortrefflichen Namen und unseren Herrschern und Führern auf der Erde!« Der Gehorsam gegenüber Gott und der Gehorsam gegenüber den Herrschenden entsprechen einander. Das bedeutet aber nicht weniger, als dass dieser die Konkretion von jenem im politischen Raum ist. Diese Parallelisierung von Gott und den Herrschenden ist ein Hinweis darauf, dass Clemens diese Herrschaft theologisch legitimiert: »Du, Herr, hast ihnen (unseren Herrschern und Führern) die Herrschaftsgewalt gegeben durch Deine erhabene und unbeschreibliche Kraft, damit wir die ihnen von Dir gegebene Herrlichkeit und Ehre erkennen, um ihnen zu gehorchen, womit wir uns in keiner Weise Deinem Willen widersetzen.« (1. Clemens 61,1) Die erhabene und unbeschreibliche Kraft Gottes hat sozusagen ihren verlängerten Arm in Macht, Herrlichkeit und Ehre des Kaisers und seiner höchsten Beamten. Daher ist Gehorsam ihnen gegenüber gleichbedeutend mit dem Gehorsam gegenüber Gott. Ungehorsam wäre Verletzung des göttlichen Willens.

Clemens stellt betont fest, dass sich in keiner Weise dem Willen Gottes widersetzt, wer den Herrschenden gehorcht. So verwundert es nicht, dass ihm die römische Herrschaft als etwas Gutes gilt. Sie ist geradezu ein Gottesgeschenk. Unmittelbar auf die Fürbitte für die Herrschenden folgt der Preis Gottes als dessen, »der mächtig ist, dies und noch viel mehr Gutes an uns zu tun«. (1. Clemens 61,3) Wo anders als in Rom konnte man so reden? Und wer anders als ein Römer konnte das tun?

Clemens ist ein Römer mit einem relativ hohen sozialen Status. Darauf weisen einmal sein ausgedehntes Wissen hin und seine sprachliche Ausdrucksfähigkeit. Zum anderen ist deutlich, dass er aus der Perspektive der Reichen schreibt, wenn er fordert: »Der Reiche soll den Armen unterstützen; der Arme soll Gott danken, dass er jenem gab, wodurch seinem Mangel abgeholfen wird.« (1. Clemens 38,2) Aktiv handelnder Mensch ist hier nur der Reiche. Weiter schreibt er aus der Perspektive des Freien und des Älteren. (1. Clemens 55,2; 1,3; 3,3; 21,6) Den Arbeiter betrachtet er aus der Sicht des Arbeitgebers: »Der gute Arbeiter nimmt freimütig das Brot für seine Arbeit; der faule und lässige sieht seinem Arbeitgeber nicht ins Gesicht.« (1. Clemens 34,1) Dass er schließlich ein Mann ist, zeigt sein Name. Dass er aber auch konsequent patriarchalisch denkt, ergibt sich aus seinen Mahnungen, wonach den Frauen Unterordnung unter dem Mann, Versorgung des Hauses, Ehrbarkeit und Schweigen in der Gemeinde zukommen. (1. Clemens 1,3; 21,6–7)

Im 1. Clemensbrief spricht ein gut situierter Römer, für den die bestehende Wirklichkeit des Imperiums »in Ordnung« ist. Dieser Römer kennt jedoch außerordentlich gut Israels heilige Schriften in Gestalt ihrer griechischen Übersetzung, der Septuaginta. Dass ihm das römische Bürgerrecht als einem Juden überkommen sei, ist unwahrscheinlich. An keiner Stelle verbindet er mit dem Wort »Christus« Messianisches. Den Namen »Jesus« gebraucht er nirgends für sich allein, »Christus« für sich allein nur in der traditionellen, formelhaft gewordenen Verbindung »in Christus«. Dass die Bezeichnung »Christus« für ihn bedeutungsvoller ist, zeigt die Häufigkeit ihrer Verwendung in unterschiedlichen Zusammenstellungen. Clemens führt mehrfach David als Beispiel an. Aber er sagt nichts von einer davidischen Herkunft Jesu. Er vermerkt, dass »der Herr Jesus der Herkunft nach« von Jakob abstammt. (1. Clemens 32,2) Das zeigt wohl am deutlichsten, dass ihm am Messianischen nichts liegt. Ihm gegenwärtiges Judentum kommt nirgends in den Blick. Die biblischen Väter sind ebenso selbstverständlich »*unsere* Väter«, wie die in Rom Herrschenden »*unsere* Herrscher und Führer« sind. Dass Gott mit den biblischen Vätern eine besondere Bundesgeschichte hat, wird an keiner Stelle erkennbar. Darauf wird noch einzugehen sein. Trotz des häufigen Bibelgebrauchs: Das Jüdische verblasst, das Römische tritt umso deutlicher hervor.

b) Die von Rom gesetzte politische Ordnung als Muster für die Wahrnehmung

Was veranlasst die römische Gemeinde, sich mit dem Brief des Clemens an die korinthische zu wenden? Clemens beschreibt den Anlass so: »Sehen wir doch, dass ihr einige, die sich völlig korrekt verhalten, aus dem von ihnen untadelig in Ehren gehaltenen Amt abgesetzt habt.« Das bewertet er als »überaus schändlich«. (1. Clemens 44,3–6; 47,6) Das also ist in Korinth geschehen: Auf Veranlassung einiger weniger – aus anderer Stelle ist zu erschließen, dass es sich um junge Leute handelte – hat die Gemeinde einige ihrer Presbyter abgesetzt. In diesen Konflikt greift die römische Gemeinde mit dem Brief des Clemens ein. Worum es bei der Absetzung inhaltlich ging, deutet er nicht im Mindesten an, sondern argumentiert ausschließlich formal. Er verfolgt das Ziel, dass die abgesetzten Presbyter wieder in ihr Amt eingesetzt werden, diejenigen aber, die die Absetzung veranlasst haben, freiwillig ins Exil gehen. Sowohl die Wahrnehmung dieses Konflikts als auch die im Brief propagierte Lösung sind ganz und gar von der politischen Einstellung seines Verfassers bestimmt.

Bereits die Beschreibung der korinthischen Situation durch Clemens, die zugleich seine Wertung enthält, erfolgt in genauer Analogie zum politischen Bereich und ist diesem entlehnt. Was in Korinth geschehen ist, die Absetzung einiger Presbyter durch die Gemeinde, bezeichnet er gleich zu Beginn und dann immer wieder als »Aufstand«. Den kennzeichnet er als »verrucht«, »gottlos«, »unnütz« und stellt ihn mit anderen schlimmen Dingen zusammen. »Aufstand« bezeichnet in römischer Perspektive das schlimmste politische Verbrechen. Clemens nimmt also zur Kennzeichnung der Vorgänge in Korinth einen Begriff der politischen Sprache auf und teilt auch die offiziell mit ihm verbundene Wertung. So kann nur verfahren, wem die römische Herrschaft als Wohltat gilt und wer daher Aufstände gegen sie für etwas außerordentlich Schlechtes halten muss. Wie selbstverständlich Clemens durch die »politische Brille« Roms sieht, zeigt sich auch daran, dass er bei der Wiedergabe biblischer Texte das Wort »Aufstand machen« einfügt und dass er bei seinem Preis der Liebe in Aufnahme von 1. Korinther 13 auch den Satz formuliert: »Liebe macht keine Aufstände.« (1. Clemens 4,12; 43,2; 51,3; 49,5) Wie Aufstände die Pax Romana stören, »entfremden von dem guten Zustand« diejenigen, die in der Gemeinde »auf Zwist und Aufstände hinzielen«. (1. Clemens 14,2)

So kann es positiv nur um die Wiederherstellung des früheren Zustands gehen, des *status quo ante*, wie das auch bei einer Störung der Pax Romana der Fall ist. Daher halten nach Clemens in Korinth nur diejenigen mit frommem Sinn Frieden, die den *status quo ante* wiederherstellen wollen, während er den Friedenswillen der anderen, den er offenbar zur Kenntnis nehmen muss, als heuchlerisch diffamiert. (1. Clemens 15,1) Da so für ihn klargestellt ist, was Friede bedeutet, kann er immer wieder zum Frieden mahnen, ja geradezu sein ganzes Schreiben als eine »Eingabe [...] betreffs Friede und Eintracht« bezeichnen. (1. Clemens 63,2) Das Wortpaar »Friede und Eintracht«, das die Pax Romana kennzeichnet und schönfärberisch deren Unterordnungs- und Unterdrückungscharakter verschleiert, nimmt er damit zur Beschreibung des für Korinth intendierten Zieles auf. Die Mahnung, »mit den eingesetzten Presbytern Frieden zu halten«, lautet daher im Klartext: »Unterwerft euch den Presbytern!« (1. Clemens 54,2; 57,1)

Sowohl die Wahrnehmung des Konflikts in Korinth durch Clemens als auch das Ziel, das er mit seinem Brief anstrebt, sind also unlösbar verbunden mit seiner römischen politischen Perspektive. Das gilt ebenfalls für die Weise der von ihm betriebenen Konfliktlösung, die sich vom römischen Herrschaftsmodell abhängig erweist. Dasselbe ist bereits für die unerbetene Einmischung der römischen Gemeinde in Korinth als solche anzunehmen. Es ist gewiss kein Zufall, dass gerade die römische Gemeinde einschreitet. Sie hat unmittelbar die Zentralmacht vor Augen, die bei Unruhen in einer Provinz oder einem verbündeten Königreich »pazifizierend« eingreift. Sie verfügt – noch – nicht über die Machtmittel des Reiches. Sie muss sich mit einem mahnenden Brief begnügen, überbracht von einer dreiköpfigen Delegation. Auch dafür könnte das politische Vorbild einer Gesandtschaft gewirkt haben. (1. Clemens 65,1)

Die Lösung des Konflikts in Korinth erblickt Clemens vor allem darin, dass die Veranlasser der Absetzung von Presbytern, die in seinen Augen Anstifter eines Aufstands und also Friedenszerstörer sind, freiwillig ins Exil gehen. Im politischen Bereich konnte Aufstand außer mit dem Tod auch durch Verbannung bestraft werden. Die Todesstrafe kommt zwar in den Blick, bildet aber für Clemens selbstverständlich keine Möglichkeit. (1. Clemens 41,3) Die Verbannung kann er nicht durchsetzen. Er legt sie jedoch geschickt und eindringlich nahe: »Wer nun unter euch von guter Gesinnung ist, wer Mitgefühl hat, wer von Liebe erfüllt ist, soll sagen: ›Wenn es um meinetwillen Aufstand, Streit und Spaltungen gibt, wandere ich aus, gehe fort, wohin immer ihr wollt, und tue, was von der versammelten Gemeinde angeordnet wird.‹« (1. Clemens 54,1–2)

Was Clemens propagiert, ist im Grunde nichts anderes als Unterwerfung unter die einmal bestehende Ordnung. Das spricht er auch in aller wünschenswerten Klarheit aus, wenn er erklärt, was er für »angebracht« hält, nämlich, »den Nacken zu beugen und den Platz des Gehorsams einzunehmen, damit wir – vom unnützen Aufstand ablassend und frei von jedwedem Schandfleck – zu dem uns gesetzten wahren Ziel gelangen.« (1. Clemens 63,1) In dieser Forderung auf Einordnung und Unterordnung begegnet der imperiale römische Geist: ein auf Unterwerfung drängender Geist, der sich in der Pax Romana ein eindrucksvolles Zeugnis geschaffen hat.

c) Das militärische Vorbild: Hierarchisierung der Gemeinde

Der prägnanten Forderung, »den Nacken zu beugen und den Platz des Gehorsams einzunehmen«, entspricht der mehrfache Gebrauch der Worte Gehorsam, gehorsam sein und gehorchen. Die Betonung des Gehorsams in Verbindung mit Unterordnung weist auf den militärischen Bereich hin. Dass Clemens das römische Militär positiv in den Blick nimmt, wurde schon angeführt. Jetzt ist darzulegen, wozu es ihm als Beispiel dient. Er schreibt: »Betrachten wir doch diejenigen, die unseren Führern Kriegsdienst leisten, wie geordnet, wie angepasst, wie gehorsam sie die Kommandos ausführen! Nicht alle sind Präfekten noch Tribunen noch Centurione noch Quinquagenarii und so weiter, sondern jeder führt in seiner Abteilung die Befehle des Kaisers und der Führer aus. Die Großen können ohne die Kleinen nicht sein noch die Kleinen ohne die Großen. In allem ist eine gewisse Mischung und darin besteht der Nutzen.« (1. Clemens 37,2–4) Wenn Clemens Quinquagenarii (»Anführer von Fünfzigschaften«) erwähnt, verrät er damit, dass er keine genaue Kenntnis des tatsächlichen römischen Heeres hat, das einen solchen Dienstgrad nicht kannte. Er dürfte ihn aus der ihm vertrauten griechischen Bibel übernommen haben. Die Distanz zum tatsächlichen Heer sowie schon der Umstand, dass er den Kampf nicht wahrnimmt, sprechen dafür, dass er es als segensreiche Ordnungsmacht erfährt. So spricht er ja auch von dessen »Nutzen«. Wem es auf wessen Kosten nützt, fragt er nicht.

Das Modell des Militärs prägt seine Vorstellung von der Gemeinde. Gleich anschließend nimmt er das paulinische Bild vom Leib und seinen Gliedern auf und deutet es um. (1. Clemens 37,5) Seine Umdeutung ist schon durch das vorangestellte Bild vom Militär vorgegeben. Im Militär kann es keine Gleichrangigkeit geben. Das wirkt in den Gebrauch des Bildes vom Leib und seinen Gliedern so ein, dass er nur Kopf und Füße gegenüberstellt und dass alle Glieder »in einträchtiger Unterordnung verfahren« sollen. Dabei geht es ihm um die Einordnung in ein hierarchisches Gefüge. Den Ort innerhalb dieses Gefüges bestimmt die Gnadengabe. Dass von wirklicher Gegenseitigkeit keine Rede sein kann, dass vielmehr gesellschaftliche Herrschaftsstrukturen unhinterfragt in den Bereich der Gemeinde durchschlagen, zeigt sich in der Fortsetzung seines Textes: »Der Starke soll den Schwachen versorgen, der Schwache aber den Starken achten. Der Reiche soll den Armen unterstützen, der Arme aber Gott danken, dass er jenem gab, wodurch seinem Mangel abgeholfen wird.« (1. Clemens 38,1–2) Hier wird der soziale Status als Gnadengabe angesehen. Das könnte paulinisch sein, insofern der Mensch auch in seinem gesellschaftlichen Sein für den Messias Jesus und damit für dessen Gemeinde und das Miteinander in ihr beansprucht wird. In dieser Ausführung jedoch kommt der Schwache und Arme nicht als eigenes Subjekt in den Blick. Er hat keine eigenständige Gnadengabe, mit der er zum Aufbau der Gemeinde beiträgt, sondern wird lediglich als Objekt der Wohltat des Starken und Reichen betrachtet, auf die er dankbar zu reagieren hat.

Es ist kein Zufall, dass bei Clemens erstmals im Schrifttum der auf Jesus bezogenen Gemeinschaft der Begriff »Laie« begegnet: »Der Laienmensch ist an die Laiengebote gebunden.« (1. Clemens 40,5) Dieses Wort kommt nirgends in der alten griechischen Übersetzung der jüdischen Bibel, der Septuaginta, vor. Was Inhalt der »Laiengebote« ist und worin dann der Dienst des »Laienmenschen« besteht, sagt Clemens nicht. Ein Kommentator meint: »Es bleibt aber wohl wenig mehr für ihn, als zuzuhören und die Eucharistie zu genießen.« (Rudolf Knopf) Unmittelbar anschließend fährt Clemens fort: »Jeder von uns, Geschwister, soll in seiner Abteilung Gott auf ehrbare Weise gefallen, indem er ein gutes Gewissen hat und den festgesetzten Bezirk seines Dienstes nicht überschreitet.« (1. Clemens 41,1) Wie im römischen Militär »jeder in seiner Abteilung«, »auf seinem Posten« die Befehle ausführt, so hat auch jedes Gemeindeglied seinen festgelegten Ort »in seiner Abteilung« innerhalb des hierarchischen Gefüges der Gemeinde.

d) Gott, die Schrift und Israel

Die jüdische Bibel spricht vor allem so von Gott, dass sie von seinem Handeln in der Geschichte mit seinem Volk Israel erzählt. Zuvor ist er nach ihrer Darstellung derjenige, der Himmel und Erde geschaffen hat, auch den Menschen, männlich und weiblich, als sein Ebenbild. Doch dann – nach Erfahrungen mit der sich vermehrenden Menschheit – ist er vor allem »der Gott Abrahams, der Gott Isaaks, der Gott Jakobs«, der mit diesen Vätern einen Bund schließt und »Bund und Treue hält«, der Israel aus der Sklaverei in Ägypten befreit und ihm am Sinai die Tora gibt, es durch die Wüste führt und ihm das Land Kanaan gibt. Neutestamentliche Schriften setzen dieses Reden von Gott voraus und führen es im Blick auf Jesus entsprechend fort, indem sie das Handeln Gottes in dessen Geschichte bezeugen, besonders an ihrem Ende: dass er ihn von den Toten aufgeweckt hat. Nur diese letzte Aussage findet sich an einer Stelle bei Clemens, an der es ihm um Aspekte geht, an denen Gott zeige, »dass es eine künftige Auferstehung gebe, zu deren Anfang er den Herrn Jesus Christus gemacht hat, als er ihn von den Toten aufstehen ließ«. Hier nimmt er eine Aussage des Paulus auf. (1. Korinther 15,20) Für Paulus ist sie die Basis, um im weiteren Text über die Auferstehung der zum Messias Jesus Gehörigen sprechen zu können. Clemens jedoch belässt es bei dieser Bemerkung und führt anschließend als Erweise für die Auferstehung den Wechsel von Tag und Nacht, von Saat und Ernte an und legt schließlich in großer Breite den Mythos vom sterbenden und wieder auferstehenden Vogel Phönix dar. (1. Clemens 24,1–26,1) Aus der »Schrift« zitiert er solche Aussagen über Gott, die sich auch in der philosophischen Theologie der Zeit finden. Gott ist »der Vater und Schöpfer der ganzen Welt«, »der Macher (*demiourgós*) des Alls«, sein Name »Urgrund aller Schöpfung«. (1. Clemens 19,2; 59,2–3) Besonders aufschlussreich ist, dass Clemens von Gott sagen kann: »Lasst uns erkennen, wie er (der Vater und Schöpfer der ganzen Welt) ohne Zorn gegenüber seiner gesamten Schöpfung ist.« (1. Clemens 19,3) Damit steht er im Widerspruch zur Bibel, nach der es vor allem das zum Himmel schreiende Unrecht ist, das Gott über die Maßen erzürnen lässt. Mit der Aussage vom Gott ohne Zorn genügt Clemens einem zentralen Postulat der philosophischen Theologie. Wo er Aussagen über Gott aus der Schrift aufnimmt, löst er sie aus ihrem Kontext, dem Handeln Gottes an Israel und für Israel. So redet er Gott an als »den allein Höchsten in der höchsten Höhe, den Heiligen, im Heiligtum ruhend, der die Überheblichkeit der Hochmütigen zuschanden macht«. Hier nimmt er Jesaja 57,15 und 13,11 auf. Dass dort einmal dem gesamten Kontext voransteht: »Räumt meinem Volk [Israel] die Hindernisse aus dem Weg!« und die andere Stelle vom Gericht Gottes an Babel redet, ist bei Clemens nicht erkennbar. Die biblisch zentrale Aussage, dass Gott Israel als sein Volk erwählt hat, kommt bei ihm nirgends in den Blick. Es geht nur noch um »uns«, wenn Gott weiter angeredet wird: »der Du Völker auf Erden zahlreich machst und aus ihnen allen durch Jesus Christus, Deinen geliebten Sohn, diejenigen erwählt hast, die Dich lieben. Durch ihn hast Du uns unterwiesen, geheiligt, geehrt.« (1. Clemens 59,3)

Für Clemens ist die im griechisch sprechenden Judentum Alexandrias entstandene Übersetzung von als heilig geltenden hebräischen Schriften, die Septuaginta, selbstverständliche Autorität. Sie ist seine »Bibel«. In ihr kennt er sich aus und zitiert sehr oft ausführlich aus ihr. Er spricht von ihr als »den heiligen Schriften« oder einfach als von »der Schrift«, womit er auch eine bestimmte Schriftstelle bezeichnen kann. Kenntnis »der heiligen Schriften« setzt er ausdrücklich auch in der angeschriebenen Gemeinde in Korinth voraus. (1. Clemens 45,2) Seine Zitate stimmen weithin mit dem Text der Septuaginta überein. Manchmal finden sich Mischzitate aus verschiedenen Stellen. Gelegentlich bietet er auch Zitate, die sich nicht verifizieren lassen. Diese sowie die Mischzitate erklären sich wahrscheinlich von daher, dass er aus dem Gedächtnis zitiert.

Eine Funktion der Schrift, die in der auf Jesus bezogenen Gemeinschaft traditionell ist, besteht darin, dass dessen

Wirken in ihr angekündigt gefunden wird. Aber davon ist bei Clemens nur nebenbei die Rede, wenn er von Elija und Elisa bemerkt, dass sie »das Kommen Christi verkündeten«. Vor allem sind sie für ihn Vorbilder, denen nachzueifern ist. Das gilt auch für die weiter von ihm angeführten biblischen Gestalten: Ezechiel, die Propheten überhaupt, Abraham, Hiob und David, auch »das Haus Israel« als ganzes. (1. Clemens 17,1–19,1; vgl. 8,3; 31,1–4) Im Rahmen des Ziels, das Clemens mit seinem Schreiben verfolgt, sind sie Beispiele für Demut, Bescheidenheit, Gehorsam und Umkehr. Dass es bei diesen Menschen um Israels Geschichte geht, um den Bund Gottes mit diesem Volk, zeigt er in keiner Weise an. Die wesentliche Funktion der Schrift besteht darin, dass sie ihm immer wieder ein Arsenal von Beispielen bietet, die er für seine Einmischung in den korinthischen Konflikt gebrauchen kann. In dieser Weise wertet er auch die biblische Erzählung von Kain und Abel und Weiteres bis hin zu David als »alte Beispiele« aus. (1. Clemens 4,1–13; vgl. 46,1; 63,1)

Was »die Schrift« als vergangene Geschichte erzählt, versteht Clemens als »unsere« Vorgeschichte. »Die Schrift« wird von ihm radikal nostrifiziert, »ver-unsert«. Dass er von Adam als »unserem Vater« spricht, ist durch das biblische Zeugnis gedeckt. (1. Clemens 6,3) Denn nach der Bibel schuf Gott am Anfang *einen* Menschen, *den* Menschen, männlich und weiblich. Und dieser Mensch war nicht der erste Israelit, sondern schlicht »Mensch« (hebräisch: *adám*). Aber in derselben Weise, wie Clemens vom ersten Menschen als »unserem Vater Adam« spricht, tut er es mit »unserem Vater Jakob«, »unserem Vater Abraham«, sind sie mit Isaak zusammen und vielleicht noch weiteren mitgemeinten biblischen Personen »unsere gerechten Väter«. (1. Clemens 4,8; 31,2; 30,7; 62,2) Israels Geschichte wird zur bloßen Vorgeschichte der eigenen Gemeinschaft. Als eigene Größe ist Israel nicht im Blick.

Das tritt besonders deutlich an einer Stelle hervor, an der Clemens ausdrücklich von »Israel« und über Erwählung spricht, aber eben nicht von der Erwählung Israels. (1. Clemens 29,1–30,1) Er schreibt über Gott als »unseren gütigen und barmherzigen Vater: Der hat uns für sich zu einem auserwählten Teil gemacht.« Dafür zitiert er als Begründung zunächst wörtlich 5. Mose 32,8–9. Im zweiten Teil dieses Zitates heißt es: *»Anteil des HERRN wurde sein Volk Jakob, Israel sein eingehegtes Erbteil.«* Es folgt ein eigenartig zusammengesetztes weiteres Zitat, das teilweise nicht identifizierbar ist. In ihm steht in Anlehnung an 5. Mose 4,34: *»Der HERR nimmt sich ein Volk aus der Mitte der Völker.«* In sehr lockerem Anklang an andere Stellen heißt es weiter: *»Und aus jenem Volk wird das Allerheiligste hervorgehen.«* Daran schließt Clemens unmittelbar an, dass »wir also ein heiliger Teil sind«. Die in der Schrift bezeugte und dort an vielen Stellen hervorgehobene Erwählung Israels hat bei Clemens keinen Eigenwert. Sie begründet das eigene Erwähltsein der auf Jesus bezogenen Menschen aus der Völkerwelt und zielt ausschließlich darauf. Das wird auch deutlich im Gebet am Schluss des Briefes, wenn es im Kontext von Bitten für »uns« heißt: »Die Irrenden Deines Volkes lass umkehren!«, und nach weiteren Bitten in Aufnahme von Bibelstellen steht: *»Erkennen sollen alle Völker, dass Du allein Gott bist* und Jesus Christus Dein Sohn und *wir Dein Volk und Schafe Deiner Weide.«* (1. Clemens 59,4) Auf Israel als Gottes Volk bezogene Stellen der Schrift zieht Clemens in aller Selbstverständlichkeit zu »uns« herüber.

e) Überformung des Jüdischen vom Römischen: ein stillschweigend vollzogener Bruch

Clemens sagt zwar, die römische Gemeinde lebe »in der Fremde«, so auch die korinthische. Aber es ist deutlich geworden, dass er selbst jedenfalls in Rom sehr »zuhause« ist. Die Perspektive, die er als vornehmer und gebildeter Römer hat, bestimmt schon seine Wahrnehmung des Konflikts in Korinth, veranlasst die Einmischung in ihn und richtet die Strategie aus, die er zu dessen Lösung anwendet. Dieser Römer hat eine außerordentlich gute Kenntnis der jüdischen Bibel in Form der Septuaginta. Er liest sie als Römer mit seiner römischen Perspektive. Das tritt besonders deutlich hervor, wenn er die biblischen Anordnungen für das Priestertum mit der Organisation des römischen Militärs parallelisiert und von daher sein Gemeindebild als ein hierarchisch gegliedertes bestimmt sein lässt und so auf Einordnung, vor allem aber auf Unterordnung drängt.

Clemens nostrifiziert die jüdische Bibel, eignet sie so an, dass er sie als bloße Vorgeschichte der eigenen Gemeinschaft versteht. Die biblischen Erwählungsaussagen, die Israel meinen, die Israel zu Gottes Volk machen, dem er in Bundesschlüssen verbunden ist und bleibt, bezieht Clemens umstandslos sofort auf »uns«. Er stellt das schlicht und einfach fest. Das biblisch bezeugte Israel ist für ihn keine eigenständige Größe; es handelt sich um »die Generationen vor uns«. (1. Clemens 19,1) Ihm gegenwärtiges Judentum kommt nicht in den Blick. Man steht selbst an dessen Stelle. Hier erfolgt eine Beerbung Israels als dessen Enterbung. Dem entspricht es, dass Clemens nirgends deutlich werden lässt, dass er und die von ihm Angeschriebenen zu den Völkern gehörten und gehören. Er hat sich und ihnen mit der biblischen Geschichte Israels eine neue Herkunft besorgt. So sind sie keine Hinzugekommenen, sondern Realisierung dessen, worauf die so reklamierte Vorgeschichte schon immer hinzielte. Hier ist der Bruch sozusagen stillschweigend vollzogen: in Rom zu Hause und dem Judentum entfremdet.

2. Im Streit um die Schrift Der Barnabasbrief

a) Wer dieses Schreiben wann verfasste

Der sogenannte Barnabasbrief wurde wahrscheinlich zwischen 130 und 132 d.Z. geschrieben. Er zeigt keine Kenntnis des zweiten jüdisch-römischen Krieges von 132 bis 135. Mit der Bemerkung, dass diejenigen, »die den Tempel niedergerissen haben, ihn selbst wieder aufbauen werden«, was jetzt geschehe, scheint der Verfasser sich auf den Befehl Kaiser Hadrians auf dessen Orientreise im Jahr 130 zu beziehen, an der Stelle des zerstörten Jerusalemer Tempels einen Tempel für Juppiter Capitolinus zu bauen. (Barnabas 16,3–4) Wo das Schreiben verfasst und veröffentlicht wurde, lässt sich nicht mit hinreichender Wahrscheinlichkeit bestimmen. Es ist vollständig vor allem in dem berühmten Codex Sinaiticus erhalten, einer Bibelhandschrift aus dem 4. Jahrhundert. Es steht dort fast am Ende nach der Offenbarung des Johannes und vor dem Hirten des Hermas. Am Schluss der Offenbarung wird nicht vermerkt, dass mit ihr das Neue Testament abgeschlossen sei und nun Anhänge folgten. Der Barnabasbrief wird auf dieselbe Weise angeschlossen, wie es mit den vorangehenden Schriften geschieht. Das aber heißt, dass er hier als kanonisch galt und dass er als Lesetext in christlichen Gemeinden gebraucht wurde.

Der Codex Sinaiticus führt dieses Schreiben in der Über- und Unterschrift als »Brief des Barnabas« an. Als Verfasser nennt auch Klemens aus Alexandria (um 200) Barnabas und meint damit die aus Paulusbriefen und der Apostelgeschichte bekannte Person. Das ist jedoch eine hochgradig unwahrscheinliche Zuschreibung. Der Mann, der sich so verhalten hat, wie es Paulus in Galater 2,13 beschreibt, kann nicht derselbe sein, der als Verfasser dieses Schreibens alles Jüdische für nichtig erklärt. Aussagen über den Verfasser lassen sich also nur aus seinem Schreiben gewinnen. Bei ihm muss es sich um einen Nichtjuden handeln. Er kennzeichnet seine von ihm vorgestellte Leser- und Hörerschaft als Menschen aus den Völkern, die »zum Glauben an Gott gelangten« und deren Herzen vorher »voll von Götzendienst« waren. Mit ihnen fasst er sich in einem gemeinsamen »Wir« zusammen. (Barnabas 16,7; vgl. 14,5) Dieser Nichtjude war aber auch kein Gottesverehrer, bevor er sich »dem neuen Gesetz unseres Herrn Jesus Christus« verpflichtet sah. Jüdisches ist ihm völlig fremd; er kennt es nur vom Hörensagen. Und so verbreitet er grobe Missverständnisse und schlimme Gerüchte über jüdische Riten. Als angebliches Schriftzitat bringt er an einer Stelle zunächst: »Und sie [die Tempelpriester] sollen von dem Bock essen, der am Fasttag für alle Sünden dargebracht wird!« Mit der Wendung »Passt genau auf!« fordert er dann zu besonderer Aufmerksamkeit auf und führt als angebliches Zitat weiter an: »Und allein alle Priester sollen das ungewaschene Gedärm mit Essig essen!« Der erste Teil dieses »Zitats« ist eine assoziative Erfindung, der zweite eine unsinnige und böswillige Unterstellung – aus der Absicht heraus gestaltet, eine »passende« Auslegung zu finden. Sie bietet der Verfasser anschließend. Er lässt zunächst Jesus sagen: »Da ihr ja mir, wenn ich mein Fleisch für die Sünden meines neuen Volkes darbringen soll, Galle mit Essig zu trinken geben werdet, esst ihr allein, während das Volk fastet und in Sack und Asche trauert«, und fährt dann selbst fort: »damit er zeige, dass er von ihnen leiden muss.« (Barnabas 7,4–5) Ein solch verzerrender Umgang mit Jüdischem ist in seinem Schreiben kein Einzelfall.

Dieser nichtjüdische Verfasser ist ein Lehrer. Zweimal sagt er, er wolle »nicht wie ein Lehrer« schreiben. (Barnabas 1,8; 4,9) Aber hinter dieser Bescheidenheitsfloskel zeigt sich an der zweiten Stelle doch deutlich der Anspruch, eben das zu sein: »Weil ich aber vieles schreiben will, nicht wie ein Lehrer, sondern wie es einem Liebenden geziemt, nichts von dem auszulassen, was wir haben, bemühe ich mich, zu schreiben als euer alleruntertänigster Diener.« Er ist Lehrer als Vermittler der »Zwei Wege« in Kapitel 18–20, des Weges des Lichts und des Weges der Finsternis. Sie kennzeichnet er ausdrücklich als »Lehre«. Vor allem aber ist er Lehrer als Ausleger »der Schrift«. Dafür besonders begabt zu sein ist er sich bewusst. Die Schrift ist voller Rätsel und Geheimnisse, aber »ein Weiser und Sachkundiger und seinen Herrn Liebender« vermag sie aufzuschließen. (Barnabas 6,10) Als einen solchen Lehrer kennzeichnet er sich bei seiner Auslegung der zuerst von Abraham vollzogenen Beschneidung. Der tat es, »weil er in Geisteskraft auf Jesus vorausblickte«. Was dieser dabei sah, entnimmt der Verfasser der Angabe, dass er »achtzehn und dreihundert Männer« beschnitt. Buchstaben haben auch Zahlwerte. Im Griechischen ergeben Jota als 10 und Eta als 8 somit die Zahl 18. »Da hast du Jesus.« Denn Jota und Eta bilden die ersten beiden Buchstaben dieses Namens: Jesus. Den Zahlwert 300 stellt das Tau (T) dar – und das hat die Form des Kreuzes. »Er [Abraham]weist also auf Jesus mit den zwei Buchstaben hin und mit dem einen auf das Kreuz.« Auf diese Auslegung, die nur in der griechischen Übersetzung funktioniert, ist der Verfasser besonders stolz: »Es weiß, der die eingepflanzte Gabe seiner Lehre in uns gelegt hat: Niemand hat von mir eine treffendere Aussage zu lernen bekommen. Aber ich weiß, dass ihr dessen würdig seid.« (Barnabas 9,7–9)

b) Wogegen der Verfasser sich wendet

Es ist schon deutlich geworden, dass der Verfasser eine außerordentlich negative Sicht des Judentums hat. Sie ist ihm selbstverständliche Voraussetzung. Doch schreibt er nicht in direkter Gegnerschaft zum Judentum, steht nicht in unmittelbarer Auseinandersetzung mit Juden. Er redet über Juden und Judentum, nicht mit ihnen. Ausdrücklich wendet er sich gegen andere in der eigenen Gemeinschaft, die eine andere Sicht des Judentums haben. Besonders wichtig ist ihm dabei das Thema des Bundes. Darauf geht er zweimal ein. An der ersten Stelle schreibt er: »Auch das noch bitte ich euch als einer euresgleichen, der euch einzeln und alle zusammen mehr als sich selbst liebt, auf euch achtzugeben und euch nicht gewissen Leuten gleichzumachen, indem ihr ihren Sünden weitere hinzufügt und sagt: ›Der Bund für jene (gilt) auch für uns.‹« (Barnabas 4,6) Der hier als Zitat von Sündern gebrachte Satz ist im griechischen Text prädikatlos. Er macht also eine Aussage von grundsätzlicher Bedeutung. Obwohl der Verfasser nirgends die Juden ausdrücklich erwähnt, ist deutlich, dass er sie mit dem Wort »jene« meint. Er bezeichnet sie so nicht nur an dieser Stelle, sondern tut das öfter. In dem von ihm zitierten und scharf abgelehnten Satz wird also nicht gesagt, dass der einst von Gott mit Israel geschlossene Bund früher Geltung gehabt hätte, nun aber mit und nach Jesus auf dessen Gemeinde übergegangen sei. Nein, Gottes Bund schließt die Juden nach wie vor ein. Das stimmt mit dem überein, was Paulus von seinen nicht an Jesus als Messias glaubenden Landsleuten sagt, dass ihnen unter anderem »die Bundesschlüsse« gehören. (Römer 9,4–5) Die an dieser Stelle im Barnabasbrief Zitierten beanspruchen jedoch, »auch« in Gottes Bund einbezogen zu sein. Für den Verfasser aber ist diese Zusammenschau, die es den Juden ganz selbstverständlich zugesteht, die primären Bundespartner Gottes zu sein und zu bleiben, eine Aussage von Sündern. Sie darf man auf keinen Fall nachsprechen, weil man sonst an dieser Sünde teilhätte. So fährt er fort: »Für uns freilich. Aber jene haben ihn auf folgende Weise für immer eingebüßt, obwohl Mose ihn schon empfangen hatte.« Mose empfing ihn in Form der beiden »steinernen Tafeln, beschrieben mit dem Finger der Hand des Herrn. Aber weil sie sich zu den Götzen hinwandten, verloren sie« diesen Bund. Der Verfasser sieht das damit gegeben, dass Mose auf den Hinweis Gottes hin, dass »dein Volk gesetzwidrig gehandelt« hat, »verstand; und er warf die zwei Tafeln aus seinen Händen und ihr Bund zerbrach, damit der des Geliebten, Jesus, in unser Herz eingesiegelt werde durch die Hoffnung, die der Glaube an ihn gibt.« (Barnabas 4,7–8) Mit seiner Deutung vom Zerbrechen der Tafeln als Zerbrechen des Bundes spricht er es Israel radikal ab, jemals im Bund mit Gott gelebt zu haben, und sieht den Bund Gottes ausschließlich mit der eigenen Gemeinschaft gegeben. Wie er wohl mit dem Faktum umgegangen ist, dass nur zwei Kapitel später, in 2. Mose 34, von zwei neuen Tafeln erzählt wird, die nicht zerbrochen, sondern dem Volk gegeben werden?

Diese Thematik, dass Israel, dass das Judentum Gottes Bund nicht bekommen habe, sondern dass allein »wir« das rechtmäßige »Erbvolk« seien, ist dem Verfasser so wichtig, dass er sie noch einmal ausführlicher aufnimmt. (Barnabas 14) Er wiederholt zunächst die Argumentation, dass zwar Mose »den Bund des Herrn an das Volk« in Form der zwei Tafeln empfing und sie dem Volk geben wollte, dass er sie aber angesichts von dessen Verehrung gegenüber Gussbildern »aus seinen Händen warf, und die Tafeln mit dem Bund des Herrn zerbrachen«. Er geht dann ausführlich auf die Frage ein: »Wie aber haben wir ihn empfangen?« Er antwortet thetisch: »Mose empfing ihn als Diener; der Herr selbst aber gab ihn uns, damit wir das Erbvolk seien, indem er unseretwegen duldete. Er ist aber dazu erschienen, damit einerseits jenen das Sündenmaß vollgemacht würde und andererseits wir durch den Herrn Jesus, der Erbe des Bundes ist, ihn empfingen. Der ist dazu bereitet worden, dass er durch sein eigenes Erscheinen unsere schon zu Tode erschöpften und dem gesetzlosen Irrtum ausgelieferten Herzen aus der Finsternis erlöse und unter uns den Bund durchs Wort verfüge.« Dafür führt er drei Zitate an: Jesaja 42,6–7; 49,6b–7a; 61,1–2. Sie entsprechen sehr genau dem Text der Septuaginta. Es finden sich nur wenige unwesentliche Varianten, wie sie absichtslos beim Abschreiben entstehen können. Angesichts dessen ist es umso auffälliger, dass am Ende des Zitatausschnitts aus Jesaja 49 die Kennzeichnung Gottes als »Gott *Israels*« ausgelassen und nur einfach von »Gott« die Rede ist. Wenn die Auslassung unbewusst erfolgte, dann unbewusst-absichtsvoll.

Gottes Bund mit seinem Volk Israel ist nach der Bibel von seinem Anfang bei Abraham an mit der Beschneidung verbunden. (1. Mose 17,10–12) Der Verfasser behauptet jedoch deren Ungültigkeit. Gott habe »gesagt, dass die Beschneidung nicht am Fleisch erfolgen soll«. Das jedoch hätten »sie übertreten, weil ein böser Engel ihnen etwas weiszumachen suchte«. Das meint er mit Bibelzitaten begründen zu können, die metaphorisch von der Beschneidung der Herzen sprechen. Wie beim Thema des Bundes erwartet er hier einen analogen Einwand: »Aber du wirst sagen: ›Und doch ist das Volk beschnitten zur Besiegelung!‹« Das entspricht der Aussage, dass Gottes Bund Israel galt und weiter gilt, und darauf ist die Beschneidung gleichsam ein Siegel, eine aufgeprägte, nicht zu eliminierende Bestätigung. Das also, von anderen noch vertreten, weist der Verfasser entschieden zurück. Er tut das in der Fortsetzung des Textes mit Konsequenzmacherei: »Aber auch jeder Syrer und Araber und alle Götzenpriester« seien beschnitten. »Folglich würden auch jene zu ihrem Bund gehören.« (Barnabas 9,4–6) Wie er es anschließend versteht, den biblischen Bericht über die zuerst von Abraham praktizierte Beschneidung vom real Berichteten zu lösen und als Vorausblick auf Jesus und das Kreuz zu deuten, wurde schon erwähnt.

Möglicherweise sind diese Menschen, die anders über

Bund und Beschneidung denken und reden als der Verfasser, auch als Gegenüber im Blick, wenn er verneint, Jesus sei »Menschensohn« und »Sohn Davids«. Der Bezeichnung »Menschensohn« stellt er anschließend die Bezeichnung »Gottessohn« entgegen. Er versteht also »Menschensohn« nicht von der biblisch-jüdischen Tradition her, die in Ausdeutung der Gestalt »wie ein Mensch(ensohn)« von Daniel 7 damit den von Gott beauftragten, kommenden endzeitlichen Richter bezeichnet – eine Tradition, die sich, auf Jesus bezogen, deutlich in den Evangelien niedergeschlagen hat. Für den Autor des Barnabasbriefes ist »Menschensohn« schlicht ein »Mensch«. Ihr setzt er die Bezeichnung »Gottessohn« entgegen. Auch sie versteht er nicht biblisch als eine Metapher aus dem Bereich der Familie, die eine besonders enge Beziehung von Gott als »Vater« zu dem als »Sohn« Bezeichneten zum Ausdruck bringt, verbunden mit einer Beauftragung. Für ihn ist »Gottessohn« eine göttliche Gestalt, »als Vorbild aber im Fleisch erschienen«. (Barnabas 12,10) Diese Gestalt ist »Herr der ganzen Welt, zu dem Gott gleich nach Grundlegung der Welt gesprochen hat: ›*Lasst uns einen Menschen machen nach unserem Bild und uns ähnlich!*‹« Wie später bei den Kirchenvätern wird schon hier die pluralische Redeweise in 1. Mose 1,26 auf Gott und Jesus als vorzeitlichen Gottessohn bezogen. Dennoch habe der es ertragen, »auf der Erde« zu sein und dort zu leiden, damit »er selbst sich das neue Volk bereitete«. Damit »offenbarte er, dass er der Sohn Gottes sei«, eine Gestalt von göttlicher Herrlichkeit. Diese Herrlichkeit hat er durch das Kommen »im Fleisch« zurückgenommen: »Wenn er nämlich nicht im Fleisch gekommen wäre, hätten die Menschen unmöglich bei seinem Anblick gerettet werden können, da sie schon beim Ansehen der Sonne, die einmal nicht mehr sein wird und ein Werk seiner Hände ist, nicht direkt in ihre Strahlen hineinzublicken vermögen.« (Barnabas 5,5–10)

Wie der Verfasser es verneint, dass »der Herr« Menschensohn ist, und ihn demgegenüber als Gottessohn herausstellt, so nennt er die Aussage, dass »Christus ein Sohn Davids« sei, einen »Irrtum von Sündern«. (Barnabas 12,10b–11) Als »Sohn Davids« wird Jesus häufig in den ersten drei Evangelien bezeichnet und angeredet. Diese Benennung gehört dort – und überhaupt in der biblisch-jüdischen Tradition – eng zusammen mit den Titulierungen »Sohn Gottes« und »Gesalbter« (»Messias«; griechisch: *christós*). Zusammen bezeichnen sie den von Gott erwählten und beauftragten, endzeitlichen messianischen König aus der Nachkommenschaft Davids. Es ist auffällig, dass der Verfasser die Person, von der er verneint, dass sie »Davids Sohn« sei, hier mit »Christus« benennt. Das belegt, dass er die Bedeutung des Wortes *christós* als eines messianischen Titels für Jesus nicht kennt. Denjenigen jedoch, die er hier im Blick hat und als ihre These vorträgt, *christós* sei ein Sohn Davids, war die Herkunft des Messias aus der Nachkommenschaft Davids selbstverständlich, und so verstanden sie dieses Wort auch als Titel. Der Verfasser des Barnabasbriefes negiert, dass Jesus »Menschensohn« und »Davidssohn« sei und stellt ihn als »Gottessohn« heraus. Er sieht in ihm eine göttliche Gestalt, die – um den Menschen erträglich zu sein und erfahrbar zu werden – »im Fleisch erscheint«. Es ist hier beispielhaft zu erkennen: Wenn man Jesus nicht mehr von der biblisch-jüdischen Tradition her versteht, sondern – davon absehend – im nur hellenistischen Kontext über ihn redet, wird er vergöttlicht. Diese Vergöttlichung Jesu geht einher mit dem Abstreifen und Abstreiten des Jüdischen. Und dieses Abstreifen und Abstreiten geschieht vor allem mit Hilfe der »Schrift« – der jüdischen Bibel! Sie ist für den Verfasser die entscheidende und durchgängige Basis seiner Argumentation. Wie er mit der »Schrift« umgeht, ist schon an einigen Stellen deutlich geworden. Darauf ist nun ausführlicher einzugehen.

c) Wie mit der »Schrift« umgegangen wird

In den Kapiteln 2 bis 16 seines Schreibens bezieht sich der Verfasser auf Schritt und Tritt auf »die Schrift«. Es gibt hier so gut wie keine Aussage, die er nicht mit ihr im Zitieren und Auslegen begründet. Diese »Schrift« ist die jüdische Bibel in Form der Septuaginta, von griechisch sprechenden Juden aus dem Hebräischen übersetzt und lange von ihnen gebraucht. Im Blick auf die Methode der Auslegung hält sich der Verfasser an keinen starren Schematismus. Er wendet an, was ihm gemäß seinem Verständnis und der von daher bestimmten Intention »passt«. So kann er in einem Schriftwort den Schlüssel zum Verstehen für andere Schriftworte erkennen. Im Anklang an Stellen im 5. Buch Mose fasst er das Gebieten des Mose so zusammen: »Und ich will gegenüber diesem Volk meine Rechtsforderungen verfügen.« Den Begriff »Rechtsforderungen« versteht er so, dass mit ihm ausschließlich solche Verbote und Gebote gemeint sind, die den ethischen Bereich betreffen. Vorher hatte er Tiere erwähnt, die nicht gegessen werden dürfen. Daher ergibt sich für ihn: »Folglich besteht also das Gebot Gottes nicht in einem Speiseverbot. Vielmehr hat Mose in geistlichem Sinn geredet.« Entsprechend hatte er schon zuvor beim Aufzählen von drei Tierarten, die zu essen verboten sind, gemeint, dass Mose dabei »im richtigen Verständnis drei Weisungen empfing«. Dieses »richtige Verständnis« führt der Verfasser anschließend aus, indem er in den zum Genuss verbotenen Tieren schlechte menschliche Verhaltensweisen angezeigt sieht. (Barnabas 10) Biblisch begründete Speisevorschriften sind Bestandteil der Besonderheit jüdischer Lebensweise. In ihrer Ausübung wird jüdische Identität praktiziert. Dafür hat der Verfasser kein Verständnis. Alles Jüdische ist ihm fremd; er lehnt es rundweg ab. Seine Ablehnung leitet seine Auslegung, das in der »Schrift« Gesagte von Israel und dem Judentum abzulösen und auf die eigene Gemeinschaft zu beziehen. Für »jene« gelten allenfalls negative Aussagen. Wie jüdischerseits der Schabbat begangen wird, war es nicht gemeint. Gemeint sei vielmehr »der achte Tag«, den »wir begehen«. (Barnabas 15) Den Tempel zu bauen und dort Opfer darzubringen, waren Missverständnisse. (Barnabas 2,4–3,6; 16,1–2.6–11) Der Verfasser versteht es, auch die den Vätern Abraham, Isaak und Jakob gegebene Verheißung des Landes Kanaan ihrer Konkretheit zu entkleiden und vom Volk Israel abzuziehen. Als rechte Erkenntnis der Aufforderung, »in das gute Land« hineinzugehen und es in Besitz zu nehmen, gibt er an: »Hofft, sagt sie [die Erkenntnis], auf den, der euch im Fleisch erscheinen soll, Jesus!« (Barnabas 6,8–19) Die Väter Abraham, Isaak und Jakob löst er vom Volk Israel ab und demonstriert an ihnen, »dass dieses Volk [nämlich ›wir‹] Erster ist und Erbe des Bundes!« (Barnabas 13,6) Er hält also an diesen Vätern als großen Gestalten der Schrift fest, löst sie aber aus der Geschichte Israels, die von ihnen ausgeht. Das in der Bibel konkret erzählte Geschehen und das in ihr konkret Geforderte bleiben bloße Worte, deren einzig richtiges Verständnis er hat und vor seiner Leser- und Hörerschaft ausbreitet. Das Volk Israel hat die Schrift schon immer falsch bzw. nicht verstanden. Was nämlich – durch die Auslegung des Verfassers – »uns zwar offenbar ist«, sei »jenen jedoch dunkel, weil sie nicht auf die Stimme des Herrn gehört haben«. (Barnabas 8,7) »Auf die Stimme des Herrn« hört offenbar nur, wer seiner Auslegung folgt. Deren Künstlichkeit ist offensichtlich. Dahinter steht jedoch ein starker Wille, es nämlich zu bestreiten, dass sich die Aussagen der Schrift primär auf Israel beziehen. Das in der Schrift Geschriebene enthält bloße Vorbilder für das Kommende, für »uns«, die auf Jesus bezogene christliche Gemeinschaft. Sie behauptet sich hier als alleinige Adressatin der Schrift.

d) Identitätsbildung durch schärfste Abgrenzung im Gemeinsamen

Aus allem im vorigen Abschnitt Dargelegten ergibt sich die außerordentlich hohe Bedeutung, die »die Schrift« für den Verfasser hat. Sie bildet für ihn die entscheidende Norm. Auf sie bezieht er sich durchgehend. Aber diese Schrift ist die jüdische Bibel. Andere haben sie schon lange vorher gebraucht und gebrauchen sie weiterhin. Diese Gemeinsamkeit jedoch will der Verfasser auf keinen Fall wahrhaben. Gewiss, sie legen die Schrift anders aus als er. Seine Auslegung auf Jesus hin bestreiten sie. Das erfährt er offenbar als eine grundsätzliche Infragestellung seiner selbst und der eigenen Gemeinschaft, was ihn zu radikaler Abgrenzung führt. Er bezieht die Schrift nicht »auch« auf die eigene Gemeinschaft. Er verabsolutiert vielmehr diesen Bezug und lässt sie nur für »uns« gelten. Das hat dann zugleich zur Folge, dass er sie radikal von »jenen« abzieht: von Israel und vom Judentum. Sie verstehen die Schrift nicht und haben sie nie verstanden. Alles, was sie sagt, war von vornherein auf »uns« hin gesagt. Daher sind »jene« notwendig solche, die irren, die die Schrift nicht richtig verstehen. Gott wolle, »dass wir nicht jenen gleich im Irrtum befangen suchen«. (Barnabas 2,9)

Was also gemeinsam ist, »die Schrift«, auf die man sich jeweils bezieht, wird vom Verfasser entschieden als etwas Gemeinsames geleugnet. Er sucht damit eine eigene Identität in schärfster Abgrenzung von denen, die sich auf dieselbe Schrift berufen – und das schon lange vorher taten –, die diese Schrift auch geschaffen haben und von denen und zu denen sie ständig redet. So muss die Tora als »das Gesetz jener« ein »Zwangsjoch« sein, an dem sie gescheitert seien. (Barnabas 2,6; 3,6) Wäre es anders, müsste man die eigene Identität innerhalb einer positiven Beziehung zu »jenen« beschreiben, die sich mit derselben Schrift auf denselben Gott beziehen. Der Verfasser sucht demgegenüber Identitätsgewinn durch totale Abgrenzung. Das dürfte nicht zuletzt auch darin begründet sein, dass er weder vor seinem Hineinkommen in die Jesusgemeinde noch mit ihm einen irgendwie positiv gearteten Zugang zu Jüdischem hatte. Alles Jüdische ist ihm schlicht fremd. Er will jüdische Tradition nicht verstehen. Er sucht Anhaltspunkte – und seien sie noch so sehr an den Haaren herbeigezogen –, um Jüdisches in einem schlechten Licht erscheinen zu lassen. Die Fremdheit gegenüber Jüdischem – und Juden und Jüdinnen – fördert offenbar die scharfe Abgrenzung.

Der Barnabasbrief zeigt allerdings ebenfalls, dass es zur Zeit seiner Abfassung auch ganz andere Stimmen in der Jesusgemeinde gab, gegen die sich der Verfasser ausdrücklich wendet. An sie sei am Schluss dieses Kapitels noch einmal erinnert. Sie wissen und erkennen es an, dass der Messias Jesus in die Geschichte Israels hineingehört und also »Sohn Davids« ist. Sie wissen und erkennen es an, dass die im Judentum an neugeborenen Knaben geübte Beschneidung ein »Siegel« ist, das Gottes Bundesversprechen an Israel bestätigt. Und so wissen sie selbstverständlich auch und erkennen es an, dass Gottes Bund seinem Volk Israel nicht nur galt, sondern weiterhin unverbrüchlich gilt, woran sie »auch« partizipieren.

3. Wie im Versuch, sich in die römisch-hellenistische Welt einzufinden, Israel vergessen wird
Die Pastoralbriefe

a) Die Situation, von der sich der Verfasser herausgefordert sieht

Als »Pastoralbriefe« bezeichnet man die im neutestamentlichen Kanon stehenden beiden Briefe an Timotheus und den Brief an Titus. Sie geben sich als von Paulus geschrieben, gerichtet an seine beiden wichtigsten Mitarbeiter. Es handelt sich jedoch um pseudepigraphische Schreiben. Sie wurden im Zusammenhang miteinander verfasst und einer schon bestehenden Sammlung von Paulusbriefen angehängt. Ihr Sprachschatz und Stil, ihre theologische Begrifflichkeit und Argumentation sowie ihr Gemeindebild unterscheiden sich kräftig von Paulus. In ihnen zeigt sich eine völlig andere Situation, die weit von dessen Zeit entfernt ist. Sehr wahrscheinlich benutzten Ignatius aus Antiochia und Polykarp aus Smyrna diese Briefe. Sie dürften daher zu Beginn des 2. Jahrhunderts abgefasst worden sein.

Der Verfasser sieht sich herausgefordert von Menschen in den Gemeinden, die anders lehren. Sie vertreten Ansichten, die er für unvereinbar mit der Glaubenstradition hält, wie er sie versteht. Diese »anders Lehrenden« haben wohl paulinische Aussagen über schon gegenwärtiges Heil vereinseitigt. Das wird nicht ohne Einfluss griechisch-philosophischen Denkens geschehen sein. Sie gebrauchen den Begriff »Erkenntnis« (*gnósis*) programmatisch. Der Verfasser mahnt »Timotheus«: »Bewahre du die dir anvertraute Überlieferung! Geh daher dem leeren, unfrommen Gerede aus dem Weg, nämlich den Entgegensetzungen der zu Unrecht so genannten Erkenntnis! Indem sie sich zu ihr bekannten, sind einige vom Glauben abgekommen.« (1. Timotheus 6,20–21) Der im Zentrum stehende Begriff »Erkenntnis« ist verbunden mit »Entgegensetzungen« (Antithesen). Dass diese »Entgegensetzungen« sich aus dem platonischen Gegensatz von sterblichem Leib und unsterblicher Seele ergeben, darauf weist vor allem die These, »die Auferstehung sei schon geschehen«. (2. Timotheus 2,18) Der Leib ist vergänglich, die Seele unsterblich. Von daher kann der Leib und alles, was mit ihm zusammenhängt, abgewertet werden. Auf die Seele, verstanden als das geistige Selbst, kommt es an. Liest und hört man aus solcher Perspektive die Geschichte von Tod und Auferweckung Jesu und die Aussage vom Sterben und Auferwecktwerden bzw. Leben mit ihm, kann das verstanden werden als die befreiende Erkenntnis der Nichtigkeit und Wesenlosigkeit alles Leiblichen und Weltlichen und der Unverletzlichkeit des geistigen Selbst: »Die Auferstehung ist schon geschehen.« Hier könnte der Beginn der christlichen Gnosis vorliegen. Ein solches Verständnis von schon geschehener Auferstehung findet sich eindrücklich im »Brief an Rheginus« aus der bei Nag Hammadi gefundenen koptisch-gnostischen Bibliothek. (NHC I,4)

Diese »Gnosis« wurde im Bereich der Gemeinde vertreten. Das ergibt sich aus der Bemerkung, dass diejenigen, die »sich zu ihr bekannten, vom Glauben abgekommen« seien. In der Sicht des Verfassers gelten sie als nicht mehr zugehörig. Für ihn sind sie bereits »draußen«. Den »Titus« weist er an: »Nachdem du einen häretischen Menschen ein erstes und zweites Mal zurechtgewiesen hast, verweise ihn!« Weiterem Reden miteinander sieht er offenbar keinen Erfolg beschieden: »Du weißt, dass so jemand ganz verwirrt ist und bei seiner Sünde bleibt, womit er sich selbst verurteilt.« (Titus 3,10–11)

Zu dieser »Gnosis« bietet der Verfasser wenige weitere Andeutungen. Er sagt von ihrer Anhängerschaft: »Sie verbieten zu heiraten, enthalten sich von Speisen.« (1. Timotheus 4,3) Beides lässt sich als Askese verstehen. Sie ergibt sich aus der Leibfeindlichkeit, die wiederum aus dem Grundgegensatz Materie/Leib – Geist/Seele entspringt. Unter den von ihm Bekämpften hebt der Verfasser »besonders diejenigen aus dem Volk der Beschneidung« hervor. (Titus 1,10) Zu ihnen gehören also jüdische Gemeindemitglieder. Auch hellenistische Juden konnten von platonischer Philosophie und deren Entgegensetzung von Seele und Leib inspiriert werden. Damit kann es zusammenhängen, dass der Verfasser in den Anspielungen auf seine Gegnerschaft von »jüdischen Fabeleien«, von – offenbar Speisen betreffenden – »Geboten von Menschen« und »gesetzlichen Kämpfen« (= Auseinandersetzungen um Texte des Gesetzes) und von Leuten spricht, »die Gesetzeslehrer sein wollen, aber keine Ahnung haben«. (Titus 1,14; 3,9; 1. Timotheus 1,7) Bald danach entstehende gnostische Systeme zeigen, dass biblische Texte entsprechend interpretiert werden konnten. Wie geht der Verfasser mit dieser Gegnerschaft um?

b) »Das Wort Gottes«, »die Schriften« und »die heilsame Lehre«

Ein eindrucksvoller Abschnitt der Pastoralbriefe betont die Souveränität und Verlässlichkeit des Wortes Gottes. »Paulus« erinnert »Timotheus« an »Jesus Christus« als von den Toten Aufgeweckten. Auf diesen Jesus bezieht sich seine gute Botschaft, das »Evangelium«. Sie hat für ihn unerfreuliche Folgen: »Durch sie erleide ich Schlimmes – bis zur Gefangenschaft wie ein Verbrecher.« Doch dann fährt er fort: »Aber das Wort Gottes ist nicht gefangen. Deshalb halte ich in allem durch um der Auserwählten willen, damit auch sie die Rettung durch Christus Jesus mit ewigem Glanz erlangen. Verlässlich ist das Wort: Wenn wir mitgelitten haben, werden wir auch mitleben. Wenn wir standhaft bleiben, werden wir auch mitherrschen. Wenn wir verleugnen, wird auch jener uns verleugnen. Wenn wir untreu sind, bleibt jener treu; er kann sich ja nicht selbst verleugnen.« (2. Timotheus 2,8–13) Das Wort Gottes ist frei und kommt zur Wirkung, auch wenn sein Verkünder im Gefängnis sitzt. Der gibt auch als Gefangener nicht auf, sondern vertraut auf die Verlässlichkeit dieses Wortes. Das ist an der Person und Geschichte »Jesu Christi« orientiert. Gott ist dabei als derjenige im Blick, der Jesus von den Toten aufgeweckt hat. Aber wie verhält sich dieses Wort zu »den Schriften«? Wie bringt der Verfasser sie zum Zuge?

An einer Stelle macht er recht grundsätzliche Aussagen. (2. Timotheus 3,14–17) Hier fordert »Paulus« den »Timotheus« zunächst dazu auf, bei dem zu bleiben, was er gelernt und worauf er sein Vertrauen gesetzt hat. Er kann das, weil er weiß, von welchen Menschen er gelernt hat. Sie gelten als verlässliche Bürgen. Die den Brief Lesenden und Hörenden nehmen dabei Paulus, den Lehrer des Timotheus, als einen dieser Bürgen wahr, und zwar in erster Linie den Paulus, der die Pastoralbriefe schreibt. Und in dieser Perspektive lesen sie dann auch die übrigen Paulusbriefe, die authentischen und die deuteropaulinischen. Zum anderen wird von »Timotheus« gesagt, dass er »von klein auf die heiligen Schriften« kenne. Auch deren Zeugnis verbürgt demnach die Verlässlichkeit des Gelernten.

Wenn Timotheus, Sohn einer jüdischen Frau und eines griechischen Vaters (Apostelgeschichte 16,1), »von klein auf die heiligen Schriften« kannte, können mit dieser Bezeichnung nur diejenigen Schriften gemeint sein, die im Judentum der Zeit als »heilige Schriften« galten und im Gebrauch waren. Sie vermögen es, sagt »Paulus« dem »Timotheus« weiter, »dich darüber zu unterweisen, was rettet: das Vertrauen auf Christus Jesus«. Diese Bürgschaft der Schriften wird hier nur thetisch festgestellt, nicht ausgeführt. Sie gilt als etwas Selbstverständliches, was offenbar keiner Begründung und keiner Ausführung bedarf. Über die auf den rettenden Glauben an »Christus Jesus« bezogene Funktion der Schriften hinaus gibt der Verfasser in diesem Abschnitt noch weiter an, wofür sie gut sind. »Als von Gottes Geisteskraft inspirierte ist jede Schrift(stelle) auch nützlich für den Unterricht, für die Zurechtweisung, für die Besserung, für die Erziehung in der Gerechtigkeit, damit der Mensch Gottes gut gerüstet sei – für jede gute Tat ausgerüstet.« »Die heiligen Schriften« wurden also im Gemeindeleben vielfältig gebraucht und unmittelbar für die eigenen Bedürfnisse ausgewertet. Aber wie geht »Paulus« selbst in diesen drei Briefen mit den »heiligen Schriften« um? Welche Rolle spielen sie?

Angesichts dieser starken Herausstellung der »Schrift« überrascht der sparsame Gebrauch, den der Verfasser in seinen drei Briefen selbst von ihr macht. Nur ein einziges Mal führt er Schriftzitate ausdrücklich als solche an. (1. Timotheus 5,17–18) In diesem Zusammenhang stellt er fest: »Die Ältesten, die ihre Leitungsaufgaben gut ausführen, verdienen doppelte Wertschätzung, besonders diejenigen, die sich um Wortverkündigung und Unterricht abmühen.« Dass die Wertschätzung nicht nur in höflicher Ehrerbietung bestehen soll, die sich gleichsam von selbst versteht, sondern als »doppelte« auch in handfester Entlohnung, zeigt die anschließende Begründung aus der Schrift. Sie wird mit der Zitationsformel eingeführt: »Denn die Schrift sagt.« Es folgen zwei Zitate, mit einem schlichten »und« verbunden. Das erste lautet: *»Einem dreschenden Ochsen sollst du das Maul nicht zubinden.«* Dieses Zitat entspricht bis auf eine Umstellung dem Text der Septuaginta von 5. Mose 25,4. Dasselbe Zitat findet sich in gleicher Anwendung schon bei Paulus in einem Zusammenhang, in dem dieser das Recht der Apostel auf Unterhalt durch die Gemeinden herausstellt. (1. Korinther 9,9) Als zweites Zitat bietet der Verfasser: »Es verdient der Arbeiter seinen Lohn.« Dieses Zitat findet sich nicht in den heiligen Schriften Israels. Sachlichen Anhalt hat es an der Bestimmung, dass dem Tagelöhner unmittelbar nach getaner Arbeit sein Lohn auszuzahlen ist. (5. Mose 24,14–15; 3. Mose 19,13) Dieses zweite Zitat steht aber wörtlich in Lukas 10,7 und mit einer kleinen Variante in Matthäus 10,10 als Wort Jesu. Es spricht den Verkündern seiner Botschaft zu, sich von den Adressaten der Verkündigung verpflegen zu lassen. Diese Tradition kennt auch Paulus und nimmt sie in dem schon genannten Zusammenhang auf. (1. Korinther 9,14)

Die Nebeneinanderstellung von Zitaten aus der Septuaginta und der Jesustradition als »Schrift« ist aufschlussreich. Auch die Evangelien wurden als Lesetexte in den Gemeindeversammlungen gebraucht. Lesetext war die jüdische Bibel in der auf Jesus bezogenen Gemeinschaft von Anfang an. Sie galt als grundlegende Autorität. Solange Juden und Jüdinnen in ihr einen gewichtigen Faktor bildeten, blieb die Jüdischkeit dieser Bibel bewusst – und damit auch, dass sie im Gebrauch der jüdischen Mehrheit außerhalb der Gemeinde war. Was aber geschieht, wenn in Gemeinden der nichtjüdische Anteil der Mitglieder so zunimmt, dass der jüdische Anteil bedeutungslos wird oder gar nicht mehr vorhanden ist? Und wenn es beim nichtjüdischen Anteil so gut wie keine »Gottesfürchtigen« mehr gibt? Der 1. Clemensbrief und der Barnabasbrief bieten dafür Beispiele. Anders als im Barnabasbrief findet sich beim Verfasser antijüdische Polemik nur beiläufig; wie Clemens eignet er sich die »Schrift« in aller Selbstverständlichkeit an. »Die Schrift« ist als Teil der eigenen Tradition einfach da und wird unmittelbar für die eigene Gemeinschaft ausgewertet. Dass sie zuvor anderen gehörte und weiterhin gehört und bei ihnen im Gebrauch ist, kommt nicht in den Blick. Und so wird auch ihre Jüdischkeit nicht wahrgenommen. Insofern ist diese Aneignung der »Schrift«

zugleich eine Enteignung. Auch die wenigen weiteren Einspielungen von Schriftstellen und Anspielungen auf sie zeigen diese Art des Umgangs mit ihr. (1. Timotheus 5,19; 2. Timotheus 2,7.19; 3,8; Titus 2,14)

Dem geringen Gebrauch, den er von der Schrift macht, entspricht es, wie er vom *nómos* redet. Mit diesem griechischen Wort übersetzt die Septuaginta das hebräische Wort *toráh*. Und so schwingt dort von den biblischen Kontexten her noch sehr viel mehr mit als »Gesetz«. Das ist auch der Fall in denjenigen neutestamentlichen Schriften, die im 1. Jahrhundert geschrieben wurden. Daher ist es angemessen, *nómos* dort mit »Tora« wiederzugeben. Der Verfasser der Pastoralbriefe hört und denkt bei *nómos* jedoch nicht mehr das hebräische Wort *toráh* mit. Für ihn bedeutet es schlicht »Gesetz«. Er formuliert zunächst eine an Paulus anklingende Aussage: »Wir wissen, dass das Gesetz gut ist« – wobei Paulus an die Tora denkt. (Römer 7,16) Anschließend stellt er klar, für wen das Gesetz gegeben sei und gelte und für wen nicht: »nicht für den Gerechten, wohl aber für die Gesetzlosen und Aufsässigen, die Frevelhaften und Sünder, die Unfrommen und Unheiligen, die Vatermörder und Muttermörder, Mörder überhaupt, die Unzüchtigen, Knabenschänder, Menschenräuber, Lügner, Meineidigen – und was sonst noch der heilsamen Lehre entgegensteht«. (1. Timotheus 1,8–10) »Das Gesetz« dient lediglich der Abwehr von Unrechtstaten; es sind nur Verbote im Blick.

Wichtiger als »die Schrift« ist für den Verfasser offenbar das, was er »die heilsame Lehre« nennt. Alles, was ihr entgegensteht, gehört zum Bereich des Negativen. Statt von der »heilsamen Lehre« kann er auch von den »heilsamen Worten« sprechen. »Timotheus« erhält die Aufforderung, sich »zum Vorbild die heilsamen Worte« zu nehmen, »die du von mir gehört hast«. (2. Timotheus 1,13) »Paulus« fordert »Titus« auf: »Rede, was der heilsamen Lehre geziemt!« (Titus 2,1) Was »sich geziemt«, »was sich gehört«, ist in der Regel das, was in einer Gesellschaft allgemein akzeptiert ist. In den Anforderungen für den Bischof heißt es am Schluss, er müsse »sich an das der Lehre entsprechende Wort halten, damit er imstande sei, sowohl in der heilsamen Lehre Mahnung und Zuspruch zu geben als auch die Widersprechenden zu überführen«. (Titus 1,9) »Das Wort Gottes«, das »nicht gefangen«, »nicht gebunden« ist, wird hier zum Wort, das von der Lehre normiert wird, in sie eingebunden ist. Die an dieser Stelle zuletzt gegebene Zielbestimmung deutet an, dass die »heilsame Lehre« bestimmt ist von der Abgrenzung gegenüber denjenigen, die der Verfasser bekämpft. Sie sind ausdrücklich im Blick, wenn »Paulus« den »Timotheus« auffordert: »Das lehre und dazu fordere auf! Wer auch immer anders lehrt und nicht den heilsamen Worten unseres Herrn Jesus Christus beipflichtet sowie der Lehre, die der Frömmigkeit entspricht, ist aufgeblasen und versteht nichts.« (1. Timotheus 6,2b–4a) Und noch einmal: »Es wird eine Zeit geben [und das ist die Zeit, in der der tatsächliche Verfasser schreibt], da man die heilsame Lehre nicht erträgt, sondern dem eigenen Verlangen entsprechend sich Lehrer zuhauf sucht, um sich das Ohr kitzeln zu lassen. Und so kehrt man das Ohr von der Wahrheit ab, wendet sich jedoch zu Fabeleien hin.« (2. Timotheus 4,3–4) An dieser Stelle zeigt es sich, dass die »heilsame Lehre« nicht nur die rechte Lehre ist; sie wird mit »der Wahrheit« identifiziert. Zweimal spricht der Verfasser vom »heil sein im Glauben«. (Titus 1,13; 2,2) Heil im Glauben ist, wer sich an »die heilsame Lehre« hält, die eben auch die rechte ist. Wer das tut, hat dann also auch den rechten Glauben.

Die Identifizierung der Wahrheit mit der rechten Lehre zeigt sich noch öfter. Mehrfach darin, dass die Andersartigkeit des Lehrens der vom Verfasser Bekämpften in deren fehlender Erkenntnis der Wahrheit begründet wird. Sie widersetzen sich mit ihrem Lehren der Wahrheit. (2. Timotheus 3,7–8) Sie haben sich »der Wahrheit beraubt«.

(1. Timotheus 6,5) Sie »sind hinsichtlich der Wahrheit auf Abwege gekommen«. (2. Timotheus 2,18; Titus 1,14) Dagegen haben »die Glaubenden die Wahrheit erkannt«. (1. Timotheus 4,3) Wie die Lehre »frömmigkeitsgemäß« ist, ist es auch die Wahrheit. (1. Timotheus 6,3; Titus 1,1) So soll sich »Timotheus« als jemand erweisen, »der dem Wort der Wahrheit geradewegs Bahn bricht«. (2. Timotheus 2,15) Die Wendung »das Wort der Wahrheit« gewinnt hier die Bedeutung: »die wahre Lehre«. »Timotheus« steht für die führenden Personen der Gemeinden. So verwundert es nicht, dass der Verfasser im Zusammenhang darüber, »wie man sich im Haus Gottes verhalten soll«, dieses Haus Gottes, nämlich »die Gemeinde des lebendigen Gottes«, als »Säule und Fundament der Wahrheit« bestimmt. (1. Timotheus 3,15) Die Gemeinde – man könnte vielleicht schon sagen: die Kirche – ist der Hort der Wahrheit. In Gestalt der sie leitenden Personen verfügt sie über sie in ihrer Lehre. Das ergibt sich hier im antihäretischen Kampf.

»Der Name Gottes und die Lehre« sollen bei Außenstehenden »nicht in Verruf geraten«. So ist Ziel der Aufforderung an »alle, die unter einem Joch versklavt sind«, »ihre jeweiligen Herrschaften aller Ehrerbietung wertzuhalten«. Diese Mahnung gilt auch, wenn die Herrschaften der Versklavten ebenfalls Gemeindemitglieder sind. »Diejenigen, die gläubige Herrschaften haben, sollen sich keine falschen Vorstellungen machen, weil sie Geschwister sind.« Aus der gemeinsamen Geschwisterschaft in der Gemeinde sollen Versklavte keinesfalls folgern, hier gelte zwischen ihnen und ihren Herrschaften ein anderes Verhalten zueinander als das sonst übliche. »Nein, sie sollen ihnen umso lieber Sklavendienste leisten, weil sie [die Herrschaften] gläubig und liebenswert sind und sich des Wohltuns befleißigen.« (1. Timotheus 6,1–2; vgl. Titus 2,9–10) Indem der vorgebliche Paulus die Versklavten gegenüber ihren Herrschaften in der Gemeinde verstärkt in ihre gesellschaftliche Rolle verweist, verneint er die von Paulus herausgestellte Geschwisterlichkeit. (Philemon 15–16; 1. Korinther 7,22; Galater 3,28)

Analog verhält es sich bei der Mahnung an die jungen Frauen, worauf nur eben hingewiesen sei. Alte Frauen sollen diese dazu anhalten, »ihre Männer und Kinder zu lieben, sittsam und keusch sowie tüchtig im Haushalt zu sein, den je eigenen Männern zu gehorchen, damit nicht das Wort Gottes in Verruf gerate«. (Titus 2,3–5) An der Stelle des Wortes Gottes hier steht in den Sklavenmahnungen in der Zielbestimmung zweimal »die Lehre (Gottes)«. Das weist einmal mehr daraufhin, dass für den Verfasser in der Lehre die konkrete Form des Wortes Gottes besteht. Unter den Mahnungen, an die »Titus« die Menschen in den Gemeinden erinnern soll, steht ganz grundsätzlich an erster Stelle: »den mit Machtbefugnis ausgestatteten Amtspersonen sich unterordnen und gehorchen«. (Titus 3,1)

Neben dieser Rücksichtnahme auf die hellenistisch-römische Umwelt in der Weise, möglichst keinen Anstoß zu erregen, findet sich auch ein Aufnehmen ihrer Sprache und ihres Denkens, um darin und damit das Eigene auszudrücken. Das ist wiederum gewiss ein notwendiges Stück Kontextualisierung. Aber das geht auch hier einher mit dem Vergessen des Jüdischen in der eigenen Tradition und der stillschweigenden Ersetzung Israels durch sich selbst, »die Gemeinde Gottes«.

c) Reden in der Sprache des kulturellen Kontextes – unter Vergessen Israels und des Jüdischen

Ein wesentlicher Punkt, der nach dem Verfasser »die heiligen Schriften« charakterisiert, ist ihr Vermögen, kundig zu machen über die Rettung, die durch »Christus Jesus« erfolgt. (2. Timotheus 3,15) Aber wie sie das tun, führt er nicht aus.

Er setzt es voraus, dass sie auf Jesus hinweisen. Nur an einer einzigen Stelle charakterisiert er Jesus mit einem Zitatsplitter, der auf der Schrift gründet. Er fordert »Timotheus« auf: »Ruf dir Jesus Christus in Erinnerung, aufgeweckt von den Toten, aus der Nachkommenschaft Davids – gemäß meinem Evangelium!« (2. Timotheus 2,8) Die Kennzeichnung Jesu mit »aus der Nachkommenschaft Davids« findet sich so auch bei Paulus. (Römer 1,3) Und sie ist sachlich da gegeben, wo Jesus in den Evangelien als »Sohn Davids« gekennzeichnet wird. Er gilt damit in dieser Tradition als der königliche Gesalbte, als der in biblisch-jüdischer Überlieferung erwartete, endzeitliche messianische König. Und der hat eine primäre Funktion für sein Volk Israel. Von einer messianischen Dimension Jesu ist allerdings beim Verfasser der Pastoralbriefe weder an dieser Stelle noch sonst irgendwo in seinen drei Briefen auch nur das Geringste zu spüren.

Die Abwesenheit des Messianischen zeigt sich auch an seinem Gebrauch des Wortes, das das Messianische seiner Bedeutung nach zum Ausdruck bringt: *christós*. Er gebraucht es häufig, nämlich 32-mal. Ein einziges Mal steht es für sich allein. (1. Timotheus 5,11) Dass es dort den Messias bezeichne, ist durch nichts angedeutet. An allen übrigen Stellen ist es mit »Jesus« verbunden, 25-mal in der Reihenfolge »Christus Jesus«, 6-mal in der umgekehrten: »Jesus Christus«. Dass die unterschiedliche Reihenfolge irgendeine Bedeutung hätte, ist nicht angezeigt. Kein einziges Mal findet sich isoliert der Name »Jesus«. Nirgends zeigt sich ein inhaltlicher Bezug zur messianischen Tradition. Das spricht dafür, dass »Christus« als Name verstanden ist.

Zweimal nimmt der Verfasser das Schema auf von einst Verheißenem und jetzt Offenbartem. So beschreibt er Gott als den, »der uns gerettet hat und mit heiligem Ruf berufen – nicht gemäß unseren Taten, sondern gemäß seiner Entscheidung und Güte, uns erwiesen durch Christus Jesus vor ewigen Zeiten, jetzt jedoch offenbar geworden durch das Erscheinen unseres Retters Christus Jesus, der den Tod beseitigt, Leben und Unvergänglichkeit aber ans Licht gebracht hat durch die gute Botschaft«. (2. Timotheus 1,9–10) Und an anderer Stelle spricht er von der »Hoffnung auf ewiges Leben, das der truglose Gott vor ewigen Zeiten verhieß. Jetzt aber hat er zur rechten Zeit sein Wort in der Verkündigung offenbart, mit der ich betraut bin.« (Titus 1,2–3) Was jetzt offenbart ist, war also vorher verborgen im vorzeitlichen Ratschluss Gottes, gilt aber als »uns« – und nur »uns« – von Ewigkeit her schon verheißen und gegeben. Was »die Schrift« von der Geschichte Gottes mit seinem Volk Israel erzählt, ist hier völlig außerhalb des Blickfeldes; der Verfasser braucht es nicht. Ohne die ausdrückliche Erwähnung des Ratschlusses Gottes in vorzeitlicher Verborgenheit zeigt sich derselbe Sachverhalt noch einmal, wenn er im Kontrast zum früheren sündigen Leben der Menschen in den Gemeinden schreibt: »Als aber die Güte und Menschenliebe Gottes erschien, unseres Retters, nicht aufgrund von gerechten Taten, die wir getan hätten, sondern gemäß seinem Erbarmen, da hat er uns gerettet durch das Bad, das Wiedergeburt bewirkt und Erneuerung gibt durch heilige Geisteskraft. Die hat er reichlich über uns ausgegossen durch Jesus Christus, unseren Retter.« (Titus 3,4–6) Hier wird gegen »die Schrift« der Eindruck erweckt, als hätte es vor diesem Erscheinen Gottes in »Jesus Christus« keinen Erweis seiner Güte und Menschenliebe gegeben, als sei er zuvor unbekannt gewesen und nicht der in Israel bekannte und von Israel bezeugte Gott.

Dem geringen Gebrauch, den der Verfasser von »der Schrift« macht, steht eine relativ häufige Verwendung von in der hellenistisch-römischen Welt gebräuchlichen Begriffen gegenüber. Sie kommen in der Septuaginta als Übersetzung hebräischer Texte wenig bis gar nicht vor, öfter jedoch in deren ursprünglich griechischen Schriften. Das sind vor allem »Frömmigkeit« (*eusébeia*), »Erscheinen« (*epipháneia*),

»Retter« (*sotér*), »Unsterblichkeit« (*athanasía*), »Unvergänglichkeit« (*aphtharsía*), auch die Bezeichnung Gottes als »glückselig« (*makários*). Der Verfasser spricht in der Sprache seiner Zeitgenossenschaft, will in ihr das ihm überkommene Zeugnis von Gottes Wirken durch Jesus laut werden lassen. Aber muss das »die Schrift« weitgehend aus dem Blickfeld rücken? Paulus, der auch schon einige dieser Begriffe gebraucht, zeigt, dass das nicht der Fall sein muss. Manche Begriffe haben jedoch eine Eigendynamik, die das befördert. Das ist vor allem bei der Rede von der »Epiphanie« der Fall. Sie besagt, dass ein zuvor unsichtbarer und unbekannter Gott in Erscheinung tritt, sich nun als Gott sichtbar und erkennbar macht.

In der Weise, in der der Verfasser der Pastoralbriefe die ihm überlieferte Botschaft in der Sprache seiner kulturellen Umwelt ausdrückt, kommt es also dazu, dass er Israel vergisst und das Jüdische der eigenen Tradition nicht mehr wahrnimmt. Diese Israelvergessenheit tritt am deutlichsten daran hervor, wie er vom erwählenden Handeln Gottes redet. Paulus spricht in aller Klarheit aus, dass Gott *auch* Menschen aus der Völkerwelt erwählt hat. Er hält fest, dass das nicht an Jesus als Messias glaubende Israel Gottes Volk ist und bleibt. Demgegenüber kennt der als »Paulus« schreibende Verfasser der Pastoralbriefe nur »uns« als Gegenstand von Gottes erwählendem Handeln. »Die Erwählten« sind die Mitglieder der Gemeinde. (2. Timotheus 2,10; Titus 1,1) »Uns« hat Gott »mit heiligem Ruf gerufen« (= erwählt; 2. Timotheus 1,9). Besonders prägnant zeigt sich dieser ausschließliche Bezug auf »uns« an einer weiteren Stelle. An ihr kennzeichnet der Verfasser »unseren Retter Jesus Christus« als den, »der sich für uns gegeben hat, damit er uns befreie von aller Gesetzlosigkeit und für sich ein Eigentumsvolk rein wasche, das um gute Taten eifert«. (Titus 2,14) Mit dem Begriff »Eigentumsvolk« nimmt er eine besonders markante Bezeichnung auf, die an mehreren Stellen der jüdischen Bibel die enge Zugehörigkeit Israels zu Gott herausstellt. Als Israel nach der Rettung am Schilfmeer in die Wüste Sinai kommt, ist das erste Gotteswort, das Mose »auf dem Berg« zu hören bekommt: »*Und jetzt! Wenn ihr hören, ja, hören werdet auf meine Stimme, werde ich meinen Bund halten und ihr werdet mein Eigentum [LXX: Eigentumsvolk] aus allen Völkern sein.*« (2. Mose 19,5; vgl. 2. Mose 23,22 LXX) An anderer Stelle sagt Mose vor dem Einzug ins verheißene Land zu Israel: »*Ja, ein heiliges Volk bist du für den Ewigen, deinen Gott. Dich hat der Ewige, dein Gott, erwählt, sodass du ihm ein Eigentumsvolk bist aus allen Völkern auf dem Angesicht des Erdbodens.*« (5. Mose 7,6; vgl. 14,2; 26,18) Die Metapher vom rein Waschen von Sünden findet sich, bezogen auf Gott und Israel, in Ezechiel 37,23, verbunden mit der Aussage: »*Und sie werden für mich Volk sein und ich für sie Gott.*« Dass Gott »*Israel von allen seinen Gesetzlosigkeiten befreien wird*«, ist ebenfalls biblische Aussage. (Psalm 129,8 LXX /130,8) Der Verfasser der Pastoralbriefe bietet also an der zitierten Stelle durchgehend Aussagen, die in »der Schrift« auf Israel bezogen sind. Er bezieht sie, ohne sie als Zitate kenntlich zu machen und ohne Israel zu erwähnen, umstandslos auf die eigene Gemeinschaft.

Hier erfolgt eine stillschweigende Substitution, eine Ersetzung Israels durch die entstehende christliche Kirche. Dieser »Paulus« ist, anders als derjenige, dessen Namen er beansprucht, kein Jude. Er ist auch kein »Gottesfürchtiger«. Im notwendigen Kampf gegen die ebenfalls im Entstehen begriffene christliche Gnosis, die dabei ist, die gemeinsame Tradition radikal zu hellenisieren, nimmt auch er die Jüdischkeit dieser Tradition nicht mehr wahr.

4. Nicht jüdisch, sondern christlich leben als Identitätsmerkmal des entstehenden Christentums

a) Ignatius aus Antiochia: Person, Situation, Stellung und Einstellung

Wahrscheinlich zwischen 110 und 117 d.Z. wurde Ignatius, Bischof der Gemeinde in Antiochia, dort verhaftet, zum Tode verurteilt und von zehn Soldaten nach Rom gebracht, um zur Belustigung der Bevölkerung im Tierkampf hingerichtet zu werden. Das Bewachungskommando verfügte nicht über ein eigenes Transportmittel, sondern musste zusehen, wie es den Gefangenen, vielleicht auch noch weitere, lebend nach Rom brachte. So war auf der langen Reise auch für Verpflegung und Übernachtungen zu sorgen. Daher nimmt es nicht wunder, dass Ignatius bei Aufenthalten Kontakt mit den örtlichen Gemeinden aufnehmen konnte. Sie werden bereitwillig Verpflegung und Übernachtung angeboten und – wenn nötig – die Soldaten auch bestochen haben. Überliefert sind Aufenthalte in Philadelphia, Smyrna, Troas und Philippi. Während dieser Aufenthalte empfängt Ignatius Abgesandte von benachbarten Gemeinden, schreibt Briefe an besuchte Gemeinden und an solche, die Abordnungen geschickt hatten. Das lässt auf eine gut vernetzte Kommunikation zwischen den Gemeinden schließen. Als zum Tode Verurteilter und daher Fesseln tragender Gefangener hat der antiochenische Bischof zusätzliche Autorität. In dieser Autorität schreibt er, mit Bescheidenheitsfloskeln garniert. Einen Brief schickt er voraus an die Gemeinde in Rom. In ihm beschwört er sie, nichts zu unternehmen, was seine Hinrichtung verhindern könnte. Denn durch sie hofft er zu Gott zu gelangen.

In gewisser Weise ist Ignatius ein Geistesverwandter des Clemens von Rom. Wie der Römer Clemens betont Ignatius die »Eintracht«. Auch bei ihm steht sie in engem Zusammenhang mit Unterordnung und Gehorsam. Davon ist sein Gemeindebild geprägt. Waren bei Clemens lediglich die Presbyter als Gemeindeleitung im Blick, so stellt sich diese bei Ignatius differenzierter dar. An der Spitze steht jeweils ein Bischof, es folgen in hierarchischer Abstufung ein nicht bezifffertes Presbyterium und Diakone. Vor allem dem Bischof gegenüber, aber auch gegenüber den anderen fordert der antiochenische Bischof immer wieder Unterordnung und Gehorsam. Den Gemeindemitgliedern in Ephesus gibt er als Ziel vor, »geheiligt«, also Gott zugehörig zu sein. Sie erreichen es, »wenn sie, in einmütiger Unterordnung angepasst, dem Bischof und dem Presbyterium gehorsam« sind. (Epheser 2,2; vgl. Magnesier 13,2; Traller 2,1) Es gilt, »dem Bischof und dem Presbyterium mit ungeteiltem Sinn zu gehorchen«. (Epheser 20,2; vgl. Philadelphier 7,1; Polykarp 6,1) »Es ziemt sich«, schreibt er wiederum nach Ephesus, »mit der Einsicht des Bischofs zusammenzugehen«. So ergebe sich Eintracht in der ganzen Gemeinde. (Epheser 4,1)

Ignatius legitimiert die Vorrangstellung des Bischofs theologisch damit, dass der Bischof Gott repräsentiere. Das macht die Forderung der Unterordnung umso dringlicher. Man ist Gott unterstellt, wenn man sich dem Bischof nicht entgegenstellt. (Epheser 5,3) »Den Bischof also, das ist klar, muss man ansehen wie den Herrn selbst.« (Epheser 6,1) Den Diakon Zotion aus Magnesia lobt Ignatius, »weil er sich dem Bischof wie der Gnade Gottes unterstellt und dem Presbyterium wie dem Gesetz Jesu Christi«. Auch die Presbyter fügen sich dem Bischof, »nicht ihm jedoch, sondern dem Vater Jesu Christi, dem Bischof aller«. (Magnesier 2; 3,1; vgl. 13,2) Der Bischof ist »Abbild des Vaters«; die Presbyter sind »gleichsam eine Ratsversammlung Gottes und ein Verband der Apostel«. (Traller 3,1) Was der Bischof »als bewährt findet, das ist auch Gott wohlgefällig«. (Smyrnäer 8,2) Ohne Bischof und Presbyter »kann von Gemeinde nicht die Rede sein«. (Traller 3,1) Gemeinde wird hier durch die leitenden Funktionsträger konstituiert, nicht mehr dadurch, dass sich »zwei oder drei« im Namen Jesu versammeln. (Matthäus 18,20) Wie Clemens hat Ignatius ein hierarchisch bestimmtes Gemeindebild. Er bemüht dafür nicht wie jener das römische Militär als Analogie. Aber er kann das Leben der Gemeinde vor Gott als Kriegsdienst beschreiben. »Gefallt dem, dem ihr Kriegsdienst leistet, von dem ihr auch den Sold empfangt! Dass ja niemand von euch als Deserteur angetroffen werde!« (Polykarp 6,2) Als »Modell« muss der Bischof von Antiochia dabei die in der Provinz Syrien stationierten Legionen vor Augen gehabt haben.

Ignatius war wie Clemens und die Verfasser des Barnabasbriefes und der Pastoralbriefe kein Jude und auch kein »Gottesverehrer«. Das zeigt sich schon daran, dass er von den Menschen in der Gemeinde sagen kann, sie seien »neu belebt worden durch das Blut Gottes« (Epheser 1,1) – eine im jüdischen Kontext unmögliche Aussage. Und es ergibt sich auch daraus, wie er die Bibel gebraucht.

b) Die geringe Bedeutung dessen, was »geschrieben steht«

Wie der Verfasser der Pastoralbriefe zitiert Ignatius »die Schrift« erstaunlich wenig. Nur zweimal führt er Zitate nach der Septuaginta mit der Wendung »es steht geschrieben« an. (Epheser 5,3; Magnesier 12) Weitere zwei Male fließen ihm biblische Wendungen in den eigenen Text ein, ohne dass er sie als solche kenntlich macht. (Epheser 15,1; Magnesier 13,1) Aufschlussreich ist die erste Stelle. An ihr bietet er die Wendung: »der sprach und es geschah«. In biblischen Texten und in der jüdischen Tradition wird das von Gott ausgesagt.

Bei Ignatius ist Subjekt der Aussage »der eine Lehrer«, nämlich Jesus. Das weist auf dessen außerordentliche Stellung auch gegenüber der Schrift hin. So schreibt Ignatius: »Lasst euch nicht täuschen durch andersartige Ansichten und die alten Fabeln, die nichts nützen! Wenn wir nämlich bis jetzt dem Judentum gemäß leben, bekennen wir, die Gnade nicht empfangen zu haben. Denn die Propheten, die Gott überaus nahestanden, haben Christus Jesus gemäß gelebt. Deshalb wurden sie, inspiriert von seiner Gnade, auch verfolgt, um die Ungehorsamen vollkommen zu überzeugen, dass Gott *einer* ist, der sich selbst durch Jesus Christus, seinen Sohn, offenbart hat. Der ist sein aus dem Schweigen hervorgekommenes Wort; der hat in allem dem gefallen, der ihn gesandt hat.« (Magnesier 8) Die »andersartigen Ansichten« vertreten Menschen in den Gemeinden, die sich an jüdische Lebensweise halten, sich dafür auf die jüdische Bibel berufen und diese ihre Praxis offensiv vertreten. Mit »den alten Fabeln, die nichts nützen« muss Ignatius daher darauf bezogene Geschichten und Vorschriften dieser Bibel meinen. Sie tut er schlicht ab. Die Erlaubnis, das tun zu können, erblickt er in einer bestimmten Einordnung »der Propheten, die Gott überaus nahestanden«. Von ihnen behauptet er, dass sie »Christus Jesus gemäß gelebt« haben. Den Grund für diese Behauptung dürfte er in prophetischer Ritualkritik erblicken, die er verabsolutiert. So hätten die Propheten also – zumal sie von der Gnade Jesu Christi inspiriert seien – bereits »christlich« und nicht »jüdisch« gelebt. Die jüdische Bibel verliert auch von daher an Bedeutung, dass sich Gott als der Eine erst durch Jesus Christus offenbart habe. Dieses »erst« ergibt sich auch von daher, dass Jesus Christus als Gottes Wort »aus dem Schweigen hervorgekommen« sei, Gott also erst durch ihn zur Sprache komme.

Anschließend betont Ignatius, nicht nur »wir« seien »Schüler Jesu Christi, unseres einzigen Lehrers«. Vielmehr: »Dessen Schüler in Geisteskraft waren auch die Propheten, und so haben sie ihren Lehrer erwartet.« (Magnesier 9,1–2) Nicht sie haben Jesus Christus bezeugt, sondern sie selbst sind »von Jesus Christus bezeugt und hinzugezählt zum Evangelium der gemeinsamen Hoffnung«. Deshalb war es möglich, dass »auch sie das Evangelium verkündigt und auf ihn gehofft und ihn erwartet haben. Durch ihn sind sie zum Glauben gekommen und gerettet worden, in Einheit mit Jesus Christus verbunden, liebenswürdige und bewunderungswürdige Heilige.« (Philadelphier 5,2)

Im selben Brief führt er auch pauschal die biblischen Priester an. Sie befindet er als »gut«, insofern er sie dem besseren Hohepriester Jesus Christus zuordnet. An dieser Stelle kommen auch als einzige mit Namen genannte Personen der jüdischen Bibel Abraham, Isaak und Jakob in den Blick, zusammen mit den Propheten, Aposteln und der Gemeinde, die gemeinsam durch Jesus als »die Tür zum Vater eintreten«. (Philadelphier 9,1) Die jüdische Bibel wird sozusagen von der auf Jesus bezogenen Verkündigung vollkommen aufgesogen. Die Vorstellung, dass Jesus Christus die Propheten inspiriert und sie bezeugt habe, sie durch ihn zum Glauben gekommen und gerettet worden seien, hat eine bestimmte Voraussetzung. Sie besteht darin, wie Ignatius Jesus Christus versteht, wer und was er in seiner Sicht ist. In dem, wie er ihn benennt und kennzeichnet, ist er kaum noch von biblisch-jüdischer Tradition bestimmt. Ein anderer Kontext prägt ihn, nämlich der des griechischen Geistes.

c) »Jesus Christus« in der Perspektive griechischen Denkens

Das Wort »Christus« hat bei Ignatius an keiner Stelle messianischen Klang. Nirgends sind damit messianische Inhalte verbunden. Er gebraucht das Wort sehr oft, über hundertmal in der Verbindung »Jesus Christus«, etliche Male in der umgekehrten Folge »Christus Jesus«. Das macht keinen Unterschied. Diese Verbindung ist als Name verstanden. Den Namen Jesus für sich allein bietet Ignatius nur an drei Stellen. An einer davon spricht er von der »Einigung Jesu mit dem Vater«. (Magnesier 1,2) Der bloße Name Jesus scheint das Menschsein zu betonen, während in »Christus« die göttliche Dimension anklingen kann. Darauf weist folgender Zusammenhang hin. Zunächst fordert Ignatius: »Ordnet euch dem Bischof und untereinander unter!« Das begründet er so: »Wie Jesus Christus dem Vater dem Fleisch nach [...].« Diese Wendung meint den Menschen Jesus, sozusagen die menschliche Dimension der Person Jesus Christus. Dass mit »Christus« die göttliche Dimension angesagt sein kann, geht aus der Fortsetzung hervor, die ein für sich alleinstehendes »Christus« enthält: »[...] und die Apostel Christus und dem Vater und dem Geist«. (Magnesier 13,2) Derselbe Sachverhalt zeigt sich an einem zweiten Punkt. Fünfmal betont Ignatius, dass Jesus Christus von David abstammt. Wiederum sind damit an keiner Stelle messianische Inhalte verbunden oder wird auch nur auf sie angespielt. Immer geht es bei dieser Redeweise um die Betonung des wirklichen Menschseins Jesu. (Epheser 18,2; 20,2; Traller 9,1; Römer 7,3; Smyrnäer 1,1)

Das ist die eine Seite. Auf der anderen Seite kann Ignatius ganz unbefangen von Jesus Christus als Gott reden. Er tut das nicht weniger als achtmal. (Epheser 18,2; Traller 7,1; Römer inscr.; 3,3; 6,3; Smyrnäer 1,1; 10,1; Polykarp 8,3) Siebenmal ist damit die Bezeichnung »Jesus Christus« verbunden, einmal ein für sich stehendes »Christus«, nie nur »Jesus«. Auch das ist wieder ein Hinweis darauf, dass er mit »Christus« die göttliche Dimension angezeigt findet. Wenn Jesus Christus Gott ist, muss er das schon immer gewesen sein. So sagt Ignatius von ihm auch aus, dass er »vorzeitlich beim Vater war und am Ende erschienen ist«, dass er »von dem einen Vater hervorgekommen ist und bei dem Einen war und zu ihm hingegangen ist«. (Magnesier 6,1; 7,2) Von dem, der Gott ist und Gott war, Jesus Christus, muss dann gesagt werden, dass er »vollkommener [im Sinn von wirklicher, nicht scheinbarer] Mensch geworden ist«, dass »Gott menschengestaltig erschien«. (Smyrnäer 4,2; Epheser 19,3) Der Evangelist Johannes hat das biblisch bezeugte schöpferische Sprechen Gottes am Anfang im »Wort« verdichtet, das »am Anfang bei Gott« und als von Gott gesprochenes »gottgleich« war. Er hat dann weiter gesagt, dass dieses Wort »Fleisch wurde«, nämlich in dem Menschen Jesus aus Nazaret. (Johannes 1,1–2.14) Damit beansprucht er und macht das von vornherein deutlich, dass in der im Evangelium folgenden Erzählung über Jesus Gott zu Wort und Wirkung kommt, derselbe Gott, der am Anfang Schöpfung werden und in der Auferweckung Jesu von den Toten neue Schöpfung anbrechen ließ. So redet Johannes in biblisch-jüdischem Kontext. Ignatius redet in griechischem Kontext – und vergöttlicht Jesus, verlegt sozusagen Gottes Wirken durch Jesus in die Person Jesu selbst. Und so kann er dann auch von der Auferstehung Jesu sagen, dass dieser »sich selbst aufstehen ließ«. (Smyrnäer 2) Daneben bringt er aber auch an zwei Stellen die traditionelle Aussage, dass Gott Jesus aufgeweckt hat. An einer davon formuliert er, dass sich dieses Aufwecken auf »das Fleisch unseres Erlösers Jesus Christus« bezog. (Traller 9,2; Smyrnäer 7,1)

Jesus Christus hat bei Ignatius sozusagen eine Doppelnatur. Das ist eine schwierige Konstruktion. Er steht hier in einer heftigen Auseinandersetzung seiner Zeit. Er kämpft gegen andere in den Gemeinden, die Jesus Christus nur göttlich sein lassen. Diese Menschen teilen eine religions-philosophische Voraussetzung ihrer Zeit über das Reden von Gott, die von mittelplatonischer Philosophie bestimmt ist. Bei Platon gilt, dass »Gott – und was zu Gott gehört – doch ganz und gar in allerbestem Zustand« sei. Von daher muss die Frage, ob sich Gott verwandeln und verändern könne, entschieden verneint werden. Zum Besseren kann er es nicht, weil er schon »in allerbestem Zustand« ist. Und in diesem Zustand wäre er nicht mehr, wenn er sich zum Schlechteren veränderte. Daher ist es »für Gott unmöglich, sich verändern zu wollen«. (Politeia 10, 381a–c) Das wird im mittleren Platonismus aufgenommen und so Gott als das höchste Vollkommene definiert, das nicht nur unveränderlich ist, sondern auch *apathés*: leidenslos und auch nicht leidenschaftlich.

Von einem solchen Reden über Gott unterscheidet sich das biblische fundamental. Wie schon in der Einleitung erwähnt, redet die Bibel vor allem in der Weise von Gott, dass sie eine Geschichte in Geschichten erzählt, in der jüdischen Bibel, im Alten Testament, die Geschichte des Mitseins Gottes mit seinem Volk Israel, im Neuen Testament die Geschichte des Mitseins Gottes mit dem einen Juden Jesus aus Nazaret. Indem sich Gott in diesen Geschichten in die Geschichte hineinbegibt, verändert er sich auch. Er kann sogar etwas bereuen. Und er ist schon gar nicht *apathés*: »apathisch«. Nein, er ist im tiefsten Sinn des Wortes sympathisch: mitleidend. Ja, er lässt sich geradezu in Mitleidenschaft ziehen.

Dieser Unterschied im Reden von Gott zeigt sich sehr deutlich im Spiegel einer Wahrnehmung von außen, nämlich in der ersten erhaltenen literarischen Auseinandersetzung mit dem Christentum von griechisch-philosophischer Seite. Es handelt sich um die Schrift »Wahre Lehre« des Kelsos aus der zweiten Hälfte des zweiten Jahrhunderts. Es ist genau das eben erwähnte Zusammenbringen von Gott und konkreter, dazu noch so partikularer Geschichte, woran Kelsos vor allem Anstoß nimmt. Daher ist seine Abrechnung mit den Christen zugleich auch eine mit den Juden.

Nun sind am Anfang des 2. Jahrhunderts ganz offenbar Menschen in die Jesusgemeinden hineingekommen, für die es eine unumstößliche Voraussetzung war, dass »Gott und was zu Gott gehört« höchst vollkommen und also unveränderlich und leidenslos sein muss. An dieser Voraussetzung wollten sie festhalten und von ihr her denken. Auf welche Weise konnten sie dann damit umgehen, wie von Jesus in den Evangelien, vor allem in deren Passionsgeschichten, erzählt wird? Nach Ignatius vertreten sie die These, dass Jesus Christus nur »zum Schein gelitten habe«. (Traller 10,1; Smyrnäer 2,1; vgl. 4,2) Sie bekennen ihn nicht als »fleischtragend« (*sarkophóros*). (Smyrnäer 5,2) Er habe also keinen wirklichen Leib aus Fleisch und Blut gehabt; das sei lediglich so erschienen. Von dem griechischen Wort für »scheinen« (*dokeín*) nennt man diese Menschen »Doketen«. Für sie ist Jesus Christus ganz und gar Gott, der in menschlicher Gestalt erschienen ist, ohne ein wirklicher Mensch gewesen zu sein. Das Menschliche war nur äußerer Schein. Von einer analogen Möglichkeit, die in den Evangelien erzählte Geschichte Jesu konsequent unter der Voraussetzung mittelplatonischer Gotteslehre zu verstehen, berichtet Irenäus aus Lyon (zweite Hälfte 2. Jahrhundert). Als Lehre eines Kerinth, der wahrscheinlich Anfang des 2. Jahrhunderts wirkte, teilt Irenäus eine Unterscheidung zwischen Jesus und Christus mit. Jesus war der Mensch, der von Johannes getauft und am Kreuz hingerichtet wurde. Mit ihm habe sich der himmlische Christus bei der Taufe Jesu durch Johannes verbunden und ihn unmittelbar vor dessen Tod wieder verlassen. (Gegen alle Häresien I 26,1) Diese Lehre steht möglicherweise im Hintergrund des 1. Johannesbriefes. Ihr gegenüber betont dessen Verfasser die Identität von Jesus und Christus. (1. Johannes 2,22; 5,1; vgl. 4,2–3) Gegenüber den Doketen hält Ignatius gemäß dem Zeugnis der Evangelien entschieden am wirklichen Menschsein Jesu Christi fest. Andererseits lebt er im selben Kontext wie die von ihm Bekämpften und ist von diesem Kontext beeinflusst, sodass er völlig problemlos von Jesus Christus als Gott reden kann. Daher muss er Gegensätzliches zusammenstellen: »Einer ist Arzt, fleischlich zugleich als auch geistig, erzeugt und unerzeugt, im Fleisch geborener Gott, im Tode wahres Leben, sowohl aus Maria als auch aus Gott, zuerst dem Leiden unterworfen und dann unfähig zu leiden: Jesus Christus, unser Herr.« (Epheser 7,2) Was die Evangelien im Rückbezug auf die jüdische Bibel in legendarischen Erzählungen bieten, um in der gesamten Geschichte des Juden Jesus aus Nazaret Gottes Mitsein, Gottes Handeln durch ihn zu bezeugen, versucht Ignatius im griechischen Kontext auf den Begriff zu bringen – unter dem Verlust alles Biblisch-Jüdischen. Das zeigt sich auch, wenn er gegen Ende des Briefes nach Ephesus von Jesus Christus als »dem Menschensohn und Gottessohn« spricht, womit er gleichsam Gott und Mensch in der Person Jesu zusammensieht. (Epheser 20,2) »Menschensohn« ist hier nicht mehr der von Gott beauftragte kommende Richter in der Tradition von Daniel 7, und »Gottessohn« ist hier nicht mehr eine Parallelbezeichnung zum Gesalbten (Messias) in der Tradition von Psalm 2,7.

Gegen die genannte Front und unter den mit ihr geteilten Voraussetzungen seines Kontextes formuliert Ignatius auch im Blick auf den auferweckten Jesus Christus: »Ich jedenfalls weiß und glaube, dass er auch nach der Auferstehung im Fleisch ist.« (Smyrnäer 3,1) Auch hier ist der Unterschied zu den Evangelien deutlich. Sie erzählen an ihrem Ende sehr unterschiedliche Geschichten. Zum Beispiel das Lukasevangelium: Als die beiden Schüler, die resigniert nach Emmaus wandern und denen sich unerkannt der auferweckte Jesus anschließt, ihn beim Mahl endlich erkennen, entzieht er sich ihnen sofort. Er ist nicht greifbar. Als er aber dann in Jerusalem den dort versammelten Schülern erscheint und diese meinen, einen Geist zu sehen, zeigt er ihnen seine Hände und Füße, um ihnen zu demonstrieren, dass ein Geist kein Fleisch und keine Knochen hat. Das bedeutet: Der Auferweckte ist kein anderer als der, den sie vor seinem Tod gekannt haben. (Lukas 24,13–43) Aber er bleibt ihnen entzogen. Zum Beispiel das Johannesevangelium: Als Mirjam aus Magdala in dem vermeintlichen Gärtner endlich Jesus erkennt, fordert der sie sofort auf, ihn loszulassen. Er begegnet nach seinem Tod als Auferweckter anders als vorher. So kommt er zu seinen Schülern durch verschlossene Türen, durch die kein Mensch »im Fleisch« gehen kann. Und doch weist er sich gegenüber Thomas an den Wundmalen als der Gekreuzigte aus. (Johannes 20,11–28) Diese Geschichten bringen unterschiedliche Aspekte zum Klingen. Indem sie erzählt werden, wecken sie Vertrauen auf Gott, der Jesus von den Toten aufgeweckt hat. Aber was geschieht mit ihnen, wenn sie im Kontext griechischer Philosophie auf einen begrifflichen Wissens- und Glaubenssatz gebracht werden?

So ergibt sich: Ignatius ist weder Jude noch Gottesverehrer. Er zeigt keine nähere Kenntnis von jüdischen Menschen und Dingen. Er gebraucht »die Schrift« nur sehr am Rande, tut Wesentliches in ihr als »alte Fabeln« ab. Er akzeptiert sie ausschließlich als Prophetie auf Jesus. Er ist einer der ersten frühen Christen, die die Verkündigung von Jesus in der griechischen Geisteswelt auszudrücken versuchen. Dabei steht er allem Jüdischen fremd und distanziert gegenüber und nimmt daher auch die Jüdischkeit der eigenen Tradition nicht mehr wahr. Und: In seinen Briefen taucht nun auch in der uns erhaltenen Literatur erstmals der Begriff »Christentum« auf und steht dabei in scharfer Entgegensetzung zum Begriff »Judentum«.

d) »Christentum« statt »Judentum« – nicht nur bei Ignatius

Ignatius verwendet den Begriff »Christentum« (*christianismós*) mehrmals, nicht nebenbei, sondern programmatisch. Darüber hinaus findet sich bei ihm einige Male auch das Wort *christianós*, sowohl als Substantiv (»Christ«) als auch als

Adjektiv (»christlich«). Was einen Christenmenschen ausmache, beschreibt er so, dass er kein »Recht auf sich selbst« habe, »sondern sich an Gott hingibt«. (Polykarp 7,3) Die Distanz »des Christentums« zu dem in der Welt Geläufigen sei daran erkennbar, dass es dann »Größe« zeige, »wenn irgend es von der Welt gehasst wird«. (Römer 3,3) Was es bedeutet, »nicht nur Christen zu heißen, sondern es auch zu sein«, macht er mit der Entgegenstellung zu »gewissen Leuten« klar, die »den Bischof zwar so nennen, aber alles ohne ihn tun«. (Magnesier 4) Den Schwerpunkt beim Begriff »Christentum« legt er aber darauf, dass er ihn im Gegensatz zum Begriff »Judentum« bestimmt. In einem Zusammenhang, in dem es um religiöse Praxis geht, fordert er »uns« als Schüler Jesu Christi dazu auf, es zu lernen, »dem Christentum gemäß zu leben. Denn wer einen anderen Namen trägt als diesen, gehört nicht zu Gott.« (Magnesier 10,1) »Gemäß dem Christentum zu leben« setzt Ignatius absolut. Wer nicht ihm gemäß lebt, hat mit Gott nichts zu tun. Worin es jedoch inhaltlich besteht, bestimmt er im Wesentlichen negativ von einem Gegensatz her: »Es ist widersinnig, von Jesus Christus zu reden und jüdisch zu leben.« (Magnesier 10,3) Sich auf Jesus Christus zu beziehen und jüdische Lebensweise an den Tag zu legen, sind für Ignatius unvereinbare Gegensätze. »Dem Christentum gemäß leben« bestimmt sich daher im Gegensatz zu jüdischer Lebensweise. An einem Punkt wird er konkret. Dort stellt er nebeneinander: »den Sabbat nicht mehr feiern« und »gemäß dem Tag des Herrn leben, an dem auch unser Leben aufging durch ihn und seinen Tod«. (Magnesier 9,1) Anstelle des Schabbat steht der Sonntag. Das ist, wie im zweiten Kapitel dieses dritten Teils gesehen, auch im Barnabasbrief der Fall. (Barnabas 15) Ohne Entgegensetzung zum Schabbat heißt es in der ältesten erhaltenen Gemeindeordnung, der »Lehre der Apostel« (Didache), wohl Anfang des 2. Jahrhunderts geschrieben: »An jedem Tag des Herrn versammelt euch, brecht das Brot und sagt Dank, indem ihr dazu eure Übertretungen bekennt, damit euer Opfer rein sei!« (Didache 14,1)

Für Ignatius sind »Judentum« und »Christentum« strikte Gegensätze. Er schreibt: »Wenn euch jemand Judentum auslegt, hört nicht auf ihn! Es ist nämlich besser, von einem beschnittenen Mann Christentum zu hören als von einem Unbeschnittenen Judentum.« (Philadelphier 6,1) Diese Aussage lässt einmal erkennen, dass es in den Gemeinden jüdische Mitglieder gab, die das Praktizieren jüdischer Lebensweise aufgegeben hatten. Das wird auch deutlich, wenn Ignatius an anderer Stelle von solchen spricht, »die in alten Bräuchen das Leben führten, zu neuer Hoffnung gelangten und nicht mehr den Sabbat hielten«. (Magnesier 9,1) Es gab aber zum anderen auch nichtjüdische Mitglieder, die sich zumindest teilweise an jüdische Lebensweise hielten und das mit der Schrift begründeten. Vom Propagieren jüdischer Lebensweise in den Gemeinden will Ignatius aber nichts wissen. Er lässt sich an dieser Stelle auf keine Diskussion ein. Für ihn steht einfach fest, dass alles Jüdische abgetan sei.

In der Didache verhält es sich, was die Lebensweise betrifft, etwas differenzierter. In ihr sind einerseits in beträchtlichem Umfang jüdische Traditionen aufgenommen. Andererseits zeigen sich aber auch scharfe Abgrenzungen zum Judentum. Außer in der Traditionsaufnahme ist die Nähe zum Judentum am deutlichsten bei den Speisevorschriften. Hier nimmt diese Gemeindeordnung eine eher positiv-pragmatische Position ein: »Betreffs der Speise: Was du kannst, nimm auf dich! Doch vor dem Götzenopferfleisch nimm dich sehr in Acht! Denn es ist Dienst für tote Götzen.« (Didache 6,3) Soweit man es vermag, ist die Speisegesetzgebung einzuhalten. Aber sie wird nicht verbindlich gemacht. Unbedingt bindend ist jedoch das strikte Verbot von Götzenopferfleisch. Hier wirkt offenbar das Aposteldekret nach.

Den Schabbat dagegen erwähnt der Verfasser an keiner Stelle. Die gottesdienstliche Versammlung »an jedem Herrentag«, dem Jesus als »dem Herrn« zugehörigen Tag, dem Sonntag, ist ihm selbstverständlich. Für sie wird vor allem »die Eucharistie«, eine Mahlfeier, geregelt. (Didache 14,1–3) Diese Mahlfeier hat keinen sakramentalen Charakter. Sie bezieht sich auch nicht auf das letzte Mahl Jesu mit seinen Schülern zurück. Sie entspricht einer jüdischen Mahlzeit. Die drei dafür mitgeteilten Dankgebete »betreffs des Bechers«, »betreffs des Brotes« und »nach der Sättigung« haben ihr Spezifikum lediglich darin, dass das, wofür Gott jeweils gedankt wird, er »uns offenbart« hat »durch Jesus, Deinen Knecht«. (Didache 9,1–10,7)

Eine scharfe Entgegensetzung zum Judentum zeigt sich bei den Anordnungen über Fasten und Beten. (Didache 8,1–3) In diesen religiösen Praktiken soll eine eigene christliche Identität gewonnen werden. So ordnet der Verfasser an, dass die Praxis des freiwilligen Fastens nicht an denselben Tagen geübt werden soll, an denen »die Heuchler« fasten: »Eure Fastentage sollen nicht mit den Heuchlern gemeinsam sein. Sie fasten nämlich am zweiten [Montag] und fünften [Donnerstag] Wochentag; ihr aber sollt am vierten [Mittwoch] und am Rüsttag [Freitag] fasten.« Der zweite und fünfte Wochentag sind die jüdischen Fastentage. Wenn nicht an diesen Tagen gemeinsam mit »den Heuchlern« gefastet werden darf, ist deutlich: Juden gelten hier pauschal als Heuchler. Der Redaktor der »Lehre der Apostel« benutzt das Matthäusevangelium. Wurden in Matthäus 6,16 diejenigen Heuchler genannt, die ihr Fasten öffentlich zur Schau stellen, so sind es hier alle, die an den jüdisch üblichen Tagen fasten.

Gleich anschließend dringt diese Gemeindeordnung auf eine bewusst unterscheidende Gebetspraxis: »Betet auch nicht wie die Heuchler, sondern wie es der Herr in seinem Evangelium geboten hat, so betet!« Dann wird das Vaterunser in der Fassung des Matthäusevangeliums zitiert und daran die Aufforderung angeschlossen: »Dreimal am Tag betet so!« Dreimal am Tag beten Juden das Achtzehngebet. Weniger soll es nicht sein. Das Unterscheidende drückt sich in einem anderen Gebet aus. Es liegt eine gewisse Ironie darin, dass gegen das jüdische Achtzehngebet nun das von seiner Entstehung und seinem Inhalt her durch und durch jüdische Vaterunser das unterscheidend Christliche markieren soll. Falls der Verfasser Jude war, dann einer von denen, über die Ignatius sagt, es sei »besser, von einem beschnittenen Mann Christentum zu hören«.

Jeder der hier genannten Punkte – Fasten an anderen Tagen, Vaterunser statt Achtzehngebet, Sonntag statt Schabbat – mag als nicht sehr gewichtig erscheinen. Aber es geht dabei um Handlungen, die jüdische Identität sprengen. Als Glieder einer Gemeinschaft, in der das gilt, wären Jüdinnen und Juden gezwungen, ihre Frömmigkeit betont antijüdisch zu praktizieren. Das aber heißt: Eine solche Gemeinschaft, die ihre Identität gerade in Antithese zum Judentum gewinnt, kann eine nur noch nichtjüdische sein – gleichgültig, ob und wie viele geborene Jüdinnen und Juden es in ihr gibt.

Es geht also bei jüdisch oder christlich leben um Identität bildende religiöse Praktiken. Zur Zeit dieser Schriften gab es noch Gemeindemitglieder, die jüdische Lebensweise praktizierten. Das darf nach deren Autoren nicht sein. Ignatius führt zur Begründung seiner Ablehnung schon ein Ablösungsmodell vom Judentum zum Christentum an: »Das Christentum hat nicht an das Judentum geglaubt, sondern das Judentum an das Christentum, in das jede zum Glauben gekommene Zunge versammelt worden ist.« Die Aufforderung, das zum Alten, nämlich zum Judentum Gehörige abzutun, formuliert er ausgerechnet in Anlehnung an den Pessachbrauch vom Fortschaffen des Sauerteigs: »Schafft also den schlechten Sauerteig beiseite, den alt und bitter gewordenen, und wendet euch zu neuem Sauerteig, d.h. Jesus Christus!« (Magnesier 10,2–3) Der Begriff »Christentum« taucht also zuerst da auf, als die messiasgläubige Gemeinschaft sich antijüdisch definiert und so zur Völkerkirche wird.

Rückblick auf den dritten Teil

Es ist ein markanter Punkt in den im dritten Teil besprochenen Schriften und auch in dem am Ende des zweiten Teils angeführten Kolosserbrief, dass die Bezeichnung *christós* für Jesus nicht mehr titular verstanden ist. Sie kennzeichnet Jesus nicht als »den Gesalbten«, als den endzeitlichen messianischen König der biblisch-jüdischen Tradition. Die Herauslösung aus einem messianischen Zusammenhang zeigt sich bei Ignatius auch daran besonders deutlich, dass er zwar mehrfach die Herkunft »Jesu Christi« »aus dem Geschlecht Davids« erwähnt. Aber mit dieser traditionellen Angabe ist für ihn lediglich dessen sozusagen menschliche Dimension ausgesagt, jedoch nichts Messianisches damit verbunden. Im Barnabasbrief gilt die Aussage, »Christus sei ein Sohn Davids«, gar als »ein Irrtum von Sündern«. Und unmittelbar vorher hieß es von Jesus: »Nicht Menschensohn, sondern Gottessohn.« Hier zeigt sich, dass auch diese Bezeichnungen nicht mehr im biblisch-jüdischen Zusammenhang verstanden sind, sondern völlig andere Inhalte gewinnen. Wie *christós* von vornherein in der nichtjüdischen Außenwahrnehmung als Name gehört wurde, so jetzt auch in der Gemeinde. Gegenüber dem Namen »Jesus« schwingt jedoch bei »Christus« wohl ein bedeutungsvolles Mehr mit. Aber wie wird dieses »Mehr« gefüllt?

Gerät die biblisch-jüdische Tradition aus dem Blick, entsteht eine Leerstelle. In sie fließen Vorstellungen des hellenistischen Kontextes ein. Und das führt zu einer Vergöttlichung »Jesu Christi«. Der Versuch, das Zeugnis der eigenen Tradition über das Wirken Gottes durch den Messias Jesus im hellenistischen Kontext begrifflich so zu fixieren, dass man ihm Göttlichkeit zuschreibt, ist die Kehrseite des Verlustes der biblisch-jüdischen Tradition. Damit geht einher, dass man »Jesus Christus« absolut setzt. Und so wird das

Schema »einst verborgen – jetzt offenbart«, das im Epheserbrief auf das Hinzukommen der Völker bezogen war, grundsätzlich theologisch verstanden. »Jesus Christus« offenbart den zuvor verborgenen Gott – sei es überhaupt oder auch »nur« in seiner Vollkommenheit.

Das wirkt sich auch auf das Schriftverständnis aus. Für die meisten Autoren in der Jesusgemeinde des 1. Jahrhunderts bildet »die Schrift« die Basis und den Raum, auf der und in dem sie ausdrücken können, was sie als gute Botschaft über den Messias Jesus zu sagen haben. Jetzt wird Jesus, wie ihn vor allem der Verfasser des Barnabasbriefes und Ignatius aus Antiochia verstehen, zum Kriterium dessen, wie »die Schrift« verstanden werden soll. Und diejenigen, die Jesus nicht anerkennen, die Juden, verstehen nach ihrem Urteil die Schrift überhaupt nicht. Besonders markant ist bei diesen beiden Autoren die Aussage, dass die biblischen Propheten vom »Herrn«, von »Jesus Christus« begabt und inspiriert worden seien und nur deshalb auf ihn hätten hinweisen können. Und so ist es für sie geradezu selbstverständlich, dass »die Schrift« – zumindest mit allem Positiven – »uns« anspricht, nur »uns«. Bei ihnen ist das mit antijüdischer Polemik verbunden. Ohne ausdrückliche Polemik, aber unter völliger Ignorierung dessen, dass die Schrift die Geschichte Gottes mit seinem Volk Israel bezeugt und das jüdische Volk sie in Kontinuität dazu liest und lebt, wird sie von den Verfassern der Pastoralbriefe und des 1. Clemensbriefes total »nostrifiziert«. Letzterer nutzt die Schrift ausgiebig als Arsenal brauchbarer Beispiele für die eigene Argumentation und bezieht sie auf »uns«. Abraham ist nicht »*auch* unser Vater«, sondern nur »*unser* Vater«. Ja, sogar Jakob gilt als »unser Vater«. Dass er etwas mit Israel zu tun hätte, kommt nicht in den Blick. Clemens spricht nur von »unserer« Erwählung, nicht der Israels. Auch der Verfasser der Pastoralbriefe, der von der »Schrift« nur geringen Gebrauch macht, bezieht die Erwählung nur auf »uns«. Bei beiden findet eine stillschweigende Ersetzung (»Substitution«) Israels durch die eigene Gemeinschaft statt, bei Ignatius eine ausdrückliche. Beim Verfasser des Barnabasbriefes kann nicht einmal von Substitution die Rede sein, da er es Israel schlichtweg abspricht, jemals mit Gott in einem Bundesverhältnis gestanden zu haben.

Die Herausbildung einer gegenüber dem Judentum eigenen und anderen Identität in der auf Jesus bezogenen Gemeinschaft zeigt sich also einmal darin, dass die Bedeutung Jesu nicht mehr im biblisch-jüdischen Kontext ausgesagt und verstanden wird, sondern im hellenistischen. Im Vollzug dieses Redens über Jesus wird er vergöttlicht. Bleibt aber bei diesem Reden Gott erkennbar als der in der Bibel bezeugte, als *Israels* Gott? Die eigene und andere Identität zeigt sich weiter darin, dass die mit dem Judentum gemeinsame Grundlage, »die Schrift«, völlig nostrifiziert wird, entweder stillschweigend unter Ignorierung Israels und jüdischen Schriftgebrauchs oder polemisch, indem die Rechtmäßigkeit jüdischer Schriftauslegung bestritten wird. Schließlich manifestiert sie sich in einer rituellen Praxis, die antithetisch auf das Judentum bezogen ist. Gerade in diesem Zusammenhang taucht erstmals das Wort »Christentum« auf. Als die auf Jesus bezogene Gemeinschaft sich als »Christentum« benennt und versteht, tut sie das in einem ausschließenden Gegensatz zum Judentum. Wenn das »die Geburt des Christentums« war, hat das Christentum einen Geburtsfehler, nämlich den, antijüdisch zu sein. Geburtsfehler sind schwer zu beheben. Manchmal sind sie unveränderlich. Wie verhält es sich damit in diesem Fall?

Schluss: Was nun?

Beim Blick zurück auf den Zeitabschnitt von Jesu Wirken bis zur Herausbildung einer christlichen Kirche in der ersten Hälfte des 2. Jahrhunderts zeigt sich eine außerordentlich starke Spannung. Am Beginn dieser nicht sehr großen Zeitspanne von etwa 100 Jahren steht mit Jesus ein Jude, eine prophetische Gestalt in der Tradition seines Volkes, und auf ihn folgt eine jüdische Gruppe, die ihn trotz seiner Hinrichtung an einem römischen Kreuz für den Messias hält. Sie tut das, weil sie glaubt, dass Gott ihn von den Toten aufgeweckt hat. Und am Ende dieser Zeitspanne definiert sich eine an »Jesus Christus« glaubende Gruppierung, die mehrheitlich aus nichtjüdischen Mitgliedern besteht, als »Christentum« im Gegensatz zum Judentum. Was führte zur Herausbildung dieser Gruppierung als einer gegenüber dem Judentum eigenen Größe? Die dafür wesentlichen Faktoren seien noch einmal kurz skizziert.

1. Der für Jesus erhobene Anspruch wurde absolut gesetzt. Das geschah zunächst in einem innerjüdischen Streit, in dem die auf Jesus bezogene Gemeinschaft, als häretisch eingeschätzt, mehr und mehr an den Rand gedrängt wurde. Den bereits hier von der jüdischen Mehrheit gelegentlich erhobenen Vorwurf an die messiasgläubige Minderheit, sie mache Jesus zu Gott, weist diese zurück. In der weiteren Entwicklung der Jesusgemeinden jedoch, als man die Bedeutung Jesu in Kategorien der hellenistischen Umwelt ausdrückt, wird Jesus in der Tat vergöttlicht. Und damit verbunden ist die Aussage, dass erst Jesus Gott (vollkommen) offenbare.

2. Auch die eigene, auf Jesus bezogene Auslegung der Schrift wird absolut gesetzt. Bildete »die Schrift« zunächst die Grundlage und den Raum dafür, darstellen zu können, dass

und wie Gott durch Jesus wirkte, so wird Jesus dann zum alleinigen Bezugspunkt für ihre Auslegung. Damit zugleich wird die Schrift »nostrifiziert«, also unter Ignorierung dessen, dass sie von Israel als Gottes Volk redet, ausschließlich auf die eigene Gemeinschaft bezogen.

3. Am Beginn der genannten Zeitspanne haben sich die jüdischen Messiasgläubigen an das gehalten, was für jüdisches Leben selbstverständlich war. Abweichungen davon gab es im Blick auf Speise- und Reinheitsvorschriften, als Menschen aus den Völkern hinzugekommen waren und man sich in privaten Versammlungen in einem nichtjüdischen Haus traf. Am Ende stehen eigene Riten, analog zu jüdischen gebildet, aber in einem ausschließenden Gegensatz zu ihnen verstanden und praktiziert. Deren Befolgung lassen jüdische Gemeindemitglieder nicht mehr jüdisch sein. Jüdische Riten werden nicht nur abgelehnt, sondern auch abgewertet.

Wodurch konnte es zu den aufgeführten Veränderungen kommen? Ein entscheidender Faktor scheint eine sich langsam, aber stetig vollziehende Verschiebung in der ethnischen Zusammensetzung der Jesusgemeinden gewesen zu sein. Einige Schriften der späteren Zeit nehmen eine nur nichtjüdische Leser- und Hörerschaft in den Blick. Deren Anteil hatte offenbar immer mehr zugenommen. Und vor allem: Sie rekrutierten sich nicht mehr hauptsächlich aus den bereits mit Jüdischem vertrauten »Gottesfürchtigen«. Bei einigen Autoren zeigt sich, dass sie keine verstehende Beziehung zu biblisch-jüdischer Tradition haben. Umso mehr wird das für ihre Adressatenschaft in den Gemeinden gelten. Ein markanter Punkt dafür ist, dass die Bezeichnung *christós* für Jesus nicht mehr titular verstanden wurde als »der Gesalbte«, der endzeitliche messianische König der biblisch-jüdischen Tradition, sondern als ein Name, der eine andere inhaltliche Füllung erhielt. Und auf der anderen Seite erwies sich die

Jesusgemeinde für traditionsbewusste Juden und Jüdinnen je länger je weniger als attraktiv. Religiös wurde ihnen dort kaum etwas geboten, was sie nicht ohnehin schon hatten. Das Neue an ihr, dass im Elan endzeitlich wirkender Geisteskraft Menschen aus der Völkerwelt hinzugekommen waren und eine Grenzen überschreitende Gemeinschaft gepflegt wurde, hatte mit voranschreitender Zeit zur Folge, dass das Jüdische in dieser Gemeinschaft verblasste. Das war dazu geeignet, deren jüdische Mitglieder bei der Mehrheit ihrer Landsleute in Misskredit zu bringen. Außerdem konnten sie dadurch gefährdet sein, dass ihnen die Zugehörigkeit zum Judentum als eines vom römischen Imperium geschützten Raumes nichts nutzte, wenn dieses Imperium gegen die »Christianer« vorging.

Wie dem auch näherhin gewesen sein mag und wie lange auch noch gute Beziehungen zwischen christlichen und jüdischen Personen und Gruppierungen bestanden haben mögen, es gibt ab der ersten Hälfte des 2. Jahrhunderts ein Christentum als eigenständige Größe. Es definiert seine Identität antijüdisch und setzt sich stillschweigend oder ausdrücklich an die Stelle des biblischen Israel und bestreitet es dem Judentum, in legitimer Kontinuität zu diesem biblischen Israel zu stehen. Und *dieses* Christentum hat sich auf Dauer durchgesetzt und sich als eigenständige Größe neben dem Judentum und gegen es weiterentwickelt. Damit ist ein tiefer Bruch gegeben. Dieser Bruch kann nicht rückgängig gemacht werden. Darum soll es bei dem hier vorgenommenen Blick auf den dezidiert jüdischen Anfang der auf Jesus bezogenen Gemeinschaft auch nicht gehen. Wohl aber lässt dieser Blick fragen, ob die sich beim Entstehen des Christentums zeigende Gegnerschaft, die eine lange Geschichte christlicher Judenfeindschaft zur Folge hatte, essenziell ist. Er lässt danach suchen, ob sich nicht im Gegenteil von daher Perspektiven für ein anderes Verhältnis zum Judentum ergeben, für einen anderen Umgang miteinander.

Dass beim Aufkommen des Begriffs »Christentum« das Christsein im Gegensatz zum Judentum beschrieben wird, zeigt zugleich auch etwas Grundsätzliches. Die Christenheit ist auf das Judentum bezogen, ob sie das wahrhaben will oder nicht. Das ist auch alles andere als verwunderlich. Denn Jesus, an den sie glaubt, war Jude. Sie selbst ist aus einer Gemeinschaft entstanden, zu der zunächst ausschließlich Juden und Jüdinnen gehörten. Ihre Schriftgrundlage sind Israels heilige Schriften und sind in der eigenen Geschichte entstandene und als Lesetexte in den Gemeinden gebrauchte Schriften, mehrheitlich verfasst im Kontext biblisch-jüdischer Tradition. Das alles macht den Bezug auf das Judentum und die enge Verbindung mit ihm evident. Aber – noch einmal – muss dann christliche Identität in Antithese zum Judentum beschrieben und praktiziert werden? Dass das nicht mehr geschehen darf, müsste nach den Erfahrungen des vorigen Jahrhunderts unbestritten sein. Sie ohne Bezug zum Judentum, also sozusagen neutral, zu beschreiben, wäre angesichts der gerade genannten Punkte ignorant. Für eine positive Beschreibung dieses Bezuges lässt sich aus Aussagen des Paulus und Lukas eine Perspektive gewinnen. Im Fazit des Römerbriefes macht Paulus unter dem Gesichtspunkt des Wirkens Jesu als des Messias grundsätzliche Aussagen über Israel und die Völker. (Römer 15,8–10) Im Blick auf Israel sagt er: »Der Gesalbte ist Diener des Volks der Beschneidung geworden zum Erweis der Treue Gottes, um die den Vorfahren gegebenen Verheißungen zu bestätigen.« Gott hält Treue zu seinem Volk Israel, er ist verlässlich – unabhängig von dessen Stellung zum Messias Jesus. Im Gegenteil: Für diese Treue steht der Messias Jesus auch noch ein. Er tut es so, dass er die den Vorfahren gegebenen Verheißungen bestätigt. Diese Verheißungen sind nach Ausweis der entsprechenden biblischen Aussagen vor allem die von Nachkommenschaft und Land und vom sicheren und gesicherten Leben im Land. Diese Verheißungen hat der

Messias Jesus nicht erfüllt, aber auch nicht annulliert. Er hat sie bestätigt, sagt Paulus. Sie gelten weiterhin unverbrüchlich. Was aber heißt das für die Gemeinde, wenn sie »Leib des Gesalbten« ist, wenn der Messias Jesus sich in ihr repräsentiert? Dann müsste sie seine dienende Funktion gegenüber dem »Volk der Beschneidung« aufnehmen und für die Gültigkeit dieser Verheißungen einstehen. Über die Völker sagt Paulus anschließend: »Und die Völker loben Gott für sein Erbarmen.« Eine andere Lesart ergibt die Übersetzung: »Die Völker mögen Gott für sein Erbarmen loben.« Dieses Erbarmen haben sie erfahren, weil der Messias Jesus, wie Paulus durch ein anschließendes Psalmzitat anzeigt, Gott unter den Völkern bekannt macht. Und so fordert Paulus die römische Gemeinde auf, von ihm als Menschen aus der Völkerwelt angesprochen: »*Freut euch, ihr Völker, mit seinem* [Gottes] *Volk!*« Er zitiert hier die griechische Übersetzung von 5. Mose 32,43. Nach dem hebräischen Text heißt es: »*Lasst jubeln, ihr Völker, sein Volk!*« Beide Fassungen geben Christinnen und Christen in ihrem Verhältnis und Verhalten zu Juden und Jüdinnen eine schöne Perspektive vor. Sie entspricht dem, was im Lukasevangelium Simeon über Jesus sagt: »ein Licht zur Offenbarung für die Völker und zum Glanz für Dein Volk Israel.« (Lukas 2,32) Was könnte das im Blick auf die drei für den Bruch relevanten Faktoren heißen?

1. Ist es angebracht, für das, was mir selbst das Wichtigste ist, einen absoluten und exklusiven Anspruch zu erheben? Es geht dabei nicht um eine Toleranz, der alles gleichgültig ist. Es käme vielmehr auf die Bescheidenheit der Hinzugekommenen an, die darüber Bescheid wissen, zu wem sie gekommen sind. Und auch darüber, dass sie über denjenigen, durch den sie hinzugekommen sind, nicht verfügen können, dass er ihnen entzogen ist. Dass er nicht anders gegenwärtig ist als je und je in seinem erinnerungswürdigen und auslegungsbedürftigen Wort. Nun mag man einwenden, es ginge

schließlich um »die Wahrheit« und gegenüber der Wahrheit dürfe es keine Relativierungen geben. Und da es beim religiösen Dialog um nichts weniger als um »die Wahrheit« gehe, müsse darum gerungen und gestritten werden. Andernfalls stelle man nur unverbindliche »Statements« nebeneinander. Ich erlaube mir, eine solche Sicht für nicht sehr klug und auch nicht für ganz ungefährlich zu halten. Beim Streiten um Wahrheit kommt nichts Gutes heraus. Da wird vorausgesetzt, dass es die eine und ein für alle Mal feststehende Wahrheit gebe, die man dann natürlich jeweils selbst hat. Drängt das nicht dazu, dass ich sie dann auch durchsetzen muss? Christen hatten in ihrer Geschichte die Macht und haben sie vielfach auch genutzt, Juden im Blick auf das Bekenntnis, Jesus sei der Messias, vor die Alternative zu stellen: »Taufe oder Tod«. Was sagt das über »die absolute Wahrheit« des Bekenntnisses zu Jesus als Messias? Absolut heißt auf Deutsch »losgelöst«. Die absolute Wahrheit wäre dann auch losgelöst von den konkreten Beziehungen und dem, was in ihnen geschieht. Darf man das? In dem hebräischen Wort *emét*, das meist mit »Wahrheit« übersetzt wird, ist am stärksten der Aspekt der Verlässlichkeit und Zuverlässigkeit, der Beständigkeit und Treue enthalten, insofern dann auch des Wahren und Wirklichen. Wahr ist, was sich als verlässlich erweist, worauf man sich verlassen kann. In der jüdisch-rabbinischen Tradition gilt die so verstandene Wahrheit als das Siegel Gottes. Gott gibt sein Wort darauf, dass er, was er als lebendiger und Leben schaffender Gott zusagt, auch hält und dass er es ist, der auch das letzte Wort hat. Diesem Verständnis von Wahrheit dürfte auch das deutsche Wort »Wahrheit« viel näher kommen als dem griechischen Wort für »Wahrheit«: *alétheia*. Dessen Grundbedeutung ist »Unverborgenheit«. Von daher ist Wahrheit als ein immer gleich bleibendes Sein verstanden, als Wahrheit, die entborgen wird, wenn man den sie verschleiernden Vorhang der Phänomene beiseiteschiebt. Das deutsche

Wort »Wahrheit« hängt dagegen mit dem Verb »bewähren« zusammen: Wahrheit ist das, was sich bewährt, was sich als verlässlich erwiesen hat und worauf man sich deshalb immer wieder neu verlassen kann. Wenn Wahrheit das ist, was sich bewährt, dann kann sie nicht statisch verstanden werden, dann gehört konstitutiv zu ihr immer auch das Unterwegssein auf einem Weg. Von daher kann das traditionell so exklusiv verstandene Jesuswort aus Johannes 14,6 ganz anders gehört werden: »Ich bin der Weg und die Wahrheit und das Leben.« Indem der Evangelist Jesus das sagen lässt, vergewissert er seine angefochtene Gemeinde, dass sie mit Jesus auf dem rechten Weg ist, der zum Ziel führen wird. Der von Jesus gewiesene und sich an ihm orientierende Weg wird sich schon bewähren, wird sich darin als wahr und wirklich erweisen, dass er Leben eröffnet und ermöglicht. Und zum Leben gehört immer auch dazu: »das Leben der Anderen«. Denn wenn Wahrheit das ist, was sich als Leben ermöglichend und Leben fördernd bewährt, wenn Wahrheit ist, dass Gott ein Gott des Lebens ist, dann kann und darf es nicht nur um mein Leben, dann kann und darf es nicht nur um das Leben der eigenen Gemeinschaft gehen. Diese Wahrheit darf nicht für die Anderen zum Schlechten, sondern sollte zum Guten für sie ausschlagen. Wahrheit hat demnach immer auch ihr Kriterium im Leben der Anderen. Den schönen Satz Rosa Luxemburgs: »Freiheit ist immer die Freiheit der Andersdenkenden« – dass er bei ihr buchstäblich eine Randnotiz ist und wie immer sie ihn selbst verstanden haben mag, ändert nichts an seiner Aussagekraft – nehme ich in diesem Zusammenhang in Abwandlung so auf: »Wahrheit ist immer auch die Wahrheit des Anderen.« Das Anderssein des Anderen wahrnehmen und respektieren, es achten und als das für ihn, für sie Bewährte wahr sein lassen, ist eine Grundbedingung für Humanität. Ein wirkliches Gespräch – nicht eine Diskussion, in der ich Recht behalten oder bekommen will – setzt die selbstverständliche Anerkenntnis und Bejahung des Anderen als Anderen voraus. In einem solchen Gespräch muss die eigene Identität nicht gegen den Anderen behauptet werden. Es ermöglicht völlige Offenheit für den Anderen, weil die je eigene Identität aufgehoben und bewahrt ist in der *Wahr*nahme des je Anderen.

In Bezug auf die dogmatische Ausbildung der Trinitätslehre und der Lehre über Jesus Christus als »wahrer Gott und wahrer Mensch« in der »Zweinaturenlehre« durch die Kirchenväter des 3. bis 5. Jahrhunderts ist immer wieder behauptet worden, der Gott des Christentums sei ein anderer als der des Judentums. Die Kirchenväter sahen sich genötigt, das Zeugnis des Neuen Testaments, dass Gott durch und an Jesus endzeitlich-neuschöpferisch gehandelt hat, in ihrem geistig-kulturellen Kontext zum Klingen zu bringen. Dieser Kontext war geprägt von griechischer Philosophie, und so mussten sie auch die Kategorien von »Sein«, von »Wesen« (griechisch: *ousía;* lateinisch: *essentia, substantia*) gebrauchen. Sie haben dabei eine bewundernswerte Denkarbeit geleistet. Aber ihr Kontext ist nicht unser Kontext. Das zeigt sich in der Wirklichkeit heutiger Gemeinden besonders deutlich, wenn im Gottesdienst an manchen Festtagen als Glaubensbekenntnis das »Nicaeno-Constantinopolitanum« gesprochen wird. Es kann nur verstanden werden, wenn man antike griechische Philosophie und die damaligen theologischen Diskussionen kennt. Ohne das bleibt es bei bloßen unverstandenen Formeln. Die Kirchenväter konnten an solche neutestamentlichen Stellen anknüpfen, an denen Jesus im hellenistischen Kontext vergöttlicht wurde. Unter dieser Perspektive haben sie auch den Prolog des Johannesevangeliums (Johannes 1,1–18) und die Aussagen des Paulus in Philipper 2,6–11 gelesen und gedeutet. Das geschieht in der Auslegung dieser Stellen bis heute, als wäre hier schon angelegt und im Kern enthalten, was sich dann kontinuierlich zur dogmatischen Ausbildung bei den Kirchenvätern entwickelt hat. In diesem Buch wurde zu zeigen versucht, dass es näherliegend ist, diese beiden Texte im biblisch-jüdischen Kontext zu verstehen. Auch neutestamentlich wird im Blick auf die Menschen in der Gemeinde trinitarisch geredet, aber nicht in philosophischen Kategorien: dass sie nämlich durch die Verkündigung von Jesus als dem Sohn kraft des heiligen Geistes in diese Gemeinschaft hineingekommen sind und in ihr zu Gott als Vater beten in Lob und Dank, Klage und Bitte.

2. Beim Gebrauch des Alten Testaments sollten Christen und Christinnen es verlernen, diesen Teil ihrer Bibel zu »nostrifizieren«, also so zu tun, als bezöge er sich direkt und ausschließlich auf »uns«. Wir sollten nicht länger ignorieren, dass er zuvor jüdische Bibel war und als »Tora, Propheten(-bücher) und Schriften« bis heute ist. Dass das der Fall ist, wäre nicht nur zur Kenntnis zu nehmen, sondern es müsste gelernt und eingeübt werden, wie dies in der Weise unseres Gebrauchs auch erkennbar, sichtbar und hörbar gemacht werden kann. Gerade auch für unsere eigene christliche Auslegung wäre es hilfreich, jüdische Auslegung der Schrift kennenzulernen und nach Möglichkeit mit Jüdinnen und Juden gemeinsam die Bibel zu lesen und so miteinander und voneinander zu lernen. Dass diese Möglichkeit unter den gegebenen Bedingungen nicht leicht zu realisieren ist, sollte nicht entmutigen. Das Umschlagbild dieses Buches gibt der Hoffnung auf solche Realisierung Ausdruck und ermutigt, nach Wegen ihrer Umsetzung zu suchen. Wo das auch nur in Ansätzen gelingt, wird es deutlicher erkennen lassen, dass wir Hinzugekommene zu *Israels* Gott als dem *einen* Gott sind. Als *Israels* Gott ist Gott nur erkennbar zusammen mit seinem Volk Israel und im Zeugnis seines Volkes. Daher ist es für Christinnen und Christen geboten, jüdisches Zeugnis wahrzunehmen.

Die vor etwa sechzig Jahren einsetzende andere Wahrnahme des Judentums in Bereichen des Christentums hat auch auf jüdischer Seite zu einer veränderten Wahrnahme

Jesu und des Christentums geführt. Wie Jüdinnen und Juden Jesus und das Christentum wahrnehmen, hängt wesentlich davon ab, wie Christinnen und Christen ihnen begegnen und wie sie als Repräsentanten Jesu diesen Messias präsentieren. Das zeigt sich besonders deutlich an folgender Gegenüberstellung. In der langen Zeit, in der Juden und Jüdinnen unter der christlichen Kirche und deren Angehörigen litten, entstand – vielleicht zunächst mündlich schon in der Spätantike – eine jüdische Erzählung über Jesus, »Toldos (bzw. Tol'dot) Jeschu« , in der Jesus sehr negativ dargestellt wird. Sie war jahrhundertelang in der jüdischen Welt weit verbreitet. Eine Ende 2015 unterzeichnete Erklärung orthodoxer Rabbiner aus Israel, Amerika und Europa, als Reaktion auf die Veränderungen gegenüber dem Judentum in der katholischen Kirche gekennzeichnet, erkennt an, »dass das Christentum weder ein Zufall noch ein Irrtum ist, sondern göttlich gewollt und ein Geschenk an die Völker«.

3. Die Geschichte der Verachtung von Juden und Jüdischem hat sich immer wieder festgemacht an den Besonderheiten jüdischer Lebensweise. Demgegenüber käme es darauf an, dass Christinnen und Christen jüdische Riten und Gebräuche kennenlernen, sie verständig wahrnehmen und respektieren. Das wird sie vor abfälligen Urteilen schützen und Vorurteile korrigieren.

Mit all dem wird von uns Christinnen und Christen ernst damit gemacht, dass Jesus Jude war, dass die Geschichte unserer Gemeinschaft in grundlegender Zeit eine Geschichte *im* Judentum war, dass unsere kanonische Grundlage im Alten Testament aus jüdischen Schriften besteht, die vorher schon jüdische Bibel waren und es bis heute sind, und im Neuen Testament weithin aus ebenfalls von Haus aus jüdischen Schriften. Das alles verweist uns auf das Volk Israel, auf das Judentum in Geschichte und Gegenwart. Es weist uns ein in eine Partnerschaft mit ihm. Und das nicht zuletzt um unserer selbst willen, damit wir nicht vergessen, wer wir sind. Wir sind durch den Messias Jesus kraft des heiligen Geistes zu dem einen Gott Hinzugekommene, der Israels Gott ist und bleibt.

Die Skulptur »Synagoga and Ecclesia in Our Time« von Joshua Koffman auf dem Umschlagbild dieses Buches ist ein Gegenentwurf zu der christlichen Tradition, in der zwei gegenüberstehende Frauengestalten Ecclesia und Synagoga, Kirche und Synagoge, symbolisieren. Eine der bekanntesten Darstellungen dieser Art ist die am Straßburger Münster: Ecclesia steht stolz erhobenen Hauptes gekrönt da. Siegreich hält sie die Standarte in der rechten Hand, in der linken einen Messkelch. Obwohl nicht größer, blickt sie doch souverän auf Synagoga herab. Diese hat ihren unbedeckten Kopf, zur Seite abgewandt, gesenkt; ihre Augen sind verbunden. Die Fahnenstange in ihrer rechten Hand ist dreifach zerbrochen, vom herabhängenden linken Arm scheint ihr die Gebotstafel aus der Hand zu entgleiten. Ganz anders die Skulptur von Joshua Koffman: Die beiden Frauen sitzen eng zusammen. Ihre Körperhaltung zeigt, dass sie einander zugewandt sind; sie begegnen sich auf Augenhöhe. Beide tragen die gleiche Krone; sie müssen nicht besorgt sein, sie zu verlieren. Synagoga hält eine geöffnete Torarolle in ihren Händen, Ecclesia eine aufgeschlagene Bibel. Das ist jeweils ihr Fundament, auf das sie sich beziehen. Aber sie blicken nicht in den je eigenen Text. Den kennen sie und in den werden sie sich immer wieder von Neuem vertiefen, wenn sie für sich sind. Aber jetzt sitzen sie zusammen. Und da geht der Blick beider voll Interesse in den aufgerollten bzw. aufgeschlagenen Text der je Anderen. Es könnte sein, dass sie dabei im Anderen auch Eigenes entdecken und dadurch auch für das Eigene weitergehendes Verstehen gewinnen. Darüber werden sie miteinander reden. In diesem Gespräch wird es keinen Schlusspunkt geben …

Stellenregister (Auswahl)

Jüdische Bibel/ Altes Testament

Neues Testament

Römer

1. Korinther

2. Korinther

Galater

Epheser

Judentum (außer Qumran und Rabbinica)

Klaus Wengst
Mirjams Sohn – Gottes Gesalbter
Mit den vier Evangelisten Jesus entdecken

656 Seiten / gebunden
mit Schutzumschlag
ISBN 978-3-579-08241-7
Auch als E-Book erhältlich

Erfahren Sie mehr
zu diesem Buch unter
www.gtvh.de

Das Bemühen, »hinter« den Evangelien zu suchen, wer der »historische Jesus« war, geht an dem für die Evangelisten zentralen Punkt vorbei. Sie wollen zeigen, wer Jesus ist, indem sie seine Geschichte als eine Geschichte von Gottes Mitsein erzählen.

»Die Evangelienlektüren von Wengst sind spannend, herausfordernd und anregend – auch für die, die die Evangelientexte gut zu kennen meinen. ... Wengst entdeckt die Verschiedenheit der Evangelien als Reichtum – und zeigt das Verbindende.«

»... ein Buch, das alle theologisch und biblisch Interessierten mit Gewinn lesen können. Wer nicht mehr daran glaubt, dass Exegese spannend sein kann, der nehme Wengsts Buch zur Hand – und lasse sich von der ersten bis zur letzten Seite überraschen.«

Prof. Dr. Alexander Deeg, Deutsches Pfarrerblatt, 2017

»Bewusst hat Wengst sein Buch ohne Anmerkungen und ausdrückliche Auseinandersetzungen sowie in einer Sprache geschrieben, die auch theologisch nicht ausgebildeten Leserinnen und Lesern zugänglich ist.«

Dr. Hartmut Lenhard, religion 5–10, 2019

GÜTERSLOHER
VERLAGSHAUS